RENÉ GIRARD

LA VIOLENCE ET LE SACRÉ

祭牲与成神

初民社会的秩序

[法] 勒内·基拉尔 著

周莽 译

生活·讀書·新知 三联书店

Originally published in France as:
La violence et le sacré by René Girard
© Editions Grasset& Fasquelle, 2000.
Current Chinese translation rights arranged through Divas International,
Paris 巴黎迪法国际

Simplified Chinese Copyright © 2022 by SDX Joint Publishing Company.
All Rights Reserved.
本作品简体中文版权由生活·读书·新知三联书店所有。
未经许可，不得翻印。

图书在版编目（CIP）数据

祭牲与成神：初民社会的秩序／（法）勒内·基拉尔著；周莽译.—北京：生活·读书·新知三联书店，2022.3 （2023.10重印）
（法兰西思想文化丛书）
ISBN 978-7-108-07304-4

Ⅰ.①祭… Ⅱ.①勒… ②周… Ⅲ.①原始社会-祭祀-研究 Ⅳ.① B933

中国版本图书馆 CIP 数据核字（2021）第 212788 号

责任编辑	吴思博
装帧设计	康　健
责任印制	董　欢
出版发行	**生活·讀書·新知** 三联书店
	（北京市东城区美术馆东街 22 号 100010）
网　址	www.sdxjpc.com
图　字	01-2019-5240
经　销	新华书店
印　刷	北京隆昌伟业印刷有限公司
版　次	2022 年 3 月北京第 1 版
	2023 年 10 月北京第 3 次印刷
开　本	850 毫米 × 1092 毫米　1/32　印张 16.25
字　数	320 千字
印　数	08,001-11,000 册
定　价	98.00 元

（印装查询：01064002715；邮购查询：01084010542）

"法兰西思想文化丛书"编委会

王东亮 车槿山 许振洲 杜小真

孟 华 罗 芃 罗 湉 杨国政

段映虹 秦海鹰 高 毅 高 冀 程小牧

"法兰西思想文化丛书"总序

20世纪90年代，北京大学法国文化研究中心（前身为北京大学中法文化关系研究中心）与三联书店合作，翻译出版"法兰西思想文化丛书"。丛书自1996年问世，十余年间共出版27种。该书系选题精准，译介严谨，荟萃法国人文社会诸学科大家名著，促进了法兰西文化学术译介的规模化、系统化，在相关研究领域产生广泛而深远的影响。想必当年的读书人大多记得书脊上方有埃菲尔铁塔标志的这套小开本丛书，而他们的书架上也应有三五本这样的收藏。

时隔二十年，阅读环境已发生极大改变。法国人文学术之翻译出版蔚为大观，各种丛书系列不断涌现，令人欣喜。但另一方面，质与量、价值与时效往往难以两全。经典原著的译介仍有不少空白，而填补这些空白正是思想文化交流和学术建设之根本任务之一。北京大学法国文化研究中心决定继续与三联书店合作，充分调动中心的法语专家优势，以敏锐的文化学术眼光，有组织、有计划地继续编辑出版这套丛书。新书系主要包括两方面，一是推出国内从未出版过的经典名著中文首译；二是精选当年丛书中已经绝版的佳作，由译者修订后再版。

如果说法兰西之独特魅力源于她灿烂的文化，那么今天在全球化消费社会和文化趋同的危机中，法兰西更是以她对精神家园的守护和对人类存在的不断反思，成为一种价值的象征。中法两国的思想者进行持久、深入、自由的对话，对于思考当今世界的问题并共同面对人类的未来具有弥足珍贵的意义。

谨为序。

北京大学法国文化研究中心

献给保罗·图卢兹

目 录

"法兰西思想文化丛书"总序 ………………… 1

第一章 献祭 ………………………………… 1
第二章 祭祀的危机 ………………………… 56
第三章 俄狄浦斯与替罪的牺牲 …………… 101
第四章 神话与仪式的产生 ………………… 133
第五章 狄俄尼索斯 ………………………… 179
第六章 从攀比摹仿的欲望到丑怪分身 …… 216
第七章 弗洛伊德与俄狄浦斯情结 ………… 257
第八章 《图腾与禁忌》与乱伦禁忌 ……… 293
第九章 列维-斯特劳斯、结构主义
　　　　与婚姻法则 ……………………… 339
第十章 神祇、死者、神圣、献祭替代 …… 387
第十一章 所有仪式的统一性 ……………… 424
结论 …………………………………………… 482

参考文献 ……………………………………… 502

第一章 献 祭

在诸多仪式中，献祭以两种相反的方式呈现，时而作为一种人们无法免除的"非常神圣之事"，否则就是重大疏漏；时而相反，作为一种人们不得不犯的罪行存在，否则就会面临一些同样严重的危险。

既具合法性又不具合法性，既公开又近乎偷偷摸摸，为了反映仪式性献祭的这种双重性，于贝尔（Hubert）和莫斯（Mauss）在《论献祭的性质与功能》（«Essai sur la nature et la fonction du sacrifice»）[1]中，提出祭牲的神圣特性。杀死祭牲是罪行，因为祭牲是神圣的，但如果不杀死祭牲，那祭牲就不会变得神圣。此中存在一种循环论证，后来有了一个响亮的名称叫作"两面性"（ambivalence）循环。虽然我们觉得这个词很有说服力，甚至让人惊叹，但是经过20世纪对这个词的惊人滥用，如今也许应该承认这个词并不能阐明什么，它并不构成一种真正的解释。这个词仅仅指称一个问

---

[1] 节选自《社会学年鉴》（*l'Année sociologique*），第二期，1899。

题，而这个问题仍有待解决。

虽然献祭看起来像是犯罪的暴力，但是反过来说，几乎没有暴力是不能用献祭的语言来加以描述的，比如说在希腊悲剧中。人们会告诉我们说，诗人在倾向于卑劣的现实之上蒙上了诗歌的面纱。无疑如此，但献祭和杀戮如果彼此没有亲缘性，那么它们不会适合这种相互替代的机制。此中存在一个显著的事实，以至于它看起来有些可笑，却应该指出来，因为在献祭这个领域，初看起来显而易见的东西是无足轻重的。一旦人们决定将献祭变成一种"本质上"或者"纯粹意义上"的象征性的制度，那么便几乎可以随便表述，人的主体特别乐于接受某种非现实的思考。

存在一种献祭的奥秘。我们对古典人文主义的虔敬麻痹了我们的好奇心，但对古代作者的阅读却唤醒了我们的好奇。如今，这奥秘仍一如既往地无法参透。在现代人操弄这种神秘感的方式中，我们不知道占上风的是消遣、是漠视，还是一种隐隐的谨慎。这中间涉及的是另一个奥秘，还是同一个呢？比如，人们为何从来不质询献祭与暴力之间的关系呢？

最新的研究提出在一个个体与另一个个体之间暴力的生理机制相差无几，甚至在一种文化与另一种文化之间也是如此。按照安东尼·斯托尔（Anthony Storr）在《人类攻击性》（*Human Aggression*, Atheneum, 1968）中的看法，与一个生气的人或者一只生气的猫最为相似的莫过于另一个生气的人或另一只生气的猫。如果暴力在施祭中，或至少在祭礼的存在形态的某些阶段里，具有重要作用，那么这便是一

第一章 献 祭

个有益的分析元素,因为暴力元素独立于,或至少部分独立于一些彼此差异的文化,这些文化常常是不为人知的,是人们了解不充分的,或者也许并不像人们所以为的那样熟知。

一旦暴力的欲望被唤醒,它便会引发某些身体上的变化,这些变化让人类准备好战斗。这种暴力机制具有一定时间长度。我们不应该认为这种暴力机制是一种普通的身体反应,等刺激停止起作用了,暴力机制会随即停止作用。斯托尔注意到,平息暴力的欲望要比发动它更难,尤其是在社会群居的正常条件下。

人们经常说暴力是"非理性的"。然而,暴力并不缺乏理由;当暴力想要释放的时候,暴力甚至懂得为自己找到非常好的理由。虽然理由很合理,但不管何种理由,它们都不值得人们把它们当真。暴力本身会轻易忘记这些理由,只要最初针对的暴力目标仍旧无法达成,仍旧在刺激它。未得到满足的暴力总是寻找并且最终找到一个替代的牺牲品。对于引起暴力的愤怒的那个人,暴力突然用另一个人来替代,而替代者并没有任何特殊理由招致暴力的怒火,仅仅因为替代者是脆弱的,是暴力所能达到的。

这种为自己找到替代品的能力,有许多迹象都让人看到它,这种能力不是人类的暴力所特有的。洛伦茨(Lorenz)在《攻击性》(*L'Agression*, Flammarion, 1968)中谈到某种鱼,不可以让这种鱼离开它习惯的对手,即其他雄鱼同类,它与它们争夺对每片领地的控制权,如果没有这些雄鱼,它就会将自己的进攻性转向它自己的家族,最终毁掉自己的家。

我们应该想想，仪式性的献祭是否建立在同类的替代机制之上，但方向是相反的。比如，我们可以设想，动物祭牲的祭杀是将针对人们力图保护的一些人的暴力转移到了生死没那么重要或者根本不值一提的其他生物身上。

约瑟夫·德·迈斯特（Joseph de Maistre）在其《对祭礼的说明》（*Eclaircissement sur les sacrifices*）中注意到动物祭牲总是具有人类的某些特征，像是为了更好地欺骗暴力：

> 人们总是从动物中选择利用价值上最珍贵的，最温顺的，最无辜的，本能上和习惯上与人类最相似的……
> 人们从动物中选择最人性的牺牲，如果可以这样说的话。

现代的人类学有时提供给我们证据来证实这类直感。在某些奉行献祭的畜牧族群中，牲畜是与人的生活紧密联系的。

上尼罗河省的两个民族，E. E. 伊文思-普理查德（E. E. Evans-Pritchard）研究的努尔人和更近时期戈弗雷·林哈德（Godfrey Lienhardt）研究的丁卡人中，存在一种名副其实的牛类社会，它是与人类社会平行的，而且组成的方式相同[1]。

---

[1] E. E. 伊文思-普理查德：《努尔人》（*The Nuer*, Oxford University Press, 1940）；戈弗雷·林哈德：《神性与经验：丁卡人的宗教》（*Divinity and Experience: the Religion of the Dinka*）, Oxford University Press, 1961。

第一章 献 祭

对于与牛相关的一切，努尔语词汇是极其丰富的，不论是在经济与技术方面，还是在仪式乃至诗歌方面。这套词汇使人们能够在牛群与社群之间建立起极为精确和细腻的关联。牛的毛色、牛角的形状、牛的年龄、性别、谱系，都被人们区分和记忆下来，有时甚至追溯到第五代，这让人们可以在牛只之间加以区分，可以对那些纯属人类文化的区分方法加以复制，以构成对人类社会的一种真正的翻版。每个人名字的各个部分中，总有一个部分在指称人的同时也在指称一头牛，这头牛在牛群中的地位与它的主人在社群中的地位等同。

族群的各个分支之间的争吵常常是因为牛群；人们所有的损失与盈利都按照牛的数量来计算，结婚的陪嫁由牛构成。伊文思-普理查德肯定说，要想理解努尔人，就必须采用他们的口头禅："看看是哪头牛"。在人与他们的牛群之间，存在某种"共生"——这个说法同样来自伊文思-普理查德——在各个不同层面为我们提供了关于从事畜牧的人的社会与他们的畜群之间的特征近似性的一个极端的近乎漫画式的例子。

田野调查的观察与理论的思考让我们不得不在对献祭的解释中回到替代假说。在有关这个主题的古代文献中，这一看法俯拾即是。这也是许多现代人拒绝这一看法或者只是对之给予极少重视的原因。比如，于贝尔和莫斯就对此表示怀疑，大概因为他们觉得这个看法引出了与科学不兼容的一系列的道德和宗教价值。的确，约瑟夫·德·迈斯特总是将仪式中的牺牲看作"无辜"的生物，是为了替某个"罪人"付出代价。我们提出的假说消除了这种道德上的区分。潜在的受害者与实际的牺牲者之间的关系不应该用有罪和无辜来定义。没有任何需要"赎罪"的东西。社会力图将暴力转移到一个相对来说无所谓的牺牲者身上，一个"可牺牲"的牺牲者身上，而这种暴力是有可能打击社会自身成员的，他们正是社会想要不惜代价来保护的。

让暴力变得可怖的那些特性，盲目的野性，施行暴力的那种荒谬性，并非不受制约：暴力的这些特性是与它向替代牺牲者转移的古怪倾向互为表里的，它们让人们可以与暴力这个"敌人"耍滑头，在恰当的时机把欺骗性的猎物扔给它，让它满足。童话故事向我们展示狼、食人妖或恶龙贪婪地吞下一块大石头，石头代替了它们想要吃掉的孩子，这些故事很可能具有一种献祭的特征。

*

只有不排除暴力的发泄渠道，为它提供某种东西让它"吃"下去，人们才能欺骗暴力。这也许就是该隐和亚伯的故事的寓意之一。《圣经》里的这一文本对两兄弟仅仅给出一个细节区别。该隐耕种土地，他将自己收获的果实奉献给上帝。亚伯是个牧人，他将羊群的头生子献祭。两兄弟中的一个杀死另一个，杀人者是不拥有动物祭牲这种欺瞒暴力的祭品的一方。献祭崇拜与非献祭崇拜之间的这种区别实际上与上帝偏向亚伯的裁断是一回事。说上帝钟意亚伯的祭牲，却不钟意该隐的奉献,用另一种语言即神圣的语言来说,这等于说该隐要杀死自己的兄弟,而亚伯却不用杀他。

在《旧约》和希腊神话中,兄弟几乎总是敌对的。他们似乎命中注定被召唤着彼此施行暴力,这种暴力只有在施加到第三方的牺牲者,施加到祭牲身上时才能消除。该隐对兄弟感到的"嫉妒"与他缺乏祭牲的发泄渠道是一回事,缺乏祭牲是对该隐这个人物的定义。

根据一个穆斯林的传统说法,上帝将亚伯已经献祭的公羊送给亚伯拉罕,让他拿去替代他的儿子以撒。在拯救了第一条人命之后,同一个动物救了第二个人。此处,我们面对的并非某种神秘主义的遐想,而是一种真正的直觉,是关于献祭的功用,对这种直觉的表述仅仅借助于一些从文本本身抽取的元素。

《圣经》的另一重要场景要借助这样的见解得到阐明,即祭牲替代的目的是欺骗暴力,反过来,暴力解释了这个见解的一些新的侧面。这个重要场景就是雅各接受父亲以撒的赐福。

以撒年纪老迈。想着自己快死了,他想赐福给长子以扫;他先让以扫去为自己打猎,给他带回"美味"。幼子雅各听到了一切,他告诉了母亲利百加。利百加从家里羊群中挑选了两只山羊羔,做成美味的菜,让雅各赶紧装作以扫去献给父亲。

以撒目盲。雅各仍旧怕父亲通过他光滑无毛的手和脖子认出他,他不像兄长那样多毛。利百加想了个绝妙的主意,用山羊皮毛包裹他光滑的皮肤。老人摸到雅各的手和脖子，但没认出他的幼子；他将祝福给了他。

山羊羔以两种不同方式被用来欺骗父亲，也就是说将威胁幼子的暴力转移开。要想得到祝福而非诅咒，儿子必须借助他刚刚宰杀并献上当食物的动物来接近父亲。儿子名副其实地躲在祭牲的毛皮之下。祭牲始终隔在父亲和儿子之间。它阻碍了他们的直接接触，而直接接触则有可能导致暴力。

此处有两类替代掺杂在一起，用一个兄弟替代另一个，用动物替代人。这个文本未明确承认第一类替代被用来掩盖第二类替代。

暴力被持续地转向祭牲，它失去了最初针对的目标。祭牲替代意味着某种误认。只要还被人们奉行着，献祭就无法公布作为其基础的这种转移。献祭大概并未完全忘记最初暴力针对的目标，以及它从这个目标向真正被祭杀的祭牲的转移，否则就不可能存在任何替代，献祭便会失去效用。我们刚刚读到的那个场景完全符合这双重的要求。这个文本虽然并未直接告诉我们这种古怪的欺骗是祭牲替代的特征，但也并不隐瞒；文本将这种替代与另一替代掺杂在一起，让我们隐隐看出来，却是以间接的和回避问题的方式看出来。也就是说这个文本本身可能具有献祭的特征。文本像是揭露出一个替代现象，却存在第二个现象隐隐显露在第一个现象之后。有理由认为在这个文本中，我们把握到了一套祭祀系统的创始神话。

雅各这个人物常常与对献祭暴力的狡黠的操弄联系在

第一章 献 祭

一起。在希腊世界,尤利西斯有时扮演比较类似的角色。《创世记》中雅各接受的祝福,可以用《奥德赛》中独眼巨人的故事来对比,奇妙的招数让故事主人公得以最终逃脱怪物之手。

尤利西斯和他的同伴们被关在独眼巨人赛克洛普斯的山洞里。每天,巨人都会吞掉他们中的一员。幸存者们最终达成一致,一起用一根燃烧的木桩刺瞎巨人。赛克洛普斯愤怒,并疼痛异常,他守在洞口,想趁着攻击他的那些人经过时抓住他们。他只让他的羊群通过,因为羊群要到洞外吃草。以撒是目盲的,他触摸儿子的脖颈和手,但只摸到山羊皮,同他一样,赛克洛普斯在羊通过时摸它们的背,以确保只有羊出得去。尤利西斯比他机灵,他想到躲在母羊身下;他抓着羊肚子下的毛,听凭羊带着他走,直到逃命获得自由。

《创世记》中的一幕和《奥德赛》中的一幕,将这两个场景加以对比,对它们进行献祭的读解变得更加可信。每一次,在关键时刻,动物隔在暴力与它所针对的人之间。两个文本相互阐明;《奥德赛》中的独眼巨人赛克洛普斯点明了对主人公的威胁,而这种威胁在《创世记》中却是不明了的;《创世记》中宰杀山羊羔,献上美味,阐发出献祭的特点,这种献祭特点却是《奥德赛》中的母羊身上有可能被漏掉的。

*

人们总是将献祭定义为献祭者与"神性"之间的一种媒介。既然对于我们这些现代人,神性不再具有现实性,至少是在流血的献祭这方面是这样的，那么对于整个献祭制度，我们传统的解读都将归于想象世界。于贝尔和莫斯的观点引出列维-斯特劳斯在《野蛮人的思想》（*La Pensée sauvage*）中的评判。献祭不对应任何现实的东西。应该毫不犹豫将之定义为"虚假"。

将献祭与某种不存在的神性联结在一起，这种定义有点让人想到保罗·瓦莱里对诗歌的定义：诗歌是一种纯粹唯我独尊的活动，那些机灵的人出于对艺术的爱来从事它，却让那些笨蛋误以为自己是在与什么人沟通。

我们刚刚读到的这两个重要文本，它们谈论的肯定是献祭，但两者都未提到任何神性。如果文本引入神性，那么文本意义的清晰性非但不会增加，却会减少。我们会重新落入古典古代晚期（Antiquite tardive）和现代世界共同的那种想法，认为献祭在社会中不具有任何真正的功能。我们刚刚隐约看出的文本的可怖背景，连同文本中的暴力机制，会完全被抹去，我们将被带回到纯粹形式主义的读解，而这种读解无法满足我们想要理解的欲望。

我们看到，献祭的操作意味着某种误解。信徒不了解，而且不应该了解暴力所起的作用。在这种误解中，献祭的神学解释显然是首要的。神被人们认为在要求祭牲；原则上，只有神享用燔祭的烟雾；是神要求将肉堆在祭坛上。为了平息神的愤怒，人们不断增加献祭。这些解读未谈到这种神性是什么，这些解读困囿于被人完全归入想象世界的一套神学，但这些解读却留着这套神学原封不动，不去动手拆解。

第一章 献　祭

围绕着一个纯粹虚幻的实体，人们努力组织起一套真正的制度；如果说虚幻最终获胜，逐渐消灭这套制度最具体的那些侧面，那么我们不应对此感到惊奇。

我们不应一股脑地以抽象的方式否认这套神学，这样做与驯服地接受它并无差别。我们应该评判这套神学；应该重新找出献祭与献祭神学加以隐藏，同时又加以平息的那些冲突关系。我们必须与于贝尔和莫斯建立的形式主义传统决裂。在当前人们最新的思考中，将献祭解读为替代的暴力，这似乎是与田野调查的一些观察相关联的。戈弗雷·林哈德在《神性与经验》中，维克多·特纳（Victor Turner）在多部著作，特别是在《苦难的鼓声》（*The Drums of Affliction*, Oxford, 1968）中，分别承认在丁卡人和恩登布（Edembu）人的献祭中存在一种真正的集体转移的操作，这操作将不幸转移给祭牲，转移走的是内部的矛盾、怨恨、敌对，是族群内部所有的相互加害的愿望。

此处，献祭具有一种真实功能，替代问题在整个集体的层面提出来。祭牲不是替代特别受威胁的这个或那个个体，祭牲不是被交给哪一个特别嗜血的个体，它被族群的所有成员用来替代所有成员，同时它被交给族群的全体成员。整个族群通过族群本身的暴力来行祭，保护的是整个族群，献祭将整个族群转移到外在于族群的祭牲身上。献祭把普遍露头的纠纷的苗头转移在祭牲身上，通过对这些纠纷给予部分满足，献祭消除了这些纠纷。

如果拒绝通过献祭神学即献祭对自身的解释来看献祭的

意义，那么我们很快就发现在这套神学之外，原则上隶属于它，但实际上独立于它，至少一定程度上独立于它的，存在着另一套关于献祭的话语，它与献祭的社会功能有关，是更加有意义的。

为了确认宗教人士是虚妄的，人们总是记述那些最怪异的仪式，比如那些求雨和求好天气的献祭。那肯定是存在的。只要献祭制度的社会特性开始磨灭，那么以任何目标和事业的名义都能够献祭。但是存在献祭有效性的一种最小公约数，献祭制度越有活力，公约数就越显著。这个公约数就是内部暴力；献祭首先想要消灭的是亲人之间的纠纷、敌对、嫉妒、争吵，献祭恢复族群的和谐，加强社会统一。其余的一切都由此派生。如果从这个核心层面，从我们眼前的暴力这个王道来看待献祭，我们很快发现人类生活的任何层面都与献祭相关联，甚至物质的繁荣更是如此。当人们之间不睦，阳光照耀如常，雨水降落如常，的确如此，但田地耕种得差了，收成上看得出来。

一些重要的中文文本明白地承认了此处提出的献祭的功能。多亏了献祭，民众保持着安宁，不骚动。献祭加强了民族的统一[《国语》(卷二·周语中)]。[1]《礼记》肯定地说，

---

[1] 此处似指晋文公受地一段："昔我先王之有天下也，规方千里以为甸服，以供上帝山川百神之祀，以备百姓兆民之用，以待不庭不虞之患。其余以均分公、侯、伯、子、男，使各有宁宇，以顺及天地，无逢其灾害，先王岂有赖焉。内官不过九御，外官不过九品，足以供给神祇而已，岂敢厌纵其耳目心腹以乱百度？"——译注

第一章 献　祭

祭祀、音乐、刑罚和律法的唯一相同目的在于统一人心和建立秩序[1]。

*

在献祭所属的仪式框架之外提出献祭的根本原则，却不说明献祭纳入仪式框架是怎样成为可能的，这样做会被人认为是简单化。我们可能会有"唯心论"的危险。仪式性的献祭不可能与人的自发行为相比，他不敢踢自己的妻子或者上司而踢了狗一脚。大概吧。但是，古希腊人的一些神话却与踢狗的小故事基本大同小异。小埃阿斯（Ajax le petit）因为希腊军的首领们拒绝把阿喀琉斯的武器交给他而感到愤怒，他屠杀了大军生存所赖的羊群。在疯狂中，他将温顺的羊与那些他想要报复的武士混同起来。被宰杀的动物属于希腊人传统上用作祭牲的动物。屠杀的进行不属于任何仪式框架，小埃阿斯被认为是疯子。在严格意义上，这则神话不是献祭性的，但它肯定并不与献祭隔绝。制度化的祭祀所依赖的一些效果与小埃阿斯的怒火非常近似，但这些效果是由一成不变的框架加以排序、疏导和约束的。

在我们比较熟悉的真正意义的仪式系统中，即在犹太教世界与古典古代的仪式系统中，祭牲几乎总是动物。同

---

[1] 内容见 A. R. 拉德克利夫-布朗（A. R. Radcliffe-Brown）：《初民社会的结构与功能》（*Structure and Function in Primitive Society*），New York，1965，p. 158。

样存在一些仪式系统，它们是用另一些人来替代受到暴力威胁的人。

在公元前5世纪的希腊，在伟大的悲剧诗人时代的雅典，人祭似乎并未完全消失。人祭以替罪者（pharmakos）的形式得以延续，城邦公费供养替罪者，随时准备拿后者献祭，特别是在出现灾祸的时期。如果想要探寻这一主题，希腊悲剧可以为我们提供一些出色的细节。比如，很明显，美狄亚的神话在人祭方面是与小埃阿斯的神话在动物祭牲方面平行的。

在欧里庇得斯的《美狄亚》中，人类替代人类的原则是以最野蛮的形式出现的。美狄亚的情人伊阿宋刚刚抛弃了她，因为畏惧美狄亚的怒火，乳母请求教师让孩子们远离他们的母亲美狄亚：

> 她的怒火，我知道，在击中牺牲者之前不会平息。啊！希望会是我们的某个敌人！[1]

她的仇恨的真正目标无法达成，美狄亚便使用自己的孩子加以替代。大家会说，在这种疯狂行为与我们眼中配得上"宗教的"这个形容词的所有事物之间，没有任何共同的衡量标准。但杀子却是有可能纳入仪式框架的。这个事

---

[1] 此处及本书下文中引用的文学及哲学文本，如非特殊标注，作者均未给出具体的引文出处，意为这些引文均属名篇，读者可以根据自己拥有的版本获得。此后不一一说明。——译注

第一章 献 祭

实有太多证据,存在于诸多文化中,包括古希腊和犹太文化,这让我们无法对之视而不见。美狄亚的行为与仪式性的杀子,就如同小埃阿斯神话中的屠杀羊群与动物献祭。以祭司准备行祭的方式,美狄亚准备杀死孩子。在祭杀之前,她发出了习俗所要求的仪式性的警告;她命令可能破坏仪式的所有人离开。

与小埃阿斯一样,美狄亚把我们带回暴力的最基本真相。当暴力得不到满足,它会继续蓄积起来,直到暴力释放,向周边蔓延,带来最有灾难性的后果。献祭寻求将行祭时自发的转移和替代加以控制,并疏导到"合理"方向。

在索福克勒斯的《埃阿斯》中,某些细节突出了动物祭牲替代和人牲替代之间密切的亲缘关系。在冲向羊群之前,小埃阿斯曾有一瞬间表现出想要用自己的儿子来当牺牲的意图。孩子的母亲未轻视这种威胁,她把孩子藏了起来。

在对献祭的总体研究中,没有任何理由将人牲与动物祭牲分别开来。如果献祭替代的原则是建立在实际的受害者与潜在的受害者之间的相似性之上,那么在前面两个神话中,如果用人类来献祭的话,都不用担心相似性这个条件得不到满足。毫不奇怪,一些社会曾经将祭杀某一类人以便保护另外类别的人加以制度化。

我们无意于淡化那些奉行人祭的社会与不奉行人祭的社会之间的决裂关系。但这种决裂不应掩盖那些共同点;说实话,在人祭与牲祭之间没有丝毫本质的区别。实际上在许多情况中,两者彼此可以替代。我们倾向在献祭制度内部维持一些几乎没有现实意义的区分,我们反感将人祭和牲祭放在同一层面,这大概造成了我们对人类文化的这个核心层面的极端误解,直到今日依然如此。

反感将献祭的所有形式加以整体看待,这并不新鲜。比如,约瑟夫·德·迈斯特在定义了替代原则之后,他未加任何解释就粗暴断言这个原则不适用于人祭。这位作者断言无法以祭杀人类来拯救人类。这种观点不断受到希腊悲剧的否定,在《美狄亚》这样的作品中的否定是暗含的,在欧里庇得斯的笔下却是清楚明白的。

根据欧里庇得斯笔下克吕泰涅斯特拉的意见,如果神谕说为了拯救人命要用她的女儿伊菲革涅亚来献祭,那是完全合理的。所以,通过一个人物,悲剧作者向我们揭示了人祭的"正常"功能,而迈斯特却称人祭的这种功能是无法接受的。克吕泰涅斯特拉叫喊着说,如果阿伽门农同意看着女儿死去:

> 为了防止城邦遭洗劫
> 为了给家族效劳,拯救孩子,
> 祭杀一个,而拯救其余的,
> 大家是可以原谅他的。
> 但是他没有这样做!而现在那个无耻的海伦……

现代的研究者,尤其是于贝尔和莫斯,从未刻意排除人祭——有什么理由排除呢?但他们在理论陈述中却很少援引人祭。另外一些人则相反,他们只关注人祭,他们总是强调其"虐待狂""野蛮"等侧面;再一次,他们把人祭与祭祀制度的其他方面隔绝起来。

将献祭分成两大类——人祭和牲祭,这种划分本身从严格的仪式意义上看,具有一种献祭特性;这一划分在价值判断上依据这样的认识,认为某些祭牲,即人类,特别不适合献祭,而另一些祭牲则是非常适合献祭的。这中间存在着一种祭祀的残余,它延续于对祭祀制度的错误认识中。问题不是放弃这种误解所依据的价值判断,而是暂时搁置价值判断,承认这个价值判断本身并非武断,但在整体看待祭祀制度时却是武断的。必须清楚那些明确的和隐含的隔绝,必须将人类祭牲和动物祭牲放在同一平面,才能找出可能存在的选择祭牲的标准,发掘出可能存在的普遍的选择原则。

我们刚刚看到,所有祭牲,甚至动物祭牲,要想提供满足暴力口味的食粮,必须与祭牲所替代的对象相似。那这种相似不应发展到简单的等同,不应该发展到灾难性的混淆。就动物祭牲而言,区别是显著的,不可能有任何混淆。虽然努尔人尽量让牛群与自己相似,让自己与牛群相似,但他们从来不真正将人当作牛。证据就是他们总是用牛来献祭,却从不用人。我们不要重新落入初民心态的惯常套路。我们并非认为初民不如我们懂得做出某些区分。

要让生物(人类或其他动物)的某个特定种属看起来可献祭,就必须从它身上发现与不可献祭的种属(人类)的某种尽可能大的相似性,同时又不丧失明显的区别,不可能有任何混淆。就动物来说，我们要重复这一点，区别是显而易见的。就人祭来说，情况却不同了。如果通观人祭，看看人牲的选择范围，那么我们似乎面对着一张极其杂乱的清单。有战俘，有奴隶，有儿童和未婚的青少年，有残疾人，有社会的弃民比如古希腊人的替罪者。在某些社会中，还有国王。

这份清单包含共同点吗？有可能从清单的内容归纳一个唯一标准吗？在清单上，我们首先看到一些不属于或者几乎不属于社会的人——战俘、奴隶、替罪者。在多数初民社会里，儿童和未接受成人礼的青少年同样不属于社群；他们的权利和义务近乎不存在。所以，我们在此仅仅涉及一些外在的或者边缘的类别，他们与社群的缔结的纽带绝不可能与社群成员之间的纽带相提并论。要么是他们作为外来者或敌人的属性，要么是他们的年龄，要么是他们的奴隶身份，阻碍了这些未来的牺牲者完全融入这个社群。

但是国王呢，又怎么说？他不是处于社群的核心吗？大概吧，但是就国王而言，正是这种处于中心和根基的位置将他与其他人隔绝，这种地位让他变成真正的等外之人（hors-caste）。他"从高处"超出于社会，恰如替罪者"从底部"超出于社会。国王还有一个陪衬，就是他的侏儒弄臣，弄臣与主人分担一种游离在外的处境，一种事实上的孤立，这种孤立常常因为人们所赋予这种处境的正面价值或者负面价值而更加突显，而正负之间可以轻易反转。从各方面看，弄臣都是非常"适合献祭的"，国王可以将怒火发泄在他身上，但国王也可能自己被献祭,有时候是以最具有仪式性和最定期性的方式,如在某些非洲王朝中那样[1]。

从是否完全归属于社会这个标准来确定可献祭与不可献祭的区别,这还算准确,但这种界定仍属抽象,对我们没有很大助益。有人可能提出,在许多文化中,女性并不真正属于社会,但从不或者几乎从不被献祭。对于这一点,也许存在一个非常简单的原因。已婚女性与她的血亲群体保持着牵连,即便她在各方面成了丈夫和丈夫血亲群体的所属。祭杀女性总有可能让两个群体中的一方将献祭理解为杀害,而进行复仇。只要想一想这一点,就应理解复仇这个主题能解释这个问题。所有可以献祭者,不论是我们刚刚列举的人的类别,还是其他动物,他们与不可献祭者的区别在于一个本质属性,在所有奉行祭祀的社会中均无例外。在社群与仪式牺牲者之间,某种社会关系是缺失的,这种社会关系让人们可以对某个个体诉诸暴力,而不会面临其他个体即其亲属的复仇,而亲属为亲属复仇是人们的义务。

要想信服献祭是没有复仇风险的暴力,只要看看仪式对复仇主题的重视就够了。只要看看这个有时有些逗乐的悖论就够了,明明根本没有复仇的风险却对复仇念念不忘,要不断提到复仇,比如在祭杀一头绵羊的时候:

> 我们为将要完成的行为道歉,我们为羊的死亡而哀

---

[1]《初民社会的结构与功能》,pp. 163-167。

号，我们为它哭泣就像是亲人。在击杀它之前，我们请它原谅。我们向它如同属于一个大家族一样所属的羊类的其他羊说，我们请求它们不要因为对它们造成的损失复仇，我们将要危害它们的一个成员。出于同样的想法，杀人者可能会受到惩罚；人们打他或者驱逐他[1]。

被看作一个大家族的整个羊类，行祭者请求它们不要为它们的牺牲者复仇。在献祭中描述一桩有可能导致复仇的杀戮，祭礼为我们间接指明了仪式的功能，指明了祭礼要替代的是哪类行为，以及在选择牺牲者时的标准。暴力的欲望针对着亲属，暴力欲无法在亲属身上得到满足而不导致各种冲突，所以必须将它转移到祭牲身上，祭牲是唯一可以没有危险地进行打击的，因为没有人为它复仇。

如同一切涉及献祭的真正本质的东西，区分献祭与不可献祭的真相绝不被人直接表述出来。某些古怪之处，某些无法解释的任性之举，对我们掩盖了合理性。比如，某些种类的动物被明文排斥在外，而对社群成员的排斥却甚至不会被人提到，那是当然的事。因为仅仅关注献祭中纯属怪诞的侧面，现代思维以自己的方式在延续着误解。排遣暴力的过程越让人们觉得不是自己所为，而是一种绝对的强制力，是神的命令，神的要求既可怖又详细，那么人们就越能成功地排

---

[1] 于贝尔、莫斯：《论献祭的性质与功能》，见莫斯《全集》，第一卷，Paris，1968，pp. 233-234。

第一章 献 祭

遭暴力。因为将祭祀整体排除于真实之外,现代思维依然无法认识其中的暴力。

*

献祭的功能在于平息族群内部的暴力,阻止冲突爆发。但是那些没有真正意义的祭祀仪式的社会,比如我们的社会,也成功地做到了避免内部暴力;内部暴力并非没有,但从未爆发到危害社会存在的地步。献祭和其他仪式形态可能消失而不造成灾难性后果,这个事实应该部分解释了人类学和宗教学在这个问题上的无力,解释了为何我们无法赋予这些文化现象一种真正的功能。我们很难把我们看起来并不需要的一些制度当作是不可或缺的。

在我们这样的社会与宗教社会之间,也许存在某种区别,宗教社会的仪式,尤其是祭祀,可能对我们掩盖两者的区别具有决定性的意义,如果这些祭祀仪式对于这种具有决定性的东西是起着代偿作用的话。因此,人们会认为献祭的功能是我们永远无法了解的。

我们刚刚看到,一旦被献祭抑制下去的内部暴力略微显露它的属性,它便以血亲复仇(blood feud)的形式呈现。而在我们的世界里,血亲复仇只起着微不足道的作用,或者毫无作用。也许,应该从这方面来寻找与初民社会的区别,寻找我们早已摆脱的这种特别的宿命,献祭显然并不能排除复仇,但它将复仇维持在可容忍的限度之内。

为何血亲复仇,在任何社会里肆虐,都会构成一种令人无法忍受的威胁？因为对于已流的血，唯有让罪人也流血，才是让人满意的。在复仇所要惩罚的行为与复仇行为本身之间并无明显区别。复仇想要报复，而任何报复都会招致新的报复。复仇所惩罚的罪行本身几乎从不是最原初的；罪行本身已经是对更远的罪行的复仇。

复仇构成无尽的、无休止的进程。每当复仇在社群的任何一点上出现，它倾向于扩展开，并达到社会肌体的全部。复仇有可能导致真正的连锁反应，在一个小规模社会里造成致命后果。报复的增多危及社会存在本身。这便是为何复仇在各处都被严格禁止。

但是，奇怪的是，对复仇的禁令最严格的地方却是复仇当道。甚至当复仇躲在暗处，表面上不起任何作用，它却决定了人们之间的许多关系。这并不意味着对复仇的禁令被偷偷违背。正是因为杀戮让人厌恶，因为必须阻止人们杀戮，复仇的义务才确立起来。绝不让人流血的义务，与必须为所流的血复仇的义务，并没有真正的区别。所以，要想让复仇停止，如同我们今天想让战争停止，仅仅说暴力是丑恶的是不够的；正是因为人们坚信暴力是丑恶的，他们才把复仇当作义务。

在仍有复仇威胁的世界里，人们不可能对于复仇具有完全清晰的认识，不可能说到复仇时不自我矛盾。比如，在希腊悲剧中，对于复仇，没有也不可能有一贯的态度。努力从悲剧中得出关于复仇的或正面或负面的一套理论，那实在是错过悲剧性的本质了。每个人依据自己在暴力的棋盘上所处的位置，会以相同的热情去赞同或谴责复仇。

存在复仇的一种恶性循环，我们想不到它对于初民社会影响有多么大。对于我们来说，这种恶性循环不存在。我们这项优待的原因是什么？对于这个问题，我们可以从制度上给出果断的回答。是司法体系排除了复仇的威胁。司法体系并未消灭复仇：它实际将复仇限制在唯一一次报复里，报复的施行被委托给一个专司这一领域的主权当局。司法当局的决定总是被确立为对复仇的最终决定。

此处，某些表述比司法理论更具有启示性。一旦无休止的复仇被排除，人们有时将之称作私人的复仇。这个表述暗示有一种公共的复仇，但后一个词从未被人明确使用。在初民社会，从定义上，仅仅存在私人复仇。所以，不应该去初民社会寻求公共的复仇，而应在治理良好的社会中寻找，只有司法系统才能提供公共复仇所要求的担保人。

在刑法系统中，没有任何正义原则与复仇原则真正有区别。在两种情况下，起作用的是同一原则，即暴力的对等性原则、抵偿原则。要么，这个原则是公正的，公正早已存在于复仇之中，要么，公正根本不存在。对于自己进行复仇的人，英语加以肯定地说：He takes the law into his own hands（他把法律掌握在自己手中）。在私人复仇与公共复仇之间并无原则区别，但在社会层面却有一个巨大差别：复仇本身不再被复仇；进程结束了；复仇逐步升级的可能被排除了。

初民社会没有司法系统，许多民族学家对此意见一致。

在《原始社会的犯罪与习俗》(*Crime and Custom in Savage Society*, London, 1926) 中，马林诺夫斯基得出以下结论：在原始社会中，刑法的概念比民法概念更加无法辨识；我们现代意义的司法概念基本无法适用。在《安达曼群岛岛民》(*The Andaman Islanders*, Cambridge, 1922) 中，拉德克利夫-布朗的结论相同，而在所有能得出这样结论的地方，围绕着这些结论都显现出无休止复仇的威胁：

> 安达曼人拥有发达的社会意识，即对于善恶的一套道德概念系统，但在他们那里，由集体来惩罚犯罪是不存在的。如果一个人受到损害，应该由他去复仇，条件是他想要而且敢于复仇。大概总有一些人是支持犯罪者的，个人情感纽带要比对所犯罪行的反感更强烈。

某些民族学家，比如罗伯特·罗维（Robert Lowie），在《初民社会》(*Primitive Society*, New York, 1947) 中，对于初民社会，他谈到一种"司法的行使"(administration de la justice)。罗维区分两类社会，一类拥有"中央权威"，另一类没有。在后一类社会中，是亲族集团掌握司法力量，亲族集团与其他集团对峙，就像一个主权国家与其他国家对峙。如果不存在更高一级的机构能够在最强大的集团之间进行最终仲裁，那么就不存在"司法的行使"，不存在司法系统。只有更高一级的机构才能让无休止的血亲复仇不再可能。罗维本人承认这一条件没有实现：

第一章 献 祭

  亲族集团的团结一体在这里是最高法则：一个人对另一集团的一个人施加暴行，他理当受到自己集团的保护，而另一集团将支持受害者索取报仇或补偿。所以，事件总有可能导致复仇的恶性循环，或者内战……楚科齐人通常会在复仇行为之后讲和，但在伊富高人中间，争斗可能无休止地延续下去。

  此处说司法的行使，是滥用这些词的意思了。想要承认初民社会在对暴力的控制方面拥有与我们的社会同等或更高的美德，这种愿望不应让我们对本质上的区别轻描淡写。像罗维这样谈论问题，是在延续一种非常普遍的思想方式，根据这种思想方式，自由复仇等于不具有司法系统的社会中的司法系统。这种看法貌似符合常识，但实际上是错误的，它成为无数谬误的借口。这种看法反映出我们这个社会的无知，我们的社会长久以来享受到司法系统的便利，以至于不再能意识到司法系统的作用。

  如果复仇是一个无休止的进程，那么就不可能要求复仇来抑制暴力，实际上应该抑制的正是复仇。应该抑制复仇，证据是罗维自己提供的，每当他给出一个"司法的行使"的例子就给我们提供一个证据，即便是在他认为拥有"中央权威"的社会中。重要的并非缺乏抽象的公正原则，而是这样的事实，即所谓"合法"的行为总是掌握在受害者本人和他们的亲属手中。只要没有最高的独立的机构来代替受损害的一方，来垄断复仇权，那么无休止的复仇逐步升级的危险就仍然存在。管理复仇和限制复仇的努力仍然是不可靠的；这些努力总归要求某种和解愿望，这种愿望可能有，也可能没有。所以，再一次，即便对于和解（composition）或各类决斗的制度，谈到"司法的行使"也是不确切的。但是，在这一点上似乎应该仅止于马林诺夫斯基的结论：

> 要想恢复被打乱的部落的平衡，只有一些缓慢的复杂的手段……我们未曾发现任何习惯或做法能让人联想到我们社会的符合法典和没有时效性的规则的司法的行使。

虽然在初民社会中没有针对暴力的决定性的药方，当平衡被打破时没有万能的治愈方法，但我们可以推测，与治疗措施相反，一些预防措施起着首要作用。此处，我们又看到前面提出的对于献祭的界定，这种界定让献祭成为一种反击暴力的预防工具。

在一丁点的冲突都可能导致灾难的社会里，如同一个血友病患者出一点点血就会导致灾难，献祭把人们的暴力倾向引导到真实的或者想象的牺牲者身上，牺牲者不论有灵还是无灵，都是不可能被人复仇的，在复仇方面是完全中性和没有后果的。献祭满足了暴力的欲望，克制暴力的愿望忍不住要部分地发泄暴力，虽然效果是暂时的，但可以不断重复，而且诸多一致的证据都说明其有效性。献祭阻止暴力的萌芽得到发展。献祭帮助人们降伏暴力。

第一章 献 祭

在有祭祀制度的社会里，没有哪种危机情况是不用献祭来应对的，某些危机似乎尤其如此。这些危机总是威胁到族群的统一，总是反映为纷争和不和。危机越尖锐，祭牲就应该越"宝贵"。

在司法体系建立起来的地方，在古希腊和古罗马，祭祀衰落，从这个事实中我们可以看出祭祀行为的一个补充的特征。祭祀的存在理由消失了。当然，它可能延续很久，但处于几乎空洞的形态；我们对祭祀的认识通常是在这一状态，这强化了我们认为这些宗教制度不具有任何真实功能的想法。

前文提出的假设得到了证实：在缺乏司法体系而因此受到复仇威胁的社会中，祭祀和仪式通常应该起着核心作用。但不可以说祭祀"代替"司法体系。首先，因为祭祀不可能代替尚未存在过的东西，再者，司法体系本身是无可替代的，除非存在自愿的众人一致的对所有暴力的拒绝。

因为我们忽视复仇的危险，我们不了解献祭有什么用。我们从来不好奇那些缺乏司法刑罚的社会怎样降伏我们自己已经看不到的一种暴力。我们的误解形成一个封闭系统。没有任何东西能够戳破它。我们不需要宗教力量来解决一个我们甚至不知道其存在的问题。献祭的宗教性在我们看来是无凭无据的。问题的解决办法对我们掩盖了问题所在，问题的消失又对我们掩盖了作为解决方法的宗教性。

初民社会所构成的神秘性，肯定与这种误解有关。这种神秘感造成我们对这些社会的两极分化的观点。要么我们认为初民社会高于我们，要么相反，大大低于我们。造成这种两极分化，造成这些同属极端的判断的，是唯一的事实，即司法体系的缺乏。大概没有人能够判断个人之间暴力程度的高低，更无法判断社会之间暴力程度的高低。相反，我们可以判断的是，在缺乏司法体系的社会中，暴力与我们的社会并不出现于相同的地方，也不以相同的形式出现。依据那些引人关注的侧面，人们倾向于认为这些社会堕入可怕的野蛮状态，或者相反将它们理想化，把它们表现为应该追随的榜样，作为真正的人类的唯一典范。

在这些社会中，暴力可能引起的疾患如此之大，而治疗的药方却如此不可靠，所以人们强调预防。预防的领域首先属于宗教。宗教的预防可能具有某种暴力特征。暴力与神圣是不可分的。对暴力的某些属性的利用，尤其是对暴力可以从一个对象转移到另一个对象的能力的"耍滑头"的利用，被掩盖在仪式性献祭的僵化的机制之下。

初民社会并未堕入暴力。但它们不一定比我们自己的社会更少暴力和更少"虚伪"。要想做到全面，就必须考虑所有或多或少被人仪式化的暴力形式，它们将对人们亲近的对象的暴力威胁转移到更加疏远的对象身上，特别是战争的威胁。很明显，战争不是某一类社会特有的。技术手段的惊人发展并不构成初民与现代人之间的本质区别。就司法系统和祭祀仪式而言，这些制度的存在或缺失却能为我们把初民社会与某一类的"文明"区别开来。应该考察这些制度，不是为了达成一种价值判断，而是达成一种客观认识。

在初民社会，预防优先于治疗，这种优先性不仅仅限于宗教生活。来自欧洲的最早观察者对初民社会的行为方式和心理机制的一些普遍特征感到惊奇，虽然它们并非人类共有的，但也并非毫无依据，我们可以将这些普遍特征纳入预防优先，这是他们与我们的区别。

在哪怕最小过失都可能导致巨大后果的世界里，人们理解人际关系表现出的让现代人觉得过分的谨慎，理解人际关系所要求的让现代人无法理解的小心提防。人们在采取习俗没有预见到的任何行动之前进行漫长的空泛讨论。人们毫无困难地理解为何要拒绝参加一些在我们看来无关紧要的竞赛或游戏形式。无可挽救的结果从各方面包围着人们，他们有时表现出这种"高贵的凝重"，我们现代人忙碌的身影与之相比总有些滑稽可笑。压垮我们的那些商业、公务和意识形态的忧患，显得浅薄无谓。

在初民社会里，在非暴力和暴力之间，不存在自动的和万能的制度的约束机制，而正因为这些制度的作用已经是我们司空见惯的，它们反而更切近地决定我们的行动。这种始终存在的约束机制让我们能够不受任何惩罚地，甚至没有觉察地跨越初民无法逾越的界限。在我们"有治理"的社会中，人们的关系，即便是纯粹的外国人之间的关系，其特征也是一种无可比拟的亲切、机动和大胆。

宗教性总是旨在平息暴力，阻止暴力的发作。宗教和道德行为的直接目的是非暴力，在日常生活中是以直接方式，在仪式生活中却是以间接方式，借助的是暴力这种矛盾的手段。而祭祀却是用了一种比较离奇的迂回手段介入道德和宗教生活的整体。此外不应忘记，要想让献祭有效，就必须在虔敬（pietas）精神中将其完成，虔敬精神是宗教生活的各个侧面的特征。我们开始隐约看出为什么献祭既属于有罪的行动；又属于非常神圣的行动；既属于不合法的暴力，又属于合法的暴力。但我们与达到令人满意的理解距离尚远。

初民的宗教驯服了暴力，规约它、制服它、疏导它，目的是用它对付所有真正无法容忍的暴力形式，这一切是在一种非暴力的平和的整体气氛下完成的。初民宗教确定一种暴力与非暴力的奇怪组合。这个组合可以说几乎等于司法系统。

人类奉行的所有防备无休止复仇的手段都可能具有亲缘性。我们可以把它们归为三类：（a）预防手段，让所有人通过献祭来偏离复仇精神；（b）对复仇的规制和约束，比如和解、决斗等，其治疗作用是不确定的；（c）司法系统，其治疗的有效性是无与伦比的。

这些手段出现的次序是有效性不断增加的次序。从预防过渡到治疗，这符合真实的历史，至少在西方世界是这样。最初的治疗手段在各个方面处于纯粹宗教性的状态与司法系统的极端有效性之间。它们本身具有仪式性，常常与献祭关联。

在初民社会中，治疗手段在我们看来仍属简陋，我们从中看出向司法体系的简单的"摸索"，因为它们的实际利益是明显的：人们最关注的并非有罪者，而是没有得到复仇的受害者；最直接的危险来自受害者；必须给予受害者一种严格斟酌的满足，让他们的复仇欲得到平息，同时不激发这种欲望。所涉及的不是就善与恶来制定法则，不是让人们遵守某种抽象的公正，所涉及的是保护群体的安全，结束复仇，最好是通过和解，如果和解不可能，则通过武力决斗，决斗的组织让暴力不向周边扩展；这种决斗在两个坚决的对手之间进行，在圈定的场所，按照规则进行；决斗一了百了……

人们可能承认所有这些治疗手段已经在朝着司法系统"前进"。但是虽然有发展，发展却并不是延续的。断裂点出现在独立的司法权威的介入变得具有约束性的时刻。只有这时，人们才从复仇的可怕义务中得到解脱。司法的介入不再具有相同的可怕的紧急性；虽然其意义仍旧相同，但其意义有可能变得模糊，甚至完全不被看见。人们越是意识不到它的功能，司法系统的运转就越好。这套系统可能围绕着有罪者和有罪的原则重新进行组织，而且只要有可能就应该如此，这总归始终是围绕着偿罪的概念，但偿罪被确立为抽象的公正原则，而人们有责任让大家去遵守这种公正原则。

最初，"治疗"手段公开的目的是缓和复仇，我们看到，随着这些手段的有效性增加，它们被人用神秘感包裹起来。系统的中心点越是从宗教性的预防转向司法偿罪机制，一直保护着祭祀制度的这种误解就越向偿罪机制转移，而最终这种误解会将偿罪机制包裹起来。

等到司法系统成为唯一的主导，它会让自己的运转机制脱离人们的视线。与祭祀制度一样，司法系统隐藏起——虽然同时也透露出——让它成为复仇的等价物的东西，这种复仇形式与其他所有复仇形式类似，唯一的不同在于它不会有后续的复仇，它本身不会被人复仇。在祭祀制度中，牺牲者得不到复仇是因为他不是"正确的"牺牲者；在司法制度中，暴力打击"恰当的"牺牲者，但它的力量和权威如此之大，以至于任何报复均不可能。

人们会反驳说司法制度的运转并未真正被隐藏；的确，我们并非不知道司法对整体安全的关注大于对抽象的公正的关注；但我们仍旧相信司法系统依靠其特有的一种公正原则，而这种原则是初民社会所缺乏的。只要读一下关于这个主题的著作就会确信这一点。我们总以为初民与文明人之间的决定性差别在于初民对认清犯罪者和遵守有罪原则的某种无能为力。以此为基础，我们哄骗我们自己。初民看起来对罪人视而不见，而这种执拗在我们看来属于愚蠢或道德败坏，那是因为他害怕助长复仇。

我们的司法系统之所以让我们觉得更加合理，实际上在于因为它更严格地符合复仇原则。强调对犯罪者的惩罚就是这个意思。司法系统不是像所有纯粹的宗教性手段那样去努力阻止复仇、缓解复仇、规避复仇或将复仇转移到次要目标，司法系统将复仇加以合理化，做到将复仇割离出来并限制在想要限制的限度；司法系统操作复仇而没有任何危险；它将复仇变成一种极其有效的治疗技术，而且附带着具有对暴力的预防效果。

对暴力的这种合理化无关于它是否在族群里有更直接和深入的根基;相反,合理化依靠司法权威的主权独立,权威得到永久任命,没有任何集团哪怕是族群全体(至少原则上如此)可以质疑其决定。司法权威不代表任何特别集团,它仅仅是其本身,不隶属于任何个人,它服务于所有人,而所有人都要服从其决定。只有司法系统才会毫不犹豫地全心打击暴力,因为司法系统拥有对复仇的绝对垄断。借助于这种垄断,司法系统通常能做到熄灭复仇,而不像初民社会中同类行为所造成的结果,让复仇激化,让复仇扩张和蔓延。

司法系统和祭祀制度总归具有相同功能,但司法系统绝对更加有效。只有与真正强大的政治权力相结合,司法系统才能存在。如同所有的技术进步,它构成一把双刃剑,既是镇压的武器,又是解放的武器,这正是祭祀制度在初民眼中的样子,在这一点上,初民的看法比我们更加客观。

司法系统的运转在今天能被看得出来,那是因为它从隐蔽处露出马脚,而它的运转需要隐蔽才能有效进行。此时,对它的任何理解都是危机性的,是与系统的危机、与系统解体的威胁同时发生的。这套机制掩盖了非法暴力与合法暴力的真实的同一性,不管它多么强大,最终总会剥落、裂缝,最后坍塌。潜在的真相暴露出来,重新显露出报复的对等性,并不仅仅是在理论上显现,如同纯粹的知识真理向学者们显现出来,而且是作为一种阴森的现实显现,作为一种恶性循环显现,人们以为已经摆脱了它,而它却重新肯定了它对人的掌控。

让人们能够缓解暴力的手段都是类似的，因为所有这些手段都与暴力属性相同。有理由认为这些手段都源于宗教性。我们已经看到，真正的宗教性与各类预防模式是一回事；治疗手段本身浸染着宗教性，其简陋的形式和司法形式都是如此，在其简陋的形式中几乎总是伴随着献祭仪式。广义的宗教性大概与人类抗拒自身的暴力的所有手段之上包裹着的这种模糊难解的东西是一回事，不论这些手段是治疗性的还是预防性的，宗教性与司法系统替代祭祀制度之后所获得的这种晦涩是一回事。这种模糊难解与神圣的、合理的、合法的暴力实际取得的超验性（神性）同时发生，而超验性所面对的是有罪的、不合理的暴力的内在性。

祭牲在原则上是奉献给神的，被神享用，与此相同，司法系统援引一种神学，这种神学保证司法系统裁判的真实。这套神学甚至有可能消失，就如同它在我们的世界消失了，但司法系统的超验性却原样保留着。经过了许多世纪，人们才意识到他们的正义原则与复仇原则之间并无区别。

司法系统的超验性得到所有人的承认，而不论具体实施的机构是什么，只有这种超验性才能确保司法系统的预防与治疗的有效，才能区别出神圣的、合理的暴力，不让司法系统成为责难和质疑的对象，也就是说不重新堕入复仇的恶性循环。

存在唯一的创始性的元素，必须称之为宗教性，它是比神学意义更深层意义上的宗教性，它始终在我们中间具有创始性，因为它总是被隐藏着，虽然越来越藏不住了，虽然在它的基础上建起的建筑物让我们能够解读我们当前对于暴力与宗教性的无知，它保护我们免于暴力，它隐藏在暴力之后，正如同暴力藏身在它之后。我们不总能理解宗教性，那并不是因为我们处于宗教性之外，而是因为我们仍旧处于其内部，至少从本质而言是这样的。对于上帝已死和人类已死的雄辩的论争不具有任何极端性；这些论争仍然是神学意义的，所以在广义上是献祭意义的，因为论争隐藏了复仇问题，而就论题而言复仇是非常具体的问题，远超所有哲学意义，因为正如同人们早已告诉我们的，在消灭所有神性之后，无休止的复仇的威胁会再次落在人类身上。不论是宗教的、人文主义的还是任何其他的超验性，一旦不再有超验性来定义合法的暴力，保证合法的暴力相对于任何不合法暴力的特殊性，那么暴力的合法与不合法就彻底被交由每个人定夺，也就是说落入剧烈的摇摆不定和模糊难辨。从此以后，有多少个暴力的人就有多少合法的暴力，也就是说根本不再有合法的暴力。只有某种超验性，让人相信献祭与复仇有区别，或者司法系统与复仇有区别，才能持久地蒙骗暴力。

这就是为何司法系统的被人理解，它的神秘性的被破除，必然伴随着它的解体。这种神秘性破除的过程仍旧是献祭性的，其本身具有宗教性，只要去除神秘性还未彻底完成。而正是因此，去除神秘性的行动自认为是非暴力的，或者自认为不像司法系统本身那么暴力。实际上，破除神秘性的过程越来越暴力；虽然其暴力不那么"虚伪"，但更加活跃，更加激烈，而且总在预示着某种更糟的暴力，某种解除了任何节制的暴力。

从实践的差别与神话的有差别的背后，我们应该辨识出无差别，即复仇、祭祀和司法刑罚的实际的同一性。正是因为这三种现象的本质是相同的，它们才总是在危机之时全都倾向于重新堕入相同的无差别的暴力。如果只是抽象地加以表述，这种等同可能显得夸大，甚至不大可能。必须从具体的图解出发来看待它；必须对它的解释力加以检验。没有这种等同，许多习俗和制度始终是无法认清、无法分类、"脱离常规"的，借助于这种等同则可以得到解释。

在《初民社会》中，在谈到对暴力行为的集体反应时，罗维提到的一个事实值得引起我们的好奇：

> 楚科齐人通常在仅仅一次报复后讲和……伊富高人倾向于在几乎任何情况下支持自己的亲人，而楚科齐人却常常力图通过杀死一名家族成员来避免纷争。

同所有祭杀或司法惩罚一样，这里涉及的是阻止复仇的恶性循环。这正是罗维的理解。通过杀死一个自己人，楚科齐人采取主动。他们向潜在的对手提供一个牺牲者，借此请他们不要复仇，不要有所行动，从而构成新冒犯，从而让复仇再一次变得必不可少。这个赎罪元素类似献祭，而牺牲者并不是犯罪者本人这个事实，加强了牺牲者的选择与祭祀的相似性。

但人们无法把楚科齐人的习俗列入献祭。实际上，真正仪式性的祭杀从来不是与最早的流血直接和公开地关联起来的，最早的流血从特性上是不属于规律性的。祭杀绝不会看着像对某个特定行为的惩罚。正因为这样的关联从来不显现，我们才总是把握不住献祭的意义，献祭与暴力之间的关系才一直不被人了解。这里，这种意义显现出来，显现的方式太过直露，以至于我们无法将这行为定义为仪式性的。

那么，可以将这一行为归入司法惩罚，对此能够谈得上"司法的行使"吗？我们无法这样做：因为第二次杀戮的牺牲者并非第一次杀戮的犯罪者。当然，同罗维一样，有人可能援引某种"集体责任"，但这并不足够。集体责任总是在缺少真正责任人的时候被人援引或者附加在真正责任人之外，或者当人们对于任何个人责任都完全不加区分的时候。集体责任从来不刻意排除真正的罪人，而此处所涉及的却正是排除罪人。虽然在某些特定例子中，对罪人的排除是不确定的，但排除罪人有太多的例证，我们不得不将此视作一种能说明问题的现象，一种应考虑在内的文化态度（attitude culturelle）。

此处，我们不应该逃避到某种"初民心态"，不应援引"个体与群体之间某种可能的混同"。楚科齐人之所以放过罪人，并非因为他们对罪责的区分力差，而恰恰相反，是因为他们能很好地辨别出罪责。换言之，罪人正是作为罪人而得以幸免。楚科齐人认为有合理的理由这样做，我们现在正是要找出这些理由。

将罪人变成牺牲,这等于要求复仇,等于严格服从暴力精神的要求。不是杀死罪人,而是杀死他的一个亲人,人们就排除了完美的对等性,人们不想要这种完美的对等性,因为它过分敞开了复仇之门。如果反向作用的暴力针对的是施暴者本人,它会因此从属于施暴者的暴力,无法再与之区分开来。它已经成为失去节制的复仇,虽然它的目的是防止复仇,却已经投入到复仇之中。

要想终止暴力,人们无法免于暴力。但正因如此,暴力是无休止的。每个人都想成为暴力的最后赢家,却因此而不断报复下去,永远无法达成任何真正的终局。

通过将犯罪者本身排除在任何报复之外,楚科齐人努力不堕入复仇的恶性循环。他们想要扰乱线索,至少一点点,而不过分扰乱,因为他们不想让自己的行动失去首要的含义,即对于第一次杀戮做出回应,由他们的一位亲人真正付出代价。为了平息杀戮引起的激情,必须用一个行动来对抗,它不能太像对手所希望的复仇,但也不能太不像。所以,这个行动既像法律的惩罚,又像献祭,同时与两者都不会混同。它与司法惩罚相像的地方在于它是暴力的弥补、赎罪。楚科齐人同意忍耐,将对于另一族群的暴力损害施加于自己人身上。它与献祭相像的地方在于第二次杀戮的牺牲者不是第一次杀戮的有罪者。这个元素让我们觉得荒谬,觉得非理性的地方正在于此:有罪的原则没有得到遵守!我们觉得有罪原则如此了不起,如此绝对,我们无法想象有人会

第一章 献 祭

拒绝它。每当缺乏有罪原则,我们便会设想在认知中存有缺陷,存有某种智力缺陷。

此处遭到放弃的正是我们的理性;理性遭到放弃,因为理性等于严格执行复仇原则,因此会带来后患。

我们要求在有罪与惩罚之间建立直接关系,我们因此自以为掌握了初民达不到的真理。但事实与此相反,其实是我们看不到初民世界中非常真实的一种威胁,即暴力的"逐步升级"——无节制的暴力。这大概正是初民习俗和宗教暴力表面上的古怪做法在努力驱除的东西。

在希腊世界,人们拒绝身体触碰遭到咒逐的人(anathème),在这种古怪的回避背后存在一种与楚科齐人习俗的动机类似的恐惧。向施暴者施暴,等于听凭自己受到施暴者的暴力的感染。人们设法将遭到咒逐的人置于一种他无法存活的境地;除了他自己,没有人对他的死亡负有直接责任,没有人对他施暴。人们把受咒逐者独自一个人抛弃到大海上或山顶上,没有给养,人们强迫他从悬崖跳下去。将不祥的孩子示众,从各方面看起来,都属于同类考虑。

所有这些习俗都让我们觉得荒谬,无理性,但它们却远非没有理由,这些理由服从于一套严密的逻辑。关系到的总是设想和施行一种暴力,这种暴力不会成为从前的暴力的连锁反应的新的一环,也不会引起以后的暴力的连锁反应;人们希望一种彻底不同的暴力,一种真正具有决定意义的最后的暴力,一种彻底终结暴力的暴力。

初民努力从形式层面打破报复的对称关系。与我们相反，他们看到了相同事物的重复，他们尝试用差别来结束它。现代人则不怕暴力的对等。是暴力构建起所有法律的惩罚。司法干预的强大让法律的惩罚不会引发报复的恶性循环。我们甚至不再明白复仇的纯粹的对等性中让初民们畏惧的东西。这就是为何我们无法把握楚科齐人行为的原因和古希腊人对受咒逐者谨慎提防的原因。

楚科齐人的解决方法与复仇，与仪式性的献祭和法律惩罚都不会混淆。然而，这种方法与这三种现象均不陌生。它处在复仇、献祭和法律惩罚相互重合的地方。如果任何当前的思想都不能设想这些现象有重合之处，那么就不能指望它们阐明我们所关注的问题。

*

从楚科齐人的习俗中，人们能够解读出许多心理意涵，但价值有限。比如，人们可能认为，不处死罪人，而是处死罪人的亲属，楚科齐人想以此表现和解态度，同时又拒绝"丢面子"。这有可能，但我们同样可以想象出其他解释；可以列举千百种不同的互相矛盾的可能。迷失在这样的迷宫里是无益的；宗教的表述囊括所有心理假设；宗教的解读不认为任何假设是必然的，但也不排除任何假设。

此处，核心的宗教概念是仪式规定的不洁性的概念。前文的看法可以成为对这一概念进行调查的引论。是暴力造成了仪式规定的不洁性。在许多情况中，这是显而易见的、无可争辩的真理。

第一章 献 祭

两个人动起手来，可能发生流血；这两个人已经是不洁的。他们的不洁具有传染性；停留在他们身旁，就有卷入他们的争执的危险。只有一个可靠办法可以避免不洁，即避免与暴力的接触，避免受到这种暴力的传染，也就是远离开。这里没有任何对道德的义务或禁令的认识。传染是一种可怕的危险，实际上只有那些已经沾染不洁、已经受感染的人，才会毫不犹豫地将自己暴露在外。

如果与一个不洁的人即便是偶然的接触都会让人不洁，那么更不必说，与施暴的敌对者的任何接触同样会让人不洁。如果必须不惜代价诉诸暴力，那么至少要让牺牲者是洁净的，让牺牲者没有卷入不祥的争端。这正是楚科齐人心中所想。我们的例子明确揭示不洁或传染的概念对人们之间的关系起着重要作用。在这些概念之后隐藏着一种重要的现实意义，而这却是宗教人类学长期否定的。现代的观察者，特别是 J. G. 弗雷泽（J. G. Frazer）及其弟子们那个时代的观察者，他们绝对看不到这种现实意义，这首先是因为这种现实意义对于他们是不存在的，还因为初民的宗教设法掩盖这种现实意义；诸如不洁或传染这样的概念，从它们所设定的物质性，揭示出这种伪装的最主要手段。人与人之间的关系受到某种威胁，而这种威胁正属于人与人之间的关系要解决的范围，它被人用一种完全物化的形态呈现。仪式规定的不洁性概念可能衰退，直到仅仅成为对物质接触的不祥作用的一种畏惧的信仰。暴力变形为一种流质，它浸染物体，它的传播似乎遵从纯粹物理的定律，有点像电或者巴尔扎克笔下的

"磁气"。现代思维远未消除误解,并找出掩藏在这些畸变之后的现实,反而加重和加强了误解;因为将宗教性与所有现实割裂,将宗教性变成让人昏昏欲睡的故事,现代思维在对暴力的掩盖中是与它进行合作的。

一个人上吊了,他的尸体是不洁的,而用来吊死他的那根绳子也是不洁的,挂绳子的那棵树也是,树周围的土地也是;随着不断远离尸体,不洁的程度降低。这一切仿佛从暴力显现之处和暴力直接传染的物体,向周围发散一些微妙的挥发物,它们侵入周围所有物体,随着时间和距离而倾向于减弱。

在一座城邦里发生了一场可怕的屠杀。这个城邦向另一个城邦派出一些使臣。使臣们是不洁的;人们尽可能避免触碰他们,避免与他们交谈,甚至避免在有他们在场的时候驻足。在使臣离开后,人们不断举行净化仪式,洒净水、进行献祭等。

虽然弗雷泽及其学派认为对不洁的传染的畏惧是判断宗教思维的"非理性"和"迷信"的绝佳标准,但其他一些观察者则相反,认为这是在科学出现之前的科学。这种视角的基础是某些科学的预防措施与仪式的预防措施之间惊人的吻合。

存在一些社会,一种传染病——天花,在那里有专门的神掌管。在整个患病期,病人被献给这个神;他们被隔离出族群,交给"入教者"看护,或者说是这个神的祭司,即一个曾经染病而存活的人。从那以后,这个人获得了神的力

第一章 献 祭

量,他可以免于神的暴力。

我们可以想象,某些阐释者对这类事实感到吃惊,他们以为在仪式规定的不洁性的源头发现了对细菌理论的某种模糊但真实的直觉。通常,人们拒绝这种看法,借口是人们为防范仪式规定的不洁性而进行的努力并非全部符合现代卫生标准,甚至恰恰与卫生相反。这种批评仍是不充分的。实际上这种批评不妨碍我们将仪式的预防措施比作仍属摸索阶段但已经部分有效的医学,例如19世纪的医学。

将宗教的恐惧看作一种前科学,这种理论触及某种有价值的东西,但太过片面和割裂,我们只能认为它是错误的。这样的理论只可能诞生于这样一种社会或环境,疾病被人认为是加之于人类身上的唯一宿命,是有待降伏的唯一威胁。在关于传染的初民思想中,显然传染病是存在的。通观仪式规定的不洁性,疾病肯定在其中,但仅仅构成其中的一个领域。我们把疾病这个领域孤立出来,因为现代的、科学的、纯粹病理学的传染概念只在这个领域与适用范围更广的初民的传染概念吻合。

在宗教的视角下,传染在对于我们真正存在的这个领域,与传染不真正存在的那些领域是没有区别的。这并不意味着初民宗教属于弗雷泽或列维-布留尔(Lévy-Bruhl)所批评的"混淆"类型。将传染病等同于被大家公认为同样具有传染性的各种形式的暴力,其依据是一整套相互配合的征兆,这些征兆构成一个非常和谐的整体。

一个初民社会,一个没有司法系统的社会,我们已经讲过，它暴露于复仇的不断升级，暴露于彻底的毁灭，我们下文称之为本质的暴力（violence essentielle）；这个社会被迫对这种暴力采取某些让我们无法理解的态度。我们不理解，总是因为两个同样的原因：第一个原因是我们对于本质的暴力毫无所知，甚至不知其存在；第二个原因是初民本身仅仅以几乎完全脱离人性的形式认知这种暴力，即在部分地具有欺骗性的神圣（sacré）的外表下来认知。

从整体上看待人们用来对付暴力的那些仪式性的预防措施，不管它们中的一些让我们觉得多么荒谬，它们丝毫不属于虚幻。这是我们已经从献祭看到了的。如果献祭的宣泄（katharsis）成功阻止暴力的失控的蔓延，那么它就真正成功终止了某种传染（contagion）。

如果我们回顾人类历史，我们会发现从一开始暴力就显现为一种很容易传播的东西。如果最初针对的对象达不到，暴力倾向扑向一个替代对象，这种倾向可以被描述为一种传染。长久压抑的暴力最终总会向四周蔓延；于是，处在暴力可及范围的人就倒霉了。仪式的预防措施一方面旨在预防这类蔓延，另一方面则旨在尽可能保护那些突然卷入仪式规定的不洁性的处境中的人，也就是暴力处境中的人。

哪怕最小的暴力也可能引发灾难性的逐步升级。这个真相丝毫没有过时，虽然它变得难以看出，至少在我们日常生活中难以看出，但我们大家都知道暴力场面具有某种"传染性"的特质。有时，几乎不可能免于这种传染。对于暴力，不宽容最终可能与宽容同样致命。当暴力变成显见的，有人肆意使用它，甚至带着热情使用它，另一些人则反对暴力蔓延，但常常是反对者让暴力得以胜利。没有任何规则是普遍有效的，没有任何原则最终能抗拒暴力。有些时候，不论是毫不留情还是委曲求全，治疗的药方全都有效；另一些时候则相反，药方全都无效；此时，治疗的药方只会让人们以为药方能够阻止的病痛更加严重。

似乎总会发展到只能用另外的暴力来反对暴力的时刻；于是，成败无所谓，暴力总是赢家。暴力具有一些非凡的摹仿效应，有时是直接的和正面的，有时是间接的和负面的。人们越是努力控制暴力，他们越是在滋养暴力；暴力把人们以为会反对它的那些障碍变成它起作用的手段；它像一团火，吞噬人们为了熄灭它而丢给它的一切。

我们刚刚借助了火的隐喻；我们同样可以借助风暴、洪水、地震的隐喻。瘟疫也可以，其实这些并不完全是隐喻，并不仅仅是隐喻。这并不意味着我们回到了这样的立论，把神圣性当作对自然现象的一种简单的改头换面。

神圣在人类越是自认为有能力控制自己的时候，越能可靠地控制人类的一切东西。次要意义上，风暴、森林火灾、瘟疫让人类畏惧。但是，虽然方式更加隐蔽，同样让人类畏惧的尤其是人类自身的暴力，暴力像是从外部施加在人身上，于是与所有从外部施加于人的力量混同。正是暴力构成神圣真正的核心和秘密的灵魂。

我们还不了解人类是如何成功地将人类自己的暴力外化于人类自身之外的位置的。一旦他们做到了，一旦神圣性成为这种在他们周围游荡的神秘的实体，从外部进入他们，却并不真正成为他们本身，折磨和蹂躏他们（它的方式有些像瘟疫或自然灾害），人们就会发现自己在面对一整套的现象，这些现象在我们当今看来是不同质的，但它们的类比关系却真的非常明显。

如果想要避开疾病，就应该避开与病人的接触。同样，如果不想让自己陷入杀人的狂暴情绪或者被人杀死，就应该避免接触杀人的狂暴情绪，归根到底这是同一回事，前一结果即杀人几乎总是导致后一结果即被杀。

在我们看来，这里存在两种不同类型的"传染"。现代科学仅仅关注第一类，非常明确地肯定其现实性。在我们前文定义为初民社会，即没有任何司法体系的条件下，第二类的传染很可能是最重要的。

在仪式规定的不洁性的范畴中，宗教思维囊括了一整套现象，以现代的科学的视角，它们是风马牛不相及的和荒谬的，但只要将它们围绕着本质的暴力的概念排列起来，它们的现实性和相似性就显露出来，本质的暴力提供了整个体系的主要材料和最底层的基础。

比如，在疾病与敌人有意施加的暴力之间，存在着一些无可否认的联系。病人的痛苦与伤口让人感到的痛苦是可类比的。病人有可能死去。同样，死亡威胁着所有以这种或那种方式、以主动或被动的方式卷入暴力的人。死亡从来都是可能发生在人身上的最坏的事。总之，将或多或少具有神秘性和传染性的可能导致死亡的所有原因视为同一类，与为这些原因中的一个创造一个单独的类别（如同我们将疾病当作一个类别）相比，是同样合理的。

要想理解宗教思维，必须借助某些形式的经验主义。宗教思维与现代科技研究的目标恰好相同，那就是实践行为。每当人类真的渴望达成一些具体结果，每当人类受到现实的逼迫，他便会放弃抽象思辨，回归经验主义，他力图控制或者至少避开的那些力量越是迫近他，这种经验主义就越谨慎和狭隘。

从它最简单，也许是最基本的形态来把握宗教性，宗教性甚至不探究那些包围人类的可怕力量的根本性质是什么；宗教性满足于观察这些力量，目的是确定一些有规律的序列，确定一些恒定的"特性"，让人能够预测一些事实，为人提供一些参照点，可以确定接下来应该采取的行动。

宗教的经验主义总是得出同样的结论：必须尽可能让神圣的力量远离，必须避免所有接触。所以，宗教的经验主义在某些点上一定会与医学的经验主义或总体而言的科学的经验主义吻合。这就是为何某些观察者以为从宗教的经验主义中可以辨别出科学的最初形态。

然而，宗教的经验主义可能得出一些结论，在我们看来如此有悖常理，以至于这种经验主义可能显得如此僵化、如此狭隘、如此短视，让人想用心理作用的某种紊乱来加以解释。这样一来，人们在看待事物的时候，一定会将整个初民世界转变成一个"病人"，与之相比，我们这些"文明人"的世界就像是"健康人"。

那些这样看待事物的精神病医生，只要他们愿意，会毫不犹豫地把这些范畴反转过来：于是"文明"是病人，而它的反面只可能是初民，这一次，初民看起来是"健康人"的原型。不论怎样翻过来倒过去，健康与疾病的概念都不适于解释初民社会与我们文明社会之间的关系。

仪式的预防措施在现代的背景中显得疯狂，或者至少"非常夸张"，而在它们本身的背景中却实际是合理的，这种背景就是宗教性对于它奉为神圣的暴力的极端的无知。当人类以为在后脖颈上感到《奥德赛》中独眼巨人的喘息，他们紧急防备；他们承受不起悠闲地采取这类危机局势所要求的措施。最好是做得过分，而不是做得不够。

我们可以将宗教态度比作突然面临某类未知疾病时医学的态度。瘟疫爆发，人们无法分离出致病病原。这样的情况下，真正的科学态度是什么？该怎么做？应该采取的不仅仅是已知病理学形式所要求的某一些预防措施，而是没有任何例外的所有预防措施。理想情况，应该发明一些新的预防措施，既然我们对于要打退的敌人一无所知。

一旦瘟疫的病菌得到识别，在识别之前已经采取的一些预防措施可能显得无用。一直沿用这些预防措施是荒谬的；但只要无知的状态保持着，要求采取这些措施就是合理的。

这个隐喻并不绝对适用。无论是初民，还是现代人，都永远无法识别暴力这种瘟疫的病原体。西方文明更加无法分离出它的病原体，西方文明对暴力这种疾病的认识尤其肤浅，这是因为直到今天，西方文明对于暴力这种疾病的那些最肆虐的形式获得了一种非常神秘的保护，获得了一种免疫，这种免疫并非西方文明之功，而西方文明本身却是由这种免疫造就的。

*

初民禁忌中最著名的，也许也是让人们花了最多笔墨加以描述的，是关于女性经血的。经血是不洁的。来月经的女性应该独处。人们禁止她们触摸日常物品，有时禁止她们触碰她们自己的食物，因为她们可能会污染食物。

为什么会有经血的不洁这种说法？必须从更广义的流血的框架来看待经血。多数初民都采取极端的预防措施来避免接触血液。任何在仪式献祭之外所流的血，比如意外或者暴力行为中流的血，都是不洁的。流出的血液的这种普遍的不洁性直接归属于我们刚刚提出的定义：在任何人们可能畏惧暴力的地方，都存在仪式规定的不洁性。只要人们享有宁静和安全，人们就看不到血。一旦暴力爆发，血就变得显眼：血开始流淌，人们无法阻止它，它到处渗透、漫延，失去控制地扩散。血的流动性让暴力的传染性有了具体形象。血的在场揭露杀戮，召唤着新的悲剧。血把所有它触碰的东西沾染上暴力和死亡的颜色。这就是为何血"呼唤着复仇"。

任何流血都让人恐惧。所以，经血让人畏惧从道理上讲不应让我们感到惊奇。然而，在这个问题上有些别的东西，不同于整体规则的简单应用。显然，要区别经血与在杀戮或意外中流的血，人类从未有过任何困难。然而，经血的不洁性，在许多社会中是极端的。这种不洁与性具有显然的联系。

性属于那些愚弄人类的力量，因为人类以为能够愚弄它们，这些力量才更能轻易地愚弄人类。

暴力的最极端形式不可能直接与性有关，是因为这些极端形式是集体性的。众人可能实施同一次极端暴力的行动，因为所有个人的暴力可能叠加在一起；相反，不存在真正意义的集体的性关系。这个原因本身足以解释在性的基础上进行对神圣的解读总是会抹去或忽视暴力的本质，而在暴力的基础上对神圣进行解读可毫无困难地给予性关系它在所有初民宗教思维中应有的重要地位。人们可能以为暴力的不洁是因为它与性有关。就具体案例的解读而言，相反的论点却被证明是唯一有效的。性是不洁的，因为它与暴力有关。

此处存在一些与当代人文主义相反的东西，当代人文主义与精神分析学的泛性论相互合作，虽然精神分析还谈到死亡本能。但是，征兆太多，共同的指向太明显，让人无法排除它们。我们说经血的不洁性与性直接相关。的确如此，但它与不加区分的暴力的关联更加直接。被杀死的人的血是不洁的。我们无法将这种不洁关联到经血的不洁。相反，要想解释经血的不洁，必须既把它关联到犯罪流血的不洁，又关联到性。女性的性器官是经血流出的地方，这个事实在世界各地始终让男性极其吃惊，因为在他们眼中这个事实似乎确认了性与极其多样的暴力形式的亲缘性，所有这些暴力形式同样可能导致流血。

要想把握这种亲缘性的本质和影响,必须回到我们刚才谈到的那种经验主义,甚至回到在任何宗教思维中起作用的"粗陋的常识",这种作用要比那些时新理论所推测的更大。人类总是以相同方式推理,认为全人类的信仰仅仅是一场庞大的故弄玄虚,几乎只有我们能幸免于此,这样的认识至少是言之过早的。直接的问题不是西方知识的傲慢或其"帝国主义",而是其不足。在宗教领域,正是在人们进行理解的需要最强烈、最急迫的地方,那些人已经提出的解释最空洞无用。

性与暴力的密切联系是所有宗教的共同遗产,这种联系的依据是让人吃惊的一整套趋向一致的东西。性与暴力常常不分彼此,不论是在其直接表现中,比如掳取、强奸、破除处女之身、淫虐等,还是在其更遥远的后果中。性造成多种疾病,不论是真实的还是想象的;性导致分娩的流血的疼痛,始终有可能导致母亲、孩子分别或同时死亡。甚至在仪式框架内,当所有婚姻的规定和禁忌都得到遵守,性还是伴随着暴力的,只要脱离仪式框架,在不合法的爱恋中,如通奸、乱伦等,这种暴力与由之产生的不洁性就变成极端的。性引起无穷的争吵、嫉妒、怨恨和争斗;性永远是个不和的契机,哪怕是在最和谐的族群中。

数千年来,人们承认性与暴力之间的这种关联,这种关联是不成问题的,现代人通过拒绝这种关联,力图证明自己的"胸襟开阔"。这正是产生误解的一个源头,我们应该记住这一点。同暴力一样,当真正吸引人的对象遥不可及时,性欲倾向于转移到一些替代品上。性欲自愿接纳各种替代。同暴力一样,性欲类似一种能量,它不断积聚,如果长久压抑它,最后会造成诸多混乱。另一方面,应该注意到,从暴力滑向性,从性滑向暴力,这两个方向可以轻易转换,即便是在那些最"正常"的人身上也一样,丝毫不会让人说"变态"。受压抑的性最终会发展成为暴力。反过来,恋人的争吵却最终在拥抱中结束。最新的科学研究在许多点上确认了初民的视角。性兴奋与暴力的表现方式近似。在两种情况下,多数可测量的身体反应都是相同的。

面对经血禁忌这样的禁忌,在诉诸那些万能的解释之前,在援引我们思想中起着堂吉诃德头脑中"魔法师的戏弄"作用的那些"幻想"之前,作为铁律,应该确保我们已经穷尽了所有进行直接理解的可能。仅止于经血,如同仅止于任何性暴力的物质实现,这样的思考绝对没有任何不可理解的。但是,有理由探究象征化的过程是否呼应着某种阴暗的"意愿",想要将所有暴力仅仅投到女性身上。借助经血,暴力实现了一种转移,实际建立了一种对女性不利的垄断。

*

人们并不总能避开不洁;最细致的预防措施也可能失败。哪怕最小的接触都会导致玷污,必须去除玷污。不仅为自己,而且为集体,因为整个集体都有受传染的危险。

用什么来洗去玷污呢?哪种非同寻常的闻所未闻的物质

第一章　献　祭

能抵御不洁之血的污染,甚至能将它净化呢?那正是血本身,但这一次却是祭牲的血,如果流血是以仪式进行,那么血仍旧是洁净的。

在这种让人吃惊的悖论之后,一种机制向我们显现,它始终是暴力的机制。任何不洁总归是同一个危险,即在族群内部布下无休止的暴力。威胁始终是同一个,它引发同样的仪式,同样的献祭操作,目的是将暴力发泄在不带来任何后果的牺牲者身上。潜在于仪式净化思想中的还有纯粹幻想之外的某种东西。

仪式性的功能是"净化"暴力,即"欺骗"暴力,将它发泄到一些不会导致复仇的牺牲者身上。因为仪式的有效性的秘密是它自身不掌握的,所以仪式努力要从能够提供象征意义的参照点的物质和物品的层面去把握自身的行动。显然,血很好地代表了暴力的整个操作。我们已经谈到过因不慎或恶意而导致的流血,那时,血在受害者身上干结,很快失去透明度,变得暗污,形成硬壳,一片片脱落;留在原地变得陈旧的血与暴力、疾病和死亡的不洁的血是一回事。与这种迅速变质的糟糕的血相对立的,是人们刚刚祭杀的祭牲的新鲜的血,它始终流动而鲜红,因为仪式对血的使用只是在它流出的那一刻,血随即被清理干净……

流出的血的物理变化,可能意味着暴力的双重属性。某些宗教形式出色地利用了血的这种可能性。血名副其实地可以让人看到同一种物质既污秽又清洁;既导致不洁,又能够净化;既让人暴怒、疯狂和死亡,又让人平静,让人重生。

不应将此看作加斯东·巴什拉（Gaston Bachelard）所说的简单的"物质的隐喻"，一种无关紧要的诗学的游戏。同样不应该将血的矛盾两重性看作初民宗教的不断的反复无常之后的终极现实，就像劳拉·马卡留斯（Laura Makarius）所做的那样[1]。这样两种看法中，最主要的东西消失了，那就是暴力的矛盾机制。仅仅通过血或者同类象征物来达成这种机制，宗教性不完全地领会到这种机制，却永远无法完全消灭这种机制。现代思维则不同，面对初民宗教的重要主题，现代思维总是充满了"幻想"和"诗意"，因为现代思维绝不可能从中发现什么现实的东西。

宗教思维中哪怕最有悖常理的东西，仍旧证明了一个真相，那就是在暴力问题上病痛与药方是同一的。暴力有时向人类展现可怖的面目，它百般肆虐；有时则相反，暴力显现出平息事态的一面，它把献祭的益处向周围传播。

人们无法洞悉这种两重性的秘密。他们必须区分好的暴力和坏的暴力；他们想要不断重复好的暴力，以便消灭坏的暴力。仪式正是如此。我们已经看到，要想有效，献祭的暴力必须尽可能与非献祭的暴力相似。这便是为何存在一些仪式，在我们看来像是对禁忌的无法解释的颠倒。比如，在某些社会，经血在仪式中同样可能成为有益的，而在仪式之外却是不祥的。

---

[1] 见《铁匠的禁忌》(«Les Tabous du forgeron»)，载《第欧根尼》(Diogène)，1968年4/6月。

第一章 献　祭

血即暴力的既双重又唯一的属性，在欧里庇得斯的《伊翁》(*Ion*)这出悲剧中得到了令人满意的图解。克瑞乌萨（Créuse）王后密谋借助一个不寻常的护身符来让主人公丧生：那是蛇发女妖戈耳工的血，同一种血液里的两滴。但一滴是致命的毒药，另一滴却是解药。于是，王后的老奴隶问她：

> 女神的双重馈赠怎样在这两滴血中实现呢？
> 克瑞乌萨：致命一击下，从空洞的血管里，迸出一滴血……
> 老奴：它有什么用？有什么威力？
> 克瑞乌萨：它排除疾病，让人强壮有力。
> 老奴：那第二滴有什么作用？
> 克瑞乌萨：它会要命。那是戈耳工蛇发的毒。
> 老奴：您是把它们一起带着还是分开来？
> 克瑞乌萨：分开来。怎么会把解药和毒药混在一起呢？

没有比这两滴血的区别更大的了，但也没有比它们更相似的了。所以，将两种血混淆，把它们混合起来，很容易、很诱人。发生了混合，洁与不洁之间的任何差别都将消失。在好的暴力与坏的暴力之间不再有区别。只要洁与不洁仍有区别，就能够洗清哪怕最大的污损。一旦它们被混淆，就不再能净化任何东西。

第二章 祭祀的危机

我们已经看到,祭祀的正常运作要求在真正祭杀的牺牲者与祭牲所替代的人之间绝对的割裂之下一种潜在的延续性的表象。只有借助建立在微妙的平衡之上的一种接近才能同时满足割裂与延续这两个要求。

动物与人类被分类与划分等级的方式的任何改变,哪怕是最小的改变,都有可能扰乱祭祀制度。祭祀的持续实行,总是祭杀同类祭牲的事实,其本身必然导致这类改变。我们常认为祭祀是完全无足轻重的,那是因为祭祀已经经历了很多"损耗"。

在祭祀中,任何东西都是由习俗严格确定的。无力适应新的情况,这是普遍意义上的宗教性的特点。

在彼此接近的"过分"或者"不足"的方向上发生的偏移,最终会导致相同的后果。对暴力的消除没有做到;冲突不断增多,连锁反应的危险加大。

如果牺牲者与族群之间的割裂过分,那么祭牲将不再能将暴力吸引过去;献祭将不再是"良导体",我们所取的意思类似人们说金属是电的良导体时的意思。如果相反，祭牲与族群之间过于相似，那么暴力就会太过轻易地向着祭牲的方向和族群的方向传递。献祭就失去了神圣暴力的特性，与不洁的暴力"混合"，成为不洁暴力的丑恶帮凶，成为不洁暴力的镜像或者引爆器。

这是从我们最初的立论出发，我们可以预设的一些可能。我们同样可以用文学文本，用希腊神话的悲剧改编作品尤其是赫拉克勒斯的神话来加以验证。

在欧里庇得斯的《赫拉克勒斯的疯狂》[1]（*La Folie d'Héraklès*）中，并没有悲剧冲突，没有针锋相对的敌手之间的争辩。真正的主题是一次献祭的失败，献祭的暴力出了问题。在完成功业之后，赫拉克勒斯回到家，他发现妻子和孩子落在篡位者吕刻俄斯手中，吕刻俄斯准备拿他们献祭。赫拉克勒斯杀死吕刻俄斯，这一暴力行为发生在城邦内，赫拉克勒斯格外需要净化自己，他准备用自己献祭。他的妻子和孩子在他身旁。他突然因为从他们身上认出一些旧的和新的敌人，陷入疯狂冲动，他将他们全部献祭了。

这一悲剧被当作愤怒女神吕萨（Lyssa）的法力呈现给我们，吕萨受到另外两位憎恨赫拉克勒斯的女神伊里斯和赫拉的差遣。但是在悲剧的剧情方面，导致杀人的疯狂的是祭祀的准备工作。我们无法相信这纯属巧合，而作者对此无所谓；是作者将我们的注意力吸引到触发疯狂的仪式的现场。

---

[1] 通行中译名为《赫拉克勒斯的儿女》。——译注

在屠杀之后,赫拉克勒斯的父亲安菲特吕翁询问正在恢复神志的赫拉克勒斯:

> "我的孩子,你究竟看到了什么?这错乱之举意味着什么?也许是献祭流出的血迷住了你的神志。"
>
> 赫拉克勒斯什么都不记得,他反过来问:
>
> "我的神志迷失是在哪里控制我、将我毁掉的?"
>
> 安菲特吕翁回答:
>
> "在祭坛旁。你正在圣火上净化你的双手。"

这位半神(英雄)计划的献祭成功地将暴力转移到了自己身上。暴力过于强大,过于激烈。如同安菲特吕翁所推测的,鲜血,在完成的可怕任务中和最后在城邦内部所流的血,让赫拉克勒斯的神志迷失了。献祭非但没有吸收暴力并把暴力消弭于外部,反而将暴力吸引到祭牲身上并让暴力失控,灾难性地向周边蔓延。献祭不再能完成使命;献祭壮大了不洁暴力的洪流,无法再加以疏导。替代机制失控,献祭原本应该保护的生灵变成了献祭的牺牲。

在献祭的暴力与非献祭的暴力之间,差别远不是绝对的,我们已经看到,差别甚至包含一种武断的成分;所以,差别有可能消失。不存在真正洁净的暴力,充其量,祭祀应该被定义为具有净化作用的暴力。这便是为何施祭者本身被要求在献祭之后净化自己。我们可以把献祭操作比作核设施的去除放射污染的操作;当专家完成了工作,必须为自己去除放射污染。而事故总有可能发生……

献祭的灾难性的逆转似乎是神话里的赫拉克勒斯的一个本质特征。在赫拉克勒斯生平的另一故事即半人马涅索斯的长袍的故事中，也就是索福克勒斯的《特拉基斯妇女》（*Les Trachiniennes*）中，我们再次看到这一特征，它明显可见于掩盖它的那些次要主题之后。

赫拉克勒斯把追逐德伊阿妮拉的半人马涅索斯射伤。在死之前，半人马把涂了自己精液的，或者按照索福克勒斯的说法是涂了半人马血液并混合了勒拿九头蛇血的一件长袍送给德伊阿妮拉。（此处应注意到两种血合一的主题，与《伊翁》中一种血分成两种的主题非常接近。）

这一悲剧的主题与《赫拉克勒斯的疯狂》的主题是同一个：就是这位半神的归家。这次他带回一位漂亮的女俘，德伊阿妮拉因之嫉妒。妻子派一位忠心的仆人去见丈夫，并带着涅索斯的长袍作为礼物。在死之前，半人马向德伊阿妮拉保证，只要让赫拉克勒斯穿上它，就能确保他永远忠诚。他建议她让长衫远离火，躲开任何热源，直到要使用的那天。

赫拉克勒斯穿上长袍，生起大火来进行净化献祭。火焰唤醒了毒药的烈性。这个仪式将涂料的益处变成不吉。赫拉克勒斯痛苦地抽搐，不久便死在他让儿子为他准备的柴堆上。在死之前，他将忠诚的仆人利卡斯摔死在岩石上。德伊阿妮拉的自杀同样从属于赫拉克勒斯归家和献祭失败所展开的暴力。暴力再一次向献祭原本应该保护的人释放。

这两部悲剧中交织着几个重要的献祭主题。战士返回城邦，他身染某种特殊的不洁，他仍然沉醉于刚刚参与的杀戮。我们同样毫无困难地说，赫拉克勒斯的可怕任务在他身上积聚起极大数量的不洁。

返家的战士有可能把他侵染的暴力带回族群内部。杜梅齐尔（Dumézil）研究的贺拉斯的神话[1]便是这一主题的一例。贺拉斯未经任何仪式净化而杀死自己的妹妹。在赫拉克勒斯的案例中，不洁战胜了仪式本身。如果仔细考察两部悲剧中的暴力机制，我们会发现每当献祭"出问题"都会导致我们在前一章里定义的那种连锁反应。在欧里庇得斯的剧作中，杀死吕刻俄斯是作为最后的"功业"出现的，是陷入血腥疯狂之前仍然理性的前奏；从更加严格的仪式的视角看，这一杀戮可能构成不洁暴力的最初一环。我们已经注意到，由于这一环节，暴力侵入城邦内部。最初的这次杀戮对应着《特拉基斯妇女》中的杀死仆人。

在这两个环节中，应该注意到，真正意义的超自然力的介入毫无用处，仅仅以肤浅方式掩盖了"出问题"的献祭现象。吕萨女神和涅索斯的长袍丝毫无助于弄清楚这两个文本；只要清楚这两个遮盖，就能重新看到一种原则上吉祥的暴力反转为不祥。纯粹神话学的因素具有某种肤浅性、多余性。愤怒女神吕萨实际上更像一种譬喻，而非一位真正的女神，涅索斯的长袍等于过去的暴力，它们名副其实地粘在不幸的赫拉克勒斯的皮肤上。

---

[1] 贺拉斯三兄弟替罗马城出战阿尔贝城。——译注

第二章 祭祀的危机

战士的归来没有丝毫属于神话性的东西。可以立即用社会学或心理学来解读，战士凯旋，威胁到祖国的自由，这不再是神话，这是历史。无疑高乃依在他的《贺拉斯》中是这样想的，只不过他向我们提出一种完全相反的解读。祖国的拯救者因那些不参战的人的怯战情绪感到愤怒。对于贺拉斯和赫拉克勒斯的"案例"，人们同样可以给出诸多彼此矛盾的心理学或心理分析的解读。必须抗拒诠释的诱惑，即堕入各种诠释的冲突，而这些诠释却向我们掩盖了仪式性的真正作用，真正的作用正在于这种冲突之中，我们后文将会看到，冲突本身预示一种初步的诠释。仪式性的解读容许所有意识形态的诠释，却不会援引其中任何一种。仪式性的解读仅仅肯定暴力的传染性，而战士们充斥着暴力；仪式性的解读仅限于要求仪式的净化。仪式性的解读的唯一目的是阻止暴力在族群内部重新爆发和蔓延。

我们刚刚提到的那两部悲剧以逸闻的形式向我们展现了一些现象，仿佛它们只涉及一些例外的个体，但这些现象仅仅在整个族群层面才具有意义。献祭是一种社会行为；献祭失常的后果不可能局限于某个被"命运"打下烙印的个体。

历史学家一致同意将希腊悲剧定位于古老宗教秩序和取而代之的更加"现代"的国家和司法秩序之间的一个过渡时期。在开始衰落之前，古老秩序大概有过某种稳定性。这种稳定性不可能仅仅依赖宗教性，即献祭仪式。

前苏格拉底哲学家在时间上早于那些重要的悲剧作家，他们同样被看作悲剧的哲学家。某些文本为我们带来对于我们尝试界定的宗教危机的一些明确的反响。比如在赫拉克利特残篇5中，显然涉及祭祀的衰落，以及祭祀对净化不洁的无能为力。宗教信仰受到仪式瓦解的拖累：

> 他们徒劳地尝试通过用鲜血玷污自己来自我净化，就像一个人在泥浆里泡过之后想要用泥浆来清洗自己。无论什么人看到他的行为都会觉得不可理喻！他们向一些这样的神圣形象祈祷，就像是对着墙说话，并不想去了解这些神祇和半神的性质是什么。

在仪式上流淌的血与在犯罪中流淌的血之间不再有任何区别。如果把它与《旧约》巴比伦之囚前的先知们的类似文本相比，赫拉克利特的文本便获得了更多层次。阿摩司、以赛亚、弥迦用极端暴力的词句揭露了献祭和整个仪式系统。他们非常明确地将人与人的关系的败坏与这种宗教的败坏联系起来。祭祀制度的衰退总是呈现为人们陷入相互施暴的状态；过去，亲人一起献祭第三方的牺牲者，而相互饶过；今后，他们却倾向于彼此牺牲。恩培多克勒（Empédocle）的《净化》（*Les Purifications*）包含着类似的东西：

> 136.——你们最终会停止这惨恻声里的杀戮吗？你们看不到你们在无动于衷地彼此吞噬吗？
>
> 137.——父亲抓住儿子，儿子已经变了形状；他一边要杀死儿子，一边祈祷着，丧失理智；儿子哭喊着，

哀求疯狂的刽子手；但是父亲听不到，他割开儿子的喉咙，在他的宫殿里准备着丑恶的宴会。与此相对，儿子抓住父亲，抓取母亲的孩子们，夺去他们的生命，吃掉同胞的血肉。

祭祀危机的概念似乎可以阐明希腊悲剧的某些侧面。宗教系统为悲剧提供了多数的用语；罪人不将自己看作伸张正义者，而更多看作行祭者。人们总是从正在诞生的秩序的角度来看待悲剧里的危机，却从来不从正在坍塌的秩序的角度来看。这种缺陷的原因显而易见。现代思维从未能赋予祭祀一种现实功能；现代思维无法看到一种它无法把握其性质的秩序的坍塌。实际上，坚信这样的秩序曾经存在过还不足以让人解释悲剧时代的真正宗教性的问题。与那些描绘整体画卷，并具有真正历史视角的犹太先知不同，希腊悲剧作家仅仅通过传说中的人物来谈论他们的祭祀危机，而这些人物的大致轮廓是已经由传统确定了的。

所有这些渴望人类鲜血的怪物，这些五花八门的疫病，这些构成悲剧情节发展的模糊背景的内外战争，我们从中当然能猜测出一些对同时代事件的回响，但是却缺少明确的指示。比如，在欧里庇得斯笔下——《赫拉克勒斯的疯狂》《伊菲格涅亚在陶里斯》《酒神的女信徒》——每当王宫坍塌，我们便感觉到，作者在向我们暗示主人公的悲剧仅仅是冰山一角，关系到的是整个族群的命运。在《赫拉克勒斯的疯狂》中，当主人公杀死亲人时，歌队喊叫：

> 但是你们看，你们看，风暴撼动房屋，屋顶坍塌了。

这些直接的指示点出问题所在，它们并不帮助解决问题。

如果悲剧的危机首先被定义为祭祀的危机，那么悲剧中则没有一处是不反映这种危机的。如果无法从明确指称它的词句中直接把握这危机，则应该从宏观维度感受到的悲剧内容本身间接把握它。

如果必须用一句话来定义悲剧艺术，那么我们只可能举唯一一个常量，即互相对称的元素的对立。悲剧剧情、形式、语言的任何一个侧面中，这种对称性无不起着核心作用。比如，第三个人物的出现并不构成我们所谈到过的决定性的变化。第三个人物出现之后与之前一样，核心内容始终是悲剧的论辩，即两个主角的单独交锋，是相同指控和相同辱骂的越来越高频的交互，这是真正的话语的对决，观众们辨识和欣赏的方式应该类似法国古典戏剧的观众辨识《熙德》的大段诗节，或塞拉门尼斯的叙述。

悲剧的论辩的完美对称性，在形式的层面，体现于交锋对白（stichomythie），即两个主角隔行相互对答。

悲剧的论辩是在一对一的战斗中用话语对兵器的替代。不论暴力是身体的还是话语的，悲剧的悬念都是一样的。敌对双方你来我往，力量的平衡让我们无法预测冲突的结局。要想把握这种结构的同一性，我们可以首先参考塞涅卡悲剧《腓尼基女人》中厄忒俄克勒斯与波吕尼克斯之间的一对一战斗。在这段叙述中没有任何一处不同时兼顾两兄弟；所有

动作、所有攻击、所有作假、所有炫耀都互相重复,直到战斗结束都一模一样:

> 如果一方的眼睛高过了盾牌的角,另一方便举起矛来预防攻击。

波吕尼克斯失去了他的矛,厄忒俄克勒斯便也失去了他的矛。波吕尼克斯受了伤,厄忒俄克勒斯便同样受伤。每一次新的暴力都导致一种可能被认为具有决定性的失衡,而接下来的反击不仅重建平衡,且同时制造出一种对称的相反方向的失衡,当然,这种失衡同样是暂时的。悲剧的悬念正在于这些迅速得到弥补但始终处于动态中的偏差。哪怕是最小的偏差都可能带来一种定局,而实际上定局却从未达到:

> 现在斗争势均力敌,每个人手上都失去了各自的矛。于是,他们抽出剑,相互近身攻击,盾牌抵着盾牌,声音震响,双方彼此缠在一起。

死亡本身也不会打破这两兄弟的对等:

> 牙齿上沾着尘土,双方互为凶手,他们并排躺着,两人之间没有分出高下。

两兄弟的死亡不解决任何问题。死亡延续他们俩争斗中的对称性。两兄弟是代表两支军队的决斗者，两军随后交锋，同样是以对称的方式，奇怪的是，交锋保持为言语上的，构成一场真正的悲剧论辩。此处，我们看到真正意义的悲剧的诞生，它是对肉体争斗的话语延伸，是由先前暴力的无尽的未定性引起的无穷尽的争吵：

> 于是士兵们跳起来，争吵爆发。
> 我们宣布我们的王获胜。
> 而另一方则说是波吕尼克斯获胜。首领们也一样不能达成一致。
> 一方说是波吕尼克斯先动手的。
> 而对方回答说双方的死亡让人分不出胜方。

第一场冲突的未定性自然延伸到第二场冲突，它重复着第一场冲突，如此扩展到无穷。悲剧的论辩是一场无解的论辩。双方始终有着相同的愿望，相同的论据，相同的筹码，如同荷尔德林所说的 Gleichgewicht（平衡点）。悲剧是天平的平衡，这天平不是公正的天平，而是暴力的天平。只要一个秤盘上出现了重量，在另一个秤盘上立刻会出现重量；人们彼此交换相同的咒骂；对手之间进行相同的指责，就如同球在两个网球手之间飞来飞去。冲突永远进行，是因为对手之间没有任何差别。

人们常常将冲突的平衡归因于所谓的悲剧的不偏不倚。荷尔德林本人用了这个词：Impartialität（不偏不倚）。我觉得这种解读是不足的。不偏不倚是刻意拒绝采取立场，是一种以同样方式对待敌对双方的坚定有力的言辞。不偏不倚不愿意做出决断，不愿意弄清楚是否能够做出决断；不偏不倚不肯定说做出决断是不可能的。存在一种不惜代价的对不偏不倚的炫耀，而不偏不倚仅仅是一种虚假的优越。实际上两者是一回事：要么，敌对双方的一方是正确的，而另一方是错误的，必须采取立场；要么，双方均有对错，不可能采取立场。不偏不倚标榜其本身，不愿意在这两种解决方案中做出选择。如果把它推向一种解决方案，它便向另一种方案逃避，反之亦然。人们不愿承认双方都有"道理"，即不愿承认暴力是没有道理的。

双方的幻想与不偏不倚的幻想一起破灭的时候，悲剧便开始了。比如在《俄狄浦斯王》中，俄狄浦斯、克瑞翁和忒瑞西阿斯先后卷入冲突，他们每个人都自以为能够不偏不倚地做出仲裁。

悲剧作家们不一定总是表现出不偏不倚。比如，欧里庇得斯在《腓尼基女人》中并不掩饰或者相反地要说服观众他是支持厄忒俄克勒斯的。但是这种偏袒，这一显著事实，是表面化的，所表现出的对一方或另一方的偏爱，从不妨碍悲剧作家们每时每刻强调所有对手之间的对称性。

甚至在他们貌似违背不偏不倚的美德之时，作者们却竭力不给观众们那些可能让他们采取立场的元素。为了传达给我们这种对称性，这种同一性，这种对等性，三位伟大的希腊悲剧诗人，埃斯库罗斯、索福克勒斯、欧里庇得斯使用了一些非常相似的手段甚至说辞。这是当代批评不够重视的悲剧艺术的一个侧面；有时甚至完全忽略这个侧面。在现代思想的影响下，当代批评倾向将艺术作品的独特性作为衡量作品卓越性的唯一标准。一旦必须承认一些主题、文体特征和美学效果并不专属于一个单独作家，当代批评便觉得缺少批评的对象。在美学领域，个人特性具有一种宗教教条的力量。

当然，对于希腊悲剧，不可能像对当代作家那样使用这些标准，因为当代作家本身在竭力奉行差异之道；但过分的个人主义对于解读悲剧作品却构成一种破坏性影响。

当然，我们无法否认，这些重要的希腊悲剧作家之间存在一种共同特点，甚至在这三位伟大作家创作的各种各样的人物之间也存在一些共同特点，而且并不能总是谈得上有差异。但是，人们承认他们的相似性是为了随后贬低这些相似性，把它们当作原型（stéréotypes）。谈到原型，这已经在暗示着若干作品或若干人物的共同的特点不可能具有真正的价值。与此相反，我认为在希腊悲剧中，所谓的原型揭示出本质的东西，悲剧作家总向我们隐瞒什么，那是因为我们总是对同一性视而不见。

悲剧作家展示给我们一些人物，他们卷入一种暴力机制，机制的运作过于无情，无法让人进行任何价值裁判，无法让人进行任何"好人"和"坏人"的区分，不论是简单化的还是细腻的区分。这正是大多数现代的诠释都极其不忠于原意和极其贫乏的原因；现代的诠释从未摆脱那种

"善恶两元论",它随着浪漫主义戏剧而占据上风,从那以后愈发强势。

在希腊悲剧中敌对双方间没有区别,是因为暴力抹去了所有区别。不可能进行区分,这加大了厄忒俄克勒斯和波吕尼克斯的狂怒。我们已经看到,在《赫拉克勒斯的疯狂》中,主人公杀死吕刻俄斯是为了保护亲人,这个篡位者想把他们献祭。"命运"总是嘲弄人的——它跟暴力是一回事——它让赫拉克勒斯自己完成了他的对手的险恶计划;最终,是赫拉克勒斯祭杀了自己的亲人。悲剧的敌对关系延续得越久,就越助长暴力的摹仿(mimesis),就越增加敌对双方的镜像效果。我们在前文中看到,现代的科学研究证实了暴力在从原则上看天差地别的个体时所造成的反应是相同的。

悲剧情节的特征是报复,即反复进行的一种对暴力的摹仿。当等级和尊卑差距最大的时候,比如在父亲与儿子之间,区别的消除就表现得尤其醒目。在欧里庇得斯的《阿尔克斯提斯》(Alceste)中,这种令人震惊的抹除差别是显而易见的。父亲与儿子在悲剧的论辩中交锋。双方都指责对方苟且偷生却任由女主人公死去。对称性是完美的。歌队的领唱突出了这一点,他的发言本身就是对称的。第一次发言终止了儿子对父亲的控诉:"年轻人,你是在对你父亲说话。不要再激怒他。"而第二次发言终止了父亲对儿子的控诉:"说得过分了。老爷,不要再辱骂你的儿子。"

索福克勒斯在《俄狄浦斯王》中让俄狄浦斯说出一些

话，这些话揭示出他与父亲在欲望、疑心、所作所为上简直一模一样。主人公轻率地展开调查，导致自己的败亡，是因为他对于同一个警告与父亲的反应相同：王国的某个地方，一个潜在的凶手潜伏着，这个人想要取代忒拜现任的国王，并且娶王后伊俄卡斯忒。

俄狄浦斯最终杀死了拉伊俄斯，是因为拉伊俄斯最初想要杀死他。在弑父那一幕，是拉伊俄斯先向俄狄浦斯动手。从结构上看，弑父被纳入一种相互对等的交换。弑父构成一个报复系列里的一次报复。

在索福克勒斯所诠释的俄狄浦斯神话中，所有男性的关系均属于相互对等暴力的关系：

受到神谕的启示，拉伊俄斯以暴力驱逐了俄狄浦斯，因为他害怕儿子会取代他登上忒拜王位，并娶伊俄卡斯忒。

受到神谕的启示，俄狄浦斯用暴力驱逐了拉伊俄斯，以及斯芬克斯，他取代了拉伊俄斯。

受到神谕的启示，俄狄浦斯计划挫败某个可能想要取代他的人。

受到神谕的启示，俄狄浦斯、克瑞翁、忒瑞西阿斯努力互相驱逐对方。

所有这些暴力最终导致区别的消除，不仅是在家族中，而且是在整个城邦中。悲剧的论辩让俄狄浦斯和忒瑞西阿斯交锋，向我们展示了两位精神领袖的斗争。在愤怒中，俄狄浦斯努力将对手"去除神圣性"，证明他不过是个假先知：

第二章 祭祀的危机

那么告诉我,你什么时候成了真正的预言家?当丑恶的斯芬克斯在我们城邦,你为何不告诉公民们可以拯救他们的话?不是随便什么人都能解开那谜题,需要一位预言家的本领。这种本领,你从未展示出你已从任何鸟或神那里学会它。

忒瑞西阿斯则针锋相对。面对俄狄浦斯因为无法调查出什么而越来越惶惑,他采用与他相同的策略。他攻击对手的权威,来重新确立自己的权威。他喊道:"你用你的解谜的才能又做了什么呢?"

在悲剧的论辩中,双方都用了相同的战术,使用相同手段,目标都是毁灭对手。忒瑞西阿斯自命为传统的捍卫者;他以受到俄狄浦斯轻蔑的神谕的名义来攻击俄狄浦斯;而他却蔑视国王的权威。所针对的是个人,但也触及制度。所有合法的权力都在此基础上被动摇。敌对双方都在帮助摧毁他们想要巩固的秩序。歌队提到的蔑视宗教、遗忘神谕、宗教败坏与家族价值、宗教和社会等级的崩解是一回事。

祭祀的危机,即祭祀的丧失,是不洁的暴力与净化的暴力之间差别的丧失。当这种差别丧失,便不再有净化的可能,不洁的传染性的即相互对等性的暴力在族群中蔓延。

祭祀的区别,洁与不洁之间的区别,它的消失不可能不随之带走所有其他差别。所发生的正是暴力的相互对等性的侵入的进程。祭祀的危机应该被定义为各种差别的危机,即文化秩序整体上的危机。实际上，这种文化秩序就是一个有组织的差别系统；给予个体"认同"的正是有区别意义的差距，让个体能够彼此相对于他人来定位自己。

在本书第一章里，祭祀消亡时族群面临的威胁仅仅是以肉体的暴力、无休止的复仇和连锁反应的形式出现。现在，我们发现了同一恶疾的一些更加阴险的形式。当宗教制度解体，受到威胁的不仅仅是肉体的安全，虽然或许不会立刻如此，受威胁的还有文化秩序本身。制度丧失活力；社会的骨架倒塌解体；所有价值的崩解首先是缓慢的，随后加速进行；整个文化有可能坍塌，随时会像纸牌搭的城堡一样垮掉。

如果最初隐蔽在祭祀危机中的暴力摧毁那些区别，那么这种破坏反过来将让暴力发展起来。总的来说，触及祭祀必然威胁到族群的平衡与和谐所依赖的那些根本原则。这正是古代中国人对于祭祀的思考所肯定的内容。大多数人的安宁归功于祭祀。《礼记》告诉我们，只要解除了这一联系，整体的混乱便随之而来[1]。

*

在初民宗教和希腊悲剧中，起作用的是同一个原则，它始终是隐含着的，但却是根本性的。秩序、和平和繁育有赖于文化差别。导致疯狂的敌对，导致同一家族或同一社会内

---

[1] 引文见拉德克利夫-布朗：《初民社会的结构与功能》，p. 159。

人们之间过度争斗的不是差别,而且差别的丧失。

现代社会渴望人与人之间的平等,本能地倾向于将差别看作人与人之间和谐的障碍,虽然这些差别与个人的经济或社会地位毫不相干。

这种现代理想影响到人类学的观察,影响常常是在不自觉的习惯的层面,而非明确原则的层面。开始显露的对立关系过于复杂,有太多误解,让人无法清楚描绘。应该看到"反对差别"的立场常常歪曲人类学的视角,不仅仅是在对不和与冲突的观察上,而且是在对任何宗教问题的提出上。这一原则常常是隐含着的,在维克多·特纳的《仪式过程》(*The Ritual Process*)中得到了明确承认:

> 结构性的差别化,在垂直和水平两个维度的差别化,是争吵和宗派主义的基础,是现任者与反对者之间两元斗争的基础。

但差别变小,几乎必然被人看作敌对的理由,为敌对关系提供一个争端。但是,差别并不总是起到这种作用。所有差别与祭祀制度一样,当它不再能阻止暴力的时候,它会壮大暴力的洪流。

要想摆脱一些对于别的领域完全合理的知识习惯,我们可以求助于写作《特洛勒斯与克瑞西达》(*Troilus and Cressida*)的莎士比亚。尤利西斯的著名演讲的主题正是差别的危机,我们在这里再次看到初民宗教与希腊悲剧对于暴力与差别的看法被完美阐释了。

借口是驻扎特洛伊城下的希腊军队因为无所事事而分崩离析。讲演者的话语变成对"Degree"在人类行动中的作用的一种整体思考。"Degree"或拉丁文的 gradus（阶级），是所有自然和文化秩序的原则。它让人们能够彼此定位，让事物在一个有组织和等级的整体内具有意义。是它构成了人们转变、交换和操纵的对象和价值。琴弦的隐喻将这种秩序定义为现代意义上的一种结构，一种意义区分系统，当相互对等的暴力在族群内确立，系统就一下子被打乱。这种危机有时被称为差别的动摇，有时被称为差别的消失。

> ... O, when Degree is shaked
> Which is ladder to all high designs,
> The enterprise is sick! How could communities,
> Degrees in schools, and brotherhoods in cities,
> Peaceful commerce from dividable shores,
> The primogenitive and due of birth,
> Prerogative of age, crowns, scepters, laurels,
> But by degree, stand in authentic place?
> Take but degree away, untune that string,
> And, hark, what discord follows! Each thing meets
> In mere oppugnancy: the bounded waters
> Should lift their bosoms higher than the shores,
> And make a sop of all this solid globe:

第二章 祭祀的危机

Strength should be lord of imbecility,

And the rude son should strike his father dead:

Force should be right; or rather, right and wrong,

Between whose endless jar justice resides,

Should lose their names, and so should justice too.[1]

与希腊悲剧、初民宗教一样,造成暴力混淆的不是差别,而正是差别的丧失。危机将人们投入永远的交锋,让人们丧失了任何区别特征,任何"认同"。语言本身受到了威胁。"一切都相互冲突,一切都相互争斗。"人们甚至不再能谈到完全意义上的对手,而只能谈得上一些勉强说得出名字的"东西",它们带着愚蠢的执拗相互冲突,就像从风暴中被打翻的船只甲板的缆绳里脱落的东西。大洪水把所有东西变成液体,把固体世界变成类似稀粥的东西,这个隐喻在莎士比亚的笔下频繁出现,用来指称与《创世记》中相同的暴力的无差别化,即祭祀的危机。

---

[1] 大意为:"噢!等级是所有伟大意图所依据排列的梯子,当等级被动摇,人的事业就没了活力。社会、兄弟会、学位头衔、跨越经度的和平贸易、长子权和继承权、年长者的特权,乃至王位、权杖、桂冠的特权,若是没有了等级,如何能够维持?打破等级,将这琴弦松开,离开就会出现怎样的不谐和音!一切都相互冲突,一切都相互争斗;从前被收住的水高过岸边,把这个固体的地球变成一锅粥;于是强大统治弱小,狂野的儿子把父亲打死;武力成为法度;还有更好的:合法和不合法,司法主持着它们永远的争论,如今它们丧失了名称,连司法也一样。"——译注

任何事物和任何人都不得幸免，不再有严密的计划和理性的活动。人们所有的联合形式都解体，或者陷入混乱，所有精神和物质价值都消失了。大学学位跟其他一切都消失了，因为学位本身仅仅是 Degree（等级），它们的力量来自差别化的普遍原则，随着这个原则衰败而丧失力量。

莎士比亚笔下的尤利西斯[1]是专制而保守的战士，但他同样承认一些奇怪的事情降临这个只有他一个人想要保卫的秩序之上。差别的终结，便是强大主宰弱小，儿子将父亲打死，便是任何人类司法正义的终结，因为司法本身是按照差别来定义的，定义的方式既是合乎逻辑的，又是出人意料的。如果像在希腊悲剧中一样，平衡就是暴力，那么必须让由人类司法所确保的相对的非暴力被定义为一种不平衡，定义为一种"善"与"恶"之间的差别，这一差别是同洁与不洁的祭祀差别相平行的。与这种思想相去甚远，现代人认为司法正义是永远的平衡的天平，是绝不会被扰乱的不偏不倚。人类的司法来源于有差别的秩序，并随之消亡。悲剧冲突的无休止的可怕的摆动建立的地方，公平与不公平的语言是不存在的。当人们到了这个地步，除了对他们说"你们和解吧"或者"彼此惩罚吧"，还能说什么呢？

---

[1] 奥德修斯的拉丁文名。——译注

第二章　祭祀的危机

*

如果我们刚刚定义的这种既双重又唯一的危机构成一种根本的人类学意义上的现实，如果文化秩序解体为相互对等的暴力，如果这种解体反过来助长暴力的蔓延，那么人们大概能够通过希腊悲剧或莎士比亚戏剧之外的途径来理解这一现实。随着我们现代人接触到初民社会，初民社会开始消失，但这种消亡同样可能因为祭祀的危机产生，至少在某些情况下如此。并不排除这类危机被人直接观察到。民族学的文献研究显示这类观察是存在的，甚至很普遍，但这类观察很少构成真正协调统一的全貌。这些观察常常是片段的，混杂在一些结构层面的观察中间。朱尔斯·亨利（Jules Henry）研究巴西圣卡塔琳娜州坎刚印第安人（博托库多人）的著作《丛林民族》（*Jungle People*，New York，1941），构成一个例外[1]。我们应该稍加关注。

在印第安人定居保留地后不久，这位人类学家曾在他们中生活过，那时这种生活的改变对他们的影响还有限。所以，他能够亲自观察到或者从一些直接见证者那里获得有关我们在此处称作祭祀的危机的内容。

坎刚文化极度贫乏，不论宗教层面还是技术和其他层面均如此，这让朱尔斯·亨利很吃惊，他认为这是血亲复仇的

---

[1] 该著作在1964年由兰登书屋（Random House）旗下"Vintage Book"品牌再版。本书引用翻译的段落来自再版版本。

后果，即亲属的循环复仇。为了描述这种相互暴力的后果，这位人类学家本能地借助那些重要的神话意象，特别是瘟疫："血亲复仇蔓延，如同一把可怕的斧头割裂社会，像瘟疫一样造成大量死亡。"(《丛林民族》，第50页)

此处我们再次看到了我们试图用祭祀的危机或差异的危机来汇总的所有病症。坎刚人似乎忘记了所有更古老的神话系统，只貌似比较忠实地记得关于复仇的故事系列。当他们讨论家族的杀戮，就好像"他们在矫正一部机器的齿轮，机器的复杂运转是他们熟知的。他们自身的毁灭的故事让这些人如此着迷，以至于暴力的无穷的交织深深印在他们的头脑里，无比鲜明"。(《丛林民族》，第51页)

坎刚人的血亲复仇造成一个更加稳定的系统的毁坏，却同时保留下某种"献祭性"的东西。它形成一种保留"合理"的建立秩序的具有保护性的暴力的努力，却始终越来越暴力，越来越没有效果。实际上，不祥的暴力长期止步于非常小的"共同旅行者"群体的周围。这个相对的和平区域应当被看作对区域之外取得胜利的暴力的抵偿和反面，即各群体的中间地带。

在群体内部，和解的愿望被推到了极限。哪怕最大胆的挑衅也不被回应；通奸得到容忍，而如果通奸发生在敌对群体的成员之间，则立刻会得到血腥的报复。只要暴力不越过某个限度，它确保这一个非暴力的内核，这是达成最主要的社会功能即社会的存活所必不可少的。但这个最初级的群体最终也被感染。一旦到保留地定居，同一群体的成员倾向于彼此反目；他们不再能将他们的暴力引向外部敌人，引向"其他人""不同的人"。坎刚人用同一个词来指称：（a）各种差异；（b）敌对群体的人，这些群体总有很近的亲缘性；（c）巴西人，他们同样是敌人；（d）死去的人和所有神话、恶魔性质或神圣性质的生物，他们的类名词是"不同的东西"（different things）。

连锁反应的杀戮最终深入基干群体内部。在这一点上，任何社会存在的原则本身受到了危害。在坎刚人的案例中，外部因素的介入当然首先是巴西的影响，是与最后的坎刚人的肉体上的存活交织的，是与他们的文化的完全灭绝同时进行的。

我们可以看到自我毁灭的内部进程的存在，同时不要错误认识或轻描淡写白人世界在这场悲剧中的作用。巴西人的责任问题不能排除，虽然如果印第安人没有足够快的自相残杀，白人移民同样会雇杀手来消灭印第安人。我们应该弄清楚，在坎刚人文化失序的源头上，在致命机制的独特的彻底性上，外来文化的压力是否起到决定作用。但是，即便如此，就我们所关注的内容来说，连锁反应的暴力对于任何社会均构成一种威胁，其原则与某种占统治地位的文化的压力或任何形式的外部压力丝毫没有关系。这个原则是内部的。

这便是朱尔斯·亨利对坎刚人提供的可怕场面得出的结论。对于他们，他谈到了"社会自杀"。应当承认，这样的自杀的可能性总是存在的。在人类历史中，我们可以推测，许多族群毁于自己的暴力，而不是因为别的什么，它们消失了，一点痕迹也没留下。即便对于朱尔斯·亨利提出的具体例子，人们提出一些保留意见，但这位人类学家的结论应该适用于许多我们一无所知的人类群体：

> 其身体和心理素质让这个群体能够战胜严酷的自然环境，但这个群体却无法抵御肢解它的文化的那些内部暴力，因为它没有任何常规的手段来控制这些暴力，于是它做出了真正的社会自杀。(《丛林民族》，第7页)

如果自己不杀人便会被人杀的恐惧，和现代人的"预防性的战争"类似的"先发制人"的倾向没有办法用心理学的词汇来描述。祭祀的危机的概念旨在消除心理学的幻想。即便仍然用的是心理学的语言，朱尔斯·亨利却并没有心理学的幻想。在一个司法没有高于一切，而且已经陷入暴力的世界，每个人都有理由担心最糟的事情发生；在"受迫害的妄想"与对局势的客观冷静的评估之间，不再有任何差别。(《丛林民族》，第54页)

一旦这种差别丧失，任何心理学和社会学都没用了。对个体与文化打出"正常"与"非正常"的好分数与坏分数的观察者，他应当被定义为没有被人杀掉的危险的观察者。心理学和其他社会科学，在通常的视角下，假设出一个和平的基础，这在现代学者的眼中是自然而然的，其存在本身被他们忽视。但在印第安人的思维中，没有任何彻底"去除神秘性"坚硬如铁石的、剥离了任何唯心的东西来允许或解释和平的基础的存在。

> 只要有一桩杀戮,就会让杀人者进入一个封闭的系统。他必须杀人,再次杀人,必须组织真正的屠杀,以至于消灭所有某一天可能为亲人死亡复仇的人。(《丛林民族》,第53页)

这位人类学家在坎刚人中间遇到一些特别嗜血的人,但同样遇到一些和平而清醒的人,他们试图摆脱毁灭机制,却没有成功。坎刚杀人者与希腊悲剧中的人物相似,他们被困在一种真正的自然法则里,一旦这个法则运转起来,便无法中断它的后果。(《丛林民族》,第53页)

*

虽然希腊悲剧没有像朱尔斯·亨利这样直接说出来,但悲剧同样总在谈论文化秩序的毁灭。这种毁灭与悲剧的双方的暴力对等是一回事。我们对献祭问题的提出揭示了悲剧根植于仪式系统与所有差别的危机。反过来,希腊悲剧可以帮助我们理解这一危机以及与之无法分开的初民宗教的所有问题。确实,宗教的目的从来只有一个,那就是阻止相互对等的暴力的回潮。

我们可以断言,希腊悲剧对宗教人类学的重大问题给出一个绝佳研究途径。肯定这一点,当然就会看到自己同时遭到标榜科学的研究者和古希腊的迷恋者拒绝，同时遭到古典语文的传统捍卫者与尼采和海德格尔门徒的拒绝。科学家更倾向将文学作品看作"与不三不四的人来往"，虽然他们对严谨的愿望更多是理论上的。只要有人提出在古典希腊与初民社会之间有哪怕一点共通性，古希腊学家就会立刻大呼亵渎神圣。

必须彻底消除这样的想法，认为借助古典悲剧一定会在研究层面代表着某种折中，某种"审美"地看待事物的方式。反过来，同样必须消除文学研究者的偏见，认为将文学作品与不论任何科学学科联系起来都必然导致简单的"归纳"，导致作品特有的价值被掩盖。文学与文化研究之间所谓的冲突是基于文学批评家与宗教学专家的同一场失败和同一种相互否定的态度。他们彼此均未能发现他们各自研究对象作为基础的原则。古典悲剧的灵感努力揭示着这一原则，却徒劳无功。古典悲剧的灵感仅仅获得部分的成功，它的一半之功也每每被注释者努力强加的那些与宗教学大相径庭的文学解读抵消。

人类学很清楚仪式的不洁（污秽）与暴力的差别的消除有关[1]。但是人类学不理解与这种差别消除相联系的威胁。我们已经看到，现代思维无法将无差别化视为暴力，无法将暴力视为无差别化。如果我们同意用彻底的方式来进行解

---

[1] 玛丽·道格拉斯（Mary Douglas）:《纯净与危险》（*Purity and Danger*），London，1966。

读，古典悲剧可能对此有所助益。古典悲剧处理的是所有人都觉得棘手的主题，这一主题绝不能在表意性的和差别化的结构中被直截了当地提及，这个主题正是这些结构本身在相互对等的暴力中的消解。正是因为这个主题是禁忌，甚至比禁忌严重，它是在专为表述差别的语言中几乎无法表述的，所以文学批评才用自身的差别网络来覆盖古典悲剧的敌对关系的相对的无差别化。

与现代思维相反，对于初民思维，暴力与敌我无差别化的等同是立刻显见的事实，它可能成为真正的执念。自然的差别被人用文化差别来思考，反之亦然。在我们看来，自然差别的丧失具有纯粹自然的性质，对于人们之间的关系没有真正的影响，但在初民思维中自然差别的丧失却不可能不导致真正的恐怖。既然在差别化的各种模式之间并无区别，那么在非差别化的各种模式之间也没有区别：某些自然差别的消失便可能让人想到人们所属的那些类别的解体，即祭祀的危机。

一旦理解了这一点，从传统视角从未弄明白的某些宗教现象就变得完全清楚了。我们将简要提到一个最突出的现象，以便证实古典悲剧的真正启发在宗教人类学中具有的解释力。

在诸多初民社会中，孪生子让人们极其恐惧。有时人们处死孪生子中的一个，更常见的是两个都处死。这中间存在一个令人费解的问题，长期让人类学家绞尽脑汁。

如今，我们在孪生子的谜题中看出一个分类的问题。

这个问题是真实的，但并非本质的。人们在等一个孩子降生，却有两个个体出现，这是个事实。在奉行让孪生子成活的社会，他们通常仅具有一个社会人格。困难并非不可克服。如结构主义所定义的，分类问题不足以解释处死孪生子。人们处死自己的一些孩子，其原因一定是糟糕的，却不可能是无足轻重的。文化机制不是拼图游戏，具有固定图案，让游戏者冷静排除多余的碎片。分类问题是关键的，并不是因为分类本身，而是因为它所意味的内容。在孪生子之间，不存在任何文化秩序上的差别，有时还存在身体上极端的相似。如果不存在差别，那么暴力便威胁着人们。生物学意义的孪生与社会学意义的无差别的孪生混同，只要差别遭遇危机，社会学意义的孪生便开始大量出现。如果孪生子让人害怕，不应该对此感到惊奇：他们让人联想到而且似乎预示着所有初民社会的重大危险，那就是无差别化的暴力。

一旦暴力的孪生[1]出现，便通过分裂生殖极高速地增殖，导致祭祀的危机。最关键的是阻止这种飞速传染。面对生物学意义的孪生，首先要关注的就是避免传染。在那些认为让孪生子活下来会很危险的社会中，人们会把他们摆脱掉，没有什么比人们处理他们的方式更能揭示与孪生子相关联的危险的性质的了。人们"展示"孪生子，把他们抛弃到族群之外，丢在一个地点或一种处境中，让他们的死亡不

---

[1] 即无差别。——译注

可避免。人们小心地避免对"受咒逐者"使用任何直接的暴力。人们担心陷入不祥的传染。对孪生子施加暴力，这便已经陷入无休止复仇的恶性循环，便已经落入不祥的暴力通过孪生子降生而向族群布下的陷阱。

列出那些畏惧孪生子的社会中与孪生子相关的各种各样的习俗、规定和禁令，会揭示共同点，那就是不洁的传染。各种文化之间的差别可以轻易根据我们在前文中定义过的宗教思维来解释，根据人们对抗不祥的暴力的预防措施的那种因为畏惧而全凭经验的性质来解释。就孪生子的情况而言，这些预防措施当然是没有对象的，但一旦看出威胁，这些预防措施就非常明白了，威胁其实始终是同一个，虽然在各处的诠释略有不同，却是任何宗教实践都努力加以防备的。

因此，像尼亚克育萨人（Nyakyusa）那样认为孪生子的父母在根源上受到了不祥的暴力的传染，这并不荒谬，因为他们本身产生了不祥的暴力。人们用同一个词来指称孪生子和他们的父母，这个词适用于所有丑怪可怖的生物。为了避免传染，孩子父母必须被隔离并接受净化仪式，然后才回到族群[1]。

认为生出孪生子的夫妇的同父兄弟姐妹和姻亲以及他们的近邻都最直接受到传染的威胁，这并不荒谬。不祥的暴力

---

[1] 莫尼卡·威尔逊（Monica Wilson）：《尼亚克育萨人的亲属关系仪式》（*Rituals of Kinship among the Nyakyusa*），Oxford，1957。

被人设想为一种在身体、家族、社会各种不同层面起作用的力量,一旦它扎下根便以同样方式蔓延;它像油滴一样蔓延开来,一层层向外扩大。

孪生子是不洁的,就如同嗜杀的武士、犯下乱伦罪行的人或者正在来月经的女性。所有这些不洁的形式应该归并为暴力。我们把握不到这个事实,因为我们看不出初民思想中差别的消除与暴力的等同,但只要考察初民思维将孪生子的出现与哪些类别的灾难联系,就能确信这种等同是说得通的。孪生子有可能导致可怕的瘟疫,导致神秘的疾病,让女人和动物不育。更能够说明问题的是,我们在下文还会提到亲人的失和、仪式必然的消亡、禁令的违犯,换言之就是祭祀的危机。

我们已经看到,神圣包含所有可能危害人,威胁人类的安宁的力量,自然力与疾病从未与族群内部的暴力的迷狂区别开来。虽然纯属人类的暴力在暗中主宰着神圣机制,虽然人类的暴力从未完全缺席于人们对暴力的描述,但人类的暴力总是倾向退为次要,这恰恰是因为暴力被置于人类之外,似乎人类的暴力在力图掩藏自己,像是藏在幕后,藏在真正外在于人类的那些力量之后。

不祥的神圣性,从整体上被人看作一种既多种形态又非常统一的力量,它隐现在孪生子的身后。祭祀的危机被人们理解为暴力对族群的全面进攻,孪生子的诞生可能构成这场全面攻势的前兆。

在孪生子被人杀死的那些社会,孪生子常常享有一种受优待的地位。这种倒置与我们前文在谈到经血时所看到的内容并无不同。没有与不洁的暴力所关联的现象是不能被颠倒过来而变得有益的,但只能在一种一成不变的严格确定的仪式框架之内进行。暴力的净化和"维稳"的一面超过了暴力毁灭的一面。因此,在某些社会中,孪生子得到正确的处置,就被看作在各个层面非凡的施惠的源泉。

*

如果上述事实准确,那么两兄弟其实并不需要一定是孪生才会让人们为他们的相似担心。我们几乎可以从理论上假设存在一些社会,在这些社会中,连同胞之间普通的相似都是可疑的。如果这个假设得到验证,便可以确定人们通常的有关孪生子的立论的不足。如果对孪生子的恐惧可以扩及其他同胞兄弟姊妹,那我们便不再能仅仅用"分类问题"来阐明问题。这时,情况便不再是期待一个个体的时候却出现两个。受到质疑的是体貌的相似,被认为不祥的也是体貌的相似。

不管怎样,我们可以提出问题,兄弟姐妹之间的相似这样常见的事情是否会成为禁忌的对象,而同时不会带来很大困扰,甚至不会让一个社会的运转变得几乎不可能。不管怎样,一个社群无法将自身的多数成员变成受排斥的类别,而同时却不会造成一种绝对无法容忍的局面。情况确实如此,但人们对相似的恐惧却同样真实。马林诺夫斯基的短篇著作《初民社会中的父亲》(*The Father in Primitive Society*,伦敦,

1926)对此提供了证明,这部著作同样展示了恐惧可以延续下去,同时却不带来糟糕的后果。人们的机智,或者不如说文化系统的巧妙,毫不费力地绕开了困难。解决办法在于斩钉截铁地否认人们所畏惧的现象的存在,甚至否认其可能性:

> 在特罗布里恩群岛这样的母系社会中,母系的所有亲属均被看作属于"唯一的机体",而父亲则相反是个"外人",我们会预想人们面部和身体的相似都仅仅参考母亲家族。事情却恰恰相反,而这相反的事情在社会层面得到极力肯定。不仅存在一种家族的信条,认为孩子不像母亲和兄弟姐妹,也不像任何母系家族的成员,而且这种想象是受到歧视的,影射这种想象甚至是一种严重的辱骂……
>
> ....
>
> 我是通过自己的一次过失才意识到这种正统的处事规则的。一天,我吃惊地看到一个人酷似莫拉戴答(人类学家的一位保镖),我便打听他的情况。人们告诉我他是我住在远村的那位朋友的哥哥。我惊叹道:"啊,真的。我问这些是因为你的脸跟莫拉戴答一模一样。"我随即发现所有人一下沉默了。那个人转身离去,而在场的一些人转过脸去,表情半是尴尬半是受到冒犯。随后,他们离开了。我的秘密联系人于是告诉我说我违犯了习俗,我犯下了称为"taputaki migila"的过错,这个表述指的是可以翻译为"把某人的脸与某个亲人的脸等

同而传染某人，让某人污秽"的行为。这让我吃惊，尽管两兄弟惊人地相似，我的联系人自己却否认这种相似。实际上，他们对这个问题的解决就好像任何人绝不会与自己的兄弟或者母系的任何亲属相似。因为支持相反的看法，我招致了我的对话者们的怒火和敌意。

…………

这个事件教会我绝不当着当事者的面指出相貌的相似。随后，我与许多当地人详尽地从理论上讨论了这个问题。我发现，在特罗布里恩群岛，没有人不随时准备否认与母系一侧的任何相似，即便相似显而易见。向他们指出那些最无可争议的例子，只会激怒和侮辱特罗布里恩人，就如同在我们的社会中，当我们向我们的邻居指出一个事实来否定他的政治、道德、宗教的偏见时，或者更糟，当事实违逆他的物质利益时，我们便会激怒他，不管这个事实多么显著。

这里，否定具有肯定的意义。如果相似在头脑中不存在，那么提到相似便没有什么大不了的。去除两个同胞兄弟姐妹的相似，就是在他们身上看出某种对整个社群的威胁，就是指责他们散播不祥的传染。马林诺夫斯基告诉我们，这个辱骂是传统上的；这个辱骂是经典的，在特罗布里恩社会中没有比它更严重的辱骂。这位人类学家向我们介绍一些事实，认为这几乎完全是谜题。正因为见证者没有任何立论，没有提出任何诠释，他的见证才尤其可信。

还是在特罗布里恩人中，在父亲与子女之间，相似却不仅得到容忍，而且受到欢迎，相似几乎是人们求之不得的。而我们知道，他们的社会属于那些明确否认父亲在人类生殖中具有任何作用的社会。在父亲与子女之间，不存在任何亲属关系。

马林诺夫斯基的描述显示，矛盾的是，与父亲的相似应该从区别项的角度来理解。在同胞兄弟姐妹之间造成差别的是父亲；父亲绝对是差别的载体，从这种差别中我们还应该看到心理分析学辨别出的恋母情结的特征。因为父亲与母亲同床，因为父亲总是与母亲在一起，所以父亲"凝聚着孩子的面孔"。马林诺夫斯基告诉我们，在他得到的回答中"kuli"（凝聚、浇铸、留下印痕）这个词反复出现。所以，父亲是形式，而母亲是内容。通过提供形式，父亲让孩子们与母亲区别开，也让孩子们彼此区别开。这解释了为何孩子们必须跟父亲相像，同时所有孩子与父亲的这种相像却并不意味着孩子之间的相像：

> 他们常常提醒我，奥马拉卡纳村的村长托奥鲁瓦的儿子们多么像他们的父亲。一旦我擅自指出这种与同一个父亲的共同相似意味着兄弟们之间的相似，我便立刻因为这些离经叛道的意见而遭到愤怒的谴责。

*

必须将一个核心的神话主题即兄弟互仇的主题与人们对

孪生子的憎恶，与人们对兄弟之间相似的憎恶拉近对比。克莱德·克拉克洪（Clyde Kluckhohn）认为在神话中没有比兄弟冲突更常见的冲突了。冲突通常导致兄弟相残。在撒哈拉以南非洲的某些地区，神话中敌对的双方总是兄弟，他们彼此紧接着降生（born in immediate sequence）。如果我们理解正确，这种界定意味着孪生子，但不仅限于孪生子。[1] 孪生子主题与兄弟主题之间的延续性并不限于特罗布里恩群岛。

即便兄弟不是孪生，他们之间的差别也要小于所有其他亲属间的差别。他们有同一个父亲，同一个母亲，性别相同，通常相对于从最近到最远的所有家族成员他们的地位也相同。在兄弟之间，通常存在最多的共同职属、权利和义务。孪生子在某种意义上只是强化版的兄弟，孪生子之间，最后的客观差别即年龄的差别也消失了，区别他们变得不可能。

我们从本能上倾向于将兄弟关系想象为一种亲密的统一，但我们想到的神话、文学和历史的例子却几乎都是冲突的例子：该隐和亚伯、雅各和以扫、厄忒俄克勒斯和波吕尼克斯、罗慕路斯和雷穆斯、"狮心王"理查和"无地王"约翰等。

在一些希腊神话和改编神话的悲剧中互为仇敌的兄弟层

---

[1] 克莱德·克拉克洪：《神话与神话打造中常见的主题》（"Recurrent Themes in Myth and Myth-making"），*Myth and Mythmaking*, Ed. Henry A. Murray, Boston, 1968, p. 52。

出不穷，这暗示着祭祀的危机的一种持续的存在，同一个象征机制在不断向我们指出这一危机，但是以遮掩的方式指出来的。兄弟主题作为主题在文本内部与不祥的暴力是不可分离的，同它一样具有"传染性"。兄弟主题本身就是暴力。

当波吕尼克斯离开忒拜让位给他的兄弟，等待着轮到自己统治城邦，他身上附带着的兄弟冲突，就如同对他的生命的一种界定。不论走到哪里，他都会让兄弟像是从土里冒出来一样阻止他，如同在神话中，卡德摩斯播种龙牙让土里生出一些全副武装的战士，准备着彼此残杀。

一道神谕向阿德剌斯托斯宣布，他的两个女儿一个会嫁给狮子，另一个会嫁给野猪，两种野兽外貌不同，但却同样暴力。欧里庇得斯的《乞援女》(*Les Suppliantes*)中，国王讲述他如何发现了他的两个女婿。一天夜里，在他门前，一贫如洗的波吕尼克斯和堤丢斯两人在激烈争夺一张破床：

> 阿德剌斯托斯：在同一天夜里，两个流亡者来到我门前。
>
> 忒修斯：他们分别是谁？
>
> 阿德剌斯托斯：堤丢斯和波吕尼克斯。他们两人动起手来。
>
> 忒修斯：你那是认出了许诺给你的女儿们的野兽了吗？
>
> 阿德剌斯托斯：他们的争斗像是两只野兽的争斗。
>
> 忒修斯：是什么原因把他们带到距离故乡这么遥远

第二章 祭祀的危机

的地方？

阿德剌斯托斯：堤丢斯因为杀死了一个亲人而遭到放逐。

忒修斯：俄狄浦斯的儿子，他为何离开忒拜？

阿德剌斯托斯：他的父亲诅咒了他；他害怕会杀死自己的兄弟。

争斗的残酷性和无差别性，家庭情况的对称，与两个姐妹的婚姻所造成的"姻兄弟"关系，这一切让这个插曲变成了厄忒俄克勒斯和波吕尼克斯兄弟关系的翻版，实际上则是所有兄弟敌对关系的翻版。

一旦找出兄弟冲突的区别特征，我们便发现这些特征在神话和悲剧中几乎随处可见，不论是单独出现还是与其他主题组合出现。在厄忒俄克勒斯和波吕尼克斯这对真正的兄弟之外，我们看到非亲兄弟，即波吕尼克斯和堤丢斯或俄狄浦斯和克瑞翁这样近似兄弟的关系，或者其他属于同一代的近亲，比如狄俄尼索斯和彭透斯这样的表兄弟。近亲关系总归不具有任何特殊性，既然它象征着家族的区别的消除，换言之，它消解象征（désymboliser）。近亲关系最终汇入神话中不易觉察的一种冲突的对称性，这种对称性虽然潜在于所有主题之下，但在悲剧中却得到了强调，悲剧倾向于在神话主题之下重新发现暴力的无差别化。这些神话主题一定会暴露出暴力的无差别化，因为神话主题表现的正是这个。

如今人们常常认为古典悲剧达不到普适性，因为它囿于家族的区别之中，这是大错特错。在兄弟冲突中，正如同在宗教对孪生子的恐惧中，所涉及的正是家族的区别的消除。这两个主题是一回事，但它们之间却有一个区别，我们现在应该看一看这个区别。

孪生子从一些关系中为我们提供了对冲突的对称性和作为祭祀危机特征的同一性的一种惊人的表现。但是，相似纯属偶然；在生物学意义的孪生子与社会学意义的孪生子之间，并无真正联系。孪生子并不比其他人，或者并不比其他兄弟，更加预先倾向于暴力。祭祀的危机与孪生特性之间的联系，具有某种武断性，它不属于语言符号的那种武断性，因为具有代表性的符号元素是始终在场的。矛盾的是，经典的对象征的定义却适用于孪生子与祭祀危机之间的关系。

在兄弟为仇敌的情况中，具有代表性的符号元素隐身了。兄弟关系是一种正常关系，它处于家族的内部。在兄弟之间，始终存有差别，不论差别有多么小。当我们从孪生子走到兄弟，在象征表现层面，我们失去了某种东西，但在社会现实方面，却又赢回来了。我们重新立足于现实。因为在多数社会中，兄弟关系实际仅仅包含极小的差别，兄弟关系可能构成差别体系中的一个弱点，这个弱点始终面临暴力的无差别化的攻击。如果说对真正孪生子的恐惧其实是神话性的，但对兄弟敌对的广泛出现却无法下同样结论。兄弟因为同一种迷恋被拉近又被分离，那就是他们对两人同样热烈渴望的那个对象的迷恋，那是他们不愿意或不可能分享的对象，那是王位或者女人，或者更具有普遍性的父亲的遗产，这种情况并不仅仅是在神话中才出现的。

互为仇敌的兄弟，与孪生子不同，他们介于纯粹象征意义的消解象征与真正的消解象征即真正的祭祀危机之间。在某些非洲王朝中，国王去世了，他的儿子们就会展开继位争夺，进而变成互为仇敌的兄弟。虽然并非不可能，但很难确定这种争夺在多大程度上是属于象征性、仪式性的，在多大程度上是向着不确定的将来，向真实的事件开放的。换言之，我们不知道我们面对的是真正的冲突还是一种祭祀性的假装，其目的是否仅仅是通过祭祀的宣泄净化效果来排除冲突明显预示着的危机。

我们不理解孪生子乃至互为仇敌的兄弟代表着什么，这首先当然是因为我们完全不了解存在着他们所代表着的那种现实。我们想不到，任何一对孪生子或互仇的兄弟都宣告着和意味着整场的祭祀危机，他们始终是包含在整体中的部分，我们这样说并非在形式的修辞层面，而是在真实的暴力层面：暴力的丝毫的无差别化，不论最初多么微小，都可能像导火索一样蔓延，摧毁整个社会。

我们不理解，这并不完全是我们的责任。这些神话主题中的任何一个实际都无法将我们引领到祭祀危机的真相。在孪生子的情况中，对称性与同一性是得到非常准确的表现的。无差别是作为真正的无差别出现的，但它化身为一种如此特殊的现象，以至于构成了一种新的差别。孪生子所代表的无差别最终呈现为真正的差别，这种差别定义着丑恶，在神圣层面当然起着首要作用。

就互为仇敌的兄弟而言，我们在绝对正常的家族背景下再次看到这一现实：我们面对的不再是灾难性的或有趣的古怪事件。但兄弟冲突的拟真性始终倾向于抹杀其象征意义，倾向于赋予它一种单纯的逸事性。这两种倾向中，象征自相矛盾地对我们遮掩了所象征的内容，即整个象征体系的毁灭。是到处蔓延的暴力的相互对等机制摧毁了差别，而这一机制从未被真正揭示：要么仍然存在差别，人们仍留在文化秩序之内，留在将会被消除的寓意系统之内；要么根本不再有差别，但被消除差别的东西仅仅以一种极端的差别的形式出现，比如孪生子的怪异现象。

我们已经看到，进行差别区分的语言对于任何差别的消除所表现出的某种反感和某种无奈。不论说什么，语言对此的表达总是既太多又不足，虽然语言满足于说"只要把纪律的琴弦拆去，听吧，多少刺耳的声音就会发出来，一切都是互相抵触"，或者"喧哗和骚动没有一点意义"。

不论人们做什么，祭祀危机的现实总是从字里行间透露出来，总是一方面受到逸事趣闻的威胁，另一方面受到畸形怪异的威胁。神话不断堕入第二种危险，而悲剧则受到第一种危险的威胁。

畸形怪异在神话中俯拾皆是。应当从中得出结论认为神话在不断谈论祭祀危机，但神话谈论祭祀危机的目的在于掩饰危机。可以假设神话是从祭祀危机中迸发的，神话是对危机的内省的变形，是借助从这一危机中涌现的文化秩序来对之进行的重新解读。

第二章 祭祀的危机

在神话中，祭祀危机的痕迹比在古典悲剧中更加难以解读出来。或者不如说，古典悲剧始终是对神话主题的部分解读。悲剧作者在对着祭祀危机已经冷却的灰烬吹气，他将已经死去的暴力对等性的残片重新焊接在一起，他让被神话意涵打破平衡的内容重新获得平衡。悲剧作者制造一个暴力对等性的旋涡，各种差别在这个熔炉里熔化，就如同从前它们熔化于被神话改头换面过的那个危机之中。

古典悲剧将人类的所有关系带回悲剧对立的统一体中。在悲剧中，厄忒俄克勒斯和波吕尼克斯的"兄弟"冲突与《阿尔克斯提斯》或《俄狄浦斯王》中的父子冲突，甚至与像俄狄浦斯和盲先知忒瑞西阿斯这样没有任何亲属关系的人之间的冲突，没有任何区别。两位先知之间的敌对与兄弟之间的敌对没有分别。古典悲剧倾向将神话主题消融于它们原始的暴力之中。悲剧部分地实现了初民们在面对孪生子时所畏惧的事情。悲剧散布着不祥的传染，让暴力的孪生不断增殖。

虽然悲剧与神话极具亲和性，但这并不意味着悲剧与神话走向同一方向。在谈到悲剧艺术时，不应该谈象征系统，而应该谈消解象征。正因为祭祀危机的多数象征，尤其是互为仇敌的兄弟，特别适合悲剧的仪式与事件的双重机制，悲剧才能够在某种程度上努力与神话建构背道而驰。这正是我们在谈到非洲王位接替时已经注意到的，我们不知道其中涉及的是仪式性的兄弟为敌，还是历史和悲剧意义的兄弟为敌。

矛盾的是，在这里，所象征的现实正是所有象征系统的丧失。各种差别的丧失一定会被具有差别划分的语言背叛。此中发生的现象如此特别，人们无法在象征系统的惯常的概念中思考它。只有对悲剧的解读能够帮助我们，那是一种彻底"对称"的解读，它重新找出悲剧的动机。悲剧作者本人重新发现始终隐藏在神话之下的暴力的相互对等性，那是因为他是在一个差别趋弱而暴力趋强的语境里接触神话的。他的作品与一次新的祭祀危机不可分，那就是我们在本章之初所谈到的危机。

如同所有关于暴力的知识，悲剧与暴力联结在一起。它是祭祀危机的产物。为了理解此处已经开始露出端倪的悲剧与神话之间的关系，我们可以引入一种类似的关系，即《摩西五经》有时提到的某些文本中的以色列众先知之间的关系。下文是《耶利米书》中的一段文字：

> 你们各人都要提防邻舍，不要信靠弟兄；因为弟兄都坑蒙拐骗，像雅各，邻舍都走来走去、搬弄是非。

此处在谈到雅各时，兄弟互仇的概念具有雏形，与悲剧对厄忒俄克勒斯和波吕尼克斯的解读完全一样。定义兄弟关系的是冲突的对称性，而此处这种对称甚至不再局限于一小撮悲剧主人公。这种对称性丧失了任何逸事特性，居于首要位置的是族群本身。对雅各的提及服从于主旨，主旨是描写祭祀危机。整个社会正在暴力中解体，所有关系都类似于

第二章 祭祀的危机

互为仇敌的兄弟。对称的文体效果旨在反映暴力的相互对等：因为弟兄都坑蒙拐骗，像雅各，邻舍都走来走去、搬弄是非。

《旧约》的那些重大文本来源于彼此有别的一些祭祀危机，危机之间甚至相距遥远，但从某些方面看又全都类似。最早的危机借助于后来的那些危机得到重新解读；反之亦然。更早的危机的佐证为后人的思考提供支撑，这种支撑始终有效。这正是我们在耶利米提出的对雅各这个人物的诠释中所看到的。在《创世记》与公元前 6 世纪的危机即耶利米本人所经历的危机之间，一种联系被建立起来，这种联系向今古两个方向进行阐明。如同古典悲剧，先知的思考是向暴力的相互对等性的回归。先知的思考同样是对神话的差别的解构，要比悲剧的解构更加完全，但这是一个需要另文专论的主题。

悲剧的灵感虽然更加间接和不确定，但可以按照耶利米文本的相同模式来加以设想。我们刚引用的这段可以构成一部关于《创世记》中互仇兄弟雅各和以扫的悲剧的草稿……

悲剧或先知书的这种灵感，其力量丝毫不是因为历史和语文学知识，不是因为百科全书式的博学。灵感是从对暴力在文化秩序与失序中，在神话与祭祀危机中所起到的作用的一种直觉中迸发的。同样，给了莎士比亚在《特洛勒斯与克瑞西达》中灵感的是正处在宗教危机中的英国。不应认为知识考据上的进展，通过实证主义观念所看重的持续丰富的进程，能够让人们的解读更加完善。不论这些进展多么真实和宝贵，它们定位在不同于古典悲剧式的解读的层面；悲剧式的解读的精神从不是非常普及的，即便是在危机时期也是如此，而在文化稳定的时期则完全丧失。

暴力的无差别化的进程在某个特定时刻必然反转过来，让位给相反方向的进程，即神话成型的进程。神话成型再次反转向悲剧灵感。这些变形过程的动力是什么，文化秩序和失序的循环从属于何种机制呢？这便是我们面临的问题。这个问题与另一个问题混同起来，那个问题是关于祭祀危机的结局。一旦暴力渗透到族群，它会不断蔓延和加剧。我们看不出复仇的连锁反应在族群的彻底消灭之前如何能被人打破。如果真的存在祭祀危机，那么危机必须包含一种缰绳，必须有一种自我调节机制在一切燃尽之前介入进来。在祭祀危机的结局中，关键问题是人类社会的存在的可能性。必须揭示出这个结局是什么，是什么让它成为可能。似乎对于神话与仪礼，祭祀危机的结局构成一个真正的起点。我们在下文对于这个问题所了解到的一切都会让我们对神话与仪礼的了解有所进步。

为了尝试回答所有这些问题，我们将探讨一个特殊的神话，即俄狄浦斯的神话。前文的分析让我们认为我们应当借助一部悲剧来进入这个神话，那就是《俄狄浦斯王》。

第三章　俄狄浦斯与替罪的牺牲

　　文学批评被设想为对形式或结构的研究，一种大全，一种体系，一种读解标准或一套对于一些始终趋于微妙的"色调"的尽可能明确精细的区分语码。虽然我们所追寻的道路与"大道理"无干，但我们的道路却并非寻找区别的道路。虽然悲剧的灵感的确在暴力冲突的相互对等性中对差别进行侵蚀和消解，但现代批评的模式必然偏离古典悲剧，注定误读它。

　　心理学的诠释尤其如此。《俄狄浦斯王》被认为在心理观察上尤其丰富。我们可以揭示出文学意义和传统意义上的心理学视角从其原则本身就歪曲了对这部剧作的解读。

　　人们常常称赞索福克勒斯创造了一位非常个体化的俄狄浦斯。这位英雄仿佛具有"独属于他"的个性。这种个性是什么呢？对于这个问题，人们通常回答说俄狄浦斯虽然"大度"，却"冲动"；在剧作的开篇，人们赞赏他"高贵的平静"；这位王者回应臣民的心愿，决定努力破解让他们受尽苦难的谜题。但是丝毫的失败，丝毫的延迟，丝毫的挑衅都会让这位国君丧失冷静。所以，我们可以诊断出一种"易怒倾向"：俄狄浦斯本人同样指责自己这一点，似乎认为这是自己唯一然而致命的弱点，若没有这弱点，他便不会成为悲剧的真正主人公。

先出现的是"高贵的平静"；"愤怒"接着到来。盲先知忒瑞西阿斯引发第一次怒火；克瑞翁引起第二次。在俄狄浦斯对自己的过去的讲述中，他告诉我们，他总是受到这同一个"缺点"的影响。他自责于从前过分看重一些闲言碎语。在科林斯的时候，一个喝酒的伙伴说他是非亲生的孩子。是怒火让俄狄浦斯离开了科林斯，而且是怒火在交叉路口促使他去打那个挡住他道路的不认识的老者。

这样的描述对于指称主人公的那些个人的反应是足够恰当的，"愤怒"这个词还说得过去。只不过，我们应该弄清楚是否所有这些愤怒真的让俄狄浦斯有别于其他人物。换言之，可以让这些愤怒起到"个性"概念本身所要求的区分作用吗？

切近观察，我们发现"愤怒"在神话中随处可见。首先是一种隐藏的愤怒促使科林斯的那个伙伴对主人公的身世提出疑问。在那个致命的交叉路口，又是愤怒让拉伊俄斯首先向他的儿子举起鞭子。这位父亲抛弃这个儿子的决定应该归因于最初的一次愤怒，虽然它并非真正的最早的愤怒，但它肯定早于俄狄浦斯的各次发怒。

在悲剧中，俄狄浦斯同样不垄断愤怒。不论作者的意图为何，如果其他主角没有同样发怒，那便不会有悲剧的辩论。这些发怒肯定紧随着主人公的发怒。人们倾向将这些发怒看作"恰当的报复",看作面对俄狄浦斯的先来的和不可原谅的愤怒的后来的和可以原谅的愤怒。但我们刚刚看到,俄狄浦斯的愤怒绝非真正的最早的;它总是由一次源头上更早的愤怒决定的。在不洁的暴力的领域,任何对起源的追寻都是纯属于神话性的。卷入这类研究,而且认为研究必须有结果,这必然会摧毁暴力的相互对等性,重新落入古典悲剧努力摆脱的那些神话的差别。

忒瑞西阿斯与克瑞翁暂时保持着冷静。但他们最初的冷静在第一场中与俄狄浦斯本人的冷静是平衡的。实际上,我们要面对的总是在冷静与愤怒之间的替换选择。俄狄浦斯与对手们之间唯一的区别来自俄狄浦斯是最先进入机制,进入悲剧的舞台安排的。所以,他总是略微提前于他的同伴们。虽然不同时,但对称性却同样真实。对于同一个对象,所有主角都占据相同的位置,不是大家一起,而是轮流着。这个对象正是我们前面已经看到的悲剧冲突,我们在后文将更清楚地看出它无异于瘟疫。首先,每个人都自认为能够控制暴力,但却是暴力接连控制了所有主角,在他们不知不觉中投入一种机制,即暴力的相互对等性的机制,他们始终以为能够摆脱这机制,因为他们将偶然和暂时的外在的东西当作了恒定和本质的东西。

三位主角自以为超越于冲突之上。俄狄浦斯不是忒拜人;克瑞翁不是国王;忒瑞西阿斯凌驾于群山之上。克瑞翁从忒拜带回最新的神谕。俄狄浦斯,尤其是忒瑞西阿斯,他们具有占卜的成就。他们拥有相对于现代"专家"的声誉，那种只在需要解决疑难问题时才需要打扰的"专业人士"。他们各自都以为自己是作为超离的观察者在置身事外观察一个与之毫不相干的情境。他们各自都想扮演不偏不倚的裁判、至上的法官的角色。看到自己的声誉受到质疑，哪怕仅仅是因为其他两人的沉默，这三位智者的庄严态度很快变成盲目的愤怒。

引起这三人发生冲突的力量，与他们对自己的优越的幻想是一回事，或者说与他们的骄矜（hubris）是一回事。换言之，他们中任何人都不具有卓异性（sophrosunè），存在的只是在卓异性方面的幻想中的差别或者很快便被消灭的差别。从冷静转到愤怒，每次都是出于同一种必要。我们无法不加判断地将愤怒这个"性格特征"仅留给俄狄浦斯，这个特征平均地属于所有人，尤其如果这种共同归属是悲剧语境明示的，如果这种共同归属能让我们做出的解读比任何心理学的阐释都更加合情合理。

主角们彼此对立，但这并未让他们的个性更加突出，他们全部归于同一种暴力的同一性；席卷他们的旋涡让他们所有人都变成同一种东西。看到沉醉于暴力的俄狄浦斯邀请他"对话"，忒瑞西阿斯立刻就明白了他的错误，但是为时已晚，无法从中得到益处：

> 唉！唉！知识对掌握知识者无用的时候，知识是多么可怕！我无法视而不见；但我却已经忘记。若非知

道，我是不会来的。

悲剧不属于意见分歧。我们必须紧盯冲突的对称性，哪怕只是为了暴露出悲剧灵感的局限。在断言悲剧论争的对手之间不存在差别的同时，我们等于断言"真"先知与"假"先知之间没有差别。这中间有些看似不实，甚至不可思议的东西。当俄狄浦斯毁谤忒瑞西阿斯的时候，难道不是忒瑞西阿斯第一个说出俄狄浦斯的真相？

忒瑞西阿斯一出场，我们的悲剧的对称性就受到斩钉截铁的否定。歌队一看到这个高贵的人物，便高喊：

> 现在，伟大的占卜师出场，他是唯一洞悉真相的人。

我们在此面对的正是不败的无所不知的先知。他掌握完整的真相，一个长久孕育的秘密。这一次，差别占据上风。然而，几句话之后，差别重新消退，相互对等性重新出现，而且比以往更加清晰。忒瑞西阿斯本人拒绝了对自己角色的传统阐释，即歌队刚刚宣布的那种角色阐释。俄狄浦斯出于嘲弄而问他预言的天赋是从何而来，作为回答，他自我辩解说他掌握的真相均来自对手本身：

> 俄狄浦斯：谁告诉你真相的？大概是你先知的职业？
> 忒瑞西阿斯：是你在强迫我违逆我本意发言的时候告诉我的。

如果我们将这几句话认真看待，那么忒瑞西阿斯刚刚对俄狄浦斯的诅咒，对他的弑父乱伦的指控，与超自然的神谕毫无关系。暗示给我们的是另一个来源。这个指控等于复仇的循环；指控源于悲剧论辩的敌对的交锋。是俄狄浦斯在不知不觉中主导着剧情，他逼迫忒瑞西阿斯违逆本意发言。俄狄浦斯首先指责忒瑞西阿斯卷入了拉伊俄斯的命案；他强迫忒瑞西阿斯对自己报复，强迫他反过来指控自己。

指控与反控之间的唯一差别便是反控是在悖论基础上建立的；这一悖论可能构成一种弱点，但悖论反过来成为力量。对于俄狄浦斯说的"你有罪"，忒瑞西阿斯不仅限于反过来回答同样的"你有罪"。他强调在他看来对他的指控是耸人听闻的，一种贼喊抓贼的耸人听闻：

> 你居然指控我，你以为自己无辜，天啊，有罪的是人。你正在追捕的正是你自己啊。

当然，在这场争论中，一切都是假的。指责对方杀死了拉伊俄斯，意味着认为他是唯一要对祭祀危机负责的人。所有人都同样有罪，因为我们已经看到，所有人都参与了对文化秩序的破坏。互为仇敌的兄弟对彼此的打击不见得总是伤及对方，却撼动了君权和宗教。每一方都越来越清楚地揭示出他所控诉的一方的真相，却无法从中辨别出自身的真相。

每一方都将对方看作对自己认为正在捍卫的某种合法性

的篡夺者，而同时他却在不断削弱这种合法性。对于双方，人们无法肯定或否定，肯定或否定一方就必须立即否定或肯定另一方。每时每刻，相互对等性因为双方各自想要摧毁这种相互对等性的努力而不断增强。悲剧论辩是互仇兄弟厄忒俄克勒斯和波吕尼克斯的争斗在言语上的等价物。

对于这一系列对答，据我所知，没有人做出令人满意的阐释。对答中的忒瑞西阿斯警告俄狄浦斯即将来临的不幸的相互对等性，即双方各自给予对手的打击的相互对等性。句子的节奏、对称效果预告并开始了悲剧论辩：

走吧，让我回家去：如果你听我的，那么我们受的苦要少些，我依我的命运，你依你的命运……

啊！但我觉得你自己现在言不及义了；我恐怕也接着会犯下相同的错误……

不要，别期待我会揭示我的不幸——也是你的不幸……

我既不想伤害你，也不想伤害自己……

你指责我愤怒的执拗，但你却看不到你自己身体里是谁，然后你却来责怪我。

暴力的无差别化、对手的同一性，突然让完美表述悲剧关系的真相的这些对答变得含义不清了。如今这些对答仍然显得令人费解，这一点证实了我们对悲剧关系的不了解。这种认识的缺乏并非毫无理由。作者无法像我们当下这样严守悲剧的对称性，同时却不违逆神话的根本要素。

虽然神话没有明确提出差别的问题，却以粗暴而公式化的方式解决了这个问题。这种解决就是弑父和乱伦。在真正意义的神话中，在俄狄浦斯与其他人之间，不存在同一性和相互对等的问题。对于俄狄浦斯，至少可以肯定说一件事，是其他任何人都没有的。他是唯一犯下弑父和乱伦的。我们觉得他像是一种丑恶的例外；他不像任何人，任何人都不与他相似。

悲剧对神话的解读与神话内容彻底对立。作者无法忠实于悲剧解读而同时不放弃神话本身。《俄狄浦斯王》的阐释者总是设法取得一种妥协来掩盖这种矛盾。我们无须遵守这些旧有的妥协或者寻求新的妥协。我们别有所顾。必须沿着悲剧的视角走到底，哪怕仅仅是为了看看它会把我们引向何处。可能悲剧的视角会对于神话的产生为我们揭示出某种本质性的东西。

首先必须回到弑父和乱伦，探究何以这些罪行单单归于一个独特的主人公。我们已经看到，悲剧将杀害拉伊俄斯、弑父和乱伦本身转化为一些悲剧性的诅咒的往来交锋。俄狄浦斯与忒瑞西阿斯彼此将城邦蒙受灾难的责任推给对方。弑父和乱伦仅仅是咒骂的唇枪舌剑往来交锋的一种特别下流的变体。在这一阶段，毫无理由将罪责定在一方而非另一方。双方彼此彼此。没有任何东西能让人做出决断；而神话却做出决断，而且是以毫不含糊的方式。借助于悲剧的相互对等性，应该探究神话做出决断是依据什么，是在怎样的条件之下。

此时，我们的脑际不由得产生一个古怪念头，几乎是奇幻的念头。如果我们消灭在悲剧的后半部里积聚起来的那些不利于俄狄浦斯的证据，我们便可以设想神话的结局远非真相从天降临，如雷一样打击罪人，并让所有凡人明了，神话的结局仅仅是一方对另一方的胜利被人伪装起来，一种论战性的解读战胜了另一种，族群采用了最初仅仅属于忒瑞西阿斯和克瑞翁的一个事实版本，随后这个事实版本便属于所有人，同时又不属于任何人，因为它变成了神话本身的真相。

此时，读者可能认为我们对于我们所评论的文本的"历史的"潜在可能，对于能够有理据地从中得出的那类信息存有一些奇怪的幻想。我希望，读者很快看出他的担忧是没有根据的。不管怎样，在继续进行之前，应该谈谈我们当前的解读不免会引发的另一类反驳意见。

文学批评仅仅关注悲剧；对于文学批评而言，神话仍旧是一成不变的材料，是不应去触及的。反过来，神话学把悲剧抛在一旁；神话学自认为应该对悲剧持某种怀疑。

研究工作上的这种分裂实际可上溯到亚里士多德，他在《诗学》中告诉我们，优秀的悲剧作者不涉及也不应写神话，因为所有人都熟知；作者应该仅满足于向神话借用"主题"。正是亚里士多德的这一禁令仍旧在阻碍我们将悲剧的对称性与神话的差别性进行对质，因此保护着"文学"与"神话学"以及各自的专家们免于这种对质对他们彼此可能带来的彻底颠覆性的后果。

我们现在想要进行的正是这种对质。我们实际想弄清《俄狄浦斯王》的以往的那些细心读者们如何总能够成功与这种比对工作失之交臂。在悲剧冲突的高潮，索福克勒斯偷偷在文本中伏下两句我们觉得很有震撼力的对答，因为这两句话再次牵动我们刚刚提出的假设。俄狄浦斯即将败亡，这丝毫无关于一种极端的丑事，应该将之视作悲剧冲突中失败的结果。歌队哀求他饶过克瑞翁，俄狄浦斯回答说：

  这就是你请求的！这样的话，你要知道，你是想要我死去或者流亡。

歌队坚持请求。克瑞翁不应得到他的对手安排给他的结局。必须允许他自由离去。俄狄浦斯做出让步，但心有不甘，他再次提醒歌队注意这场结局尚未确定的争斗的性质。不放逐或杀死敌对的兄弟，那就是自己注定被放逐或杀死：

  好吧！让他走吧！哪怕我一定要死或者眼看着自己被忒拜屈辱地强迫驱逐。

能将这些对答算作"悲剧性的错觉"吗？传统的解读只能如此解释，但这样就应该把整个悲剧和悲剧的不可思议的平衡与这同一种错觉关联起来。现在应该试试采用悲剧的视界。我们隐约感到索福克勒斯本身在将我们带入悲剧的视界。

然而，索福克勒斯自己现在却逃避开了。悲剧的颠覆性有其局限。如果说悲剧质疑神话的内容，那总是以暗中的间接的方式进行。悲剧如果走得更远必然会无言表达，会打破它无法脱离的神话框架。

我们不再有向导和榜样；我们所做的不属于任何可以定义的文化活动。我们无法自称是一个确定的学科。我们想要做的事情异于悲剧，异于文学批评，同样也异于人类学或精神分析。

必须再次回到拉伊俄斯的儿子的"罪行"。城邦（polis）秩序中的弑君与家族秩序中的弑父是一回事。两种情况下，罪人都逾越了最根本的、最初级的、最一成不变的差别。罪人真的变成了差别的杀手。

弑父就是确立起父亲与儿子之间的暴力的相互对等，将父子关系缩减为冲突的"兄弟关系"。相互对等性在悲剧中被明确指出。我们已经说过，拉伊俄斯早在俄狄浦斯返还暴力之前一直对俄狄浦斯施加暴力。

当暴力的相互对等性成功将父子关系吞噬，便不放过一切。暴力的相互对等性将父子关系变成敌对关系，不是为了争一个东西，而是为了争母亲，即最正当地属于父亲的、最严格禁止给儿子的东西，这时暴力的相互对等性将父子关系近乎完全吞噬。乱伦是暴力的，同样属于极端暴力，因此也是对差别的极端毁灭，是对家族内部的另一重大差别即母子差别的毁灭。弑父与乱伦两者合力完成了暴力的无差别化的进程。将暴力等同于差别的丧失，这样的思维应当是将弑父与乱伦置于其思想历程的最端点的。不剩下任何的差别的可能性；生活的任何领域都不再能逃脱暴力[1]。

所以，弑父与乱伦将按照它们的后果来得到定义。俄狄浦斯的丑恶具有传染性；这种丑恶首先蔓延到他所生出的东西。增殖进程延续着本质上应该加以隔离的血液的丑恶的混合。乱伦生子等于蹩脚的复制，等于相同之物的不祥的重复，等于极端丑恶之物的不洁混合。乱伦者让族群面临的危险是与孪生子相同的。那就是初民宗教在列举乱伦后果的同时总会提到的祭祀危机的那些真实的和变相的后果。孪生子的母亲常被怀疑因为乱伦关系而产出他们，这是很能说明问题的。

索福克勒斯将俄狄浦斯的乱伦与婚姻之神许门（Hymen）关联起来，作为婚姻规则和各种家族内差别的神，许门直接被涉及在内：

---

[1] 在题目为《暧昧与颠覆：关于俄狄浦斯王的谜语结构》（«Ambiguïté et renversement: sur la structure énigmatique d'Oedipe roi»）的文章里，让-皮埃尔·韦尔南很好地定义了这种文化差别的丧失。他写道，弑父与乱伦"构成对一种棋局的根本规则的触犯，在这个棋局里，每个子都是相对于其他子在城邦这个棋盘上定位自己的确定位置"。的确，这两种罪行的后果是用差别的丧失来表述的："俄狄浦斯与儿子们变得平级，这是用一系列粗暴的意象来表述的——父亲在他自己被播种的地方播种儿子；伊俄卡斯忒是妻子，又不是妻子，而是母亲，她的田里生产出双重的收成，收获了父亲及其孩子；俄狄浦斯让生出他的女人怀孕，而他自己就是在这女人身体里孕育的，而从相同的田里，平级的田里，他获得了自己的孩子。然而给予这套平级词汇所有悲剧重量的却是忒瑞西阿斯，他这样对俄狄浦斯说，将到来的这些不幸'会让你平级于你自己，同时让你平级于你的孩子'。"

> 许门，许门，我因你而诞生，在生下我之后，你再一次产生相同的种子，你向世人展示了一些出自同一血缘的父亲、兄弟、孩子！你展示了一些被娶的女子，她们既是妻子又是母亲！

我们看到，弑父与乱伦仅仅在祭祀危机之中，仅仅相对于祭祀危机才获得其真实含义。莎士比亚用《特洛勒斯与克瑞西达》中的弑父主题关联起来的不是一个单独的个人或者普遍意义上的所有个体，而是一种确定的历史情境，是差别的危机。暴力的相互对等性导致弑父：不孝的儿子要打死他的父亲。

反过来，在俄狄浦斯的神话中——我们不说在悲剧中——弑父与乱伦显得与任何事情，甚至与拉伊俄斯的杀子行为都毫无关联和可比性。它们是另当别论的事，骇人听闻到了无法用它们周边的那些冲突的对称性的元素来进行思考的地步。人们将之视为与任何背景割裂开来的一种灾祸，它仅仅打击到俄狄浦斯，或者是由于偶然性，或者是因为"命运"或其他神圣力量起了决定作用。

在许多初民宗教中，对待弑父与乱伦，恰如对待孪生子。俄狄浦斯的罪意味着所有差别的终结，但因为这些罪被归于单独个体身上，这些罪便因此变成俄狄浦斯一个人的极端可怕的遭遇。这些罪关系到所有人，也就等于说它们并不关系到任何个人，但它们如今却变成每一个独立的人的事了。

所以，在俄狄浦斯的神话中，弑父与乱伦正起着与我们在前面章节已经考察过的其他神话和仪式的主题完全相同的作用。弑父与乱伦是在掩饰祭祀危机，这远远超过了它们对危机的指示。它们当然表述了暴力的相互对等与同一，却通过一种如此极端的形式，让单独个体独家垄断了这些罪行，以至于这形式让人畏惧。结果，我们忽略了族群所有成员共有的并且用来定义祭祀危机的这种暴力的相互对等性。

面对弑父与乱伦，还存在另外一个主题，它同样在掩饰祭祀危机，对危机的掩饰远大于对它的指示，这个主题就是瘟疫。

我们已经谈到过作为祭祀危机的"象征"的各种瘟疫。即便索福克勒斯曾想到过公元前430年的大瘟疫，但在忒拜的瘟疫中所寓含的东西是大于瘟疫这种细菌性疾病的，是与之不同的东西。瘟疫打断城邦的所有生活必需的功能，它不可能与暴力和所有差别的丧失无关。神谕本身让事情显而易见。神谕将灾祸归咎于一个凶手的具有传染性的存在。

悲剧向我们明确显示出传染与相互对等的暴力是一回事。三位主角轮流被暴力主导，这一机制与瘟疫的发展混同起来，瘟疫总是很快打垮那些自称控制它的人。文本并未发展到明确将这两个系列等同起来的地步，但文本让我们注意到它们的平行关系。歌队哀求俄狄浦斯与克瑞翁相互和解，喊道：

> 如果现在必须看着昨日旧祸之上加上你们俩造成的

新灾，那么这个正在死去的国家让我心伤。

在悲剧的内外，瘟疫象征着祭祀危机，即同弑父乱伦完全等同的事。我们有理由质询为何必须有两个主题，而非一个，是否这两个主题真正起着相同的作用。

应当将这两个主题加以对比，看看它们彼此的异同，看看这种区别可能起着何种作用。在两个主题中都存在祭祀危机的完全真实的各个侧面，但这些侧面的分布不同。就瘟疫来说，只突显出一个侧面，那就是灾祸的集体性，普遍的传染性，暴力与非暴力被消灭。在弑父乱伦中则相反，暴力与非暴力尽可能地突显和浓缩，却落在单独个体身上。这一回被消灭的是集体的维度。

在弑父与乱伦的背后，在瘟疫背后，我们两次看到同一事物，即一种对祭祀危机的掩饰，但却并非同一种掩饰。弑父与乱伦所缺乏的用来完全揭示危机的东西，瘟疫为我们带来了。与此相对，瘟疫所缺乏的用来毫不含糊地揭示同一危机的东西，弑父与乱伦却拥有。如果对这两个主题进行融合，将实质问题平均分配给所有族群成员，我们就会重新发现危机本身。再一次，对于一个个人不论肯定或否定任何东西，都一定会对于所有其他成员肯定或否定同样的东西。责任是所有人平均分担的。

之所以危机消失不见，之所以普遍的相互对等被消除，那是借助于这个危机的那些非常真实的侧面的不平均的分布。一切都没有真正掩盖，一切都没有添加进来。整个神话建构都归于将暴力的无差别化进行转移,放弃了忒拜人,而完全聚集在俄狄浦斯一个人身上。这个人物变成围困着忒拜人的不祥力量的代理人。

对于四处蔓延的相互对等的暴力,神话用单独个体的可怕的违犯禁忌来加以取代。俄狄浦斯在现代的意义上是没有罪的,但他却为城邦的不幸负责。他的角色正是一个真正的人类替罪羊的角色。

索福克勒斯让俄狄浦斯在结尾时说出最能够让忒拜人放心,最能说服他们的话,那便是仅仅由替罪的牺牲为城邦所发生的一切负责,替罪的牺牲必须独自为后果付出代价:

> 啊!相信我吧,别害怕。我的不幸属于我自己,没有任何其他凡人应该背负这些不幸。

俄狄浦斯是绝佳的责任人,实际上他的责任如此之大,以至于别的任何人都不再有责任。瘟疫的想法是这种责任缺失造成的。瘟疫便是祭祀危机在倒空了所有暴力之后所遗留的东西。瘟疫已经将我们引入现代世界的细菌医学的氛围中。只剩下病人。没有人需要对任何人负责,当然俄狄浦斯除外。

要想解除整个城邦所负有的责任,要想让祭祀危机通过倒空所有暴力而变成瘟疫,必须做到将这种暴力转移到俄狄浦斯身上,或者更普遍地讲,转移到单独个人身上。在悲剧的辩论中,所有主角都努力进行这种转移。我们已经看到,关于拉伊俄斯的调查，正是关于祭祀危机本身的调查。所涉及的始终是将灾祸的责任钉在某个个人头上，用回答"是谁先开始的"这个绝佳的神话问题。俄狄浦斯未能做到将指责落在克瑞翁和忒瑞西阿斯头上，但克瑞翁和忒瑞西阿斯却成功将这一罪责落在俄狄浦斯头上。整个调查就是追捕替罪羊，但最后调查却反过来对发起调查者不利了。

在三个主角间左右摇摆之后，决定性的指控最终落在他们中一个的头上。这指控原本同样可以落在另一个头上。指控同样可能根本不成立。成功地决定指控的神秘机制是什么？

此后，指控将被人当作"真实"的，其实却与那些将被当作"虚假"的指控毫无区别，尽管如此，却没有人出声来进行任何反驳。事件的某个版本被成功确立起来，这个事件版本丧失了它的论争性，而变成神话的真相，即神话本身。神话的确立必须被定义为一个众人共同赞同的现象。当两个、三个、千百个对称而且相反的指控交织，唯一的那个取得胜利，围绕着它一切沉默下来。大家彼此的敌对让位给所有人反对单独某个人的联盟。

这个奇迹是什么？完全被祭祀危机破坏的族群的统一如何能够突然重新建立起来？我们正处在危机的高潮：情况看起来极端不利于这种突然的翻转。无法找出两个人对所有问题都意见一致，每个人都努力将集体的包袱甩给他敌对的兄弟来背负。在燃烧起来的整个族群里，似乎笼罩着一种无法描述的混乱。似乎没有任何主线串联起所有冲突、所有仇恨、所有个人的执迷。

在一切都似乎无救的时刻，在无意义通过相互矛盾的意义的无限多样性而获得胜利的时刻，解决办法却相反就要来了。整个城邦将一下子倒向暴力的集体一致，从而将整个城邦解救出来。

这种神秘的集体一致从何而来？在祭祀危机中，对手双方全都自认为存在某些巨大的差别，这些差别将他们分离开。而实际上，所有差别都在逐渐消失。到处是同一欲望、同一仇恨、同一策略，到处是越来越完全的均一性之中的对巨大差别的同一种幻想。随着危机加剧，族群成员全都变成暴力的孪生子。我们可以说他们彼此是彼此的分身（double）。

在浪漫派文学中，在初民宗教的万物有灵论的理论和现代精神病学中，分身这个词总是指一种臆想和非真实的现象。而这里并非如此。虽然分身们的关系带有一些虚幻的侧面，我们在后文将进行考察，但它们绝非臆想。悲剧的对称性作为对此的绝佳表述，同样绝非臆想。

如果暴力让人们真正变得均一，每个人都变成对手的分身或"孪生兄弟"，所有分身都是相同的，那么他们中任何一个都随时可能变成其他所有人的分身，即成为普遍的执迷和仇恨的对象。唯一的牺牲品可以代替所有潜在的牺牲品，代替每个人都在努力驱除的所有敌对的兄弟，即代替无一例外的族群内部的所有人。要想让每个人彼此的怀疑变成所有人对单独一个人的确信，没有或者几乎没有必要条件。最可笑的征兆，最微不足道的预示会在人与人之间以惊人的速度传播，几乎立刻成为一种无可辩驳的证据。确信像雪球越滚越大，在摹仿作用之下，每个人都从他人的确信中几乎立刻推导出自身的确信。所有人坚定的信念并不要求集体一致之外的别的验证，集体一致因其自身的非理性，是无可抗拒的。

分身变得普遍，差别的完全消失激化仇恨但同时让仇恨变得完全可以相互置换，这构成了暴力的集体一致性的充分和必要条件。要想让秩序能够重新产生，首先必须让失序到达顶点，要想让神话能够重新建构，首先必须让神话完全被分解。

刚刚还是千百个个体的冲突，还是彼此孤立的千百个相互敌对的兄弟，现在重新存在一个共同体，整个族群统一于族群的唯一成员引起的仇恨之中。分散在千百不同个体身上的所有怨恨，各不相同的所有仇恨，从此将汇集到单独个人那里，即替罪牺牲那里。

现在这个假设的整体方向似乎明确了。成为暴力的猎物的，或者被自身无法解救的某种灾难压垮的整个族群，自愿投入对"替罪羊"的盲目追捕。出于本能，人们寻求对无可承受的暴力的一种暴力的和即时见效的解药。人们想说服自己认为他们的不幸是因为一个单独的责任人，而这个责任人是容易摆脱的。

这里，我们立刻想到那些在处于危机中的族群中自动爆发的集体暴力的形式，想到类似私刑的现象，沙俄对犹太人的屠杀，"群众执法"的草菅人命（justice expéditive）等。这些集体暴力常常用俄狄浦斯式的指控来为自己辩解，弑父、乱伦、杀子等，这是很能说明问题的。

拉近对比仅仅具有有限的价值，却已经说明了我们的无知。对比阐明了表面上彼此无关的悲剧文本之间的隐秘的亲缘性。我们不知道在写作《俄狄浦斯王》的时候，索福克勒斯对真相的察觉达到了何种程度。前文引用的文本让我们难以相信我们的无知如此之深。悲剧的灵感可能与某种对某些神话主题的真正源头的怀疑是分不开的。这里，我们可以援引《俄狄浦斯王》之外的其他悲剧和索福克勒斯之外的其他作家，尤其是欧里庇得斯。

安德洛玛刻是皮鲁士（即涅俄普托勒摩斯）的侍妾，赫耳弥俄涅是他的正室。这两个女子是真正的互为仇敌的姐妹，她们有一场悲剧论辩。与日俱增的恼恨让受到羞辱的正妻对她的对手发出了典型的"弑父与乱伦"的指控，正是忒瑞西阿斯在另一悲剧的同样关键的时刻对俄狄浦斯发出的指控：

> 不幸的女人，你的迷途到了何等地步？杀死你的丈夫的那个男人的儿子（即皮鲁士，他父亲阿喀琉斯杀死了赫克托耳），你竟敢跟他同床，跟这个凶手生子。蛮人的整个种族就是这样生出来的，父亲跟女儿睡，儿子跟母亲睡，姐妹跟兄弟睡。最亲的人同样互相杀戮，没有任何法律加以禁止。你不要把这些习俗带到我们这里来。

"含沙射影"是显而易见的。外来的女人本身就是威胁着城邦的整个祭祀危机的化身。他们宣称她所犯的恶行构成一份真正的神话主题清单,也是希腊世界的悲剧主题清单。"你不要把这些习俗带到我们这里来",最后一句话是不祥的,它已经暗示着赫耳弥俄涅的仇恨可能引发针对安德洛玛刻的集体恐怖。这里初步显露出来的是替罪牺牲的机制。

难以相信欧里庇得斯在写作这一文本时不知道自己在做什么,难以相信他对于他作品的主题与他在此暗示的集体机制之间的紧密关联没有任何意识,难以相信他不是在暗自警示观众,以期引起观众所拒绝的或者永远无法加以明确和消除的一种不适感。

我们自以为很了解集体暴力的机制。我们仅仅了解确保俄狄浦斯神话这样的神话建构的那些集体机制的一些退化形态和浅淡倒影。暴力的集体一致性在下文中将作为初民宗教的根本现象向我们显现出来。在暴力的集体一致性起到关键作用的所有地方,它都完全或者几乎完全隐退在它所产生的那些神话形态背后。我们永远只能企及一些边缘的退化的现象,它们在神话和仪礼层面是无所作为的。

我们以为集体暴力,特别是所有人针对单个牺牲者的联盟,在社会的存在中永远仅仅构成一些多多少少具有病态的脱离常规的行为,对它们的研究无法为社会学提供重要的贡献。我们的理性主义的天真——对此可以有很多话可说——仅仅赋予集体暴力一种临时的和有限的效力,一种"宣泄"作用,充其量类似于我们在前文中从仪式献祭中所辨别出来的那种作用。

俄狄浦斯的神话持续几千年，神话主题的永不磨灭的特性，现代文化继续围绕着这一神话的近乎宗教性的崇敬，这一切都已经暗示出集体暴力的后果被人们可怕地低估了。

相互对等的暴力的机制可以被描写为一种恶性循环。一旦族群陷入其中，就无法从中摆脱。人们可以将这个恶性循环用复仇和报复来定义，可以对其给出各种各样的心理描述。只要族群内部存在着的仇恨和怀疑不断的积累资本，人们就会持续从中汲取资本，并让这资本壮大。每个人都准备对抗邻人可能的进攻，并将邻人的准备措施理解为对其侵略意图的确认。更普遍地看，应该承认暴力具有一种摹仿性，这种摹仿性很强劲，以至于暴力一旦根植于族群之中便无法自己消亡。

要想摆脱恶性循环，就必须付清暴力用未来作为抵押的可怕债务，必须让人们摆脱所有的暴力样板，这些暴力样板会不断繁殖并产生新的摹仿。

如果人们全都做到了信服他们中间单独一个人对全部的暴力摹仿负有责任，如果他们做到了将这个人看作感染所有人的"污秽"，如果他们对自己所相信的东西达成一致，那么人们的这种信念将会得到证实，因为在清除了那个人之后，在族群里将不再有任何暴力样板可供人追随或者让人加以拒绝，也就是说不再有样板是不可避免地供人摹仿和不断增殖的。通过消灭替罪牺牲，人们会认为自己摆脱了不幸，实际上他们的确摆脱了，因为在他们之间将不会再有令人执迷的暴力。

赋予替罪牺牲的原则有效性，这看似荒谬。只要将本文所定义的意义上的暴力代之以这个牺牲者被人们认为所负有的恶或者罪，就能够理解我们可能始终面对着一种虚幻和一种故弄玄虚，但这却是人类的整个冒险中带来后果最多的、最重大的虚幻和故弄玄虚。

因为我们如今坚信知识总归是好的，所以我们对于替罪牺牲者这样一种机制仅仅给予极小的重视，甚至根本不予重视，而这个机制却掩盖着人类暴力的真相。我们的这种乐观主义可能构成最糟的误解。集体转移罪责的有效性真的很大，正是因为它剥夺了人们的一种知识，即人们对于人类暴力的知识，人们从未成功做到与这种对暴力的知识的共存。

整个祭祀危机中，俄狄浦斯与忒瑞西阿斯向我们展示了这一点，对暴力的知识不断增加。但这种知识远未带回和平，暴力总是被投射到对方身上，被看作来自对方的威胁，它助长并激化着冲突。对于这种不祥的而且具有传染性的知识，对于这种本身就属于暴力的清醒，集体暴力用最完全的无知加以替代。集体暴力一下子抹去对过去的记忆，这便是为何祭祀危机在神话和仪式中从来不以真面目出现。这正是我们在前两章中已经多次看到的，而俄狄浦斯的神话再一次给我们机会来加以验证。人类的暴力总是被作为外在于人类的东西提出来，这便是为何暴力与那些真正从外部作用于人类的力量，如死亡、疾病、自然现象等，被融合并混淆在了神圣之中。

人类如果面对着他们自身暴力的丧失理智的赤裸裸的真相,不可能不面临堕入这种暴力的危机。他们总是误解它,至少部分如此,真正意义上的人类社会的可能性或许正依赖于这种误解。

前文中,我们所解构和解释的俄狄浦斯的神话,依赖于一种结构机制,就是替罪牺牲机制。现在,必须弄清楚此中所涉及的这个机制是否存在于俄狄浦斯神话之外的其他神话中。我们大可怀疑这个机制构成一个重要手段,或许是唯一手段,借助这种手段,人们能够将自身的暴力真相驱除,将对曾经的暴力的知识驱除,如果人们无法摆脱这种暴力,无法将暴力完全推到唯一的"罪人"头上,那么这种暴力将毒害人们的现在与将来。

对于忒拜人,救治就是采用神话,就是让神话成为刚刚经历过的危机的唯一的和无可争议的版本,成为获得新生的文化秩序的宪章,换言之,即坚信族群只不过是罹患了瘟疫。这种操作要求人们坚定相信替罪牺牲负有罪责。所取得的最初成果,即突然重新恢复的和平,证实了对唯一罪人的辨识是正确的,这让这种诠释永远流传下去,即让危机变成一种从外部来的神秘疾病,它是由丑恶的秽行造成的,唯有驱除了那个病菌的携带者才能够中断疾病的传播。

拯救机制是真实的,如果切近观察,我们会发现拯救机制丝毫没有被人掩盖。实际上,人们不断地涉及这个机制,而使用的语言和主题是这个机制本身所催生的。当然,这个机制与克瑞翁带回的神谕是一回事。要想治愈城邦，必须辨识出并驱逐那个不洁之人，他的存在感染了整个城邦。换言之，必须让所有人对于唯一罪人的身份达成一致。在集体层面，替罪牺牲起着萨满们声称从病人体内取出然后称作整个疾病成因的那种东西的作用。

我们在后文将看到，这两种情况中所涉及的是同一种东西[1]。但这种隐喻的两个侧面并不均等。暴力的集体一致性的机制并不仿照萨满的技巧，它丝毫不具有隐喻性。相反，有合理理由推测，萨满的技巧是仿照暴力的集体一致性机制的，这种机制被他们部分地察觉，并用神话的方式来加以诠释。

弑父与乱伦为族群带来的正是族群所需要的用来消除祭祀危机的东西。神话文本向我们证明，这虽然是一种故弄玄虚的操作，但在文化层面却是非常现实和持久的，它奠定了一种新的真相。显然，这种操作与庸俗的掩盖，与对祭祀危机的内容的有意识的操弄无关。因为暴力是集体一致性的，所以暴力恢复秩序与和平。集体暴力所产生的欺骗性的寓意因此获得一种无可动摇的力量。集体一致决议随着祭祀危机隐退到这些寓意之后。集体一致决议构成神话的结构机制，只要这结构保持不受触动，这机制就是隐身的。如果没有咒逐便不会有神话主题（thème）。咒逐的真正对象并非俄狄浦斯，他仅仅是许多主题中的一个，

---

[1] 见本书第九章。

咒逐真正的对象是暴力的集体一致性本身。要想保持有效，真正的咒逐的对象必须免于任何可能的接触、观察、操纵。这种咒逐在我们的时代仍然延续着，它所用的形式是集体暴力所引起的遗忘、漠视，是人们在发现集体暴力时所预先假定的无关紧要。

直到今天，神话的结构还未受到动摇。将神话结构完全投射到想象世界，这并非撼动它，而是相反，它比以往更加难以分析了。没有任何解读触及最本质的东西，甚至弗洛伊德的解读也是一样，它是最有天才的也是最有欺骗性的，它无法触及神话真正"被抑制的"东西，被抑制的并非弑父和乱伦的欲望，而是隐藏在这些过分显著的主题背后的暴力，是被替罪牺牲机制所解除和掩盖的整体毁灭的威胁。

我们现在的假设绝对不要求在神话文本中存在一个判刑或者驱逐主题专门被用来直接提及这种根源性的暴力；而是正好相反。这一主题在某些版本中的缺失并不影响我们在这里提出的假设。集体暴力的痕迹可能而且一定会被抹去。这并不意味着这些痕迹的影响没有力量了，这些影响比以往更加有力。要让咒逐产生全部效果，咒逐本身应该隐去并让人忘记。

如果我们未领会到悲剧的灵感是在对神话进行部分解构，那么在悲剧中，可能造成问题的并非咒逐的缺失，而更多是咒逐的存在。悲剧对于宗教性的咒逐的挖掘利用，应该被视作一种"考古"，而非一种残存、一种古风的标记。应该将《俄狄浦斯王》中的咒逐列入索福克勒斯对神话的批评的元素里,这种批评可能比我们想象的更加激进。悲剧作家让主人公的口中说出极其有启示性的话:

> 快些,以诸神的名义,你们把我藏在远离此地的什么地方——杀死我,或者把我投进海里,丢到一个你们永远看不到我的地方。

诗人对神话及其起源所达到的理解程度,在此处仅仅构成一个次要问题,并未对神话的解读造成反响。这种解读将悲剧用作手段,但它完全依赖于悲剧自身的结果,依赖于它从相互对等的暴力中分解出这些主题,并按照单方面的集体一致的暴力,即按照替罪牺牲的机制,来将它们重新组合的能力。这一机制并不依附于任何特别主题,因为正是这一机制催生了所有这些主题。我们无法从单纯的主题或结构解读出发实现这一机制。

*

直到此前,我们将俄狄浦斯仅仅看作丑恶的污秽,是所有人的耻辱的汇集者,集体暴力之前的俄狄浦斯,《俄狄浦斯王》的主人公从本质上看便是如此。还有另一个俄狄浦斯,如果对暴力进程整体加以考察,他便从中浮现出来。索福克勒斯在他的第二部俄狄浦斯悲剧《俄狄浦斯在科罗诺斯》中让我们隐约看到的正是这个最终版的俄狄浦斯。

在最初几场，我们看到的始终是一个本质上属于不祥之人的俄狄浦斯。当科罗诺斯人发现这个弑父者到了他们城邦的领土，他们厌恶地后退。然而，在剧作中发生了一个巨大变化。俄狄浦斯仍旧是威胁性的，甚至可怖的，但他同时变得非常宝贵。他未来的尸体构成一种科罗诺斯人与忒拜人相互激烈争夺的护身符。

发生了什么？第一个俄狄浦斯与危机的不祥侧面联系在一起。在他身上不存在任何正面的效力。对他的驱逐是"合理的"，这是以一种否定方式达到的合理，如同一个患病的机体切除坏疽肢体的合理性。在《俄狄浦斯在科罗诺斯》中则相反，视野变宽了。替罪牺牲在给城邦带来不和之后，通过远离城邦，而恢复了秩序与和平。此前所有的暴力仅仅造成暴力的翻倍，而针对这个牺牲品的暴力却神奇地终止了所有暴力。宗教思维一定被引向对这种巨大差别的探询。这种探询并非没有私心。这种探询紧密关系到族群的福祉，乃至族群的存在。作为象征思维，实际上，人类思维在整体上从未能够找出暴力的集体性的机制，人类思维必然转向牺牲者，想弄清楚牺牲者对于他的毁灭或流亡所带来的神奇后果是否负有责任。关注不仅落在这种具有决定性的暴力所具有的区别特征上，落在导致集体达成一致的杀害的类型上，而且落在牺牲者这个人本身。既然对牺牲者施加暴力的目的是带回秩序与和平，那么对这个牺牲者做出结论认为他能带来吉祥，这看起来也就更加符合情理了。

在危机的最高潮，当到达高潮的相互对等的暴力一下子转变成带来和平的一致见解，暴力的两个侧面便似乎叠加起来：两个极端接在了一起。这种转变的关键是替罪牺牲者。这个牺牲者看起来将暴力的最不祥的和最吉祥的侧面汇集于一身。将牺牲者看作人们想要认为而且可能认为自己完全与之无关的一种机制的化身，这并非不合逻辑，这个机制就是他们自身的暴力的机制，而这个机制的首要规则实际上却是他们无法看到的[1]。

替罪牺牲"象征"相互对等的毁灭性暴力向创始的集体暴力的过渡，这样说并不足够。是替罪牺牲确保着这种过渡，它与它是一回事。宗教思维一定会被引向将替罪牺牲者即最新的牺牲者、那个承受暴力却不引发新的复仇的牺牲者看成一个超自然的生物的局面，它散播暴力，然后再收获和平；并将这个牺牲者看成一个可怕而神秘的拯救者，他让人们生病，然后再治愈他们。

对于现代思维，主人公变成吉祥的同时便不再是不祥的，反之亦然。宗教的经验论却不是这样，宗教的经验论仅限于记录，尽可能准确地记录所发生的一切，却不弄懂真正的原因。俄狄浦斯最初是不祥的，随后是吉祥的。问题不是"豁免"他，因为从未有过现代意义上的和道德意义上的对他的判决。问题也不是进行隆重的"平反"，而我们时代的

---

[1] 我们在下文将会看到，这种神圣化现象得到了原始宗教经验中的那些迷幻元素的帮助。但这些元素对于理解所有宗教体系的那些重要原则却并非不可或缺。这些宗教体系的逻辑，我们从此能够掌握。

那些声称放弃了任何道德化视角的人却掌握着这种"平反"的诀窍。宗教思维过于谦卑，过于敬畏，不可能从这样高的角度看待事物。宗教思维承认自己被事物超越。最不祥与最吉祥的神秘统一是一个不应否认和忽略的事实，因为这个事实关系到族群最高利益，但这个事实却完全超出人类的判断和理解。在遭到驱逐之后变得吉祥的俄狄浦斯超越了从前不祥的俄狄浦斯，但并未消除他。如何消除他呢？既然涉及对造成暴力爆发的罪人的驱逐。结果证实集体一致将弑父与乱伦之罪归于俄狄浦斯是对的。俄狄浦斯是拯救者，正是因为他的弑父者和乱伦者的性质。

从索福克勒斯的两部俄狄浦斯悲剧中阐发一个违禁与拯救的基本模式，这是所有专家都熟悉的：我们在无数神话与民谣故事、童话故事、传奇乃至文学作品中反复看到这一基本模式。只要还留在人们中间，主人公就是暴力与失序的犯错者，但当他被消灭，他立刻被看作一种拯救者；而且人们总是用暴力手段来消灭他。

同样，在很多情况下，主人公虽然是违禁者，却主要作为怪物的毁灭者出现。在斯芬克斯的故事中，俄狄浦斯本人就属于这种情况。怪物有时起到与忒拜瘟疫相同的作用。它让族群畏惧，它要求族群定期供奉牺牲。

我们应该随即探寻对于俄狄浦斯神话主要情节给出的解释是否同样适用于所有这些文本，换言之，是否我们每次面对的都是唯一的同一个操作的不同痕迹，即替罪牺牲机制的不同的痕迹。实际上，在所有这些神话中，主人公都将某种感染整个族群的暴力吸引到自己身上,这是一种不祥的传染性的暴力,而主人公的死亡或者胜利将这暴力转化为秩序和安全。

还有另外一些主题可能掩盖祭祀危机及其暴力解决,比如以唯一牺牲者为代价从神明或恶魔那里获得集体得救的主题,无辜者或者罪人被投喂给怪物或恶魔供它"复仇"或者相反回应它对"公正"的要求这样的主题。

替罪牺牲的机制解释了俄狄浦斯神话的第一主题,在神话起源层面和结构层面同样有效。前文的分析让我们能够看到这一点。但我们同样看到,这类分析可以轻易扩展到很多神话。我们不得不探究,是否这同一种机制将被证明是所有神话的结构机制。这还不是全部,还涉及别的,更本质的东西,即神圣本身的产生,作为神圣特征的超验性,是否属于暴力的集体一致性,属于通过对替罪牺牲的"追捕"而达成或重新达成的社会统一。如果是这样,那么涉及的便不仅仅是神话,还包括仪式和整体上的宗教性。

现在,我们仅仅持有简单的假设,假设的某些元素初露雏形,甚至完全或缺。在下面的章节中,必须同时对假设加以明确和验证,让它的解释力显现出来,我们当下只是刚刚对它的解释力有所觉察。我们此后将会弄清这种假设是否能够起到它正初步显现的非凡作用。首先必须探究这一假设的性质本身和它在当代知识背景下所呈现的方式。

利用我们当前的这种解读,已经有一些文本可以得到解释。如果赫拉克利特是悲剧哲学家,那么他必然也是神话哲学家，他一定同样会走向我们试图加以阐发的结构机制。我们也许走得太远，但怎样能不承认从一些直到此前还隐晦的真正难以索解的片段中突然间显露某种含义呢？赫拉克利特第 60 号残篇[1]所概括出来的整个章节的结局，难道不正是神话是在暴力的作用之下产生，诸神和差别是在暴力之下产生的吗？

> 争斗是一切的父与王。一些人，争斗把他们造成诸神，另一些人，争斗把他们造成人。争斗让一些人成为奴隶，而让另一些人成为自由人。

---

[1] 赫拉克利特仅有一些残篇传世。——译注

第四章　神话与仪式的产生

在对于初民的宗教的思考中，长久存在两个理论。最古老的理论将仪式归于神话。这一理论在神话中要么寻找真实的事件，要么寻找产生仪式实践的信仰。第二种理论走向反面：它不仅将神话与诸神归于仪式，而且将古希腊的悲剧与其他文化形式归于仪式。亨利·于贝尔和马塞尔·莫斯便属于后一学派。他们将祭祀当作神祇的起源：

> 这些仪式中，由于习惯，或者别的原因，同样的祭祀牺牲定期重复出现，这些仪式的重复产生了某种持久的人格。因为祭祀保留下它的次生效果，神祇的产生正是此前的祭祀的成果。

此处，祭祀被认为是一切宗教的起源。也就是说，不应该去向于贝尔和莫斯问询任何关于祭祀本身的起源的内容。从人们利用某个现象来解释其他现象的那一刻开始，人们便通常会自认为可以不需要解释这个现象本身。这个现象的不言自明变成了某种不成文的教条,能进行解释的东西本身不需要得到解释。

不仅于贝尔和莫斯对于祭祀的起源没有进行任何解释,而且他们对于祭祀的"性质"和"功能"也几乎没有什么可说的,虽然这两个词出现在他们著作的题目中。我们在前文中看到,人们不可能当真认为祭祀的主要目的是与"诸神"沟通。如果诸神是在经过祭祀的长期重复之后才产生的,那么如何解释这种重复本身呢?那些施祭者在尚未有诸神来"沟通"的时候,他们想到的是什么呢?他们面对着整片空洞的天空重复着献祭的时候,他们是为了谁,为什么?不论激情多么巨大,这种促使现代的反神论否定人类文化中关于"诸神"的一切的热情,不应再愚弄我们,祭祀是人类的事务,应该把它从人类的角度来加以诠释。

于贝尔与莫斯在起源与功能方面论述的不足,让他们对于祭祀操作的系统描述变得更加值得注意。我们无法将这种系统性归为一种会影响到分析的先入之见,因为献祭系统仍有待诠释。奉行祭祀的多种文化中,仪式的相似性具有某种让人吃惊的东西。文化到文化之间的变体永远不足以减损祭祀现象的特殊性。于贝尔与莫斯可以摆脱任何单个文化,将献祭描述为某种技术。其实正是如此。依据我们这两位作者,这种技术在社会现实层面不具有任何真正目的,不具有任何类别的功能。祭祀制度归根到底属于迷幻、臆想,那么其统一性可能从何而来呢?我们不应该借助于"传播论"的立论。早在于贝尔与莫斯的时代,传播论的立论就威望扫

第四章 神话与仪式的产生

地,这是不无道理的,这些立论是站不住的。

越是对这种古怪的结构统一性进行思考,我们就越倾向认为这种统一性不是让人吃惊,而是绝对神奇。在对于贝尔与莫斯的描述叹为观止的同时,我们开始惋惜他们的前辈们的好奇心。将许多问题搁置起来,以便将某些分析形式加以系统化,这大概曾经是必要的。而这正是这两位作者所做的。暂时收窄考察范围,这让人能够辨别出一些问题和一些领域,而直到此前,它们都造成一些令人惋惜的混淆。

在科学研究中如同在军事策略中,应该从积极面来表现战略后撤,目的是鼓舞士气。然而,不应该把战略后撤混同于全面胜利。如今,在所有社会科学中,于贝尔与莫斯早已预言的倾向完全占了上风。所涉及的不再是将仪式归于神话,甚至不再是将神话归于仪式。确实,那是一种循环论证,思维陷入其中,却始终以为通过侧重过程中的某一个点而摆脱了这种循环。人们抛弃了幻想,这是件好事。人们看到,如果存在一种解决,那么这种解决会处于这个循环的中心,而非外缘,这是另一件好事。人们得出结论认为这个中心是不可企及的,甚至没有中心,中心不存在,这便不再是件好事了。

以过去的失败为依据,这种悲观的推测呈现为极端科学的样子,但其实它是哲学性的。过去的失败除了证明失败本身并不证明什么。不应该在研究可能的暂时性的原地踏步的基础上构建一种世界观。从事反形而上学,仍旧是在从事形而上学。在任意时刻,某些新的假设可能涌现出来，最终以令人满意的方式，即科学的方式，不仅对祭祀的，而且对普遍意义的宗教的起源、性质与功能的问题做出回答。

用纯粹"象征性"的豪言壮语来宣布某些问题是无用的、无效的，这并不足够在科学中确定地位。科学并非相对于哲学的野心的一种退避立场，不是一种屈服。科学是以不同的方式来满足这些野心。在那些最重大发现的源头，是如今许多人轻视为"孩子气"的一种好奇心，是一种对语言甚至最日常语言的如今被斥为"天真"的信心。司汤达加以漫画描写的市民阶层的时髦人士（dandy）翻新了古典的"nil admirari"（没事大惊小怪的人），而当这个词被当作知识见解的高雅表述，那就应该担心了。弗雷泽、弗洛伊德、罗伯逊·史密斯之辈的相对的失败，不应该让我们相信他们的让人惊叹的理解欲已经过时了。断言探寻仪式真正的功能和起源不再有任何意义，那就是断言宗教语言注定成为死去的词句，断言它将一直保持为非常有体系但完全没有含义的一套令人费解的话语。

时不时地，会有人发言，提醒大家诸如献祭制度之类制度的古怪之处，唤起我们的头脑所感到的想要为它给出真正起源的这种无可抗拒的需求，比如阿道夫·詹森（Adolphe Jensen），他在《初民的神话与习俗》[1]中重新回到对过去的

---

[1] 阿道夫·詹森：《初民的神话与习俗》（*Mythes et cultes des peuples primitifs*），1954，pp. 206-207。

伟大探寻，但即便如此，却几乎没有引起反响：

> 必须有一些特别让人震惊的经历，才能让人在自己的生活中引入一些如此残忍的行为。其原因会是什么呢？

> 什么事情足够让人震惊，以至于能让他们杀死自己的同类？这不是出于追随自己本能而不知道别的东西的半兽性的野蛮人的那种不道德的不经思索的行为，而是出于一种具有文化形态的有意识的具有创造性的生命推动力，它力图理解世界的终极性质，并将对之的认识通过建立一些戏剧化的表现来传递给后世……神话思维总是返回**第一次**发生的事，返回创始行动，恰当地认为是这个创始行动为某个既定事实带来了最有力的证据……如果杀戮（在仪式中）占据如此具有决定性的位置，那么杀戮必然（在创始时刻）占据特别重要的位置。

虽然我们不拒绝最近的研究在描述方面的贡献，但也许应该重新探寻是否第一次的时候真的发生了某种具有决定意义的事情。应该在经过当代方法论的严谨性的更新的框架下，重新开始提出传统的问题。

这样的调研原则一旦被接纳，我们就应该探究值得人们审视的任何假设都必须满足的先决条件。如果存在真正的起源，如果神话以自身的方式在不断回顾这个起源，如果仪式以自身的方式在不断纪念这个起源，那必然涉及一个事件，它给人们造成的印象并非不可磨灭，因为人们最终忘记了这个事件，但这种印象依然是非常强烈的。这种印象以宗教为媒介，可能以所有文化形式为媒介而得到延续。要想对此有所反映，不一定必须假定某种无意识状态，不论是个人的，还是集体的。

以杀戮构成的仪式性纪念的数量出奇地多，这让我们认为原始事件应该是一次杀戮。《图腾与禁忌》的作者弗洛伊德清楚看到这种要求。各种献祭的出奇的统一性暗示着所涉及的是各种社会中的同一类型的杀戮。这并不意味着这次杀戮仅发生了一次，或者这次杀戮仅限定于类似史前时代。从任何单个社会的视角看，这次事件都是独一无二的，它标志着这个社会的开始或者重新开始，但从比较研究的角度看，这次事件应该是完全平庸的。

我们认为在祭祀危机和替罪牺牲的机制中把握住了满足人们所能要求的所有条件的事件类型。

有人可能会说，如果这样的事件存在，那么科学早就应该发现了。这样的说法没有考虑到这一学科的真正惊人的发展速度。在所有人类社会的源头存在着宗教，这种存在是无可怀疑的，是根本性的。在所有社会建制中，宗教性是唯一的科学从未能够赋予一种真正研究对象、一种真正的功能的。所以，我们断言宗教的对象就是替罪牺牲的机制，宗教的功能在于延续或更新这一机制的效果，也就是将暴力维持在族群之外。

第四章　神话与仪式的产生

*

我们首先发现了献祭的宣泄功能。随后，我们将祭祀危机定义为这种宣泄功能和所有文化差别的丧失。如果针对替罪牺牲的集体一致的暴力真正结束了这场危机，那么显然替罪牺牲应该被定位在一种新的祭祀系统的源头上。如果替罪牺牲凭一己之力可以中断毁灭进程，那么替罪牺牲就是任何建构过程的起源。我们在下文中将看看是否有可能在文化秩序的主要形式与规则的层面上验证这一论断，比如节日、乱伦禁忌、生命过渡仪式等。从此，我们有充足理由认为针对替罪牺牲的暴力可能是在根本上具有创始性的，即它结束了暴力的恶性循环，同时开始了另一次恶性循环，即献祭仪式的循环，献祭仪式的恶性循环可能正是整个文化的恶性循环。

如果情况如此，那么创始性的暴力真正构成人类所拥有的最宝贵的和最珍视的一切东西的起源。这正是所有关于起源的神话所肯定的东西，只不过神话是以遮掩的改头换面的方式来进行肯定的，它们都可以被归纳为某个神话造物被另一些神话造物杀戮。这一事件被看作文化秩序的创始事件。源自死去的神祇的不仅有仪式，而且有婚姻法则、禁忌，有赋予人类人性的所有文化形式。

在某些情况下，神话造物想要给予人类他们结成社会生存所需要的一切，而另一些则相反想要拒绝。人类最终总是获得或者夺取了他们所必需的东西，但总是在一个神话造物与其他神话造物脱离，并遭遇或多或少不同寻常的冒险之后。而冒险通常是致命的，有时表面上看来很可笑，可以从中看出隐隐约约的对暴力解决的影射。有时，这个人物脱离群体，带着争夺中的关键东西逃亡，然后他被抓住并处死；有时，这个人物仅仅受伤或者被打；还有时，是他自己要求人打他，每打一下，就发生一些不同寻常的好事，一些神奇的后果，它们全都可以归为一种多产和一种兴旺，它们可以等同于文化秩序的和谐运转。

神话叙事有时出现在近似体育竞技或战斗的某种竞争或比赛的框架之内，当然会让人联想到祭祀危机中人们的敌对。在这些主题的整体背后，我们总能读解出最初相互对等的暴力转变为集体暴力的痕迹。如果所有人类活动，乃至自然的生命都服从于暴力在族群内部的这种变身，我们不应该吃惊。当关系被扰乱，当人们不再和谐和合作，那么所有活动无不受到影响。甚至采集、狩猎、捕鱼的成果，甚至收获的质量与数量都会对此有所反映。所以，被归功于创始暴力的那些好处将大大超出人与人的关系。集体的杀害被看作所有丰产的源头，繁殖的原理被归于它，对人类有用的植物，所有可以食用的产品都是从最原始的这个牺牲者的身体里涌现出来的。

*

甚至于贝尔与莫斯随时在引述一些事实，它们原本应该把我们的"革命性"学科重新带回到社会性的现实之中。在一些神话中，创始的集体私刑几乎不可破解，而在另一些神话中，创始的集体私刑却几乎可以明确辨识。这些几乎未经过改头换面的神话，它们并不总是属于我们西方人文主义者身份可能会让我们认为是最"粗糙"的那些文化。我们的两位作者举出一个古希腊的几乎完美的例子：

> 在特洛艾森，希波吕忒神庙的围墙内，人们通过一年一度的节日投石节（lithobolia），来纪念外来的丰产女神达弥亚和奥克塞西亚，这是两位从克里特岛来的外域处女，依据传统说法，她们是在骚乱中被投石处死的。两位外来女神就是在丰收节庆上扮演角色的外来人、过路人。投石是一种献祭仪式。[1]

在俄狄浦斯神话的周边，有一些仪式，如献祭替罪者和贱民（katharma）的仪式，其真正意图可以从前文的解读得到阐明。雅典城邦富有远见，出资供养一定数量的不幸的人，用他们进行这类献祭。如有需要，即灾祸降临或威胁城邦的时候，比如瘟疫、饥荒、外族入侵、内部纷争，总有一个替罪者可供集体使用。

俄狄浦斯神话的全部解释，即发现替罪牺牲机制，可以让我们理解施祭者所针对的目标。他们想尽可能准确地复制从前的一场危机的样板，这场危机多亏了替罪牺牲机制得以

---

[1] 阿道夫·詹森：《初民的神话与习俗》，p. 290。

解决。不论是真实的还是想象的，所有威胁到族群的危险都被等同为一个社会可能面对的最可怕的危险，那就是祭祀危机。仪式是对最早的自发的集体私刑的重复，那次集体私刑重新将秩序带回族群，因为集体私刑针对替罪牺牲，围绕替罪牺牲，重新建立起在相互对等的暴力中丧失的统一。如同俄狄浦斯，牺牲者被当作污染他周围一切的污点，他的死亡的确洗净了族群，因为他重新给族群带来平静。这便是为何人们到处找一些替罪者，目的是疏导污秽，将污秽汇集到替罪者头上，然后，在全部民众都参与的一次仪式上，人们追捕或者杀死替罪者。

如果我们的立论是准确的，我们可以轻易理解，如同俄狄浦斯本人，替罪者具有双重内涵：一方面，人们将他看作一个可怜的、可鄙视的甚至有罪的人，他受到各种嘲笑、辱骂，当然还遭受暴力；另一方面，人们在他周边树立起一种近乎宗教性的崇拜，他在一种宗教崇拜中扮演主要角色。这种双重性反映出转变的过程，继最初的牺牲者之后，仪式的牺牲者应当成为转变的工具。牺牲者应当招致全部不祥的暴力，以便通过他的死亡来将这种暴力转变成吉祥的暴力，转变成和平与丰产。

如果古典希腊语的 pharmakon 这个词的意思既是毒药，又是解药，既是疾病，又是救命药，是依照情况而定，依照剂量而定，能起到非常好的或非常不好的作用的所有东西，我们也不应该感到吃惊。pharmakon 就是神药，或者模棱两可的药品（pharmaceutique），普通人必须让那些拥有独特的

第四章 神话与仪式的产生

但有些非自然的知识的人来处理，如祭司、魔法师、萨满、医师等[1]。

将俄狄浦斯与替罪者拉近对比，这丝毫不意味着我们采用了英美学者的观点，特别是"剑桥仪式学派"（Cambridge ritualists）的观点，他们对于悲剧做出了仪式的定义。显然，俄狄浦斯的神话与类似献祭替罪者的仪式是不可分的，但一方面必须小心不要将神话与仪式混为一谈，另一方面必须小心不要将它们与以它们为灵感的悲剧混为一谈，我们在前文已经看到，悲剧在根本上是反神话和反仪式的。"剑桥仪式学派"及其门徒基于下列想法建立起他们对替罪者的解释，即季节改变、大自然的"死亡"与"复活"构成仪式的原始模型，构成仪式的本质性的寓意领域。实际上，在自然中不存在任何东西是能够指示或暗示像献祭替罪者仪式这样残忍的仪式性的祭杀类型的。在我们看来，祭祀危机及其解决构成唯一可能的样板。自然只是随后而来的。仪式思维认为从自然的节奏中可以识别出一种与族群中秩序与失序的轮替类似的轮替。时而是不祥的相互对等的暴力，时而是吉祥的集体一致的暴力，这种暴力的机制变成了整个世界的机制。

将悲剧视作"春之祭"之类对季节仪式的重复与改编，这显然是将一切让悲剧成为悲剧的东西都截掉了。虽然人们对悲剧进行的"解构"失败了，且最终成功地赋予悲剧在西

---

[1] 阿道夫·詹森：《初民的神话与习俗》，pp. 408-410。

方文化中的一种近乎具有仪式性的价值，但悲剧之成为悲剧的东西依然被丢掉了。所以，这是一个从多个媒介表现的进程，我们在后文还会谈到，这个进程与剑桥仪式学派的观念几乎没有关联[1]。

---

[1] 在法国，同样有很多研究者从神话中的俄狄浦斯，从索福克勒斯的俄狄浦斯身上辨识出一个替罪者和"替罪羊"。依据玛丽·德尔古（Marie Delcourt）的看法，替罪羊的习俗可以让我们解释儿时的俄狄浦斯的命运，解释为何他遭到父母抛弃："俄狄浦斯作为替罪羊被父亲抛弃在外，他父亲的名字是拉伊俄斯（Laïos），即拉丁文的Publius，意为人民的代表。"遗弃残疾或畸形的孩子，这是极为普遍的，应该将此与替罪牺牲联系起来，即与所有献祭仪式中集体的众口一词的基础联系起来。玛丽·德尔古此处[《古希腊的英雄传说与崇拜》（*Légendes et cultes de héros en Grèce*），1942，p. 102]指出的正是这种民众的一致性的一种信号。同样请参考《俄狄浦斯与征服者的传说》。在更近的研究中，让-皮埃尔·韦尔南重新提出这些想法，证明了它们在《俄狄浦斯王》主题分析层面可带来丰硕成果："国王作为神祇兼替罪者：这便是俄狄浦斯的两个面孔，赋予他像谜的面目，如同一个双关的表达，在他身上集聚了两个彼此相反的人物。对于俄狄浦斯的本性中的这种颠倒，索福克勒斯给予一种普遍意义：主人公是人类命运的模本。"（《暧昧与颠覆：关于俄狄浦斯王的谜语结构》，p. 1271）这部戏剧与重大神话和仪式主题之间的这种关联性无比真实，但是要真正把握这种关联，则必须超越所有单纯的主题分析，放弃把替罪羊当作无谓的迷信，当作缺乏任何操作价值的非机制性的东西的偏见。彼此从这一重要主题之后辨别出彼此对等的暴力向制定秩序的暴力的一种变身，制定秩序是因为暴力是集体一致的，是唯一的结构机制，在暴力之后隐藏着的是所有文化价值，首先是那些最接近真相的表述，即神话与仪式的所有那些双关意义的表达。索福克勒斯没有"添加"给替罪羊主题任何多余的东西；其"整体意义"不是画蛇添足。这位剧作家不是武断地让俄狄浦斯成为"人类命运的模本"。人们无法将神话拆散，而同时达到人类命运的真正基础；即使部分拆散也不能。

第四章 神话与仪式的产生

*

我们的假设得到明确和扩展。它可以让我们从诸如从未有人参透其奥义的处死替罪者这样的宗教行为背后,发现一种完全清晰的方案。我们很快将看到,同一假设不仅从整体上而且从细节上解释了仪式。直到此前,我们仅仅提到用人牲献祭。在仪式与暴力的集体一致性机制之间的关联在人祭中显而易见,因为最原始的牺牲者同样是个人。仪式与原始事件之间的摹仿关系很容易把握。

现在,必须弄清动物献祭是否应该同样被定义为对一宗创始性的集体杀害的摹仿。本书第一章告诉我们,在人牲献祭与动物献祭之间并无本质区别。所以,理论上说,答案应该是肯定的。著名的犹太人的"替罪羊"和所有同类祭杀动物的仪式,都立即让我们认为情况的确如此。但仍可以用更多篇幅来审视可称为"典型"的动物献祭,目的是证明(如果可能的话)动物献祭同样以一个替罪牺牲的死亡作为样板。如果动物献祭力图重复的真的是集体一致的暴力的机制,如果替罪牺牲真的是所有仪式的关键,我们便可以对于这种献祭的各个侧面加以阐明。当然,能否加以阐明,这将决定我们的假设的命运。

必须转向一个罕见的社会,在那里直至今日献祭仍旧存在,而且由一位称职的人类学家加以描述。戈弗雷·林哈德在《神性与经验》中详细讲述了丁卡人中奉行的几种献祭仪式。这里,我们将这些叙述加以概括,强调我们认为最主要的点。

被集体合唱加以重复的咒语逐渐让最初漫不经心的群众专注起来。出席者们进行一些对战斗的模仿。有时也会有一些单独的个人去打其他人，但并没有真正的敌对。在预备阶段，暴力已经存在，虽然是以一种仪式形态，但这暴力仍旧是相互的。仪式的模仿首先落在祭祀危机本身，落在集体一致的暴力解决之前的混乱前奏。时不时地，某个人走出队列，去咒骂或者殴打动物，那是一头母牛或者牛犊，被拴在木桩上。仪式丝毫没有固化和僵化，仪式确定一种集体的动能机制，它通过将暴力汇集到仪式牺牲身上而逐渐战胜分化和解体的力量。相互对等的暴力转化为单边的暴力，这种转化在仪式中得到了明确的表达，并被人重新体验。我认为，如果观察者一直对那些有时不很明显地反映出相互对等暴力向集体一致的暴力的转化的征兆保持警醒，便会看出在无数的仪式中所涉及的都是同样的事。以著名的希腊杀牛献祭"布福尼亚"（Bouphonia）为例，参与者们互相争吵，然后所有人一起对付祭牲。通常在献祭仪式开端的人们摹仿的所有战斗，形式上具有对仗性的所有舞蹈（一连串的面对面的打量首先具有冲突性），它们都可以被解释为对祭祀危机的摹仿。

在丁卡人的献祭中，高潮的出现似乎不是随着死亡本身，而是死亡之前的仪式性的咒骂，它被认为能够杀死祭牲。同在古典悲剧中一样，祭牲主要是被词句祭杀的。似乎这些词句即便不总是被仪式保留下来，在根本上也是与忒瑞西阿斯对俄狄浦斯发出的指控相同的[1]。处死有时构成一种真实的对祭牲的集体殴打。发生这种情况的时候，祭牲的生殖器部位尤其被人针对。替罪者的情况相同，他被人用草本植物抽打生殖器官。完全有理由认为，动物祭牲代表着某个原始的牺牲者，像俄狄浦斯一样，他受到弑父与乱伦的指控，或者被指控犯下任何其他性违禁行为，这些性违禁行为意味着差别被暴力消除，是对文化秩序的毁灭负有重大责任的。祭杀是一种惩罚，所惩罚的罪行的性质决定其惩罚模式，但惩罚的重复性却属于仪式思维，它从中所期待的益处是与单纯的惩罚措施不可比的。这些利益是真实的，仪式思维无法理解为何这些益处被人获得。仪式思维所提出的所有解释都是神话性的，但是，这同一种仪式思维却能让人大致看出这些益处是如何获得的，并且在不懈地努力重复这种能带来丰硕成果的操作。

敌对与蔑视的征兆，动物在被祭杀之前所经历的残暴，在祭杀之后就变成人们表现出的一种真正宗教性的虔敬。这种敬意伴随着献祭带来的肯定具有宣泄性的缓和。如果祭牲把相互对等的暴力同它一起带进死亡，那它便起到了人们对它期待的作用。从此，它被认为是兼具善意形态和恶意形态的暴力的化身，即从至高处主宰着人类的全能者。在对它进行虐待之后，给它加以不一般的荣誉也是情理当中的。同样，在俄狄浦斯看起来会带来诅咒的时候，驱除

---

[1] 即杀父娶母。——译注

他是合情合理的，而随后当他的离去带来吉祥之后人们对他进行尊崇也是合情合理的。虽然它们互相矛盾，相继的两种态度却都是合理的，因为只要采取第一种态度，就会接着产生第二种态度。

林哈德本人将祭牲定义为替罪羊（scapegoat），它成为"人类激情的承载体"。实际上我们面对的是一个动物替罪者，一头替罪的牛犊或阉牛，它担负的不是不确定意义的"罪责"，而是族群成员感受到的彼此真实的强烈的敌对情感，虽然这些敌对情感往往被掩饰起来。将献祭定义为一种对自发的集体暴力的重复和摹仿，这种定义与我们在本书第一章揭示的功能并非不兼容，与我们在前文中所看到的内容非常契合。在这些自发的集体暴力中的确存在一个发泄餍足元素，我们知道，这个元素在仪式献祭中同样出现，但是以一种弱化形态出现的。在自发的集体施暴中，暴力是得到释放，这种暴力既得到控制，又部分得到满足，而在仪式献祭中，暴力则体现为多多少少"潜在"的攻击倾向。

族群对它自身的起源，既受其吸引，又对之反感。族群不断感受到需要以掩饰的和改头换面的形式来重新经验它的起源。仪式平息和欺骗那些不祥力量，是因为仪式不断影射那些力量。不祥力量的真正性质和现实性是族群无法把握的，而且必须让它无法把握，因为这些不祥力量来自族群本身。仪式思维只有任凭暴力释放，有些像第一次那样，但又不太过分，重复它所能记起的严格确定的框架下的对特定目标的集体驱除，才能做到它为自己规定的既明确又模糊的任务。

我们看到，在献祭仍起作用的地方，在宣泄层面，献祭真正具有我们在第一章所揭示的效力。这种宣泄作用从属于一种结构，这种结构过多让人想起具有统一集体的作用的暴力，以至于人们只能把它看作对这种暴力的一种惊世骇俗的摹仿，或者说一种准确的摹仿。

*

将仪式当作对一次集体的自发的暴力的摹仿与重复，如果仅限于考虑某些仪式，那么这一立论可能被人看作异想天开，甚至离奇古怪。当我们开阔视野，便会看到几乎到处都能找出一些集体暴力的痕迹，实际只要找出这种暴力就能从仪式和神话形式中阐明某些雷同之处，它们往往不被人察觉，因为人们看不出它们可能具有什么共同寓意。初步的审查便可以揭示出，在任何宗教生活中，在任何仪礼实践中，在任何神话建构中，集体一致性（unanimité）的主题在一些彼此相距如此遥远的文化中，以如此多样的形式，在性质如此多样的文本中，以极高频率反复出现，以至于我们绝对无法假设这是一种通过影响而进行的扩散。

我们刚刚看到，在丁卡人中，祭杀往往能形成所有年轻人参与的群殴，他们践踏祭牲，共同压到它窒息。当祭牲体型太大，太有力气，而无法这样将它杀死时，它便遭到依据规则的祭杀，但似乎在祭杀之前，总要进行对群殴的摹仿。对集体参与的要求必须得到满足，至少是以一种象征形式。

祭杀的集体性反复出现在数量惊人的献祭中，我们在后文将会看到，尤其出现于祭祀酒神狄俄尼索斯的撕裂牺牲的祭礼（sparagmos）[1]。所有出席者无一例外被要求参与处死祭牲。罗伯逊·史密斯（Robertson Smith）在《闪米特人的宗教》（*Religion of the Semites*）中描写的阿拉伯人著名的骆驼献祭以及众多仪式也是如此，我们在此不一一列举。

尤利西斯和同伴们，大家一起将燃烧的木桩刺进独眼巨人眼中。在众多创始神话中，大家一起，密谋的诸神们杀死他们自身团体中的一个成员。在印度，《夜柔吠陀》[《祭祀明论》（Yadjour-Veda）]文本提到一次由诸神完成的献祭。要处死的是另一个神，苏摩（Soma）。最初，密特拉（Miltra）拒绝加入他的伙伴，但他们最终战胜他的抗拒。如果没有所有人的合作，献祭会丧失其作用。这里，神话非常明确地提供了一个样板，信徒们的献祭必须符合这个样板。对集体一致性的要求是正式成文的。哪怕有一个出席者弃权，便会让献祭比无效更糟，会让它变得危险。

在印尼的斯兰岛，在讲述杀害始祖女英雄海奴韦莱（Hainuwele）的神话中，神话的施祭者们在完成杀戮之后埋葬了他们的牺牲，大家一起，他们踩踏她的坟墓，以便强调这一举措的集体一致性。在一则神话中这里或那里出现的集体一致性的征兆，可能重新以完全相同的形式出现在另一个族群的仪式中。比如在婆罗洲的雅朱语达雅族（Ngadju-

---

[1] 见本书第五章，p. 198。

Dayak）中，存在一些奴隶人牲献祭，献祭之后牺牲者通过仪式被埋葬，所有参与者被要求踩踏坟墓。不仅在这种献祭中，雅朱语达雅族的所有献祭仪式都要求集体一致参与。对行刑柱上的奴隶施加长时间的折磨不能交由心理学解释。所有出席献祭的人都被要求在牺牲者死亡之前打他。这是在重复集体一致性。仪式在一种从仪式上确定下来的秩序中进行，这一秩序与文化秩序内部的等级差别有关。用动物献祭也以相同方式进行[1]。

甚至在一个正在解体于相互对等的暴力的社会里，比如在坎刚印第安人中，对集体一致性的要求将以一种混合形态在这种集体暴力的层面再次出现。"杀人者绝不愿意单独行事。他们坚持团体成员的合作。要求牺牲者被别人处死，这是坎刚杀人者中常见的事。"[2] 不应该否认这类事实的心理学含义。恰恰相反，在没有任何集体建构的情况下，人们不可能摆脱心理学诠释，不可能达到一种仪式形态。不祥的暴力将无节制地被释放出来。

*

只要对此有所思考，便会看出本书第一章提出的献祭的

---

[1] H. 谢乐（H. Shärer）：《达加基人图腾崇拜中人类祭牲的意义》("Die Bedeutung des Menschenopfers im Dagakischen Toten Kult")载于《德国民族学会通讯》(*Mitteilungen der deutschen Gesellschaft für Völkerkunde*, 1940mburg, 10）。引文见阿道夫·詹森，前引书，p. 198。

[2] 朱尔斯·亨利：《丛林民族》，p. 123。

功能不仅让替罪牺牲即暴力的集体一致性得以确立，而且要求这种基础，这种一致性。在仪式性献祭中，真正被祭杀的祭牲将暴力从族群内部最"自然"的受害对象身上转移开去。但是祭牲替代的尤其是谁呢？直到此前，我们仅能够从个人心理机制出发来理解这种替代，显然这是不够的。如果没有替罪牺牲来从集体层面而非单独个体之间确立祭祀制度，那么就应该认为祭牲仅仅替代某些个人，即那些让施祭者产生个人的敌对感情的人。如果像精神分析中说的那样，情感转移是纯粹个人性的，那么献祭便不可能成为真正的社会性的制度，献祭便无法将全部族群成员涉及在内。然而，我们知道，只要献祭仍旧起作用，它便仍旧在本质上是一种族群制度。演化发展可能让献祭"个人化"，但这种演化是晚期的，是与祭祀制度的精神相左的。

要想理解事情为何并且如何能够这样，只需承认仪式中的祭牲从未替代族群的某某成员，甚至从未直接替代整个族群：祭牲总是替代那个替罪牺牲者。既然这个牺牲者本身替代了族群全部成员，所有祭牲替代便起到我们认为它具有的作用，祭牲替代保护族群全部成员免于他们各自相互的暴力，但献祭替代总要有替罪牺牲者作为中介。

此处，我们摆脱了对我们的唯心理论的指责，消除了对我们的祭牲替代理论的任何严肃的反驳。如果整个族群不是已经汇总到单独一个人头上，即替罪牺牲者头上，便不可能给予祭牲替代我们认为它可以具有的能力，便不可能将献祭确立为社会制度。

原始的暴力是唯一的和自发的。相反，仪式性的献祭却是多次的。人们不厌其烦地重复着它们。在创始的暴力中，人们没法控制的一切，如杀人的地点与钟点、对牺牲者的选择，人们却在献祭中自己加以决定。仪式操作旨在对不受任何规则控制的东西加以规范，仪式真正寻求从创始的暴力中得到某种宣泄平息的技术。仪式性献祭的效力较小，这却丝毫不构成缺点。仪式的目的是在尖锐危机时期之外的时间起作用，我们已经看到，仪式的作用不是治疗，而是预防。如果仪式比实际效力更加"有效"，如果仪式不是在可献祭的类别中，即通常来说族群之外的类别中选择牺牲者，如果仪式同样如同创始的暴力一样选择本族群的一个成员，它就会丧失一切效力，会导致仪式功能让它去阻止的事情，即重新堕入祭祀危机。献祭与自身的正常功能相匹配，集体杀害也一样，它既与自身的不正常功能相匹配，又与它制定常规的功能相匹配。有理由假设，献祭的较小的宣泄作用是从集体杀害所确定的重大宣泄作用派生出来的。

仪式性献祭的基础是双重替代。第一个替代，是人们从未觉察的替代，即用单独一个人来替代族群的所有成员，替代依据替罪牺牲机制。第二个替代，是真正仪式性的，被叠加在第一个替代之上。它用一个属于可献祭类别的祭牲来替代最原始的牺牲者。替罪牺牲者是族群内部的，仪式祭牲是族群之外的，必须要求他是族群之外的，因为集体一致性的机制必然对他不利。

第二个替代如何附加到了第一个替代之上，创始的暴力如何成功给了仪式一种离心力，献祭技术如何得以确立？这是我们在后文将试着回答的一些问题。但我们当下就可以辨识出献祭对于创始的暴力的本质上的摹仿特征。借助这一摹仿元素，我们可以从献祭中辨识出技术性的一面，我们尚不能完整讲述，同时我们可以辨别出纪念性的一面，这一面同样是本质性的，但我们绝不能认为仪式思维具有它肯定并不具备的一种洞察力或一种操纵性的巧智。

人们可以将仪式当成对一个真实事件的纪念，而同时不将它简要地归纳为我们的全国假日那样无足轻重的东西，不像精神分析所做的那样将它归为单纯的神经官能强迫症。在仪式中仍存留这少许真实的暴力，当然，必须让献祭有些打动人，才能保留它的有效性，但献祭主要的导向是秩序与和平。哪怕最暴力的仪式实际针对的也是驱除暴力。如果我们把这些仪式当作人类的最病态的东西，那就大错特错了。

当然，仪式是暴力的，却总是较轻的暴力，它对某种更糟糕的暴力筑起藩篱。它总是试图重建族群所经历过的最大的和平，即族群达成一致而杀死替罪牺牲之后产生的和平。清除族群中一直累积着的不祥的疫气，与恢复最初的新鲜空气，是同一回事。不论秩序占上风，还是秩序已经受到扰乱，应该对照的总是同一个样板，应该重复的总是同一个基本模式，即祭祀危机被人们胜利克服，即集体一致的暴力对付替罪的牺牲者。

第四章 神话与仪式的产生

*

这里初具雏形的是一种关于神话和仪式的理论,即整体上的关于宗教性的理论。前文的分析过于草率,过于不完备,让我们只能把归于替罪牺牲和集体一致的暴力的这种神奇作用当作我们研究过程中的假设。在当前阶段,我们无法指望读者信服。这不仅仅因为我们的立论赋予宗教性一种现实的起源,这一立论与大家惯有的观念相去甚远,它会在过多领域导致过多根本性的后果,因而不可能被人不加抗拒地接纳,还因为这一立论无法得到直接和立刻的验证。虽然仪式的摹仿并不准确知道它摹仿的是什么,虽然原始事件的秘密是仪式不了解的,但仪式却包含一种误解的形式,是后来人的思考从未注意到的,至少在我们研究所及范围内没有找到任何对此的表述。

没有任何仪式严格地一步步重复我们在假设中视为所有仪式的源头的操作。误解构成宗教性的一个根本的维度。误解的基础正是替罪牺牲者,是从未被揭穿的替罪牺牲的秘密。从经验上,仪式思维努力复制暴力的集体一致性的操作。如果我们的假设是正确的,我们绝不会找到任何宗教形式能完全阐明这个假设,我们只会找到数不尽的宗教形式,有时能阐明一个侧面,有时能阐明另一个侧面,以至于最终我们不可能再有所怀疑。

所以,我应该努力利用这一假设来阐明新的宗教和仪式形式,它们尽可能多而异,尽可能彼此相距遥远,不论是在表面的内容上,还是在历史和地理的定位上都相距遥远,以此来验证当前假设。

如果假设正确,在那些最复杂的仪式的层面,它会得到最精彩的验证。根据假设,一个系统越是复杂,它努力通过我们前文分析过的机制来进行复制的元素就越多。鉴于多数元素原则上都已经被我们掌握,哪怕再棘手的问题也应该自己迎刃而解。系统的散乱的片段应该可以组织进一个和谐的整体,完美的洞明的解释应该可以瞬间结束最浓重的黑暗。

在世界上最难破解的系统中,非洲大陆那些神圣王朝总是位列其中。它们无法读解的复杂性长期为它们赢得"古怪"或"反常"这类形容词,这种复杂性让人们在那个仍然认为有可能按照多多少少具有逻辑性的类别对仪式进行分类的时代将它们归为"例外"。

这些王朝中的一个重要群落位于法老统治的埃及与斯威士兰王国之间的地带,那里的国王被要求犯下真实的或象征性的乱伦罪行,那是在某些庄严的场合犯下的,尤其是在他的即位仪式时,或者在周期性的"重获青春"(rajeunissement)仪式上。在不同社会中,在国王的可能的性伴侣中我们几乎总是看到那些被习俗上的婚配规则明令禁止的女性,如母亲、姐妹、女儿、侄女、堂表姐妹等。有时,亲缘关系是真实的,有时则是"分类上的"。在某些社会中,乱伦行为不再是被真正完成的,虽然这曾经是真正进行的,但一种乱伦的象征意义仍旧保存下来。德豪胥(Luc de Heusch）曾经指出过这一点，往往母后所扮演的重要角色要求我们必须从乱伦的视角来加以解读[1]。

要想理解王室乱伦，必须不再将它与其历史背景隔绝开来，过去人们因为王室乱伦的惊人性而经常脱离背景谈论它。必须将王室乱伦重新与它所属的仪式整体结合，首先把它与国王尤其在其即位时必须犯下的其他犯禁罪行重新联系。人们让国王吃禁忌的食物，让他犯下暴力，有时给他用鲜血沐浴，让他吃下一些药物，其成分——碾碎的性器官、带血的遗体、各类废弃物——揭示出不祥的特性。在某些社会中，整个即位仪式是在血腥癫狂的气氛中进行的。所以，王室乱伦并非一个单独的禁忌，甚至并非所有禁忌中最严重的，国王被要求违犯的是所有可能的和能想象出来的禁忌。这些触犯禁忌行为的近乎百科全书性的特征，以及触犯乱伦禁忌的折中属性，都明确揭示出国王被要求化身为那一类人物，即纯粹的触犯禁忌者，不遵守任何规则的人，他将骄矜傲慢的所有形式（甚至最残忍的形式）集于一身。

此处，我们面对的不是国王的一些普通的"过失"，诸如路易十四的那些情妇，那是被人们带着崇拜地加以宽容的，但被排除了任何的正式性。非洲民族没有闭上双眼，相反，它们睁大双眼，乱伦行为常常构成一种即位的不可或缺的条

---

[1] 德豪胥：《论非洲王室乱伦的象征意义》（*Essai sur le symbolisme de l'inceste royal en Afrique*），Bruxelles，1958。

件。这是否意味着这些违犯行为如果是由国王来完成,就失去了它们可谴责的特性呢?与此相反,非洲民族的做法正是因为这些违犯行为保留了它们被人们要求具有的这种可谴责的特性。这些违犯行为带给国王一种特别浓厚的不洁性,而即位仪式的象征系统在不断地指涉这种不洁性。"比如,在布雄人中,大鼠是 nyec(恶心的),构成一种全民禁忌,国王在加冕仪式上却被人奉上一整篮子这种啮齿动物。"[1] 麻风病主题有时被与神话中的祖先联系起来,国王是他神话中的祖先的继承人,他继承的王位是这位祖先第一个占据的。[2]

存在一种关于王室乱伦的意识形态,大概是后起的。君主在近亲中选择妻子,目的是保留王室血统的纯正。必须排除这类解释。乱伦和其他违犯禁忌行为首先将国王变成最极端的不洁的化身。正是由于这种不洁性,在加冕和重获青春仪式的时候,这位国王必须承受来自民众的辱骂和虐待,当然是属于仪式性的。敌对的群众斥责国王的不良行为,国王仅仅是个无耻人物,是被所有人唾弃的罪犯。在某些情况下,国王的部队对他周围的人,甚至对国王本人进行佯装的进攻。

人们让国王成为违犯禁忌者,逼迫他违犯最神圣的律法,

---

[1] J. 范西纳(J. Vansina):《布雄人的启蒙仪式》("Initiation rite of the Bushong"),载《非洲》(*Africa*),XXV,1955,pp. 149-150。引文见劳拉·马卡留斯:《从有法力的国王到神性的国王》(«Du roi magique au roi divin»),载《年鉴》(*Annales*),1970,p. 677。
[2] 劳拉·马卡留斯:《从有法力的国王到神性的国王》,p. 670。

特别是家族外通婚的律条，这当然不是为了"宽恕"他，或者对他展现宽宏，相反是为了最严厉地惩罚他。辱骂和虐待在献祭仪式中共同存在，国王在仪式中扮演主要角色，因为在源头上，国王就是献祭的牺牲。我们在前文说过，必须将乱伦重新放进它的仪式背景。这一背景不局限于违犯禁忌。显然，它包含着真实的或象征意义上的将君主祭杀。我们应该毫不迟疑地将祭杀国王看作对他的违犯禁忌行为应有的惩罚。认为国王被献祭是因为他丧失了力量和男性能力，这种想法与用王室血统的纯洁性来解释乱伦的想法同样异想天开。后一种想法同样应该属于或多或少后起的非洲君主制的意识形态。很少有人类学家把这两种想法当真。人类学的事实给了他们理由。比如，在卢旺达，国王和母后，显然是乱伦的一对男女，在统治期间，他们必须多次经受一种献祭仪式，我们不可能不把这种仪式解释为一种对乱伦的象征性的惩罚。

君主们出现于公众面前，像俘虏一样，像被判死刑的人一样被捆绑着。一头公牛和一头母牛是他们的替身，牛被人们棒打和祭杀。国王爬上公牛的背，人们用牛血淹没他，目的是尽可能地让两者等同起来[1]。

---

[1] 德豪胥:《非洲的权力的神圣性的一些侧面》(«Aspects de la sacralité du pouvoir en Afrique»), 载于《权力与神圣》(*Le Pouvoir et le Sacré*), Bruxelles, 1962。引文见 L. 德拉格尔 (L. de Lagger):《卢旺达》(*Ruanda*), 第一册:《古卢旺达》(*Ruanda ancien*), Namur, 1939, pp. 209-216。

从此，很容易理解国王被要求出演怎样的剧情，以及乱伦在剧中占据的位置。这一剧情与俄狄浦斯神话的剧情极其相似，并非因为两者有历史上的传承关系，而是因为在两者中神话思维或仪式思维所参照的是同一个样板。在非洲王朝的背后，同样存在着祭祀危机，危机因创始性的暴力的集体一致性而得到解决。每位非洲国王都是一位新的俄狄浦斯，他必须重新扮演自己的角色，必须更新始终面临解体威胁的文化秩序。这里显然存在着一种对乱伦的指控，是与原始的集体私刑联系在一起的，并且为集体私刑加以辩解，这一指控似乎从集体暴力的良性后果得到了证实。所以，人们要求国王完成人们最初那一次指控他的事情，而国王将履行，这不是在观众的掌声下进行，而是在观众的嘘声中进行，就像最初那一次一样；原则上，每次新的即位仪式上，乱伦将导致相同的仇恨和集体暴力的反应，应该会导致具有释放功能的杀戮，导致文化秩序的胜利登场，就像最初那一次一样。

将王室乱伦与被看作初始的一次乱伦联系起来，这有时可由出现乱伦的创始神话加以证明。E. J. 克里奇和 J. D. 克里奇报告了洛维杜人中一则此类神话[1]。乱伦主导着这个社会的诞生，是乱伦为人们带来了和平与丰产。但是，乱伦不是首要的，也不是最本质的。虽然乱伦似乎首先在一个更根本的层面为献祭进行辩解，但其实却是献祭为乱伦

---

[1]《德兰士瓦省的洛维杜人》("The Lovedu of Transvaal")，载《非洲世界》(*African Worlds*)，London，1954。

提供了解释。国王的统治的依据仅仅是他未来的死亡，他仅仅是一个供献祭用的牺牲者，一个等待处决的被判死罪的人。而献祭本身也并非真的是首要的，献祭仅仅是第一次的时候达成的自发的暴力的集体一致性的被加以仪式化的形态。

之所以人们把恶心的药剂塞进国王嘴里，让他犯下各种暴力的违犯禁忌的罪，尤其是乱伦罪，那是出于一种与前卫戏剧和当代反文化恰好相反的精神。那并非衷心接纳不祥的力量，而是要驱除它们。必须让国王"应该得到"人们给他保留的惩罚，在表面上他要跟最原始的那位遭到驱逐的人同样罪有应得。必须尽力实现这个人物的邪恶潜力，让他成为一个散发着黑暗力量的怪物，这并非出于审美，而是为了让他能够把自己推向恶的极点，名副其实地把所有传染性的疫病毒素都吸引过去，并随后把它们转化为稳定与丰足。这一转化的原则存在于最后的祭杀行为中，转化的原则随后被扩展到君主的全部俗世生活。在莫西人（瓦加杜古地区）中，国王[1]的就职之歌以经典的简短形态表达出一种救世的动能机制，只有替罪牺牲的假设能够让我们加以破解：

你是一坨屎，
你是一堆垃圾，

---

[1] Moro-Naba，意为世界首领。——译注

> 你来是为了杀死我们,
> 你来是为了拯救我们[1]。

国王具有一种真实的功能,即任何献祭牺牲所具有的功能。他是一部机器,将不育的和传染性的暴力转化为正面的文化价值。可以把君权比作那些工厂,它们通常位于大城市边缘,旨在将生活垃圾转变成农业肥料。两者的情况相同,生产流程的结果仍然太有传染性,无法直接加以使用或者大剂量使用。使用真正具有肥力的肥料,必须加以克制,或者甚至把它们与一些中性物质混合起来。与国王保持一定距离的田野会变得肥沃,如果他直接在田里走动,田地就会完全被烧灼和毁掉。

将俄狄浦斯神话与从整体上考察的非洲事实进行平行对比,这是引人入胜的。俄狄浦斯神话和悲剧的主题无不在某个地方复现。在某些情况下,在乱伦之外还出现杀子和弑父的双重主题,至少是以暗示方式出现,比如在永远对国王和他的儿子们加以隔离的正式的禁忌中。在其他一些社会中,我们看到俄狄浦斯神话的各种副本的雏形。与拉伊俄斯的儿子一样,尼奥罗人的国王有"两个小妈妈",朱昆族人的首

---

[1] 特夫斯(Theuws):《卢巴人仪式中的诞生与死亡》(«Naître et mourir dans le rituel Luba»),载《扎伊尔》(Zaïre),第四卷(第2期和第3期),Bruxelles,1960,p. 172。引文见劳拉·马卡留斯,《从有法力的国王到神性的国王》,p. 685。

第四章 神话与仪式的产生

领有两个伴侣，德豪胥把她们拉近对比[1]。

---

[1] 让·鲁什和多米尼克·扎汉的电影《太阳王》(*Moro-Naba*)，撒哈拉以南非洲基础研究所(IFAN)人类学电影委员会。引文见劳拉·马卡留斯：《从有法力的国王到神性的国王》，p. 685。这种平行对比大概根植于古希腊存在的非洲类型的神圣君权。面对俄狄浦斯神话，不论这一假设多么合理甚至必要，它尚不构成一种真正的解释。要想解释神话、仪式性、悲剧所构成的整体，以及与非洲事实进行平行对比，就必须把握一定掩藏在所有这些文物文献之后，特别是神圣君权背后的真正的机制，当然神圣君权并不构成分析的最终结果：必须把握替罪牺牲的作用，即把一场相互对等暴力的危机结束于针对最新的牺牲者并围绕着他而建立或重新建立的集体一致。在《暧昧与颠覆：关于俄狄浦斯王的谜语结构》中（pp. 1271-1272），让-皮埃尔·韦尔南围绕着这部戏剧汇集了众多神话与仪式的资料，强烈暗示当前占主导地位的心理学概念的不足，以及这些概念对于真正破解"替罪羊"和所有相关现象造成的障碍："国王与替罪羊的两极性（悲剧将这种两极性定位于俄狄浦斯这个人物的内部），索福克勒斯不需要加以发明。这种两极性深植于古希腊人的宗教实践与社会思想。剧作家仅仅给予这种两极性一种新的寓意，把它变成人类以及人类根本的暧昧性的象征。索福克勒斯选择暴君与替罪者（turannos-pharmaco）这一对偶来图解我们称作颠覆主题的内容，那是因为在它们的对立中，暴君与替罪者两个人物看起来是对称的，而且在某些方面看是可以互换的。他们彼此都被表现为对群体的集体得救负有责任的个体。在荷马与赫西俄德笔下，田地、畜群、女人的丰产依赖于国王本人，这个宙斯的后裔。如果在君主的司法上，他是 amumôn（无可指摘的），则他的城邦繁荣昌盛；如果他步入歧途，那么整个城邦就会为一个人的错误付出代价。科罗诺斯的后代让灾难降临所有人，让饥荒（limos）与瘟疫（loimos）一同降临：男人们死去，女人们不再生孩子，大地没有出产，牲畜不再繁殖。所以，当神的灾祸降临一个民族，标准的解决方法就是祭杀国王。国王是丰产的主宰，而丰产力枯竭了，那是因为他身为君主的威力在某种程度上被反转了。他的司法变成了罪行，他的德行被玷污，最好的（aristos）变成了最坏的（kakistos）。吕库古、阿塔玛斯、奥诺克罗斯的传说中，为了祛除瘟疫，对国王执行石刑，即仪式性的处死，或者祭杀国王（转下页）

在非洲的替罪者（pharmkcos）背后，如同在俄狄浦斯神话背后，存在着由集体杀害替罪牺牲来结束的一种真实暴力，一种相互对等的暴力的机制。所有地方或几乎所有地方，即位和重返青春的仪式，以及某些情况下的君主真正的死亡，都伴随着两个阵营之间模拟的战斗。仪式性的交锋，有时由全体民众参与，让人明确地联想到唯有替罪牺牲机制才能结束的各类分歧和混乱。对替罪牺牲施暴之所以充当了普遍意义的样板，是由于这种暴力真正恢复了和平和统一。只有这种集体暴力的社会有效性才能解释这种政治与仪式的方案，这一方案不仅不断重复这个进程，

（接上页）的儿子。有时，人们派出族群的一个成员来担当不称职的国王、倒行逆施的君主的角色。国王把职责卸在一个人身上，他就像国王的倒像，带着国王形象所可能包含的所有负面的东西。这就是替罪者（pharmakos）：他是国王的副本，但是颠倒的，类似狂欢节上的那些国王，人们在节日期间给他们戴上王冠，那时的秩序颠倒了，社会等级被反转了，性禁忌被解除，偷窃变成合法，奴隶占据主人的位置，女人与男人换了衣服；那时王位应该由最低贱的人、最丑的人、最可笑的人、罪行最大的人占据。但是一旦节日结束，反面的国王就被驱逐，或者处死，随之带走他所代表的所有混乱，并且同时让族群清洗了所有混乱。"韦尔南汇集于此的一切，不仅适用于俄狄浦斯和非洲国王，同样适用于众多其他仪式，因为这里的关键是暴力的真实操作。只要承认集体一致对付替罪牺牲的机制，就可以理解我们此处面对的并非一些宗教迷信的随意建构。这便是为何不应该将索福克勒斯的角色理解为"赋予新的含义，额外赋予含义"，而应相反理解为将含义加以缩减，将某种始终具有神话性的意义加以部分解构。这种神话性的意义始终存在于当代的心理学与社会学之中，就像它存在于从前的神话之中。剧作家对国王替罪羊没有增加任何"新的寓意"，他重新向这些寓意的普遍源头接近。

第四章 神话与仪式的产生

而且将替罪牺牲者当作所有冲突的仲裁者,将替罪牺牲者变成君权的真正化身。

在许多情况中,王位继承包含着儿子与父亲之间或者儿子们之间的仪式性的争斗。下面是德豪胥对这种冲突的描述:

> 在君主去世时,一场继承之战展开,这场战争的仪式性不容低估。王子们被认为同等地使用一些强大的魔药来消灭他们的身为竞争者的兄弟。

> 恩科莱的这一王室的魔法竞赛的基础是**兄弟互仇的主题**。围绕着王位的要求者,一些派系组织起来,幸存的人将被接纳继承王位。

我们在前文已经说过,不可能把仪式性与它自身在冲突的历史性、现实性之中的解体区分开来,这种冲突的波折反复不再能用原始样板来进行解决。这种无法区分,本身具有启示性。将真实的政治和社会冲突向一个确定方向进行疏导,仅仅在这种情况下,仪式才保持生命力。另一方面,将冲突的表达控制在一些严格确定的形式下,仅在这种情况下,仪式才仍可称为仪式。

*

在存在重获青春仪式的所有地方(指我们掌握足够详细

的对之进行描写的那些地方），我们都看到仪式本身在复现对祭祀危机和创始的暴力的或多或少改头换面的剧情。对于王权的整体，仪式就像微观世界相对于宏观世界。在斯威士兰王国，丰年祭（Incwala）的王家仪式得到了尤其详尽的观察[1]。

在仪式开始时，国王躲在他神圣的禁地内。他吞下大量恶性药物，他与分类上属于他姐妹的人犯下乱伦罪。这一切的目的是增加这位君主的"silwane"（兽性），这个词被译为"如同野兽一样"。"silwane"这个词并非国王专用，却从本质上定义国王的特性。国王的"silwane"总是高于他的战士们中最勇敢的人的"silwane"。

在这个准备时期，民众唱诵"simémo"，一首表达对国王的仇恨以及想要驱逐他的愿望的歌。时不时，比以往更具兽性的国王出现一下。他的裸体和身上覆盖的黑色涂料象征

---

[1] T. O. 贝德尔曼（T. O. Beidelman）：《斯威士兰王室仪式》（"Swazi Royal Ritual"），载《非洲》第 36 期（1966），pp. 373-405。库克（P. A. W. Cook）：《斯威士兰丰年祭仪式》（"The Incwala Ceremony of the Swazi"），载《班图研究》（*Bantu Studies*）第 4 期（1930），pp. 205-210。M. 格卢克曼（M. Gluckman）：《东南非洲的叛乱仪式》（*Rituals of Rebellion in South-East Africa*），Manchester，1954。库珀（H. Kuper）：《斯威士兰人的一个王权仪式》（"A Ritual of Kingship among the Swazi"），载《非洲》第 14 期（1944），pp. 230-256。库珀：《斯威士兰：一个南非王国》（*The Swazi：A South African Kingdom*），New York，1964。E. 诺贝克（E. Norbeck）：《非洲的冲突仪式》（"African Rituals of Conflict"），载《美国人类学家》（*American Anthropologist*）第 65 期（1963），pp. 1254-1279。

着挑战。于是,发生一场民众与王族之间战斗的模拟,斗争的关键是国王本人。武装的战士们同样得到神奇药物的滋补,充满了"silwane",尽管要比他们的首领低一个级数,他们包围神圣禁地。似乎他们想要抓走国王,而国王周围的人则努力把国王留下。

我们此处仅仅给出这个仪式的非常不全面的梗概,仪式中同样存在象征性的处死国王,是以一头母牛为中介,暴力的化身把自己的"silwane"给了牛,通过用棍子触碰它而把它转变为"愤怒的公牛"。同丁卡人的献祭一样,战士们一起不带武器扑向这头牲畜,他们必须用拳头来打死它。

在仪式过程中,国王、国王周围的人、战士们与民众整体之间的距离被临时性地消除了。这种丧失差别与"亲如兄弟"(fraternisation)无关,这种丧失差别等同于暴力覆盖了所有参与者。T. O. 贝德尔曼将仪式的这个部分定义为"差别消除"(dissolving of distinctions)[1]。维克多·特纳则将丰年祭(Incwala)描述为莎士比亚戏剧意义上的"王权剧"(play of kingship)。

仪式发动了一种与日俱增的煽动机制,一种从它挑动的力量中得到壮大的活力,一开始国王看起来是这些力量的牺牲品,随后却成为这些力量的决定性主宰。最初,国王几乎被献祭,随后却成为仪式的主持者,仪式把他变成了绝佳的施祭者。角色的这种两元性不应让我们吃惊。这种两元性确

---

[1] T. O. 贝德尔曼,《斯威士兰王室仪式》,p. 391,注解 1。

认了替罪牺牲融入整体暴力机制之中。哪怕是在他作为牺牲的时候，国王仍旧是这一机制的主宰，他可以在暴力机制的过程中的任意一个点上进行干预。所有的角色都属于他，在对暴力的各种隐喻中，不论隐喻是在何种意义上进行的，一切都不是脱离于国王之外的。

在战士们与国王之间的仪式性冲突的高潮，国王再次退进禁地，带着一个葫芦重新出来，他把葫芦扔向一个进攻者的盾牌。这之后，所有人四散跑开。H.库珀的受访人向他肯定说，在战争时期，葫芦打到的那个战士注定会死亡。这位人类学家提议将这位唯一被打中的战士看作某种全民的替罪羊，这等于承认他是国王的一个分身，他会代替国王象征性地死去，就像之前那头母牛一样。

丰年祭在一年终结而新年开始之际开始。在仪式所纪念的危机与季节循环的终点之间有着一种对应关系。仪式遵从一些自然节奏，但不应被它们看作是首要的，即便在表面上自然节奏胜过了暴力，神话和仪式的主要功能就是掩饰、转移和清除这种暴力。在仪式结束时，人们燃起大火，将仪式期间和过去一整年积聚起来的不洁之物在火上烧掉。清洁与净化的一整套象征意义伴随着仪式的那些关键阶段。

*

要想理解王室的乱伦，就必须将它重新放入仪式的背景，仪式的背景就是君主制度本身。必须将国王辨识为一个未来的祭品，即原始替罪牺牲者的替代者。乱伦仅仅起着相

第四章 神话与仪式的产生

对次要的作用。乱伦旨在强化献祭的有效性。如果没有献祭，乱伦就是无法解释清楚的，而即便没有乱伦，献祭仍可以直接根据自发的集体暴力来解释清楚。

在一些从原型高度衍生的形态中，当然也可能出现献祭完全消失，而乱伦或乱伦的象征存留下来的情况。不应得出结论认为献祭相对于乱伦是次要的，认为乱伦可能并且应该不借助献祭而得到解释。应该得出结论认为那些主要相关者距离源头已经如此遥远，以至于他们看待自身仪式的眼光与西方观察者——我们不禁想说偷窥者——是一样的。正因为其独特性本身，乱伦得以延续。在仪式的船难中（从某种意义看并非船难，因为它在延长并加强源头上的误解），乱伦是唯一漂浮幸存的。人们还记得它，而其余的都被忘记。我们现在处在非洲君权制的民俗和观光阶段。现代的人类学同样几乎总是把乱伦与它的背景隔绝开来，人类学无法理解乱伦，因为将它看作独立的现实，看作一桩如此重大的事，以至于它本身必然有所喻示，无须参考它周围的事物。精神分析继续这一谬误，甚至可以说精神分析构成了这一谬误的最大值。

乱伦违禁赋予国王王权特性，但犯禁本身仅仅是因为犯禁要求处死犯罪者，因为它让人联想到原始的牺牲者，它因此才成为王室的犯禁。只要我们转向夹在那些要求王室乱伦的社会中间的一种值得注意的例外类型，这一真相就部分地显现。这种例外在于正式地和绝对地拒绝王室乱伦。人们可能认为这种拒绝可归于普遍规律，即明确禁止乱伦，而没有任何类型的例外。但事实并非如此。在这种社会中，王室乱伦不是出于它在多数社会中的那种意义而被人简单拒绝的，人们对王室乱伦采取了重要的预防措施。君主周围的人让他远离他的近亲，让他喝下一些不是滋补的而是削弱精力的药物。也就是说围绕着王位，飘荡着与周边的君主政权相同的乱伦气息[1]。针对乱伦的专门措施的唯一解释是国王尤其面临这类违犯禁忌行为的风险。所以，我们可以同意在所有这些案例中，对王权的根本定义仍旧是同样的。甚至在那些正式排斥乱伦的社会中，国王同样代替一位原始的牺牲者，这个牺牲者被认为曾经违犯外婚制的规则。国王作为这位牺牲者的继承人，他尤其有乱伦倾向。人们预期从复制版的身上重新找到原版的所有性质。

---

[1] "尼奥卡人要求首领在此后的生命中禁欲。他必须休掉所有妻子，人们让他戴上一种阴茎套，他从此不可摘掉，人们逼迫他喝下一些减少精力的药物。在开赛省的约姆巴人中，必须服药的是'女首领'或者首领的当家妻子，药物非常有效，它们不仅导致彻底绝育，而且完全消除月经。这些习俗的过分可以从王室乱伦传统与不接受对外婚禁忌做任何通融的愿望之间的冲突中得到解释。彭德人对于首领的乱伦表现出绝对的不宽容。一位首领曾经因为身为治疗师而医治他妹妹腹股沟部位的一个脓疮而被解除职位：'你看到了你妹妹的裸体——人们对他这样说——你不能再当我们的首领。'"劳拉·马卡留斯，《从有法力的国王到神性的国王》, p. 671。关于彭德人，参考 L. 德苏贝格（L. De Sousberghe）：《彭德人中的阴茎套或贞洁套》（"Etuis péniens ou gaines de chasteté chez les ba-Pende"），载《非洲》, XXIV, 1954；《彭德人表述中的亲属和联姻结构》（"Structures de parenté et d'alliance dvaprès les formules Pende"），载《比利时王家殖民地科学院论文》（*Mémoires de l'Académie royale des sciences coloniales belges*），第 4 卷，第 1 册，1951，Bruxelles，1955。

普遍规则，乱伦的绝对禁忌，在此重新得到确认，但对规则的确认方式如此独特，以至于应首先将其视作一种对于例外的例外，也就是说将对乱伦的拒绝放在要求乱伦的文化当中进行诠释。核心问题如下：一成不变地重复一宗乱伦，这宗乱伦被归于那个原始的遭驱逐者、那个祖先或创始神话主角，这为何时而被看作极其有利，时而被看作极其有害，而这些却发生在一些彼此非常邻近的社会中？在这些宗教观——除了王室乱伦之外——仍然彼此非常接近的族群中，对乱伦的明文禁止从表面看是在挑战任何理性诠释的努力。

我们应首先注意到，在一个跨度很大的文化区里，王室乱伦这样的宗教主题的存在暗示着某些传统意义上所说的"影响"的存在。乱伦主题不可能在这些文化的每一个中都是"原生的"。这中间存在一种不可否认的明证。这是否意味着我们的普遍假设不再适用了呢？

我们肯定说创始暴力是所有神话与仪式寓意的母体。只有在谈到一种绝对的、纯粹的和绝对自发的构成某种极限情境的暴力时，这样说才是正确的。这种完美的独创性，与位于另一极端上的仪式的完美的重复性之间，我们可以推测出无穷无尽的一系列的居于中间状态的集体经验。在一片宽广的领土上存在一些共同的宗教和文化主题，这丝毫不排除在局部，在居中状态的那些在神话与宗教方面具有真正的却有限的创新力的层级上，存在一种对创始暴力的真实经历。我们可以由此解释，为何有多少个不同的城邦，就有多少种对相同神话和相同信仰的改造，就有相同神祇的多少种不同的诞生。

另一方面，应当注意到，神话与仪式建构虽然在细节上可能有无限多的变体，却一定会围绕着几个大主题，而其中就包括乱伦。只要倾向将孤立个人看作祭祀危机的责任人，即全部差别丧失的责任人，那么就一定会将这个个体定义为婚姻规则这类根本规则的破坏者，换言之，即这个个人在本质上是"乱伦者"。乱伦而遭到驱逐者，这个主题不是普遍性的，但这个主题属于一些彼此完全独立的文化。这个主题可能自发出现于非常具有多样性的地方，这一事实上与认为在一个非常广阔的区域内存在一种文化传播的认识并非不可兼容。

替罪牺牲的假设，让我们能够在传播论论点的过于绝对的被动性和延续性，与现代形式主义的同样过于绝对的非延续性之间，不是定义出一个而是定义出千百个中间项。我们的假设不排除向母文化的借用，但我们认为在子文化中被借用的元素具有一定程度的独立性，这种独立性让我们可以解释我们刚刚看到的在两个非常邻近的文化中对同一乱伦者的绝对要求与绝对禁止之间的古怪矛盾，显然在两种文化中，乱伦都被看作与国王本人相关联。乱伦主题不断地被人们从局部经验的层面上进行诠释和再诠释。

仪式思维意图重复创始机制。集体一致给予秩序，取得和平，取得和解，却总是随后让位于它的反面，即到达一种分裂人心、抹平差别和进行破坏的暴力的巅峰。从恶性暴力向秩序与和平这种至善的过渡，几乎是瞬间完成的，原始经验的对立的两面是直接叠加在一起的。正是在短暂而可怖的"对立面的统一"中，族群重新变得集体一致。所以，献祭仪式上全都包含某些与祭祀危机或者不如说与治愈祭祀危机直接关联的寓意。乱伦就是一个例子。在要求乱伦的系统中，王室乱伦被看作属于拯救进程，因而必须被复制。这中间没有什么不明白的。

但是仪式的本质功能，乃至唯一功能，在于避免向祭祀危机的回归。乱伦是属于祭祀危机的，甚至在运用到替罪牺牲者时，乱伦可以从侧面暗示出整个危机。仪式思维可能拒绝将乱伦看作一个集体拯救因素，虽然乱伦是与替罪牺牲者关联起来的。仪式思维坚持将乱伦看作绝对的不祥行为，这种行为有可能让族群陷入传染性的暴力，即便乱伦是由原始牺牲者的继承者或代表人来完成也一样。

乱伦与应该预防的恶是一回事。但是，人们通过重复一种治愈过程来努力预防这种恶，这种治愈过程是与恶的巅峰紧密纠缠的。仪式思维面临一个不可解决的划界问题，或者不如说面对的这个问题的解决办法必然带有一种武断的元素。仪式思维比我们更容易接受善与恶仅仅是同一现实的两个面目，但仪式思维却无法彻底接受这一点：虽然仪式不如其他人类文化模式那么具有差别化，但在仪式中差别必须存在，仪式的存在仅仅是为了在危机抹除差别之后修复和巩固差别。暴力与非暴力之间的差别并不武断，也非臆想，但人们却总是将两者变成暴力内部的一种差别，至少部分如此。这便是为何仪式是可能的。仪式选择某种形式的暴力，当成是"好的"，看起来是族群统一所必需的，对立的是另一种保持为"坏的"的暴力，因为它仍旧被与恶性的暴力的相互对等性等同起来。仪式能够选择某些形式的乱伦作为"好的"，比如王室乱伦，与此对立的是其他仍旧属于"坏的"的乱伦。同样，可以决定所有形式的乱伦都是坏的，甚至拒绝接受王室乱伦属于真正意义的献祭行为，甚至拒绝接受王室乱伦可能对国王本人的献祭有效性有所贡献。

鉴于不祥暴力的转化对于整个人类族群的根本性的意义，以及整个族群根本无法洞悉这一转化的秘密，人们注定走向仪式，仪式一定会以一些既雷同又各异的形式出现。

仪式思维面对王室乱伦可能从相同的原始数据出发而采用两种彻底对立的解决办法，这一事实表明不祥暴力与献祭的吉祥暴力之间的差别既有武断性，又有本质性。在每个文化中，在所采用的解决办法的背后，都有相反的解决办法露出端倪。在所有那些在仪式中要求乱伦的地区，即便是王室乱伦，也仍旧是不祥的，因为乱伦招致惩罚，并且为祭杀国王提供了合理解释。在所有那些仪式中禁止乱伦的地区则相反，王室乱伦仍旧与吉祥相关联，因为国王具有一种特殊的亲属关系，他仍旧是与那种让人们得救的暴力（指对替罪者集体施暴——译注）不可分割的。

尽管具有相反的含义，乱伦并非可以占据结构性棋局上任何格子的单纯棋子。乱伦并非时尚可以依据它们的相继的组合而能加入或去除的花饰。不应用一种纯粹形式的结构主义来消除乱伦的重要性，也不应用精神分析来把乱伦变成绝对的意义。

第四章　神话与仪式的产生

*

正统的弗洛伊德学派最薄弱的地方正是在普通人类学方面。不存在任何对王室乱伦甚至俄狄浦斯神话的精神分析解读。不存在任何对非洲君主制与俄狄浦斯神话之间关系的解读。弗洛伊德天才地指出弑父与乱伦，那之后便没有神来之笔了。多数研究者甚至那些反对精神分析的人看不到精神分析对一个与之如此接近的领域无能为力，他们把所有或多或少与乱伦主题相关的东西都心照不宣地抛给精神分析。在我们这个时代，不可能提及王室乱伦的问题而不向弗洛伊德致敬。然而，精神分析从未对王室乱伦发表意见，也不可能说出什么具有决定性意义的东西，说不出任何能满足我们的理解欲的东西，任何能让人想到弗洛伊德的精华的东西。

在19世纪末的西方文化中，乱伦主题几乎绝对的缺席让弗洛伊德想到整个人类文化都受到对母亲犯下乱伦罪行的普遍的而且普遍遭到抑制的欲望的左右。乱伦在初民神话和仪式中的存在被解释为对这一假设的响亮的确认。但精神分析从未能证明在一个特定文化中乱伦的缺席如何和为何恰恰意味着与乱伦在众多其他文化中的在场所意味着的同样的东西。弗洛伊德大概搞错了，但他常常因错误而成正确，而那些宣称他的错误的人却常常因正确而成错误。

弗洛伊德展现出俄狄浦斯神话的弑父与乱伦背后有某种对于任何人类文化都具有本质性的东西。在他写作的文化背景下，他几乎注定被引向认为他从被归为替罪牺牲者的那些罪行中把握住了所有人的隐秘的欲望,把握住了任何人类行为的密钥。他那个时代的某些文化证据或多或少可以借助某种缺席(可以定义为弑父与乱伦的缺席)来加以解读。在神话与宗教这方面,精神分析取得的成功没有比弑父与乱伦的成功更大的,不管这成功多么局部和有限。当弑父与乱伦堂而皇之地出现,可能掩盖着什么呢?掩盖一种隐藏的更深的弑父与乱伦?人们乐于接受这种看法,但在仪式框架内,当乱伦以真实形态出现,不存在任何能够阐明其他神话主题甚至乱伦主题本身的东西[1]。

只要没有任何解读能够做到精神分析未能做到的,精

---

[1] 对精神分析的假设最有利的大概会是在全球神话与仪式的总集成中任凭对弑父与乱伦的指涉完全缺席。如果不是缺席,那么精神分析同样适合解释对弑父与乱伦的指涉恒常出现。实情却与这两种极端无关。弑父存在,但与其他违禁罪行同等或者几乎同等。乱伦也一样。在各类乱伦中,与母亲乱伦至多起着"重中之重"(primus inter pares)的作用,其地位也可能不及与姐妹或者其他不够疏远的亲属乱伦,不足以让人们一定能从中看出"无意识"对我们的戏弄。不论怎样着手,精神分析面临极权政党的可笑处境,它参加选举,预计得到99.8%或0.3%的票数,第二天醒来却发现"无一候选人够半数,而选举无效",也就是说"联姻"和策略性的迂回避让让它与自身的原则相互矛盾。

经过有策略地安排在比较均匀分布在由默多克(Murdock)界定的六大文化区内的50种文化中对于许多"俄狄浦斯类型"神话中亲属之间暴力行为的统计调查,克莱德·克拉克洪得出如下结论:"让亲属间的敌对成为一个核心神话主题,这一论点依据了一些出色的论据,关于亲属之间的身体暴力的论点也是站得住的。但是,不论弑父主题,还是民俗学家拉格兰爵士(Lord Raglan)的弑君主题,若没有加入许多钻牛角尖的诠释,都是支持不住的。"参考《神话与神话打造中常见的主题》。当然,对于这些统计,我们仅仅给予有限的重视。

神分析的自负便可能蒙住我们的眼睛。但是，一旦我们从神话与仪式的乱伦之下走到弗洛伊德的地基之外的另一层地基，一层距离弗洛伊德的地基既接近又遥远的地基，在这层地基上一些精神分析从未能进行丝毫阐明的主题都变得明晰了，这时我们就应该想想弗洛伊德理论的枯竭是否正在显露。

在非洲君权制与俄狄浦斯神话中，乱伦，不论是否为母子乱伦，并非一种不可简化的绝对首要的内容。乱伦是对其本身之外的别的东西的可以破解的暗示，弑父也如此，神话中充斥的任何罪行、任何性变态、任何形式的丑恶兽行都如此。所有这些罪行，以及其他东西，对暴力的无差别化欲盖弥彰。正是暴力的无差别化构成被神话压抑的真相，这真相从本质上看并非欲望，而是恐怖，对绝对暴力的恐怖。谁会否认在欲望之外，超出欲望之上，唯一能够让欲望沉默和战胜欲望的东西，除了这种无名的恐怖还有什么呢？

普遍化的弑父与乱伦代表着祭祀危机的绝对极点。限制在单独一人身上的弑父与乱伦则构成对被人完全掩盖的同一个危机的一层半透明的面具，危机得以被掩盖是因为这场危机已经被完全抛置在替罪牺牲者身上。神话的隐藏的基础并不是性。性并非真正基础，因为性是被挑明的。性属于基础的一部分，因为性与暴力相争，性为暴力提供了千百种释放的机会。与那些自然现象一样，性真实出现于神话中。性在神话中甚至起着比大自然更重要的作用，但其作用并不真正具有决定性，因为在弑父与乱伦中，性是位于前景位置的，它与纯粹个人的暴力联系在一起，目的是给暴力的无休止的相互对等性，给如果没有替罪牺牲的保护便会毁灭人类的那种绝对的威胁提供最后一层幕布，而替罪牺牲提供的保护就是误解提供的保护。

神话主题覆盖着人类面对自然现象的恐惧，这一认识在20世纪让位给下面的认识，即认为这些主题覆盖着人类面对自身欲望的纯粹的性的真相和"乱伦的"真相的恐惧。这两种假设都是神话性的，它们处于神话的延伸部分，它们继续着神话的事业，而时至今日人们提出的所有其他论点也是如此，因为它们再一次掩盖了神话曾经掩盖的东西。但是，不应该把这两个假设同等对待。弗洛伊德比他的前辈们的神话性"更少"，性生活比雷电和地震更多卷入人类暴力中，更加接近所有神话建构的隐秘地基。"赤裸裸的""纯粹的"性与暴力具有延续性。性既构成暴力的最后一层伪装，又构成揭穿暴力的开端。在历史上，这总是真实的："性解放"阶段之前往往有某种暴力的释放，在弗洛伊德作品中本身也是如此。弗洛伊德创作的动力倾向于超越最初的泛性论，走向《图腾与禁忌》这样的模棱两可的著作，走向一些诸如死本能的概念。所以，我们可以将弗洛伊德看作一个阶梯，他迈向揭示一种比其自身的被压抑物更加具有本质性的被压抑物，他不知不觉中迈向那里，即仍旧由某些始终具有献祭性的误解形式所掩盖着的绝对的暴力。

第五章 狄俄尼索斯

在几乎所有社会中，都有一些节日长久保留着仪式性。现代观察者尤其从中看到对禁忌的触犯。性的混杂得到宽容，有时甚至被要求如此。在某些社会中，性的混杂甚至可能发展到普遍的乱伦。应当将违犯禁忌纳入更广的差别普遍消失的框架：家庭与社会的等级暂时被取消或被反转。孩子不再服从父母，仆人不再服从主人，附庸不再服从领主。差别被消除或反转这一主题重现于节日的审美附属部分，不协调颜色的混搭，对两性易装的使用，穿着花里胡哨服装的愚人的到场以及他们永远驴唇不对马嘴的对答。节日期间，那些违犯天性的配对，最无可预料的相遇，暂时得到容忍和鼓励。

节庆中，差别的消除，如人们能料想到的，往往与暴力和冲突联系在一起：下级辱骂上级，社会的多元群体相互揭露彼此的可笑和邪恶，失序与争议当道。在许多情况下，敌对的主题仅仅以游戏、比赛、或多或少仪式化的体育竞技的形式出现。到处的工作都停下来，人们投入过度的消费，甚至集体浪费几个月里积累起来的物资。

我们毫不怀疑节日构成一种对祭祀危机的纪念。人们在欢乐中回忆一种如此可怖的经验，这可能显得古怪，但这一谜题容易解释。那些纯粹节日的元素，那些最让我们吃惊而最终主导节日的元素，甚至那些在演化中唯一存留下的元素，它们并非节日存在的理由。真正的节日仅仅是对献祭的准备，而献祭标志着节日的顶点与结局。罗杰·卡卢瓦（Roger Caillois）注意到，关于节日的理论应该与关于献祭的理论衔接[1]。差别的危机与相互对等的暴力可能成为欢乐纪念的对象，那是因为它们是作为宣泄的解决的必需的前奏出现的，它们的结果是宣泄的解决。创始的暴力的集体一致的吉祥性倾向于向过去回溯，倾向于越来越渲染那场方向得到反转的危机的不祥侧面。暴力的无差别化要求有利的寓涵，最终让它成为我们称作节日的东西。

我们已经看到同类的一些诠释，这些诠释可以至少部分地被纳入节日框架。比如乱伦最终获得一种吉祥价值，看起来几乎独立于献祭。在某些社会中，贵族甚至工匠或多或少隐蔽地借助于乱伦，目的是让乱伦给他们"带来吉祥"，特别是对某个困难的事业进行准备。与非洲君主的即位和重获青春相关的仪式往往具有一些特性，让它们接近于节日。反过来说，在某些并不涉及真正的君主的节日中，我们仍看到一位临时的国王，有时是一位"愚人王"，他同样只是供献

---

[1]《人类与神圣》(*L'Homme et le Sacré*), Paris, 1950, p. 127。

祭用的牺牲。在节日结束时，被祭杀的将是他或者他的代表。君权，不论真实还是虚构，不论持久还是短暂，总是来源于一种以替罪牺牲为中心的对创始暴力的诠释。

节日的功能与其他献祭仪式的功能并无不同。涂尔干（Durkheim）早已明白这一点，节日即通过重复原初经验，通过复制被看作所有活力与丰足的源头的起源，让文化秩序保持活力和获得更新：的确，那一时刻，族群的统一性最紧密，对重新堕入无休止的暴力的恐惧最强烈。

文化秩序被初民看作应该保有和加强的一种脆弱而宝贵的财富，绝不应该抛弃、改变甚至做出任何通融。在节日背后，对于"禁忌"，既没有怀疑，也没有反感，怀疑与怨恨是我们现代人自己的特征，我们把这些投映到初民的宗教思维之上。著名的压力释放说（release of tensions）、没完没了的放松说（relaxation），这些当代社会心理学的俗套，仅仅不完整地把握了仪式行为的某些侧面，这些理解是出于一种与原始仪式的精神完全不同的精神。

节日依赖对暴力机制的一种诠释，这种诠释设定在祭祀危机与危机解决之间存在的延续性。祭祀危机本身从此与危机的有利解决不可分割，危机本身变成人们享乐的素材。我们已经看到，以王室乱伦为例，对于危机与危机解决之间的关系，宗教的思考可能采取两条相反的路径：有时是延续性的路径，有时是非延续性的路径。这两种诠释都部分地真实，同时部分地错误。事实是在危机与创始的暴力之间的确存在某种延续性和某种非延续性。宗教思维可能采用这两种解决方法中的一个，并紧紧抓住这一个，随后则是固执于此，虽然在一开始的时候，宗教思维差一点就转向了另一种解决。

我们几乎可以从理论上假设，后一种选择（非延续性）会是某些社会的选择。在我们刚刚提到的节日的另一面，还应该存在一种反节日（anti-fête）：献祭性的驱逐仪式之前并不是一个放纵期，驱逐仪式是要结束一个极端禁欲期，而禁欲期中人们对禁忌的遵守尤其严格。在禁欲期，族群会采取异常谨慎的措施，以避免重新堕入相互对等的暴力。

实际上，这正是我们观察到的情况。某些社会拥有一些仪式，它们既与节日非常类似——同样具有周期性，正常的社会活动被中断，当然，这是些献祭性的驱逐仪式——同时又与节日如此不同，它们在人类学诠释层面构成与王室乱伦的难题类似的谜题，有时候是人们要求的，而有时候则相反是被人拒绝的。在这些仪式中，文化禁忌远未临时得到解除，而是全部得到了加强。

斯威士兰的丰年祭仪式在多个方面都符合反节日的定义。在整个仪式期间，连最合法的性关系都受到禁止，甚至睡懒觉也被禁止。个人必须避免身体接触，甚至对自己身体的接触。他们不能盥洗、不能挠头等。不洁即暴力的传染的急迫威胁压迫着每个人。歌唱与喊叫被禁止。如果孩子玩耍时太吵，人们会训斥他们。

在《金枝》中，弗雷泽给出了一个绝佳的反节日的例子，即非洲黄金海岸地区海岸角（Cape Coast）的例子。在四个星期里，听不到任何鼓声和枪声。集会商议不被允许。如果出现不同意见，如果争吵起来，对立双方就一起去见酋长，酋长会不加区分地给双方施以严重处罚。为了避免因为丢失的牲畜而导致的纷争，无主的牲畜将属于任何发现它的人，真正的主人不能控告。

事情很明白，所有这些措施都旨在预防一种暴力冲突的威胁。弗雷泽没有做出解释，但他作为人类学家的直觉要比他的理论见解高，这促使他将这类现象与节日列在一起。反节日的逻辑与节日的逻辑同样显著。反节日是复制暴力的集体一致性的那些吉祥的侧面，同时避免暴力之前的那些可怖阶段，在反节日中这些可怖阶段是用否定的方式加以纪念的。不论两次净化仪式之间的间隔有多久，随着人们距离上一次仪式的时间越来越远而距离下一次仪式越来越近，暴力爆发的威胁显然与日俱增。不洁性积聚起来：在举行仪式之前紧邻的阶段，在这个与祭祀危机联系起来的阶段，人们的行为必须异常谨慎。族群将自身看作一个真正的弹药库。农神庆典式的放纵向反面转变，酒神节的放纵变成了斋戒期，但是仪式并未转变自己的目标。

在节日与反节日的范围内，应当存在而且实际存在着一些"混合体"，它们符合对危机与建立秩序之间的关系的一种更加复杂、更加精细的诠释。这种诠释既考虑延续性又考虑非延续性。至少在某些情况中，节日与反节日的分歧也许构成一种后起的现象，与人们远离了本质性的暴力有关，与更加高级的神话得以建构有关。现代观察者采集到这种新近的分歧，因为分歧符合观察者自身的偏见，在某些情况中，观察者加大这种分歧，或者说他要对分歧完全负责。

我们错误地认识了节日的真正性质，是因为仪式之后的事件变得越来越不明显。真正的目的丧失了，附加物战胜了本质的东西。于是，仪式的统一性倾向解体为单一的和互相对立的视角。当宗教思维达到接近我们的无知的程度时，仪式便获得一种被我们看作本质和原始的特性，而其实这种特性是后起的和派生的。禁欲和苦行被我们看作与节日背道而驰，而它们却与节日具有相同的起源，在仪式仍然具有活力的地方，它们与节日常常处于"辩证的"平衡中。仪式越是偏离自己的真正功能，它们便越是彼此有区别，于是，仪式就越是倾向变成学术评论的对象，而学术评论旨在对它们进行越来越多区分。学术的描述必然会坚持走这条道路。

现代世界，特别是在弗雷泽之后，已经了解到某些节日曾经包含着用人类献祭。但我们远未怀疑人祭这一习俗的所有区别特征和它所包含的无数变体都直接或间接上溯到一次集体的和创始的暴力，一次具有释放意义的集体私刑。但是，要证明事情如此并不难，虽然所有献祭性的祭杀都已消失了。这种消失可能让其他一些仪式残留下来，很容易证明这些仪式的献祭性，那就是驱魔仪式。在许多情况下，驱魔仪式处在节日的高潮，同样也是节日的尾声。这意味着它们在节日中占据着与献祭相同的位置，虽然驱魔仪式与献祭没有直接关联，但我们很容易看出它们与献祭起着相同作用，所以，我们可以断言它们代替了献祭。

第五章 狄俄尼索斯

如何驱逐魔鬼或恶灵？人们发出喊叫声，愤怒地挥舞手臂，人们用武器或炊具制造很大的撞击声，人们对着虚空用棍棒击打。表面上看，用扫帚驱赶魔鬼，这再正常不过，再明显不过，只要足够愚蠢到相信魔鬼存在。现代的智者，被弗雷泽解放的人，看到迷信将恶灵等同于某种大野兽，如果能够惊吓到它，它便会逃走。理性主义对一些习俗不大提出问题，这些习俗显得再明白不过了，因为理性除了认为它们是可笑的，拒绝给予它们任何别的意义。

在当下的案例中，如同在许多其他案例中，志得意满的理解和"纯属自然"的东西有可能掩盖最有价值的东西。驱魔行为是一种在原则上向魔鬼或其协同者施加的暴力。在某些节日中，结尾时的这种暴力之前有一些对驱魔者之间的战斗的模拟。这里，我们再次看到与许多献祭仪式的序列类似的序列：祭杀之前有仪式性的争吵，施祭者之间的或多或少具有真实性的冲突或者模拟的冲突。在所有案例中，这一现象应该揭示出同一个解释类型。

在弗雷泽提到的一个例子中，村庄的年轻人一家一家进行驱魔仪式，但每家都独立进行。一轮仪式的开始是对于应该最先去哪一家的争吵。（作为合格的实证主义者，弗雷泽小心不遗漏细节，虽然这些细节是他的理论最不能解释的。单凭这一点，他就值得我们感谢。）作为前奏的争吵是在摹仿祭祀危机，争吵之后的献祭或驱魔摹仿集体一致的暴力，这种暴力的确是直接接在相互对等的暴力之后的，与相互对等的暴力的区别仅在于它的神奇后果。

一旦争吵结束，集体一致性便达成了，现在是替罪牺牲的时刻了，也就是仪式的时刻。争吵所争夺的东西就是仪式本身，换言之，他们争夺的是对必须加以驱除的牺牲者的选择。在危机期间，对于每个人来说，那就是通过战胜最直接的对手而战胜暴力，每个人都想给予对手具有决定性的一击，让这一击之后不再有还击，因此，这最后一击将会充当仪式的样板。

某些希腊文本模糊谈到一次——用人类——献祭，是某个族群、城邦、军队决定献给某个神的。相关者对于献祭原则达成一致，但他们对选择牺牲者却意见不一。要想理解其中涉及什么，诠释者必须将事件的顺序颠倒过来。暴力首先到来，它是无理由的。献祭的解释随之而来，这种解释真正是献祭性的，因为它掩盖了暴力的无理由，这是暴力的真正让人无法忍受的元素。献祭的解释来源于结尾时刻的暴力，来源于最终被揭示为具有献祭性的暴力，因为这暴力结束了争执。我们可以认为这是最基础的神话建构。集体杀害恢复了秩序，反观性地对控制了群体全体成员的彼此相互杀戮的野蛮欲望给出了一种仪式框架。杀戮变成献祭，杀戮之前的混战变成关于最合适的牺牲者的仪式性的争吵，这个牺牲者要求信众的虔敬，或者要求神祇的偏爱。实际上，这便是回答"谁将祭杀谁？"这个问题。

对于第一个应该驱魔的房屋的争吵，掩盖着某种类似的东西，即危机和危机的暴力解决的整个进程。驱魔仅仅是一条复仇链条中的最后一环。

第五章　狄俄尼索斯

投入相互对等的暴力之后,参与者一起向虚空打击。这里,一个真相显露出来,所有仪式的共同真相,但从未像在这种驱魔仪式中这么明显。仪式性的暴力不产生任何对手,它的面前不再有任何敌对者。只有他们大家一起进行打击,却没有人还手,那么驱魔者们便不会重新开始向彼此动手,至少不是"真正"动手。此处,仪式揭示出它的起源和功能。借助替罪牺牲机制而重新建立的集体一致性不应该被打破。族群想要针对"恶灵"保持统一,忠于自己的决定,不重新堕入无休止的敌对,仪式强调并加强这一决定。宗教思维不断回归到最为神奇的奇迹,回归对暴力的胜利,这胜利来得如此之迟,付出的代价如此高昂,在人们眼中这胜利常常被看作最值得被人们以千百种不同方式加以保存、回忆、纪念、重复和复苏的东西,目的是预防从超验的暴力重新堕入相互回应的暴力,堕入不再是"开玩笑"的暴力,堕入分裂性和毁灭性的暴力。

*

我们看到,我们对于祭祀危机与暴力的集体一致性的普遍假设阐明了节日的若干侧面,而直到此前,这些侧面一直是难以索解的。而反过来,节日则确认了这一假设的解释力。然而,应该注意到,现代人对于节日的盲目,普遍对于仪式的盲目,只是在延续和支持一种演化,即宗教性本身的演化。虽然仪式性的侧面隐去,节日越来越局限于许多现代观察者认为应该从节日中看到的那种对解压的放纵的准许。

仪式逐渐退去，误解越来越加重，这两者是一回事。神话与仪式的解体，即宗教思维整体上的解体，并不是由赤裸裸的真相的浮现造成的，而是由新的一次祭祀危机造成的。

节日去除了仪式性，剔除了对替罪牺牲与替罪牺牲再造统一的任何指涉，节日的欢乐与友爱的表象背后，除了祭祀危机与相互对等的暴力之外不再有其他样板。这便是为何我们时代的那些真正的艺术家，他们从被转变成永远的假日的节日的乏味背后，从"休闲世界"的乏味乌托邦的许诺背后，猜测到了悲剧的存在。假日越乏味、平淡、庸俗，人们便越是从中猜出将要来临的恐怖与丑恶。假日开始搞砸的主题，被人们自发地重新发现，但从前已经被人们用不同的形式处理过，这个主题在费里尼（Fellini）这类导演的电影作品中占据主导地位。

正在搞砸的节日，这不仅是一个富有迷人的吊诡的颓废美学的主题，这同样是一切"败落"的真实前景。为了确认这一点，只需看看在一些无疑属于病态的社会中，比如在战争不断肆虐的雅诺马米人中，或是更糟，在类似坎刚文化的一些正处于暴力解体的文化中，节日可能变成什么样子。节日丧失所有仪式性，节日被搞砸，是因为它回归自身的暴力起源，节日非但没有挫败暴力，反而开始了一轮新的复仇的循环。节日不再是一种制动器，反而因为一种反转进程，它成为不祥力量的帮凶，这一反转进程类似我们在研究献祭时观察到的那种，显然所有仪式都可能受到这种反转机制的打击：

第五章 狄俄尼索斯

人们把将要成为牺牲的人邀请到节日上，让他们喝酒，然后屠杀他们。坎刚人总是将节日的意识与争吵和杀戮联系起来。每一次，他们都知道在冒生命危险，但他们从不拒绝邀请。在以享乐为目的而将部落的大多数人聚集起来的节日中，人们可能会认为亲属关系会得到更新和加强，认为人们彼此感到的善意会在团聚产生的热烈气氛中得到发展。

有时，事情的确如此，但坎刚人的节日常常既以争吵和暴力为标志，同时又以温情和团结的表现为标志。男人们和女人们喝醉酒，男人们向孩子们吹嘘他们的血淋淋的丰功伟绩。他们吹嘘自己的 waikayu（骄傲、牛气），他们带着蛮横的神情四下走动，挥舞长矛和大棒，把这些武器在空气中挥舞出声音。他们吵闹地回忆过去的胜利，预告未来的杀戮。在越来越浓的兴奋与醉酒中，他们转而攻击邻人，向他们寻衅，要么因为他们怀疑对方占有了他们的妻子，要么相反因为他们曾经占有过对方的妻子，而认为自己被对方憎恨。

坎刚民俗中充斥着节日以屠杀结束的故事，"给某个人准备酒"这个表述具有一种足够不祥的意义，无须我们加以任何评论[1]。

---

[1] 朱尔斯·亨利:《丛林民族》, pp. 56-57。

*

我们对于节日的常识了解让我们可以进入对第二则希腊神话的解读,即狄俄尼索斯的神话,借助于另一部悲剧《酒神的女信徒》(*Les Bacchantes*)。这一新的分析将部分地重复对俄狄浦斯神话的那种分析。它将让我们能够验证我们对于暴力机制的基础假设,对这一机制的几个侧面加以明确,将我们引向一些新的问题。

酒神节(Bacchanale)是我们前文界定的节日的意义上的一个节日。在酒神节中,我们再次看到我们刚刚列举过的所有本质特征。酒神节最初呈现为一种仪式性的纵酒狂欢。悲剧作家强调各种差别的消除,酒神打破了人们之间的隔阂,不论是财富的隔阂,还是性别、年龄等的隔阂。所有人被要求膜拜酒神狄俄尼索斯;在悲剧的合唱中,老者加入到年轻人中,女性与男性平等。

欧里庇得斯描写的酒神节狂欢是忒拜妇女的酒神节狂欢。狄俄尼索斯在亚洲(亚细亚)树立起对自己的崇拜之后,他回到自己的故乡城邦,他以一位年轻的酒神信徒的面目出现,对大多数的男人和女人施加一种奇怪的诱惑力。他的姨妈阿高厄(Agavé)、他的表妹伊诺(Ino)和所有忒拜女人都成为名副其实的酒神附体者,她们走出家庭,到喀泰戎山游荡,在那里庆祝第一次酒神节狂欢。

酒神女信徒们的浪游一开始是田园诗式的,很快转变为血腥的噩梦。得到解放的妇女们不加区别地冲向男人们和野兽。只有阿高厄的儿子忒拜国王彭透斯（Penthée）在抗拒。他坚持否认他的表兄具有神性。如同《俄狄浦斯王》中的忒瑞西阿斯和克瑞翁，彭透斯是从外部到来的，在堕入全体的癫狂之前，他清醒地定义了这种局面：

> 我从旅行中归来得知
> 意外的疾患感染我的城邦。

"意外的疾患"，这显然是祭祀危机，危机迅速蔓延，让受害者们做出没有理智的行为，它感染那些沉沦的人，那些出于谨慎或投机心理向它让步的人，比如那两位老者，也最终感染了唯一想拒绝它的人，即不幸的彭透斯。不论是自愿沉沦，还是进行抗拒，暴力一定取胜。

在悲剧的进行中，酒神放纵精神与不祥的传染并无区别。彭透斯拒绝他的祖父，祖父想把彭透斯拉入奇怪的节庆中，彭透斯喊道："别感染我，你去做酒神的信徒吧。"酒神放纵的爆发，在剧情的高潮，通过王宫的毁灭，明确向我们喻示的正是制度的毁灭，是文化秩序的坍塌。努力控制暴力之神，这是徒劳的。彭透斯努力将狄俄尼索斯化身的年轻挑动者关起来，但是当一切在火焰中坍塌，酒神毫发无损地从废墟中走出来。

《酒神的女信徒》这出悲剧的要旨是搞砸的节日。这种糟糕的转变不会让我们吃惊，因为我们看到的酒神节放纵就是原始的放纵，即祭祀危机。悲剧确认了我们刚刚进行的对节日的解读，因为悲剧把节日带回到它的暴力源头，即相互对等的暴力。这意味着欧里庇得斯对于狄俄尼索斯的神话和崇拜所做的正如同索福克勒斯对俄狄浦斯神话所做的。在神话寓意背后，并且在仪式背后，他重新发现了冲突的对称性，它们对冲突对称性的掩盖与对它的揭示一样多，甚至更多。

他很容易办到，因为酒神节放纵延续着祭祀危机的一个主要侧面，即差别的消除。一开始是平和的，酒神节的慵懒迅速过渡到特别强烈的暴力无差别化。性的差别的消除在仪式性的纵酒狂欢中表现为情爱与友爱的节庆，在悲剧发展中，它转向了反面。女性转向了男性的最暴力的活动，即狩猎和战争。她们耻笑男性的软弱，耻笑他们的女人气。狄俄尼索斯以长发美男子的面目出现，他亲自煽动着无序和毁灭。在指责他的女性化外貌之后，彭透斯自己也感染了不健康的欲望，把自己打扮成酒神女信徒，去偷窥喀泰戎山坡上的女人。在《酒神的女信徒》中，人类与野兽之间差别同样丧失，这种缺失总是与暴力联系在一起。酒神女信徒们冲向一群母牛，她们用双手把牛撕碎，把它们当成打搅了她们狂欢的男人。彭透斯陷入狂暴的谵狂，将一头公牛拴在牲口棚里，他以为捆住了狄俄尼索斯本人。阿高厄则犯下相反的错误，当酒神女信徒们发现她的儿子彭透斯在偷窥她们，阿高厄把他当成一头"年幼的狮子"，第一个对他进行打击。

在悲剧发展中，另一个倾向被抹去的表面上看不可克服的差别是神与人之间的差别，狄俄尼索斯与彭透斯之间的差别。狄俄尼索斯身上的一切在彭透斯身上都有雷同。

第五章 狄俄尼索斯

狄俄尼索斯具有分身。一方面，存在着酒神的女性追随者迈那得斯（Ménades）所描述的狄俄尼索斯，他是法制的衷心维护者，是神圣和人间法律的捍卫者。另一方面，存在着悲剧剧情的具有颠覆性和消解性的狄俄尼索斯，即我们刚刚界定的那个狄俄尼索斯。同样的一分为二再次发生在彭透斯身上。忒拜国王作为一位虔诚的保守派，作为传统秩序的捍卫者出现在我们面前。与此相反，在歌队的口中，彭透斯是作为一个违犯禁忌者、大胆的无信仰者出现的，他的不虔敬导致无能之神对忒拜的愤怒。而彭透斯实际上助长了他企图阻止的失序。他自己就是酒神信徒，他被狄俄尼索斯附体，即被一种暴力附体，这种暴力把包括人类与神祇在内的所有存在都变成同等物，在这种暴力的作用下，他们陷入最激烈的对立。

每位主角的所有区别特征在他与对方的交锋中至少都已初步显露或得到暗示。比如狄俄尼索斯的神性，伴随着一种隐秘的人性，他以美少年的面目现身强调了这一点。与此平行，彭透斯的人性伴随着一种神性，或者至少是一种想成为神的欲望，这种欲望从他的超人企图中表露出来，这种超人企图伴随着他向酒神精神最后的沉沦：

> 我能背起喀泰戎山
> 和它的山洞，还有那些酒神女信徒吗？[1]

---

[1] 引文出自《酒神的女信徒》。——译注

在酒神放纵的迷醉中,神与人之间的所有差别倾向于消除。在剧作中存在酒神节正统派的声音,那就是吕底亚的迈那得斯的声音,她们毫无歧义地表明态度,狂热将任何酒神附体者都变成另一个狄俄尼索斯:

任何引领舞蹈者都成为布洛弥俄斯[1]!

当然,有人会告诉我们,彭透斯的迷醉,忒拜酒神女信徒的迷醉,属于一种有罪的骄矜,而在狄俄尼索斯和他的迈那得斯这方面,一切都是真正具有神性的。即便最糟的暴力也是合理的,因为神就是神,因为人就是人。的确如此。在整体情节上,神与人的差别从未丧失:在悲剧开始和结尾,这种差别被高声加以肯定。但是,整个悲剧进行中却是另一回事。在悲剧的发展进行中,所有的差别都混淆了,都丧失了,包括人性与神性的差别。

我们看到,在《酒神的女信徒》中,如同在《俄狄浦斯王》中,悲剧的灵感倾向于相同结果。悲剧的灵感将神话与仪式的价值消解在相互对等的暴力中。悲剧灵感揭示出所有的差别的武断性。悲剧灵感毫不留情地将我们引向关于神话与总体的文化秩序的具有决定意义的问题。在提出这个问题之前,索福克勒斯就止住脚步,受到危害的神话价值最终得到了肯定。在《酒神的女信徒》中,发生了相同的事情。我

---

[1] 布洛弥俄斯(Bromios),酒神的另一称号。——译注

第五章 狄俄尼索斯

们刚刚在前文看到,暴力的对称性以如此无情的方式得到了确认,这种对称性发展到了消解人与神之间的差别。神性仅仅是两个对手之间的一个争夺的筹码:

> 你知道,当一大群人等在你的门口,而城邦表彰彭透斯之名,你是多么幸福。而巴克斯(Bacchos,古罗马人的酒神——译注)同样喜欢荣誉,我肯定……[1]

但是,在剧作结尾,神明的特性还是再次得到肯定,是以可怕的方式进行的。在狄俄尼索斯的万能与彭透斯的罪孽的软弱之间,从未有过势均力敌。差别获得胜利,重新恢复悲剧的对称性。再一次,悲剧向我们呈现为一种在大胆与怯懦之间的摇摆。就索福克勒斯而言,单凭悲剧发展的对称性与神话内容的不对称性就让我们能够肯定悲剧作家自觉或不自觉地在更大胆的剧情前却步了。就《酒神的女信徒》而言,文本中呈现出同样的对立,同一类型的分析将我们引向同一结论:欧里庇得斯面对更大胆的剧情同样却步了。但是这一次,他的却步不是沉默无语的。在许多悲剧中,一些段落揭示出悲剧作者的取舍的决定,努力进行的自辩,因为过多的强调与重复,这些段落反而被人抛在一旁:

> 存在一种睿智,那就是纯粹的疯狂。

---

[1] 引文出自《酒神的女信徒》。——译注

> 超越于人性之上的思想会让人短寿,
> 因为目标太高远的人会错过当前的果实。
> 我觉得,谵狂和谬误
> 都是同样行事的。
> ……
> 请把野心勃勃的想法放在一旁
> 不让它们进入你谨慎的心和你的头脑
> 庸众们相信和奉行的东西
> 我也为自己接受下来。[1]

首先,批评者们对于这些段落的终极含义并没有一致意见,关于欧里庇得斯,现代的多数争论都围绕着这一问题。然而,整个问题也许被所有诠释者共同的预设误导了,这个预设在他们看来如此不容置疑,以至于他们根本无须对这个预设加以表述。这个预设的内容是悲剧诗人对之却步的这种知识属于何种性质。这个预设从理论上认为这知识不可能是一种我们不具有的知识。认为欧里庇得斯这样一位距离"现代"如此遥远的悲剧作者能够接近一种我们一无所知的危险,能够觉察到某种我们把握不到的真理的存在,这样的想法显得太可笑了,以至于不被人加以考虑。

现代人坚信欧里庇得斯是面对现代人自身引以为豪的怀疑主义而却步的,而这种怀疑主义却无法发现宗教性背后任

---

[1] 引文出自《酒神的女信徒》,原书未提供出版信息。——译注

何真实的东西，宣告宗教性纯属"臆造"。人们始终认为欧里庇得斯是出于一些道德准则或仅仅出于偏见而迟疑于承认宗教性纯属故弄玄虚，是视情况而定而具有"安慰性"或"压抑性"的幻想，是一种虚幻。

浪漫派和现代知识分子自认是历史上最无可抗拒的偶像破除者。他们想弄清欧里庇得斯是不是过于"布尔乔亚"了，以至于配不上传统意义上他应该得到的重视。

但是，欧里庇得斯较少像现代人这样用宗教"信仰"来谈问题，而更多用被逾越的界限和处于这些界限之外的某种可怖的知识来谈问题。我们真正面对的似乎并非同样抽象的"信仰"与"非信仰"之间的无谓选择。这里涉及的是别的东西，是关于神祇的，比空洞的怀疑主义更具有本质性的东西。之前还从未被人发现的这种别的东西，在《酒神的女信徒》中却完全是可以被人读解出来的。

*

杀死彭透斯，这被表现为剧作的高潮和酒神本人所导致的危机的消除，同时被表现为忒拜人的无信仰，尤其是彭透斯家人的无信仰引起的"复仇"。在导致彭透斯的死亡之后，酒神将家族余下的成员从城邦中驱逐。和平与秩序得以重归忒拜，此后忒拜将对酒神这位新神祇给予他所要求的崇拜。

杀戮既呈现为神祇行动的后果，又呈现为自动的情绪发泄的结果。神祇的行动在已经得到仪式化的献祭的框架之内。扮演施祭者的是神祇自己，他准备奉献未来的牺牲者。由他首肯的献祭与最终让他平息愤怒的复仇是一回事。借口为彭透斯整理头发和衣服，狄俄尼索斯在仪式意义上触摸他的头部、上身和足部。杀戮本身的进行符合酒神节习俗，我们认为这杀戮是 sparagmos（撕碎牺牲的祭礼），其区别特征与我们在前文中已经提及的那几种献祭中的区别特征一样：

1. 所有酒神女信徒都参与祭杀。这里，我们再次看到对集体一致性的要求，集体一致性在许多仪式中都起着重要作用。

2. 不使用任何武器，牺牲者被徒手撕碎。这一点上，撕碎动物的祭礼并非孤例。我们已经看到两个不使用武器的群殴的例子，一个是在丁卡人的献祭中，另一个是在斯威士兰的丰年祭中祭杀替代国王的母牛的时候。我们可以举出许多类似例子。鲁道夫·奥托（Rudolf Otto）认为古希腊人的酒神节构成某种独特的东西，他的这一论点是根本站不住的。狄俄尼索斯的神话与崇拜的所有特点，我们无不在初民社会中找到大量对应物。

悲剧的改编再现出仪式的预谋性背后的自发性，虽然并未完全从仪式的预谋性中摆脱出来，却让我们几乎可以把握到仪式与原始情境之间的真正关系，原始情境绝非臆想，它被欧里庇得斯部分地还原出来。集体胁从之下徒手活活撕碎牺牲者，在此揭示出其真正寓意。虽然我们没有表现原始场景的悲剧文本，但我们能够想象出原始场景。这可能是一种有组织的行刑。一切都让我们想到一群最初心念和平的人，

第五章　狄俄尼索斯

无组织的群众,出于我们不了解也不真的必须了解的一些原因,他们的集体歇斯底里达到了极限。这群人最后冲向一个人,他从本质上并没有让所有人都仇恨他的东西,但他却迅速集中了所有人的怀疑,集中了伙伴们的焦虑和恐惧。他暴力的死亡让群众得到宣泄,这是回归平静所需要的[1]。

撕裂牺牲的祭礼惊人准确地重复和摹仿了终结动荡与混乱的集体私刑的一幕。族群想要掌握这些带来拯救的行为。矛盾的是,仪式努力加以定型的却是绝对的自发性的东西。悲剧仍然处于仪式性与仪式努力复制的自发性的样板之间的居间的和暧昧的地带。从已经定型的宗教的角度看,让彭透斯送死的是狄俄尼索斯。神祇是游戏的主宰,他炮制了第一次献祭,是给他自己的献祭,是所有献祭中最恐怖和最有效的,是真正将被撕裂的族群加以解救的那次献祭。从正在成型的宗教的角度看,处死彭透斯是一种自发的解决,没有人能够预见和进行组织。

集体暴力似乎完全得到揭示,但本质的东西仍然隐藏着,那就是牺牲者的选择的任意性和恢复族群同一的祭牲替代制度。真正意义上的驱逐是潜在的,它保留着有效性,因为是驱逐以制度化的献祭的形式构成对其自身的复制。从祭祀危机的角度看,狄俄尼索斯与彭透斯两个分身之间的关系

---

[1] 关于抹平差别的群众,没有哪一本书的启发性能超过埃利亚斯·卡内蒂(Elias Canetti)的《群众与权力》(*Masse et puissance*),Gallimard,1960。

在双重意义上都是相互对等的。由狄俄尼索斯,或是由彭透斯来祭杀对方都是合理的。相反,从成形的宗教的角度看,虽然相互对等性仍是潜在的,虽然施祭者和牺牲者从这方面或那方面看仍旧互为分身,但是两者的相互对等性却被消除了;献祭的方向不容颠倒,方向是已经确定的,驱逐总是早已发生了的。

要想理解仪式,必须重新把仪式与有意识或无意识的心理动机之外的别的东西联系起来。尽管表面上看有关联,但仪式与无谓的虐待狂毫无关联。仪式的导向不是朝着暴力,而是朝着秩序与安宁。仪式力图重复的唯一类型的暴力是驱逐暴力的那一类型的暴力。现代唯心理论擅自用撕裂牺牲祭礼这样的仪式的残暴性来进行的那类对虐待狂的揣测,其实是最天真、最贫乏的。

《酒神的女信徒》从各个方面确认了我们在前文中对献祭的定义。我们早已预感到,将神话与仪式追溯到创始性的集体一致性,这一论点在欧里庇得斯的悲剧中和狄俄尼索斯崇拜中将得到明白的确认。

*

不带成见的读者,不本着尼采与鲁道夫·奥托的精神来接触《酒神的女信徒》的读者,总是对狄俄尼索斯的丑恶特性感到吃惊。整个悲剧发展中,酒神在城邦里游荡,沿路播撒下暴力,用恶魔般的诱惑者的技巧导致罪行。唯有当今世界这样免于本质性暴力的世界的受虐狂的堂吉诃德式的过渡式唯心主义才能从《酒神的女信徒》的狄俄尼索斯身上找出令人可喜的东西。欧里庇得斯显然脱离了这些唯心的幻想,这些幻想就算不是让人担忧的也是可笑的。

脱离了暴力,酒神丧失了自己的本质。他的三个属性都直接与暴力有关。狄俄尼索斯能被人与先知的灵感乃至德尔斐的阿波罗和俄狄浦斯神话联系起来,那是因为先知灵感从属于祭祀危机。狄俄尼索斯被认为是葡萄与葡萄酒神,大概是因为原始意义的弱化,原始意义上他被当作更加可怖的一种迷醉即杀人的狂热的神。在古老的狄俄尼索斯传统中,没有什么与葡萄种植或葡萄酒酿造有关的东西[1]。在戏剧结束之前,这位神祇的唯一一次显圣是与祭祀危机最具灾难性的后果混同的,是由摧毁彭透斯的宫殿喻示出来的:

> 歌队:神明造成的地震,让大地颤抖。
>
> 狄俄尼索斯:此刻,彭透斯的宫殿在摇晃,即将倒塌!
>
> 狄俄尼索斯在此。崇拜他吧!
>
> 歌队:我们崇拜他!
>
> 啊!你们看这些大理石屋檐脱落了!
>
> 酒神布洛弥俄斯将会在这屋顶下发出胜利的喊叫!

---

[1] H. 让迈尔(H. Jeanmaire):《狄俄尼索斯:酒神巴克斯的崇拜的历史》(*Dionysos, histoire du culte de Bacchus*), Paris, Payot, 1951, p. 23。

>狄俄尼索斯：神明之火燃起火把，
>
>　　　　　让彭透斯的房子燃烧！
>
>歌队：啊！啊！看呢，看呢！
>
>　　在塞墨勒的圣墓周围，
>
>　　那迅即闪电留下的火焰！
>
>　　颤抖吧，倒地吧，酒神女随从！
>
>　　是的，倒下吧，我们的主人推倒了这宫殿！
>
>　　他是宙斯之子！

狄俄尼索斯是最丑恶的暴力的化身，他成为尊崇与恐惧的对象，对此人们可能觉得吃惊，甚至感到耸人听闻。那些探究这个主题的人并不天真，天真的是那些不探究的人。

如果切近观察与酒神相关的这一特别类型的暴力，整体图景就呈现了，它准确对应着从它与酒神祭祀的关系来理解彭透斯之死而必然得出的那些结论。在布洛弥俄斯、喧嚣者、让人颤抖者的名下，狄俄尼索斯竭力制造灾祸，这些灾祸与现代神话学家所重视的暴风雨和地震几乎没有什么关系，这些灾祸似乎始终要求群众的在场，非理性的恐惧促使群众做出不同寻常的行动，几乎是超自然的行动。忒瑞西阿斯将狄俄尼索斯定义为恐慌失措之神，是出其不意给人打击的集体恐怖之神：

>披坚执锐列成战阵的士兵们，
>
>因为恐慌，并没有长矛攻击他们，他们就失去理智。

第五章　狄俄尼索斯

他们的胡言乱语来自狄俄尼索斯。

如果将我们已经搜集起来的所有征兆与来自其他仪式的所有证据加以对比,便毫无疑问了:狄俄尼索斯是获得成功的集体私刑之神。于是,很容易理解为何存在一个神祇,为何这个神祇被人尊崇。神祇的合法性不在于他扰乱和平,而在于他自己恢复他所扰乱的和平,这让他在扰乱和平之后得到逆推的合理性,神灵的行动变为对人们亵渎神圣的骄矜行为的合理的怒火,而在达到创始性的集体一致性之前,没有什么东西能让人们对这种骄矜行为区别对待。

真正的文本分析确认了将狄俄尼索斯崇拜当作重大政治与社会动荡的后果的假设。在欧文·罗德(Erwin Rohde)等人的著作背后,存在一种对于现实的不完全却深邃的直觉。那些支持此类论点的人,他们援引的论据肯定是有争议的,而他们的对手们的论据争议却较小。由于缺乏新的文献,传统历史方法几乎只能原地踏步。只有对文本与重要宗教事件进行对比分析——这种分析出现于罗德的著作,但是以一种过于局限的方式出现——才能够让我们的知识进步[1]。

---

[1] 欧文·罗德:《赛姬:古希腊人的灵魂崇拜与对不朽的信仰》(*Psyche: Seelencult und Unterblichkeitsglaube der Greichen*), 1893。在其出色的《狄俄尼索斯:酒神巴克斯的崇拜的历史》(*Dionysos, histoire du culte de Bacchus*)中,H. 让迈尔批评了社会学的论点。我却看不出他自己的论点与罗德的想法的主旨有什么不可兼容的地方,他自己的论点强调那些迷狂的侧面和那些附体现象。

在《酒神的女信徒》这样的神话背后，在所有确定的历史内容之外，我们可以猜测出，而且必须预先设定暴力的突然爆发，以及这对族群的存活构成的可怕威胁。威胁最终远离，速度跟它的出现一样快，这是借助于一次集体私刑，因为大家全部参与，所以它让大家重新和解。平和的城邦居民转变为凶暴的野兽，这种转变过于残暴和短暂，让族群无法接受从这转变中自我体认，无法接受隐约浮现的古怪而可怕的嘴脸是属于自己的。一旦风暴以神奇的方式平静下来，这风暴便被看作神明显灵。一位神祇唯恐自己不为人所识或者被人误识，他以真正属于神明的方式向人们喻示了自己的不快。他接受了最新的牺牲者，是他唯一真正选择的牺牲者，他也许正好化身为这个牺牲者，然后他悄无声息地离开，他的临近有多么可怕，他的远离就有多么对人有利。

所以，宗教远远不是"无用"的。宗教将暴力非人性化，去除了人性的暴力，以便保护人类，让暴力变成一种超验的威胁，它始终存在，要求人们用适当的仪式以及谨慎节制的言行来加以平息。宗教真正解放了人性，因为它解除了人类的怀疑，如果他们回忆起危机真正发生的情形，这怀疑会毒害他们。

以宗教方式来进行思考，即依据这种暴力来思考城邦的命运，人类越是自以为能够控制这暴力，它就越无情地控制人类。所以，将这种暴力当作超于人类之上的，正是为了与之保持距离，对它加以拒绝。当畏怖后的尊崇弱化下来，当差别开始消失，仪式性献祭便丧失其有效性：献祭不再得到赞同。每个人都企图自己来挽回局势，但却没有人做得到：超验性的衰退本身造成的后果是，在人们拯救城邦的愿望与最无节制的野心之间，在最真诚的虔信与自我封神的欲望之间，已经不再存在丝毫差别。每个人都将对手的所作所为看作一种亵渎神圣的欲望的结果。此时此刻，狄俄尼索斯与彭透斯之间的所有差别都消失了。人们就神祇的问题互相争吵，他们的怀疑主义与新的一次祭祀危机是一回事，反过来看，这一次新的祭祀危机，借助一次新的集体一致的暴力，将被人们看作一次新的神明降临和一次新的神明复仇。

如果没有替罪牺牲，如果暴力本身不给人类喘息之机（同时也是一次新的起点，是暴力循环之后的一个新的仪式循环的开端），那么人类便不可能将自身的暴力放在自身之外，把它当作一个分离的、自主的和具有拯救性的实体。要让暴力最终沉寂，要战胜暴力，要让战胜暴力变成神明所为，就必须让暴力的有效性的秘密不被人打破，必须让集体一致性的机制永远不被人知。只要最后的基础不被揭穿，宗教性就会保护人类。如果把怪兽从它最后的隐蔽所里轰赶出来，人们就可能永远地释放了它。如果驱散了对怪兽的无知，人类便有可能暴露给一种与日俱增的危险，人类的一道防护就有可能被剥夺（这道防护与误解是一回事），对人类暴力的唯一制动装置就可能会被解除。实际上，祭祀危机与对于暴力真相的知识是一回事，随着相互对等的暴力加剧，对暴力的这种知识也不断增长，但这种知识却从未达到全部的真相。人们最终连同暴力本身一起驱逐到"彼岸世界"的,正是这种关于暴力的真相。正因为悲剧作品分解了神话的寓意,它才将一道深渊展现在悲剧作者面前,但悲剧作者最终却对着深渊退缩了。诱惑着他的那种骄矜,比他笔下所有人物的骄矜都更加危险。这种骄矜是对于一种知识的骄矜,在所有古代或者初民宗教的背景下,在所有哲学或现代思维的背景下,这种知识只可能被人们猜测或者把握为具有无穷摧毁性的。这种知识几乎被欧里庇得斯公开说出来,这一事实说明,在这部悲剧中,禁忌向一次绝无仅有的感悟屈服了:

> 我们的思想绝不要想象
> 任何高于法度的东西!
> 何妨承认
> 神明具有天生的力量?
> 一直以来被人当真的东西
> 是从自然中获得其力量[1]。

*

就狄俄尼索斯以及俄狄浦斯来说,神话建构,这个实施转变的元素,可以概括为对某些材料的重新组织。这些材料其实属于神话背后的那些集体现象,但是如果在建构中,这

---

[1] 原书未提供出版信息。——译注

些现象被平均地分配到所有参与者身上,如果暴力的相互对等性得到了遵守,那么这些现象就丝毫不具备神话性。在两个案例中,相互对等性被剥夺,它让位给了差别,这差别是具有本质性的差别,这差别从此将神祇与人类族群分开。所有暴力都由神祇或神话半神独有,而人类族群从自身对危机的参与中(除了纯粹仪式性和献祭性的暴力之外),仅仅记取了被动的传染性(即俄狄浦斯神话中的瘟疫),或者兄弟之间的无差别(即狄俄尼索斯的酒神节)。

所有进入神话构建的元素都是向危机的现实借用的,没有丝毫添加,没有丝毫删减,没有任何有意识的操弄介入。神话建构是以替罪牺牲为基础的一种无意识的进程,其暴力真相是核心内容,这一真相没有"受抑制",而是与人类脱离,进而被神性化了。

悲剧的灵感将虚构的差别消解在相互对等的暴力中。它去除了对暴力的神祇与无辜的族群的双重幻象。狄俄尼索斯酒神节上歌队的各色人等的混杂,以及对女性饮酒的暂时许可,揭示出某种可怖得多的迷醉。悲剧灵感将酒神节"去除神话性",因而摧毁了仪式的最佳结果所依赖的误解基础。仪式不是通向暴力,而是通向和平。悲剧的去除神话性让酒神节呈现出纯粹的狂热,向暴力的沉沦。悲剧的去除神话性本身是暴力的,因为它必定削弱仪式,或者有助于把仪式"搞砸"。反宗教的去除神话性非但不像我们这些对于暴力在人类社会中的作用一无所知的世界的人们所想象那样是朝着和平和普遍理性努力,反而与宗教本身同样暧昧。反宗教的去除神话性打击某一类暴力，那总是为了培养另一类暴力，大概是更加可怕的一类。与这些现代人不同，欧里庇得斯预感到这种暧昧。这便是为何他总是走向一个方向，随后却退回来，转向另一个方向。他在"大胆"与"怯懦"之间摇摆。正因此，他时而被看作酒神节的捍卫者，时而被看作揭露者。在戏剧开始的静态描述中，在两位老者对狄俄尼索斯的赞誉之词中，酒神节被表现为有利的。欧里庇得斯似乎想捍卫酒神信仰，反对那些将酒神节的无差别与群居和暴力关联起来的人。酒神女信徒们被描写为贞洁和温柔的典范。对酒神崇拜的怀疑被愤怒地加以否认。

这些抗议是很奇怪的，因为它们随后就被事件否定了。如同玛丽·德尔古在她对剧作的介绍中指出的，我们想知道"阿高厄和女伴们最初天真，甚至天真得有些可笑，然后让人不安，最后杀人，作者这样赋予她们放纵是什么寓意。一旦怀疑《酒神的女信徒》中存在一个问题之后，我们便感到被这个问题困扰，却无法解答"。

虽然仪式来自暴力，虽然仪式仍然浸染着暴力，但仪式转向和平。实际上，只有仪式是积极致力推动族群成员之间的和谐的。欧里庇得斯想要把仪式从沉没中拯救出来，祭祀危机与悲剧灵感则在将全部宗教价值导入沉没。但是，这种努力预先注定要失败，悲剧灵感比悲剧作者的正式意图要强大，一旦献祭性与非献祭性——蛇发女怪戈耳工的两滴血——被混合起来，便没有任何人类意志能够将它们分离开。

如果欧里庇得斯完全了解暴力源头、完整的暴力机制、仪式保有的创始性的集体一致性，了解集体一致性在暴力的相互对等性中丧失，又通过替罪牺牲机制被重新找回，那么便不会存在"《酒神的女信徒》的问题"[1]。他会向我们指出，酒神节好的一面和坏的一面分别对应创始暴力的两个相反的侧面。同一些人，他们可以在祭祀危机时互相撕碎对方，却在危机之前和之后能够生活于仪式秩序的相对和谐之中。

如果欧里庇得斯能够采用初民宗教的视角，真诚地回归神圣性，将暴力与人类脱钩，把它完全神化，那么同样不会有《酒神的女信徒》的问题。如果欧里庇得斯能将自己的思想稳定于两种极端解决之间，在将全部暴力机制都转移给神性的宗教框架与将整个暴力机制重新归于全体人的完整真相之间的一个中间地带，那么同样不会有《酒神的女信徒》的问题。

在这种居中的体系中，即我们现代的体系中，暴力的分裂与和平的和谐之间的对立，在历史中、在历时顺序中显现的差别，被转变为共时性的差异。我们进入"好人"和"坏人"的世界，这是我们唯一熟悉的世界。

大家可能注意到，这种框架在《酒神的女信徒》中已经初具雏形，或者至少其发展所必需的所有元素都已就位，它们存在于对神明的一种"不虔诚的反叛"这样的看法中，存

---

[1] 前文德尔古关于为何必须存在放纵的问题。——译注

在于酒神信徒队列的两个分身中,一边是获得首肯的酒神追随者,即吕底亚的迈那得斯的酒神节放纵,另一边是未得到首肯的忒拜妇女的酒神节放纵。但在悲剧剧情发展中,我们已经看到,"好的"与"坏的"酒神狂热之间,作为对信徒的奖赏的"附体"与作为对"坏人"的惩罚的"附体"之间的所有差别都消失了。好人与坏人的善恶两元的区分刚具雏形就落败了。

应该注意到,这一划分与追捕替罪牺牲是一回事,这种追捕不再在喀泰戎山的山坡上进行,而是从此在文化和意识形态领域内长期延续着。

解决"《酒神的女信徒》的问题",似乎就是找到一个差别化的体系,它不会立刻解体,而且让人能确定剧作在文学、心理、道德等方面的内在一致性。这样的体系仍然依赖于一种具有武断性的暴力。在《酒神的女信徒》中,创始元素并没有被发掘出来,但它却被强烈感受到了。构成悲剧的不协调之处,构成"大胆"与"怯懦"之间摇摆的终极原因,并非欧里庇得斯的"心理揣测",而是我们谈到的那种感悟,是关于暴力的真相,是欧里庇得斯不愿、不能把握的真相。但他已经过于接近这真相了,以至于他打乱了所有的差别,因为他让这些差别无法固化,这便增加了赋予寓意的可能性。

悲剧无处找到平衡,没有能够立足的地方。悲剧带来丰硕成果的内在不一致性由此而来,其对面则是许多无可挑剔的知识与审美图解的成果贫乏的内在一致性。所以,不应该试图"解决"《酒神的女信徒》的问题，同样不应该试图解决《俄狄浦斯王》中悲剧剧情发展的对称性与神话信息的不对称性之间的对立。其实这是同一个问题。不要把悲剧带回我们现代的平庸而毫无意义的卑微的内在一致性中，而应该把重点放在悲剧暴露出来的逻辑上的缺陷上，这样才能最终深入神话内部，发现神话是如何构成的。应该将《酒神的女信徒》的问题扩展到所有文化维度，无论宗教还是非宗教，无论是初民的还是西方的。这个问题就是文化的暴力源头的问题，这个问题以前从未被人发现，如今仍能从西方文化最后的献祭仪式的迅速解体中看出来。

*

还应该探究女性在酒神狄俄尼索斯崇拜中的优先地位。我们不否定我们刚才说过的内容，但我们可以探询将杀死彭透斯的事情归于女性，以及原始酒神节放纵即祭祀危机整个过程中作为女性元素的特色的那种杀人的狂热，是否与在此之前的田园牧歌式的酒神庆祝，与她们在喀泰戎山的乡间漫步一样是具有欺骗性的。

两位主角同属男性，但在他们背后却只有女性和老人。在危机中，杀人的狂热是真实的，但这狂热应当蔓延到了整个族群。所有人对替罪牺牲施暴，不应该只是女性施暴。有理由发出疑问，妇女的优先地位是否构成一种次生的神话转移，一种对男人的暴力的减除，不是普遍意义上的男人，而是男性成年人，即那些最需要从对于危机的回忆中解脱出来的人，因为他们显然是危机的主要责任者，甚至唯一责任者。正是他们，只有他们，可能让族群再次陷入相互对等暴力的危机。

所以，我们可以假设一种神话在暴力方面的女性对男性的替代。这并不意味着把女性们放在喀泰戎山上纯属编造。神话不做任何编造，但女性带着孩子也许还有老人的这种集体出游的真正含义，可能从悲剧的去除神话性与田园牧歌的理想化中都可以暴露出来。城邦民众结队出城向我们呈现为受到神明启示，受到酒神热情的感召。这次外出与危机有关，但肯定不是一次胜利的巡游或者一次无可抵抗的冲锋。这里，必须想象这是所有那些年龄或性别让他们无法拿起武器的人的仓皇出逃；最弱者把战场留给最强者，而最强者在城邦内部散播恐怖。

人类学观察者提供的一些信息显示出，我们当下的假设完全可信。在《雅诺马米人：狂暴的民族》(*Yanomamö: The Fierce People*，1968）中，沙尼翁（N. A. Chagnon）描写了一个节日，它聚集起几个彼此亲缘密切的族群。在节日享乐的安排中有一系列决斗，在当地这些决斗原则上是友好和传统的，是用拳头打在胸膛上。在两队的一方即将失败而有可能造成流血升级的时候，"妇女与儿童明白事态严重，他们聚在最偏僻的靠近村口的角落里一起哭着"。稍后，当村庄内部两方的战士准备战斗，弓上搭着毒箭，妇女与儿童便逃到丛林里，一边发出刺耳的叫声和哀号[1]。

关于女性在宗教和文化秩序中通常的角色，或者不如说关于她们的角色的缺失，最能说明问题的便是某些南美洲村庄比如博罗罗人村庄的平面图[2]。村庄呈几乎完美的圆形，以多种不同方式被那些社会分支分成两半，分成区。在中央，是男人屋，女性从不进去。文化与宗教机制归为一种复杂的专属于男性的你来我往的系统，中央房屋是所有人的交叉路口。女性居住在周边的房屋，她们从不改变位置。女性的这种不动性属于一类因素，这类因素让人相信从前曾经存在一位"女性大家长"。这种不动性并不意味着女性的权力高，而是说明女性是一部她们几乎从不参演的悲喜剧的或多或少被动的旁观者。秩序与安宁时期的优雅的仪式舞蹈应该被归结为旨在避免暴力对抗的一整套措施，暴力对抗发生在系统的整体崩坏的时期。博罗罗村庄的平面图是最弱者即女性的离心倾向的具体体现，平面图将村庄中心变为男性暴力的封闭场所。这种倾向是普遍的，沙尼翁在雅诺马米人的节日上观察到的就是这种离心倾向，让我们能从酒神狄俄尼索斯的神话的不可信之处的背后猜测出来的也是这种离心倾向。

---

[1] N. A. 沙尼翁：《雅诺马米人：狂暴的民族》, p. 116。
[2] 列维-斯特劳斯：《忧郁的热带》(*Tristes Tropiques*), Plon, Paris, 1955, 第22章。

在周边的房屋中，女性聚成的恒定不变的环形，不由让人想到聚众看热闹的人。只要有什么东西可看，公共场所便会聚起人群，而观看的通常是一次斗殴。不错过任何热闹，同时与可能发动的攻击保持适当距离，这种愿望必然让围观者在引起他们的好奇心的场景周边聚成圆形。确实，精神分析会告诉我们，男人屋矗立在那里如同一根阴茎位于女性圆圈中。但是，精神分析无法企及事物的这种状态的为何和如何。除了性的象征意义外，让这些元素就位的还有暴力，暴力名副其实地首先自我书写为文化秩序，然后书写为性形态，性是居于文化秩序背后的，最后才被书写成暴力。暴力位于所有可能的寓意背后，而只要有随便某个寓意在我们面前为暴力做个伪装，那么暴力本身就是不可破解的。

我们回到狄俄尼索斯，我们重复说妇女出现在城邦之外，这可能掩盖着原始危机的一个真实事件，它被神话建构改头换面了，这种神话建构与我们已经分析过的类似，但又有所不同。我们可以假设某种暴力转移，它与造神的那种暴力转移相似，但没那么重要，这是一种次要的转移。这应该是一种早期的神话建构，可以追溯到神祇尚未被抹去祭祀危机的那些最暴力和最让人不快的面目的时代。危机的典型行为尚未变得足够模糊，模糊到能让人类同意承担这些行为。

将一种仍旧非常可疑的酒神节转移给女性，这是与《酒神的女信徒》中起着首要作用的一个主题不可分割的，即性别区别丧失的主题。我们已经看到，在祭祀危机的后果中存

第五章 狄俄尼索斯

在村庄中的男人的某种女性化,以及女性的某种男性化。男性举止像女性,而女性举止像男性,这个主题被置换,酒神节的大扰乱变成几乎只属于女性的事情。性别差别的消除,如同其他差别的消除,是一个相互现象,神话的寓意的产生总是借助于相互性。在危机中丧失的差别变成神话中的重新分配角色。互相对称的元素被重新组织成一种不对称形式,尤其是一种女性几乎垄断酒神节狂乱的形式,这能让男性的尊严和权威消除疑虑。

再一次,悲剧复原了已经丧失的暴力的相互对等性,但仅仅是部分地加以复原。悲剧没有做到质疑女性在酒神节起源中的优势地位。虽然丧失的性别差别有利于把暴力转移给女性,却无法完全解释这种转移。动物和儿童也一样,但处于更低一个级别,女性则因为其弱小和相对的边缘地位而能够扮演施祭的角色。这就是为何女性能够成为部分的神圣化的对象,这种神圣化被人渴望,同时被人厌恶,受到蔑视,同时又被安放到"尊位"上。对希腊神话与悲剧的解读,特别是对关注性别可能的颠倒的欧里庇得斯的悲剧解读,无疑会揭示出一些让人惊奇的东西。

第六章　从攀比摹仿的欲望到丑怪分身

在《酒神的女信徒》中，神明降临与丧失创始性的集体一致性，与落入相互对等的暴力，是一回事。只有通过重新落入普遍存在，化身为一种纯粹丑恶的诱惑，超验性才能重新降临。（相互的）暴力摧毁一切（集体一致的）暴力曾经建立起来的东西。创始性的集体一致性的基础上建立的制度与禁忌消亡成为主宰的暴力在人们之间游荡，而没有人能持久地控制它。表面上，神祇随时准备向一方或另一方屈服，但它最后总是闪开来，在身后撒下毁灭。所有想要掌握它的人，最后都互相杀戮。

在《俄狄浦斯王》中，悲剧冲突仍旧落在、或者看起来落在一些确定对象上，落在忒拜的王位上，落在既是母亲又是妻子的王后身上。在《酒神的女信徒》中，狄俄尼索斯和彭透斯并不争夺任何具体的东西。敌对落在神性本身，但是在神性的背后，却只有暴力。为了神性而敌对，就是不为任何东西而敌对：一旦暴力遭到驱除，一旦暴力彻底摆脱了所有人，神性便仅具有超验的现实性。歇斯底里的敌对不直接产生神性：神祇的产生是借助集体一致的暴力来进行的。如果神性是现实的，那它便不成为争夺的筹码。如果人们将神性看作筹码，这个筹码便是种诱饵，最终它会摆脱所有人，无一例外。

总之，所有悲剧主角们抓住不放的正是这个诱饵。只要某个人想成为这种暴力的化身，他便造出一些敌对者，而暴力保持为相互对等。只剩下相互给予打击和受到打击。这正是歌队看到的，歌队不想让自己卷入悲剧冲突。

所以，必须小心不要从冲突争夺的目标出发来诠释悲剧冲突，不管它们的价值在我们看来有多么宝贵，比如王位的价值或王后的价值。《酒神的女信徒》告诉我们，在诠释悲剧中的敌对时，应该将冲突现象的惯有次序颠倒过来。人们通常认为首先有冲突争夺的目标，然后才有自动汇集到目标之上的欲望，最后才是作为这种欲望汇集的偶然结果、意外结果的暴力。随着我们对祭祀危机的深入了解，暴力变得越来越显而易见：导致冲突的不再是冲突目标的内在价值（因为引起敌对者的贪念而导致冲突），而是暴力本身（它赋这些目标以价值，编造出一些借口来更好地自我释放）。从此之后，主导大局的是暴力，暴力就是所有人都努力控制，但却接连要弄了所有人的神祇，也就是酒神女信徒的狄俄尼索斯。

借助于这一启示，可以看出即便祭祀危机的早期阶段也暗中被暴力主宰。比如《俄狄浦斯王》的某些主题，在暴力这方面不如《酒神的女信徒》那么明显，却通过《酒神的女信徒》所要求的视角获得一种更加根本的寓意。俄狄浦斯与拉伊俄斯在交叉路口相遇，此时不存在父亲，也不存在儿子，只有一个挡住主角去路的陌生人的威胁动作，然后是殴打的欲望，殴打这个陌生人的欲望，这欲望随即走向陌生人的王位和妻子，即走向那些属于暴力之人的东西。最终，这个暴力之人被辨识为父亲和国王。换言之，赋这个暴力之人的目标以价值的正是暴力。拉伊俄斯并不因为是父亲才是暴力的，因为他是暴力的，他才被当作父亲和国王。当赫拉克利特说暴力是一切的父与王的时候，难道不正是这个意思吗？

在某种意义上，暴力在欲望中的这种优先性再平常不过。我们可以看到这种优先性，我们称之为性虐待狂、受虐狂等。我们认为这是一种病态现象，一种对于规范的偏离，而这种规范是与暴力无涉的，我们认为存在一种正常而自然的欲望，一种非暴力的欲望，而大多数人与这种正常欲望相去不远。

如果祭祀危机是一种普遍现象，我们便可以肯定地说上面的看法是错误的。在祭祀危机的高潮，暴力既是所有欲望的工具，又是欲望的普遍的对象与主体。这便是为何如果没有替罪牺牲者，如果在某种高潮之后，暴力不化解为文化秩序，那么就不可能存在任何社会。所以，完全属于摧毁性的相互对等的暴力的恶性循环，被仪式性、创造性和保护性的暴力的良性循环所取代。

在祭祀危机中，欲望除了暴力之外不再有任何对象，而

第六章 从攀比摹仿的欲望到丑怪分身

以这种或那种方式,暴力始终掺杂在欲望之中,这个难以索解而且让人束手无策的事实没有得到更多的阐明。而如果我们断言人类受到"暴力本能"的驱使,那么这个事实更加得不到阐明。如今,我们知道动物在个体上具有一些规范机制,让它们的打斗几乎从不发展到杀死战败者。关于此类有助于物种延续的机制,使用"本能"这个词无疑是合理的。但如果用"本能"这个词来指称人类本身缺乏类似规范机制这个事实,那便是荒谬的。

认为一种本能(或者冲动)可以将人引向暴力或死亡(弗洛伊德学说中著名的死亡本能或冲动),这种看法仅仅是一种隐蔽的神话性的立场,是一种先辈们的古老幻想的垂死挣扎。这种幻想让人类将自身的暴力置于自身之外,把它变成神祇、命运或本能,人类对之不负有责任,而且它在人类外部统治人类。这实际上是再一次不正视暴力,找到一种新的脱身之计,从越来越具有随机性的情境中获得一种替代性的献祭解决方案。

对于祭祀危机,我们必须放弃把欲望与任何确定对象关联起来,不论这个对象显得多么适合,必须将欲望导向暴力本身,但我们却不一定预设某种死本能或暴力本能。研究还有第三条路径。在我们观察到的所有欲望中,不仅仅存在欲望的对象与主体,还存在第三项,即对手,我们可以在此尝试将对手作为优先项。这里不是要草草将这个对手确认出来,去像弗洛伊德那样说:对手就是父亲;或者像悲剧那样说:对手就是兄弟。我们要从对手与欲望对象和主体构成的系统中去界定对手的位置。对手与欲望主体渴望相同的对象。放弃欲望对象与主体的优先性，而肯定对手的优先性，这只可能意味着一件事。欲望主体渴望欲望对象，这仅仅是因为对手本身渴望欲望对象。通过渴望这个或那个对象，对手向欲望主体指出这个对象是令人渴望的。对手是欲望主体的样板，不见得是生存方式、思想的肤浅层面上的样板，而是在欲望的更加本质的层面上的样板。

现代的理论家向我们指出人类是完全知道自己渴望什么的生命，如果说人类看起来不知道，但是总具有一种"潜意识"，潜意识替他了解这欲望，现代理论家也许错过了人类的不确定性的最显著的那个领域。一旦人类的首要需求得到满足，有时甚至在尚未得到满足的时候，人类强烈地渴望，却不知道渴望的是什么，因为他所渴望的是生命实在（être），这是一种他感觉自己缺少而别人却似乎拥有的生命实在。欲望主体期待这个别人告诉他应该去渴望什么才能获得这种生命实在。欲望主体的那个样板看起来已经拥有了某种更高级的生命实在，如果他渴望某种东西，那一定是一个能够带来更加完整的圆满的生命实在的欲望对象。欲望主体的样板，并不是通过言语，而是通过自己的欲望，向欲望主体指出最应该渴望的对象。

我们回到一个旧有的想法，这个想法的内涵也许未被人们认识清楚：欲望从本质上是摹仿性的（mimétique），欲望效仿一个样板欲望，欲望选择与这个样板相同的欲望对象。

儿童的欲望的摹仿攀比性是普遍为人承认的。成人的欲望与此并无不同，只不过成人常常耻于仿照别人，尤其是在我们的文化背景中。他害怕暴露出自己缺乏生命实在。成人自称对于自己是高度满意的，他把自己展现为别人的样板，每个人都在重复说"你们摹仿我吧"，目的是掩藏自己对别人的摹仿。

两个人的欲望汇集到同一个欲望对象上，这两个欲望互为障碍。对于欲望的任何摹仿都自动发展为冲突。人们总是对敌对的这一原因部分地视而不见。在人际关系中，相同、相似让人联想到和谐的概念：我们具有相同的品位，我们喜欢相同的东西，我们天生合得来。如果我们真的具有相同的欲望，那会发生什么？只要几位伟大作家关注这一类型的对立[1]。在弗洛伊德本人的著作中，事物的这一方面仅仅以间接的和不完全的方式被考虑在内。我们在下一章将看到这一点。

将样板与效仿者统一起来的这种关系，因为它的一种古怪但可以解释的作用，样板和效仿者都不愿承认他们注定走向敌对。虽然样板鼓励人们效仿，但样板却吃惊于自己变成竞争的对象。他认为，效仿者背叛了他，效仿者在"效仿他"。效仿者则认为自己受到了谴责和羞辱。他认为他的样板认为他不够加入样板自身享有的更高级的生命实在。

这种误解的原因不难把握。样板自认为大大高于效仿

---

[1] 参看勒内·基拉尔：《浪漫的谎言与小说的真实》(*Mensonge romantique et vérité romanesque*)，Grasset，Paris，1961。

者，而效仿者自认为大大低于样板，以至于他们彼此都不可能认识到敌对，即两者欲望的同一。要想完成相互对等，必须加上下面这一点，即效仿者可能自己想要充当样板，有时甚至是自己充当自己的样板。至于样板呢，他对于他所表现出来的那个自己如此满意，他一定会间或扮演效仿者的角色。效仿者的地位显然是唯一具有本质性的。应该用效仿者的地位来界定根本性的人类处境。

即便效仿者满口都是对样板的批评之词，即便效仿者揭露那种似乎对他进行指责的决定是不公正和荒谬的，但他在焦虑之中却在思考这种指责是否是有理的。他没有任何手段来驳斥这种指责。样板的权威非但没有因为考验而减损，反而极有可能增强。所以，效仿者不会用自己的眼睛看自己，甚至也不是通过样板的眼睛去看自己，而是通过这种未能理解的敌对以及这种敌对向他反映出的样板的意见的假象来看自己。

在人类身上，在欲望层面，存在一种摹仿倾向，它来自人类自己最本质的东西，而这种摹仿倾向往往因为外部的意见而得到重复和加强。在服从到处回响着的"摹仿我吧"的指令的同时，人类不可能不立刻发现自己面对一种不可解释的"别摹仿我"的命令，后一指令让他陷入绝望，让他变成一位往往不由自主的虐待者的奴隶。欲望与人类本来就是这样彼此不断地发送一些自相矛盾的信号的，两者都意识不到在向对方布下陷阱，而自己也正在落入类似的陷阱。人类不断用来相互禁锢的双重束缚[1]，相互矛盾的双重指令，或者说相互矛盾的指令群，并不像指出双重束缚的那些美国心理学家认为的那样仅限于某些病理案例，我们应该将它看作一种极其平常的现象，它可能是所有现象中最平常的，甚至是人们之间所有关系的基础[2]。

我们刚刚提到的那些心理学家认为当儿童面对双重束缚的时候，双重束缚对儿童造成的后果是极具灾难性的；他们完全正确。在研究中，是从父母开始的所有成年人，是文化的所有声音（至少在我们的社会中是这样），在不断以各种声调重复着"摹仿我们""摹仿我""掌握真正生命、真正实在的秘密的人是我"。儿童越是专注于这些诱人的话语，他便越快速和热烈地去追随那些来自各方的建议，而随后必然产生的那些碰壁所造成的后果就越具有灾难性。儿童不具有任何参照物，不保持任何距离，没有任何做出判断的基础让他能拒绝这些样板的权威。样板对他发出的"不"，就像可怕的判决一样回响着。对他的影响就像一种真正的驱逐。他的欲望的整个导向，即未来对于样板的选择，将因此受到影响。此中涉及儿童的最终个性。

---

[1] double bind，类似"无所适从"。——译注
[2] 见葛雷格里·贝特森（Gregory Bateson）、唐·D. 杰克逊（D. Jackson）、杰伊·黑利（Jay Haley）和约翰·威克兰（John Weakland）：《走向一种关于精神分裂症的理论》（"Toward a Theory of Schizophrenia"），载于《人际动力学》（*Interpersonal Dynamics*），沃伦·G. 本尼斯（Warren G. Bennis）等编，Dorsey Press, Homewood, Illinois, 1964, pp. 141-161。

虽然欲望可以自由地确定到它想要到的地方，欲望的摹仿性质却几乎总将它引入双重束缚的死胡同。自由的摹仿盲目地撞上一个与之竞争的欲望的障碍，摹仿造成样板自身的失败，而这一失败反过来将加强摹仿倾向。这中间存在一种进程，它从其本身得到滋长，总是越来越激化，越来越简化。每当效仿者认为自己面对的是生命实在，他便努力通过渴望别人指示给他的对象来达到它，而每一次他都遭遇到对手的欲望的暴力。通过一种既合乎逻辑又疯狂的简单概括，他一定很快说服自己暴力本身就是一直躲开他的那种生命实在的最可靠的征兆。暴力与欲望从此彼此相联。欲望主体无法在承受暴力的时候不看到欲望被唤醒。我们越来越理解在《俄狄浦斯王》中为何象征生命实在的财富、王位和王后会浮现于那个在路口遇到的陌生人抬起的手臂之后。暴力是一切的父与王。伊俄卡斯忒确认了这一点，她宣布当有人对俄狄浦斯谈到 phobos（憎骇），也就是说谈到不幸、恐怖、灾难、不祥、暴力，此时跟他交谈的人便成为俄狄浦斯的同类。拉伊俄斯、克瑞翁和忒瑞西阿斯得到的神谕，相继而来的信使带来的所有坏消息，都属于这种 Logos phobous（憎骇之言），神话中所有人物都属于这种憎骇之言。而憎骇之言就是摹仿攀比的欲望和暴力的语言，它不需要话语就可以在人们彼此之间传递。

暴力变成绝对的可欲之物、神性的自给自足、"完美的整全性"（belle totalité）的能指，如果这种整全性不再是无法参透的和不可企及的，那它便不再被看作完美。欲望主体尊崇这种暴力,同时又憎恨它。他力图通过暴力来控制它;他与之较量;虽然他偶然取胜,但这种暴力所享有的威望也立刻随之消失;他必须向别处找寻一种更加暴力的暴力,一种真正无法逾越的障碍。

这种摹仿的欲望与不洁的传染是一回事。它是祭祀危机的推动力,如果没有替罪牺牲来阻止它,没有仪式性的摹仿来阻止它再次发动,它会摧毁整个族群。我们已经猜测出各类规章与禁令在阻止这种欲望随意浮动,阻止欲望落在随便哪个样板身上,在后文中,我们将正式看到这一点。文化秩序通过将能量导向仪式的形式和通过仪式进行的惩罚活动,来阻止人们的欲望汇集到同一个对象上,而文化秩序尤其保护儿童免于双重束缚的灾难后果。

*

读者们还记得,前文中,我已经尝试指出对于悲剧的主角我们不可能找出任何能将他们彼此区别开来的东西。在"心理学"、社会学、道德乃至宗教层面,能够对他们中的某一个进行定性的词,如愤怒、专制、骄矜等,同样适用于其他所有主角,却又不足以对他们定性。观察者们仅仅注意到这些均等地属于所有人物的定性,那大概是因为这些定性全都具有一种可转换性。比如愤怒,它无法保持恒久,愤怒是发作而来,它是在平静的基质上突现出来的,愤怒所接替的是愤怒自身的缺席。这便是为何人们总认为愤怒是突然的、不可预测的。专断也一样,它的主要特征是不稳定。转瞬之间，某位主角达到权力巅峰，随后又同样迅速地从权力巅峰跌落，被某个对手取代。总之，始终存在暴君和受压迫者，但角色是可转换的。同样，总会有愤怒，但当敌对的兄弟的一方发作起来，另一方则成功保持着平静，反之亦然。

在悲剧中，一切都是转换，但同样存在我们思想的一种始终活跃着的不可战胜的倾向，倾向于将转换静止在转换中的某个时刻。正是这种真正神话性的倾向提供给我们这些主角的虚假的确定性，而这些虚假的确定性将那些轮转中的对立转变为稳定的差异。

转换的概念存在于悲剧中，但被截去了转换的相互对等性。这个概念矛盾地变成了确定性，变成单个人物的特征。比如俄狄浦斯，他自称是命运女神之子、幸运之子。如今我们会用"命运"这个词，来更好将这种东西"个体化"和庄严化，以驱除其相互对等性。

俄狄浦斯对命运（Tukhè）的归属，反映为一系列的"起"与"落"：命运是我母亲，我生命的岁月接连给我带来沉浮。在悲剧的最后几句里，歌队用大反转来定义主人公的人生，也就是说再一次用转换来加以定义。

这一定义是准确的，但对于界定俄狄浦斯的准确性并不高于界定其他人物。如果不局限于一部悲剧，而从整体看待古典悲剧的总集，事情就变得显而易见了。我们看到不可能彼此为参照来对悲剧主角们进行界定，因为他们全都被要求相继扮演相同的角色。俄狄浦斯在《俄狄浦斯王》中扮演压迫者角色，在《俄狄浦斯在科罗诺斯》中则扮演被压迫者角色。克瑞翁在《俄狄浦斯王》中扮演被压迫者角色,在《安提戈涅》中则扮演压迫者角色。总之,没有人体现压迫者的本质或者被压迫者的本质,现代意识形态的诠释是对悲剧精神的最大背叛,是将悲剧干脆转变为浪漫戏剧或者美国西部片。一成不变的善恶两元论,一旦抓住便不肯放过受害者的那种怨恨的僵化性,已经完全取代了古典悲剧的轮转的对立,取代了它的不断的反转。

悲剧艺术有多么热衷于反转,它就有多么疏离反转无法影响到的那些领域。比如在俄狄浦斯的例子中,愤怒与平静的转换,流亡时期与权势时期的转换,都同样符合将他当作命运之子的定义。转换的节奏,尤其是转换发生的领域,在我们看来与现代如此不同,以至于我们想不到去将两者拉近。据我所知,传统批评从未将两者结合起来。但是,一旦关注转换运动的存在,我们便预感到并且毫无困难地看到悲剧中的主题无不是服从于它的。这样重要的现象呼唤着一种唯一的解释。

显然,转换是关系(rapport)[1]。转换甚至构成悲剧关系的一个基础内容,这正是为何转换无法界定任何悲剧人物。乍看起来,转换似乎是互仇兄弟对争抢的欲望对象的占有和剥夺主导的。这个对象显得如此重要,对手交替着占有它和被剥夺,这等于地位的完全反转,等于从存在转向虚无,又从虚无转向存在。比如厄忒俄克勒斯与波吕尼克斯,他们决

---

[1] rapport 也有返还的意思。——译注

定轮流据有最高权力，他们无法分享它：厄忒俄克勒斯当国王时，波吕尼克斯是臣属，反之亦然。

但对象的这种交替与悲剧剧情发展的关系不大，剧情发展的节奏是急促的。在悲剧发展的这个层面，根本性的摇摆是我们从悲剧论辩中看到的摇摆，悲剧论辩也叫简短轮流对白（stichomythie），即节奏鲜明地交换辱骂和指责，构成两个对手在单打独斗中交替的拳脚的等价物。我们看到，在《腓尼基女人》中，对厄忒俄克勒斯与波吕尼克斯的决斗的讲述，代替了一场悲剧论辩，而恰恰起到与悲剧论辩相同的作用。

不论暴力是身体上的还是言语上的，在每一次打击之间存在一定时间间隔。每当对手中的一个打击另一个，他都希望胜利地结束对决或论辩，希望给予致命一击，在暴力中取得决定性胜利。被打者在震惊中暂时不知所措，他需要一段时间来恢复清醒，准备回应对手。只要回应还没有做出，刚刚出击的人就可能自以为已经给出了决定性的一击。总之，在冲突的整个过程中，从一个打斗者向另一个打斗者摇摆，同时又不确定下来的，是胜利，是无可抵抗的暴力。我们知道，只有集体的排斥才能够做到彻底将这暴力确定下来，把它确定到族群之外。

我们看到，欲望牵挂于获胜的暴力。欲望绝望地努力控制和化身为这种无法抵抗的暴力。欲望如影随形地追随暴力，是由于暴力意味着生命实在与神性。

集体一致的暴力，即自我消灭的暴力，被人认为是创始性的，那是因为它所固定下来的所有寓意，它所确定下来的所有差别，都已经与它黏着在一起，在整个祭祀危机的过程中，随着它从一个打斗者摇摆到另一个打斗者。预言者或狄俄尼索斯的晕眩（vertige）[1]，正是世人本身的这种摇摆，随着暴力一时有利于一方，一时有利于另一方，他们左右摇摆着。第一次暴力认为自己奠定下来的东西，第二次暴力颠覆它，并重新奠基。只要暴力仍然存在于人们之间，只要暴力构成一种争夺的筹码，构成既关系全局又无足轻重的筹码，等同于神性的筹码，那么它就不会任凭人们固定下来。

这正是《酒神的女信徒》让我们隐约看到的东西。神性是一种从一方转向另一方的筹码，在它的途中播撒着毁灭，这一认识对于理解悲剧主题是关键性的：这些主题的构建是依据悲剧剧情发展的模式本身进行的。读者也许会反驳说这只是一种抽象，认为神性的筹码在各方面都等同于暴力，这种认识是悲剧文本之外的，是悲剧之外的，这是个事实。然而这种认识却是地道的希腊的。在荷马作品中，在一些文学文本中，也就是说早于悲剧的文本中，这种认识就非常明确。

在荷马的作品中，有几个词明确揭示出暴力、欲望与神性之间的关系。从我们当今的视角看，最典型的就是名词kudos（名声），这个词应该定义为近乎神性的声望、与军事

---

[1] vertige 也有迷醉之意。——译注

胜利相关的神秘的天赋使命。kudos 是希腊人与特洛伊人战斗争夺的筹码，特别是单打独斗的对决的筹码。

埃米尔·本维尼斯特（Émile Benveniste）在其《印欧人诸制度词汇》中，将 kudos 翻译为"最高权力的护符"。kudos 就是暴力让人产生的迷恋。凡是暴力显露的地方，它诱惑人，同时让人畏惧。暴力绝不是单纯的工具，而是神的显灵。暴力才出现，集体一致性便倾向于建立起来，不论是为了反对暴力而形成，还是围绕着暴力而形成，都是一回事。暴力导致失衡，它让命运倾向一边或另一边。暴力的哪怕最小的胜利也会倾向于滚大雪球，变得不可抵抗。那些持有 kudos（权力）的人看到自己的力量倍增，那些被剥夺了的人受到束缚，不能行动。刚刚给予最有力一击的人总是掌握着 kudos，他是当下的胜利者，他让别人相信，也许还让自己以为他的暴力彻底取得胜利。胜利者的对手们必须做出不同寻常的努力，才能摆脱压制，重新获得 kudos。

当敌对变得如此尖锐，以至于摧毁或者打散了所有具体的目标，敌对便将自身作为目标，而这一目标便是 kudos。可以将 kudos 翻译为"荣耀"，但这样就如同本维尼斯特指出的，丧失了构成这个词的全部价值的魔力与宗教的元素。在现代世界，我们没有这样一个词，但我们有这种东西——所有人都曾注意到在情爱中，在各类冲突中，在体育运动中，在赌博中，获胜的暴力具有的精神效应。在古希腊人那里，神性正是被推到极致的这种暴力效应。kudos 的形容词形式 kudros 指诸神身上始终具有的某种获得胜利的威严，人类仅仅暂时享有这种威严，而且总是以彼此损害的方式享有它。身为神祇，便是恒久拥有 kudos，保持为它的无可争议的主人，而这在人类中间绝不会发生。

是诸神将 kudos 时而交付一方，时而交付另一方，而对立双方同样在争抢它。这种情况下，神性与人性在冲突层面上的彼此渗透如此显著，以至于本维尼斯特本人拒绝将这两个领域分别开来，而在其他情况中，当神性与人性的混合构成神性化现象的主要价值，只凭事实就能发现神性化进程的关键侧面，本维尼斯特此时是竭力将神性与人性加以分别的[1]。

只要存在 kudos，即人们不断彼此争抢的至高的却并不实存的筹码，就不存在可以用来重新建立和平的、有实效的超验性。kudos 的博弈能够让我们观察到的是神性在暴力的相互对等中解体。当战斗转为对他们不利，荷马笔下的战士们有时会这样对他们的"战略退却"进行辩解："今天，宙斯将名声（kudos）给了我们的对手，而明天，也许他会把它给我们。"kudos 在双方之间的轮换与悲剧中的起落交替并无不同。可以提出疑问，在《伊利亚特》中将诸神划分为两个阵营，这是否是一种晚近的发展。最初，应该仅有一位神祇，即人格化的 kudos，随着改变战斗结果的成功，它从

---

[1] 见埃米尔·本维尼斯特：《印欧人诸制度词汇》(*Vocabulaire des institutions indoeuropéennes*)，Minuit，Paris，pp.361-364。

一个阵营摇摆到另一个阵营。

在欧里庇得斯的某些作品中,"起"与"落"的交替出现是非常清晰的,与一种不再是身体性的,而是精神性的暴力有关,这种暴力将统治者与被统治者的关系加以逆转。比如《安德洛玛刻》中,赫耳弥俄涅最初对于女主人公表现出一种绝对的高高在上。她让安德洛玛刻感到她们之间的距离,她是皮鲁士(即涅俄普托勒摩斯)的正妻和王后,而后者仅是情妇,一个可怜的女俘,是屈服于胜利者的蹂躏的。但是不久,悲剧的反转发生了。赫耳弥俄涅垮台了。或许可以说安德洛玛刻重新成为王后,而赫耳弥俄涅成了奴隶:

> 我应向哪位神祇哀求呢,去拥抱哪一尊神像?
> 难道要跪伏在一个女奴的膝前?

欧里庇得斯对实际情况下发生的真实变化的关注要小于他对赫耳弥俄涅的过度反应的关注,他用乳母的评论强调了这种反应:

> *我的孩子,不论是你过去对这个特洛伊女人的过分仇恨,*
> *还是你现在的过分的恐惧,*
> *我都不能赞同。*

过度反应是反转的一部分。而且，应该将力量对比的转变与其他一些过度反应关联起来。皮鲁士一直不在场，没有任何决定做出，赫耳弥俄涅的父亲墨涅拉俄斯想要杀死安德洛玛刻，而安德洛玛刻的保卫者老佩琉斯却战胜了他，他们两人之间有过一次悲剧论辩，是佩琉斯取得了 kudos。

kudos 的摇摆不仅仅是主观的，也不再是客观的：它就是不断反转的统治与被统治关系。既不能用心理学，也不能用社会学来诠释它。我们无法将这种摇摆带回主人与奴隶的辩证关系，因为这种摇摆不具有任何稳定性，因为它不包含任何正反综合的解决。

不如说，kudos 什么都不是。它是一场暂时胜利、一种随即重新受到质疑的优势的空洞符号。它让人想到那些体育运动的锦标，相继的胜利者彼此传递着锦标，这些锦标并不需要真的存在来让人们以之为参照。但显然，这是一种神话和仪式的曲变。不应该像霍依津哈在《游戏的人》(*Homo ludens*) 中那样将宗教性带回游戏，而应该将游戏带回宗教性，即带回祭祀危机。游戏具有宗教源头，因为游戏再现祭祀危机的某些侧面：取胜筹码的任意性表明敌对不具有除敌对之外的任何目的，但这种敌对是受到制约的，至少在原则上，这种敌对不应该转变为无情的争斗。

甚至在希腊语中，我们也找不到任何词语是不会向宗教的方向发生曲变的。在 kudos 这个例子中，暴力的相互对等被保留着，但却是处在一个倾向于让人想到比武或竞赛的框架内的。我们看到胜利筹码的无意义，我们有可能会认为争斗不论多么危险，仅仅是一种普通的消遣，认为争斗仅仅表面上影响到那些争斗主角。

为了纠正这一印象，应该运用其他一些词语，它们也部分具有神话意义，但表达的方式不同。比如 thymos 这个词，意思是灵魂、精神、愤怒（比如俄狄浦斯的愤怒）。表面上，thymos（精力）这个词与 kudos 毫无共同之处，除了一个人们通常倾向认为属于非常次要的意义，一个它的替换性的意义。一旦人拥有了 thymos，便表现出一种不可抗拒的动力，一旦被剥夺了，便会消沉、焦虑。thymos 来自 thyein，意思是产生烟雾、献祭，也指暴力行事、大发雷霆。

thymos 随着 thyein 的暴力来来往往。kudos 和 thymos 实际上只是对同一关系的两个不同的视角，而两者都是片面的。所以，对手争夺的并非某种运动锦标、某种伪劣的神性，而是他们的灵魂、生命气息，是生命实在本身，而他们各自将生命实在等同于对手的暴力，因为摹仿攀比的欲望汇集到唯一的同一个对象之上。

thymos 的在场与缺席的交替定义了精神病学称作循环性情感症（cyclothymie）的症状。任何循环性情感症背后，始终存在着摹仿攀比的欲望和敌对的冲动。精神病学将循环性情感症看作一种主要是个体性的现象，那是大错特错了。这种错觉属于神话性，它与《俄狄浦斯王》中将"命运""幸运"或"愤怒"的反转保留给唯一主人公的那种错觉是一回事。任何个人的循环性情感症都仅仅是他与另一方的关系的一半内容，这种关系就是摇摆中的差别的关系。两个对手中一方"起"而另一方"落",反之亦然,如果没有这种摇摆机制,便不存在循环性情感症。

现代精神病学无法看到循环性情感症的病理形态背后的敌对结构,那是因为所有痕迹都被抹去了。不再有身体的暴力,甚至也不再有悲剧论辩的喧闹的咒骂;另一方自己消失了,或者仅仅以模棱两可的形式出现,与他的多重角色相互矛盾。敌对关系所处的领域被呈现为处于任何竞争关系之外:比如,今天,每个人都声称自己的文学或艺术创作是从自己的底蕴中得来的,而没有摹仿任何人,仅仅"为了自己"而在这个世界上从事创作,然而时尚潮流在现代世界的专制统治却从未如此全面。

如果没有任何东西将其中断,悲剧的循环性情感症总会将更多个人,并最终将整个族群引向疯狂和死亡。所以,人们设想出歌队的恐惧,他们极端渴望不介入任何事情,置身于传染之外。普通人赞同的节制与平衡,与悲剧关系的摇摆相互对立。我们现代的浪漫主义的知识人将此看作怯懦,这怯懦让他们震惊。在他们看来,只有打破禁忌的坚强意志才值得他们的称许。

所以,我们将把古希腊歌队的谨慎带回纯属布尔乔亚的怯懦中,或者带回到某种超我(surmoi)的残忍武断的专制中。应该指出,并非"违犯禁令"本身让歌队畏惧,而是违禁的后果让其畏惧,应该看到这些后果并非臆造。悲剧关系的巨大摇摆最终撼动和摧毁最坚固的建筑。

甚至在现代人中,也有一些人对于悲剧的"从众"并不感到我们刚才提到的那种轻蔑。有一些人是例外，由于他们的不幸和他们的天分，他们预感到悲剧的反转概念所包含的一切内容。

在疯癫的边缘，荷尔德林叩问《安提戈涅》和《俄狄浦斯王》。与索福克勒斯的主人公们一样被卷入同样的迷狂，他徒劳地努力着重新发现歌队想要恪守的那种节制。要想把握古典背景与荷尔德林的疯狂之间的关系，只需如实看待这位诗人在自己的诗歌、小说、散文、通信中对自己的人生的描述。疯狂的前兆有时只是与古希腊悲剧特有的某些形式的感受力的一种特殊的沟通，是超于人类的激奋与觉得空虚与忧伤似乎才是真正现实的那些时刻之间的一种越来越可怖的轮替。神祇向诗人显灵，他自我表白，又反悔前言。神祇在缺席时刻的在场，以及神祇在场时刻的缺席，对它们的记忆存留下来，但仅够确保个人存在的延续，为个人存在提供一些标记，这些标记让占有神性时的欢乐更加令人迷醉，却随即让丧失时的苦涩更加残忍。时而，一个自以为永远失宠的人在狂喜中经历自己的重生，时而相反，一个自以为神祇的人在恐怖中发现他被错觉欺骗。神祇是他人，诗人仅仅是个活死人，他永远被剥夺了所有生的理由，他是施祭者刀下沉默的羔羊。

神性常常具有一个专有名称，有时是荷尔德林自己的名字，有时是别人的名字，最初常常是女性名字，随后是男性的，诗人席勒的名字。与让·拉普朗什（Jean Laplanche）在《荷尔德林与父亲问题》（*Hölderlin et la question du père*）

中的看法相反，女性关系与男性关系之间并无本质区别。首先敌对的偶像有一种女性化身，然后有一种男性化身。诗人的通信表明这种轮替与性问题毫无关系，恰恰相反：爱情的成功在性爱领域会去除我与他者之间的考验的全部价值。

荷尔德林与他人的关系中，神祇与虚无之间的摇摆可以通过一种诗歌、神话、近乎宗教的形式得到表达，同样可以通过一种完全理性的形式得到表达，这既是最具欺骗性的形式，又是最有揭示性的形式：致席勒的书信清醒地界定了他作为效仿者的处境，效仿者看到欲望的样板转变为障碍和对手。

我们首先引用《许珀里翁》(*Hypérion*)的最初草稿《激励女神塔里亚残篇》，然后引用一封写给席勒的书信：

> 我之前以为只要两个可怜凡人合于一心，合于一个唯一的不可分割的人生，我们天性的贫瘠将会转变为丰富，好像生命的所有苦痛都来自某种原初的统一性的破裂似的。
>
> 带着一种忧伤的喜悦，我看到自己那时只想着乞讨友善的微笑，对随便什么人都和盘托出，全身付出！啊！那么多次，我以为找到了，占有了那不可言说者，才敢于沉溺在我的爱情中去！多少次，我以为获得了神圣的交流！我呼唤着，呼唤着，那可怜的人却在那里不知所措，局促不安，甚至常常有点气势汹汹——他只是想要少许愉悦，丝毫不想要那么当真的东西！

我真是盲目的孩子……我曾去买珍珠给一些比我更穷的乞丐，他们那么穷，如此深陷于苦难，以至于他们看不到那苦难的边际，而在他们披裹的褴褛中自得其乐……

....

说实在的，当我觉得我已经无望的残生仍然重要，当我的骄傲又活跃起来，我在自己身上发现了绝望的无所不能：只要我枯萎、衰弱的天性重新得到一口幸福的空气，我便冒失地投身到人群中，作为受到灵启者对人们发言，甚至有时觉得在我眼中闪着一滴幸福的眼泪；或者，当一个想法，或一位英雄的影像，在我心灵的黑夜中突现，我感到欢欣，好像一位神祇深入了我贫瘠的领地。我觉得一个世界将从我身上产生，但是这些昏睡的力量的觉醒越是突然，它们的再次堕落就越是幽深，而得不到满足的天性会经历加倍的痛苦。

....

我有足够的勇气与判断力让我从其他大师和批评家手中摆脱出来，以必要的平静继续我的道路，但是对于您，我的依赖不可逾越，那是因为我感到您的随便一句话会在何种程度上决定我的命运，以至于我有时试图忘记您，目的是不在工作中陷入不安。因为我确信，这种不安，这种局促，正是艺术之死，我非常明白艺术家在杰作的环绕之下要比几乎独自面对鲜活的世界时更难适当地表述自然。他与自然的差别太小，他与自然的联系太紧密,以至于他不需要起来对抗权威或者屈从权威。但是,当老师们十足的天赋比自然更加强大,更可理解,而因此更加具有奴役性和更加具有人为性,对更加年轻的艺术家施加影响,那么这种可怕的替代几乎不可避免。此时,不是孩童与孩童玩耍,最初的艺术家与他自己的世界所处的那种原始平衡不复存在,孩童面对的这些人,他同他们绝不会熟悉到忘记他们的优越。如果孩童感受到这种优越,他必然变得要么执拗,要么谄媚。或者他不应如此?……[1]

*

当差别开始摇摆,在文化秩序中不再有稳定的东西,所有立场斗争不断变换。在悲剧的敌对者之间,差别绝不会消失,差别仅仅反转。在互仇兄弟构成的不稳定系统中,他们绝不在同时占据同一位置。我们记得,在前文中,我们曾用被抹去的差别、对称性、相互对等性来界定这一系统。现在,我们会说差别绝不会消失。这两种界定相互矛盾吗?

相互对等性是真实的,但它是非相互对等的时刻的总和。确实,两个对手绝不同时占据同样位置,但他们相继占据同样位置。系统的一侧存在的东西,最终会在另一侧重新发现,只要我们等待足够长时间。报复的节奏变得越快,必须等待的时间就越短。打击越是加快,就越显著地

---

[1] Hölderlin: *Oeuvres*, Gallimard, Paris, 1967, p. 114, pp. 415-416。

看到互相交替着出手的人之间没有丝毫差别。双方之间的一切都是相同的，不仅仅欲望、暴力、策略相同，而且交替的胜利与失败、激奋与消沉也相同：到处都是相同的循环性情感症。

第一个界定仍然适用，但摇摆中的差别的机制让我们可以对它加以明确。我们直接观察到的，并非差别的消失，而是差别相继的反转。相互对等也绝非立即可以看出的。在系统的时间性中，那些在系统之中的人无时无刻不看到自己与自己的对立面被巨大的差别隔开。当"兄弟"的一方扮演父亲与国王的角色，另一方只可能是被剥夺继承权的儿子，反之亦然。这解释了为何所有敌对者通常都无法发现他们自己陷入其中的关系的相互对等性。他们各自过于紧张地经历着一些非相互对等的时刻，以至于他们无法主导这种关系，无法一眼统观多个时刻，无法将这些时刻加以对比来洞察他们各自以为注定取得的极端特殊性的虚幻特性，他认为自己是世上独一无二的例外，在这世上除了他自己之外，一切都显得平庸。他们实际上是相同的，当这种相互对等性让他们陷入其中，他们始终看不到，而当他们置身事外时却能看出来。这种意义上，在祭祀危机中，所有人都具有一种预言家精神，一种骄傲的智慧，在受到考验的时候，这智慧就垮台了。

正因为他们来自外部，因为他们不了解内部的差异，不了解这种在对手之间摇摆的差异，俄狄浦斯、克瑞翁、忒瑞西阿斯才全都自以为能够"治愈瘟疫"，也就是说能够对分裂忒拜人的那些冲突做出仲裁。他们认为可以向对立的人们指出他们之间没有任何差别。他们全部相继被他们不了解其传染力的冲突卷进去。

从系统的内部看，只存在差别；相反，从外部看，仅存在同一。从内部看，人们看不到同一；从外部看，人们看不到差别。但两个视角并不对等。人们总是可以将内部视角纳入外部视角，人们无法将外部视角纳入内部视角。应该把对系统的解释建立在内部和外部两个视角的调和之上，在对悲剧或喜剧的任何真正的解读中，这种调和视角早已初具雏形。

只有外部视角，即能看出相互对等与同一的视角，否定差别的视角，才能发现暴力解决的机制，发现针对替罪牺牲并围绕他重建集体一致性的秘密。我们已经看到，当差别不再存在，当对手们互相变成分身（double），此时确保献祭替换的正是他们的可互换性。

这正是前文在谈到《俄狄浦斯王》时提供的解读。这种解读依据"外部"视角，依据毫无困难地看出同一性的客观视角。创始的集体一致性却并不是从外部实现的，它是对手们自己完成的，而他们却与外部视角完全隔膜。所以，前文的描述是不足的。要让暴力的集体一致性成为可能，要让献祭替换得以实现，必须以这种或那种方式让同一性与相互对等性最终被强加给敌对双方自己，最终在系统内部取得胜利。必须让内部视角与外部视角以某种方式重合，却仍旧彼此有别，必须让误解在系统内部保持，若非如此，暴力向替罪牺牲的偏移便不可能进行，指定替罪牺牲的武断性就会过于显著。

所以，必须重新开始分析，必须尝试从内部来理解在危机中的族群内部确保献祭替换的那种机制。

必须重复说，随着危机加剧，貌似将敌对双方分隔开来的差别越来越快并越来越强地摇摆。越过一定界限之后，这些不对等的时刻相互接替的速度如此之快，以至于它们不再能相互区别。它们将互相重叠，构成一种合成影像，从前的"起"与"落"，之前互相对立并互相交替却从不相互混淆的所有"极端"这一回将被混合起来。欲望主体不是将对手和自己看作这个结构的某个单一时刻的化身，而是发现在所有时刻都同时存在两个化身，这具有一种近乎电影拍摄的效果。

直到此前，我们都通过一种唯一的差别，即"神祇"与"非神祇"的差别，来描述这一系统，但这是一种简单化的做法。这一差别并非唯一发生摇摆的。我们已经看到，"酒神"的迷醉可以传导，并能传导给所有差别，即家族的、文化的、生物学的、自然的差别。整个现实陷入这个机制，产生一种虚幻的实体，这种实体并不是对人们通常分别开的一些生物的综合，而是不定型的、畸形的、丑怪的混合体。

正是这种丑怪性，这个惊人的怪异性，将吸引经验主体的注意，同样吸引神话研究领域或精神病学领域的研究者的注意。人们试图将怪物分类，它们看起来各不相同，但其实个个相似。不存在一些固定的区别来将它们彼此分开。对于经验的虚幻的侧面，说不出什么有价值的东西，这些虚幻的侧面在某种意义上只是为了把我们的注意力从分身这个本质内容上转移开。

人们始终不了解根本原理，那就是分身与怪物是一回事。当然，神话突出这两极中的一极，通常是丑怪的一极，目的是掩盖另一极。所有怪物都倾向于自我复制，所有分身都隐藏着隐秘的丑怪性。应该把分身放在优先位置，同时不抹杀怪物。怪物的自我复制中，显露出的正是经验的真正结构。被对手们固执地加以拒绝的关于他们自身关系的真相，最终在各种差别的疯狂摇摆中确立于他们面前，但却是以一种幻觉形态。互仇兄弟不愿将同一性与相互对等性当作兄弟的手足情、邻人的群居关系来经历，同一性与相互对等性最终被确立为怪物的分裂，这种分裂在互仇兄弟身上发生，并且在他们之外发生，是以最离奇、最让人不安的形态发生的。

不应该要求医学或多数文学作品来指引我们对分身进行探索。医生常常与患者一样关注大量的丑怪形态，而抹杀经验中的关键侧面，即暴力随处的相互对等性、同一性。在精神疾患研究和宗教经验研究中，研究与现实的割裂大行其道，精神分析学家与神话学家沿袭着这种习气，他们宣布幻觉现象全都是臆想的，也就是说他们拒绝从谵妄的幻想之下发现真实的对称性的苗头，他们其实是在让神话延续。这种与现实的隔离是对神圣化进程的直接延续，神圣化进程向人类掩盖了暴力的人性：说丑怪的分身是神，和说他纯属臆想，总归是殊途同归。在我们的时代，对宗教性的完全的不理解替代了宗教性本身，这完美履行了从前交给宗教性的职能。

据我所知，只有陀思妥耶夫斯基真正看出了掩藏在众多怪物之后的具体的相互对等性的元素，最早是在他的《双重人格》(*Le Double*)中，随后是在他成熟时期的重要作品中。

在丑怪分身的集体经验中，差别不是被消除，而是被弄乱和混淆。所有分身都是可以相互替换的，同时他们的同一性却没有得到正式承认。所以，分身们在差别与同一性之间提供了模糊的中间项，中间项是献祭替代所不可或缺的，也就是将暴力转移到代表所有其他牺牲者的唯一牺牲者身上所不可或缺的。对手们无法察觉他们彼此毫无差别，也就是说他们彼此无法和解，丑怪分身为他们提供了他们正好需要的达成这种和解的权宜之计，这种和解的权宜之计就是创始性的驱除达成的减去一人的集体一致性。成为集体暴力的对象的正是丑怪的分身，是真实化身在唯一一人身上的所有丑怪分身——酒神女信徒的千头龙：

> 向他们现身吧，公牛！
> 龙，显露你一千个头！
> 现身吧，燃烧的狮子！
> 冲啊，冲啊！年轻的酒神信徒，笑着将死亡的绳圈

第六章 从攀比摹仿的欲望到丑怪分身

扔向迈那得斯队伍中那个倒下的猎人[1]。

找出丑怪的分身，让人能隐约看出原始宗教经验是在怎样的幻觉和恐怖的氛围中进行的。当暴力的歇斯底里达到顶点，丑怪的分身同时从各处涌现。决定性的暴力将对抗着极大厄运的显现，并在其庇护之下得以完成。疯狂的暴力之后是深沉的平静，幻觉消失，立刻出现缓和；缓和让经验的整体变得越发神秘。在短暂瞬间里，所有的极端相互接触，所有的差别都消融了，同样超于人类的一种暴力和一种和平同时出现。现代的病理经验则相反，不包含任何宣泄作用。虽然不能将两种经验等同，却必须将它们拉近对比。

*

许多古代与现代文学文本中，有一些对分身，对自我复制，对双重视觉的指涉。没有人对它们进行过破解。比如在《酒神的女信徒》中，丑怪的分身到处都是。剧作一开头，我们已经看到，动物性、人性和神性陷入狂暴的摇摆。时而，人们将野兽与人类或神祇相混淆，时而则相反，人们将神祇同人类与野兽相混淆。最有价值的一幕发生在狄俄尼索斯与彭透斯之间，正好在杀死彭透斯之前，正好在身为仇敌的兄弟必须消失于丑怪分身背后的时刻。

事情正是这样发生的。彭透斯说着话，他突然陷入酒神

---

[1] 原书未提供出版信息。——译注

的迷醉，他出现双重视觉：

> 彭透斯：我嘛，我觉得看到了两个太阳，
> 两个忒拜城，两道七个门的城墙。
> 你呢，我看你是一头公牛走在我前面，
> 我觉得你有两个角从脑袋上长出来。
> 狄俄尼索斯：你看到的正是你应该看到的。

在这一不同寻常的段落中，分身主题首先以完全外在于主体的形式出现，作为对无生命对象的双重视觉，作为整体的晕眩出现。我们仅有一些幻觉元素，它们肯定属于经验的一部分，但它们并非全部，甚至也并非本质性的东西。随着继续阅读，文本变得更加具有揭示性：彭透斯将双重视觉与怪物影像结合。狄俄尼索斯同时是人类、神祇、公牛，对牛角的指涉在两个主题之间架起桥梁。总是丑怪分身们的，怪物们总是被分裂复制的。

狄俄尼索斯的话更加值得注意：你看到的正是你应该看到的。看到双重影像，将狄俄尼索斯本身看成一个被打上两元性与兽性的双重烙印的怪物，彭透斯在顺应着他身陷其中的那一机制的不变法则。作为这一机制的假定的主宰者，神祇看到一切都按照他所设想的计划进行。当然，这个计划与我们刚刚描述的进程是一回事，与危机高潮时集体一致的解决之前丑怪分身的出现是一回事。

我们刚刚引用的这几行文字，如果与随后的段落拉近对

比，会更有价值。这一次，我们面对的不再是幻觉，不再是迷醉，而是分身的现实，是非常明确地表述出来的敌对双方的同一性。彭透斯仍在对狄俄尼索斯说话：

> 告诉我，我像谁？我应该具有王后伊诺或者阿高厄的姿态，既然她是我的母亲？
> 狄俄尼索斯：看到你的时候，我觉得看到了她们。

同一性，即真相，它的引入借助于家族的相似，借助于彭透斯的男扮女装。的确，谁会看不出这里涉及的是别的问题？这里变得显著的是所有分身的同一性，是替罪牺牲与驱逐替罪牺牲的那个族群的同一性，是施祭者与被献祭者的同一性。所有差别都被消灭。看到你的时候，我觉得看到了她们。正是神祇自己再一次证实了这个进程的核心要素，神祇被认为是这个进程的唆使者，而他确实与剧中的唆使者混同起来。

*

我们觉得有关丑怪分身的另一个必须提到的文本是恩培多克勒的作品，它描述了一个怪物的诞生，尚未有人给出过任何令人满意的解读。这位哲学家描述的循环对应着由暴力产生，由仪式维系并由新的祭祀危机摧毁的文化世界，我们毫不怀疑怪物的诞生让人联想到丑怪分身的涌现。循环运动被这位思想家归因于两个基础力量的交替，即爱与恨的交

替。怪物的产生是通过相同之物互相的吸引来进行的,这种吸引不是出于爱的作用,而是出于恨,然后便产生一个新的世界:

> 57——于是开始萌生一些没有脖颈的头颅,一些与肢体分离的手臂开始游荡,它们没有肩膀,还有一些眼睛脱离了前额,它们是行星(属于恨的世界)。
>
> 58——没有躯干,四肢在恨的作用下,到处游荡,它们彼此脱离,渴望着结合起来。
>
> 59——但一个神祇刚与另一个更加紧密地结合,四肢便互相调整,随遇而安,许多其他的肢体在不断继续着接链。
>
> 60——一些生物,它们的脚在行进中旋转着,它们的手不计其数。
>
> 61——另一些生物生来两张脸,两个胸,一些牛长着人头,或者相反一些人长着牛头,还有一些雌雄同体者,性器由阴影遮蔽[1]。

本书提供的诠释与现今人们拒绝对前苏格拉底思想进行"物理"诠释的倾向是一致的,物理诠释实际上源于认为神话首先是对自然现象的解释的想法。不论最新的诠释有多么高明,它们也许对宗教元素在恩培多克勒与所有前苏格拉底

---

[1] 此处引文为恩培多克勒作品残篇,序号为残篇编号。——译注

思想家的思想中的地位仍不够重视。

我们刚刚提出的恩培多克勒文本与丑怪分身的经验之间的联系，如果把它与前文已经引用过的《净化》这个关键文本进行对比，就不会显得那么唐突了，《净化》的一个独特细节现在获得了它的全部意涵：

> 父亲抓住儿子，儿子已经变了形状。他一边要杀死儿子，一边祈祷着，丧失理智；儿子哭喊着，哀求疯狂的刽子手；但是父亲听不到，他割开儿子的喉咙，在他的宫殿里准备着丑恶的宴会。与此相对，儿子抓住父亲，抓住母亲的孩子们，夺去他们的生命，吃掉同胞的血肉。

如果必须从"字面"对待这个文本，确实无足轻重。不管怎样，它揭示出祭祀危机的紧张氛围，恩培多克勒的作品是立足于这种氛围中的。父亲抓起儿子，儿子已经变了形状。同样，阿高厄杀死了自己的儿子，他改变了形状，她把他当成了一头年幼的狮子。彭透斯将狄俄尼索斯当成了公牛。与《酒神的女信徒》中一样，我们从此处看出仪式失控并落入暴力的相互对等性，这暴力如此疯狂，以至于产生了丑怪分身，即仪式的起源本身，再一次完成了让前苏格拉底时期思想家们着迷的宗教性的合成与分解的循环。

*

丑怪分身的涌现并不包含直接的经验的检验，实际上任何原始宗教中的潜在现象都是如此。甚至在我们刚刚引用的文本之后，丑怪分身仍保留着一种假设的样貌，由某些侧面具有丑怪分身特征的所有与替罪牺牲机制相关的现象都是如此。假设的价值可以从它能够诠释的大量神话、仪式、哲学、文学等方面的材料得到验证，也可以从诠释的质量，从这种假设在一些此前一直不可破解和杂乱无章的现象之间建立起来的内在一致性得到验证。

对于这些已经有利于当前假设的理由，我们还将补充一些理由。借助于这一假设，我们可以建立对两组现象的初步诠释，这两组现象属于全部人类文化中最晦暗难明的，那就是附体现象和面具的仪式使用。

用丑怪分身这个词，我们归纳了在危机的高潮，由人们认识不清的相互对等性所导致的所有幻觉现象。如果在前面的阶段存在的"他人"与"我"一直是被摇摆状态的差别加以分离的，丑怪分身此时就出现了。存在两个对称的发生源，几乎同时从两个源发出相同的系列影像。根据《酒神的女信徒》，我们观察到两类现象——应该还存在其他类型——它们能够快速交替，彼此转换，或多或少地彼此混淆。在《酒神的女信徒》中，主体首先认为两个系列的影响都是外在于自身的，那就是"双重视觉"现象。接着，两个系列中的一个被当作"非我"，而另一个被当作"我"。这第二种经验就是真正意义的分身经验。这种经验处于对前面阶段的直接延长线上。这种经验保留着对一个外在于主体的对手的认识，这一认识对于附体现象的破解是至关重要的。

第六章　从攀比摹仿的欲望到丑怪分身

主体后来看到自己身上与自身之外同时表现出丑怪性。他一定会勉强诠释自己身上发生的事，必然会将现象的源头放在自身之外。这种显现太过离奇，一定会被他与一个外在于人类世界的外部原因关联起来。整个经验都受到怪物的彻底的相异性的主导。

主体感觉自己被一种超自然的造物侵入他最私密的存在，而这种造物同样在外部围困着他。他恐怖地经历双重攻击，而他却是无能为力的受害者。对于这个对内与外的隔阂不当一回事的对手，不可能进行任何防卫。对手的无所不在，让神祇、精灵或恶魔得以随意占据灵魂。所谓的附体现象只是对丑怪分身的一种独特诠释。

如果附体经验常常呈现为一种歇斯底里的摹仿，我们也不应该感到吃惊。主体看似服从一种来自外部的力量，他有着木偶的机械动作。在他身上一个角色被扮演着，是正在侵入他的神、怪物、他者的角色。欲望全都陷入了"样板-障碍"的陷阱，让欲望注定落入无休止的暴力。丑怪分身随后出现，代替在危机稍前阶段让对手们着迷的一切。它代替每一方都同时想要吸收和摧毁，同时想要化身与驱除的一切。附体只是向他人的欲望发生异化的一种极端形式。

被附体者像狄俄尼索斯、像公牛一样哞哞叫，或者做出狮子吃人的样子，要吞下靠近他的人。他甚至可以成为一些无生命物体的化身。他是一个人，同时又是多个人。他经历着或者重新经历着集体驱逐之前的那种歇斯底里的神魔附体状态，即那种迷狂中的全部差别的扰乱。存在一些对附体的崇拜，这些崇拜中存在集体的参与。在那些受到殖民的国家，或者那些受压迫群体中，应该注意到，充当摹仿样板的有时是代表统治势力的人物，总督、营房哨兵等。

如同一切涉及原始宗教经验的东西，附体可能获得一种仪式性。存在着仪式性的附体，这一事实无可置疑地暗示着第一次的时候，发生过某种激烈的集体附体的事情。当然，这正是真正宗教性的崇拜在努力复制的东西。仪式性的附体首先与主导它的献祭仪式不可分离。宗教仪式的顺序在原则上是按照它们在要进行复制的暴力循环中所对应的事件的顺序。这正是我们能够在一些可能出现附体情况的献祭中观察到的，比如丁卡人的献祭[1]。一旦达到足够的强度，歌唱、舞蹈、战斗模拟、仪式咒语产生的亢奋便会通过一些附体现象反映出来。据戈弗雷·林哈德所说，最先受影响的是青少年人，然后是成年人，男人和女人在同伴中跟跟跄跄，倒在地上，有时在地上打滚，一边呻吟着，或者发出尖锐的叫声。

在一些崇拜中，附体被当作吉祥的，在另外一些崇拜中，附体被当作不祥的，还有别的一些崇拜中，附体时而被当作吉祥，时而被当作不祥。在这些分歧的背后，一直存在一个诠释问题，类似于我们在前文探讨仪式性乱伦和节庆时发现的问题。宗教思维可能认为，必须忠实进行重复，或者相反必须有系统地回避一些过度具有危机特征的现象，这些现象一定会与具有宣泄释放效果的暴力划不清界限。根据不

---

[1] 戈弗雷·林哈德：《神性与经验》。

同情况，附体现象可能时而扮演解药的角色，时而扮演疾病的角色，时而同时扮演两个角色。

当仪式瓦解时，仪式的构成元素一些倾向于消失，而另一些则倾向于以独立的与它们的背景隔绝的实体的形式涌现出来。与原始经验的诸多侧面一样，附体可能成为宗教关注的首要对象。这时便构成一些"附体崇拜"。集体附体发展成一种标志仪式高潮的祭杀[1]。在演化程度更高的阶段，献祭本身消失了。萨满们努力控制附体来达到一些魔法和医疗的目的。他们成为名副其实的附体"专家"。

*

还有另一种仪式实践可以借助丑怪分身来解释，那就是面具的使用。

面具是许多初民信仰必需的装备，但我们却无法肯定回答它们的存在所提出的任何问题。面具代表什么，有什么用，起源是什么？在多种风格和形式背后，应该存在面具的某种统一性，我们能感受到它，虽然无法界定这种统一性。的确，当我们面对面具，我们毫不迟疑地认出它是面具。面具的统一性再显著不过了。面具存在于一些空间上相距遥远，彼此绝对陌生的社会中。我们无法将面具关联到唯一的流传中心。有时，有人支持说面具近乎普遍的存在呼应着一

---

[1] 见 H. 让迈尔的《狄俄尼索斯：酒神巴克斯的崇拜的历史》中对 Zar（鬼灵）和 bori（灵力）的描述，pp. 119-131。

种"审美"需求。初民渴望"逃避现实",他们必然"创造一些形态"等。一旦脱离某种艺术思考的不现实的氛围,我们便会发现那并非一种真正的解释。初民艺术具有一种宗教目的。面具在所有社会中都是为了某种类似的东西服务的。面具不是被人"发明"的。面具拥有一个样板,它可能从一种文化到另一种文化有所差异,但它的某些特征是恒定的。我们不可能说面具表现人类的脸,但它们几乎总是与人类有关,因为面具是要遮盖在人脸上,代替人脸的,或者以这种或那种方式来替换人脸的。

面具的统一性与多样性如同神话与仪式的统一性和多样性。统一性只可能与人类的大多数的共同的真实的经验有关,这种经验是超出我们的认识的。

如同节日(面具在节日中起着重要作用),面具呈现出一些形式与颜色的组合,这些形式和颜色是与一种具有差别的秩序不兼容的,这种具有差别的秩序绝对不是自然秩序,而是文化本身的秩序。面具将人类与野兽,神祇与无生命之物统一起来。维克多·特纳在他的一部著作中提到一种恩登布(Edembu)面具,它既表现为一张人脸又表现为一片草原[1]。面具将彼此有差别的一些生命和物品进行叠加和混合。面具超然于差别,它并不仅限于打破差别或者抹杀差别,面

---

[1] 维克多·特纳:《象征的森林:恩登布人仪式诸面向》(*The Forest of Symbols: Aspects of Edembu Ritual*), Ithaca/New York/London, 1970, p. 105。

具将差别吸收到自身,以独特方式对它们进行重组。换言之,面具与丑怪分身是一回事。

要求使用面具的仪式在重复原始经验。通常是在高潮时刻,在献祭之前,仪式参与者戴上面具,这些面具在仪式中起着核心作用。仪式让这些参加者重新体验到他们的祖先在祭祀危机中相继扮演过的角色。首先是互相敌对的兄弟,出现在打斗模拟与对称性的舞蹈中,随后信徒们消失于他们的面具之后,他们变身为丑怪分身。面具并不构成一种从虚无中(ex nihilo)显现。面具把敌对双方的正常外貌加以转变。在多数情况下,仪式运用的模式,面具所处的结构,比那些面具使用者对于面具所能说出的内容更能说明问题。面具是用来在仪式序列的某个特定时刻掩盖所有人脸,那是因为第一次的时候,事情是这样发生的。应该从面具中识别出对我们自己在前文中以纯理论的方式描写过的那些现象的一种诠释和表现。

不应该询问面具是否仍然表现人类,或者已经是对精灵、超自然生物的表现。这一问题仅在那些后起的范畴中才有意义,这些后起的范畴是由程度更深的差别化造成的,是由人们越来越大的误解造成的,这些误解是关于仪式性的佩戴面具让我们能重新构拟的那些现象的。面具处于人类与"神祇",处于解体之中的有差别秩序与秩序之外的无差别世界的模糊边界上,而这个无差别世界同样是所有差别的储备库,是从中产生翻新秩序的丑怪性的总和。不应该问面具的"性质"是什么,从性质层面讲它就是没有性质的,因为面具具有所有性质。

如同节日与所有其他仪式,希腊悲剧最初只是对祭祀危机和创始暴力的一种表现。在希腊戏剧中,佩戴面具不要求任何特别解释。佩戴面具与其他习惯绝对没有分别。当怪物重新变成人类,当悲剧完全忘记了自己的仪式起源,面具就消失了,这当然并不意味着悲剧不再从广义上起到献祭作用。恰恰相反,悲剧完全取代了仪式。

第七章　弗洛伊德与俄狄浦斯情结

我们刚刚在前一章初步描述了攀比摹仿的欲望作用机制，它与弗洛伊德著作中对俄狄浦斯情结的分析既有相似，又有区别。此处提出的基本模式揭示出冲突的一个不竭的源头。摹仿倾向让欲望变成另一个欲望的复制品，必然导致敌对。反过来，这种必然性又将欲望锁定在他人的暴力之上。乍看起来，弗洛伊德理论似乎不涉及这一冲突推动力；但其实恰恰相反，其与之靠得很近，仔细地阅读可以揭示出他没有进一步阐发这一推动力的原因。

欲望的摹仿属性构成弗洛伊德思想的一极，这一极的吸引力远不足以让一切的中心都围绕着它。对于摹仿的直觉仅仅在很少情况下得到充分发展，这些直觉构成弗洛伊德文本中几乎不可见的一个维度。它的韵味太微妙了，随着弗洛伊德向他的弟子们的传授或者从弗洛伊德的一个早期文本传到另一个晚期文本，这韵味便倾向于消散、挥发。后期的精神分析完全远离让我们关注的这些直觉，我们不应该对此吃惊。那些相互最对立的派别对于这种清洗操作却有着默契。

一些人拒绝一切妨碍弗洛伊德思想的学科体系化的内容,一些人表白自己是忠实于弗洛伊德思想的,但同时却暗自清除弗洛伊德的分析中最明确和最具体的东西,认为这些内容沾染了"唯心理论"。

摹仿的观念存在于弗洛伊德思想中,但从未占上风。其施加影响的方向与弗洛伊德强调严格客体化的欲望的方向相反,换言之,即与构成弗洛伊德关于欲望的思想的另一极的对于母亲的欲念倾向方向相反。当这两个原则之间的张力变得过强,弗洛伊德本人或门徒对它的解决总是有利于这后一极。对摹仿欲的直觉培育出一系列概念,它们的定义依然模糊,地位仍不确定,功能仍然不稳定。一种未被完全阐发的摹仿论,从中产生一些概念,这些概念中一些属于认同(identifications)概念组。弗洛伊德的所有认同模式中,如今最被人遗忘的是对父亲的认同,对父亲的认同是《集体心理学和自我的分析》(*Psychologie collective et analyse du moi*)第七章"认同"(或译"自居作用")中第一个被定义的:

> 小男孩会表现出对他的父亲有极大的兴趣,他希望变得像父亲一样,在各个方面都代替他的父亲。我们可以简单地说,他把他的父亲作为自己的样板。对待父亲(和对待一般的男性)这种态度与被动性的或女性的表现无关。相反,它在本质上是男子气的。它十分符合俄狄浦斯情结,并有助于为它进行准备。

第七章 弗洛伊德与俄狄浦斯情结

在对父亲的认同和上文定义的摹仿欲之间有着显著的相似性：两者都在于选择一个样板。这一选择并非由亲族关系决定，选择可能落在儿子身边任何人身上，他处在儿子目之所及范围内，占据着我们社会中通常交给父亲的地位。

在前一章里，我们明确指出，样板通过自己渴望那一对象而为效仿者指出效仿者欲望的对象。这便是为何我们肯定说摹仿欲的根源并不在于欲望主体中，也不在于欲望对象中，而在于第三者，第三者自己渴望那个对象，而欲望主体是在摹仿他的欲望。我们刚刚引用的文本再明白不过了。但是，我们深入研究这个文本便一定会与我们自己的定义会合。弗洛伊德断言认同不具有被动性和女性的表现。被动的和女性的认同会让儿子将自己看作父亲欲望的对象。那么这里涉及的主动的和男子气的认同会由什么构成？要么认同不具有现实性，要么它具体化为一种对于对象的欲望。认同是一种对于生命实在的欲望，它天然寻求通过一种占有物来得以实现，也就是说通过占有父亲的欲望对象。弗洛伊德写道，儿子寻求在各方面代替父亲。所以，他寻求从他的欲望上代替父亲，寻求渴望父亲所渴望的东西。弗洛伊德是这样看待问题的，对此的证明可以由上段引文的最后一句提供，至少是以不言自明的方式说出的："（认同）十分符合俄狄浦斯情结，并有助于为它进行准备。"这句话要么毫无意义，要么意味着认同将欲望导向父亲的欲望对象。此处存在一种无可置疑的倾向，倾向于让儿子的所有欲望都从属于一种摹仿作用。所以，在弗洛伊德的思想中，对父亲的认同这种摹仿与欲望的客观根源即对母亲的爱欲倾向的独立性之间已经存在一种潜在的冲突。

对父亲的认同被当作绝对的第一个认同呈现给我们，先于所有欲望对象的选择，这让这一冲突尤其显著。仍然是在《集体心理学和自我的分析》第七章，弗洛伊德的分析发展成对于俄狄浦斯情结的整体解释，分析的最初几句中，弗洛伊德强调了对父亲认同的优先性。在对父亲的认同之后，弗洛伊德告诉我们，对母亲的爱欲倾向才出现，而最初是以独立的方式得到发展的。可以说，在这个阶段，对母亲的欲望具有两个源头。第一个源头是对父亲的认同，是摹仿机制。第二个源头是直接锁定在母亲身上的欲力（libido）。这两个力量在同一方向上作用，它们只可能相互加强。这正是弗洛伊德在稍后几句中加以明确的。在以独立方式发展了一段时间后，认同与爱欲倾向于"接触"，爱欲倾向得到加强。如果我们按照我们刚刚所做的这样诠释认同，也就是说从对父亲的欲望的摹仿的方向进行诠释，那么这个结论是非常自然和合乎逻辑的。很难接受甚至设想有别的诠释。如果没有我们的诠释，我们刚刚评述的所有暗示都会变得不可理解和荒诞不经，而借助我们的诠释，它们却是合理和严密的。

我们不奢望弗洛伊德能说出他从未说过的话。相反，我们肯定说，摹仿欲的道路在弗洛伊德面前展开，而弗洛伊德拒绝走上这条路。只要读一读真正意义的俄狄浦斯情结的定义，就能看到他避开了这条路。这个定义几乎紧跟在我们刚刚引用过的段落之后：

> 小男孩看到父亲挡住他通往母亲的路。他与父亲的认同因此获得了一种敌对色彩，最终与替代父亲，甚至在母亲身旁替代父亲的欲望混同起来。从一开始，认同就是有矛盾的。

在这段文本中，至少有一个指示话语，应该立刻让我们注意到：当儿子遇到父亲的阻碍，对父亲的认同最终与替代父亲，甚至是在母亲身旁替代父亲的欲望混同起来。这个甚至在母亲身旁是不同寻常的。弗洛伊德在前面将认同定义为取代父亲的欲望，而他再次如此定义了它。应当认为母亲是明确或隐含地被排除在弗洛伊德的计划之外吗？如果我们参考对认同的定义，我们会看到弗洛伊德没有说过也没有暗示过这样的话。让我们回顾那段文字：

> 小男孩会表现出对他的父亲有极大的兴趣。他希望变得像父亲一样，在各个方面都代替他的父亲。

不够专注的读者会首先以为甚至在母亲身旁是一种疏忽。在认同阶段，如果儿子已经在各个方面代替父亲，显然甚至在母亲身旁他也想代替他，至少是不言自明的。在这种轻微的前后不连贯背后，有时隐藏着某种非常重要的东西。我们刚刚看到，我们如果要对弗洛伊德关于认同的思想加以明确，就不得不将这种思想与摹仿的基本模式会合，摹仿的基本模式让父亲成为欲望的样板。是父亲通过自己渴望它而给儿子指出可欲之物的。所以，父亲一定会在可欲之物中指出母亲。尽管存在朝向这种阐释方向的一切内容，弗洛伊德却从未表述这种阐释。可能，这种阐释从未真正出现在他的头脑中，但是在第七章开头的时候这种阐释已经离弗洛伊德的思想很近了。在隐含地提示了摹仿论的解读之后，在写下甚至在母亲身旁时，弗洛伊德又放弃了，是以隐含的方式放弃了。这便是甚至在母亲身旁的秘密含义：句子的这个部分反观性地抵消了句子前部对认同的所有摹仿论诠释，至少是在关系到核心对象即关系到母亲的方面。

将开始在俄狄浦斯周边麇集的摹仿元素排斥到一边，这种意愿在更晚的文本中得到证实，我们再次从一种增强的形式看到这种意愿。比如下面是《自我与本我》(*Le Moi et le ça*) 中对俄狄浦斯情结的定义：

> 很早，孩子就将欲力集中在母亲身上……至于父亲嘛，孩子确保自己对他的控制对认同有利。这两种态度在一段时间里共存，直到他对于母亲的性欲得到强化，孩子发现父亲对他欲望的实现构成障碍，我们才看到俄狄浦斯情结产生。与父亲认同于是变成一种敌对特征，产生消灭父亲和在母亲身旁取代父亲的欲望。从这一刻起，对于父亲的态度变得矛盾。可以说矛盾是从一开始就包含在认同中的，此时变得显著了。

初看起来，我们觉得这仅仅是对《集体心理学和自我的分析》中的分析的忠实概括。更仔细地解读揭示出一些看似微小，实则非常重要的差别。我们前面的分析让我们可以证明这一点，因为我们的分析突出了第一个文本的摹仿元素：这些元素在弗洛伊德对俄狄浦斯情结的最早定义中已经被暗中放弃，弗洛伊德在此处则把它们清除了。

在第一个文本中，弗洛伊德强调对父亲的认同居先。在第二个文本中，他明确拒绝了这一论点，他首先提到的是对母亲的爱欲倾向，而不再是对父亲的认同。总之，他不许我们想象唯一的一种力，即在各方面代替父亲的愿望，在滋养着对样板的认同与欲望朝向母亲的导向。

原始顺序的颠倒不是偶然，证据就是这一颠倒随后再次发生，具有同样的后果。我们在第二个文本中，在"情结"的形成之前，再次看到爱欲倾向的强化，但弗洛伊德并未将强化表述为与认同的首次接触的结果，他颠倒了现象的顺序，这就正式地排除了第一个文本所暗示的因果关系。欲力的强化变成了某种完全无动因的东西。后果被保留了，但后果放在原因之前，这就让后果与原因不能匹配了。我们看到，《自我与本我》清除了所有摹仿作用，但代价是牺牲了《集体心理学和自我的分析》的最好的直觉，甚至牺牲了某种前后一致性。

弗洛伊德为何这样做？回答这个问题的最佳方式是坚持走他放弃的道路。我们应该探寻如果弗洛伊德潜心于摹仿作用的研究，他会达到什么程度呢？要知道这些摹仿作用在他最初的分析中很多见，而在直接涉及俄狄浦斯情结的定义的时候却像施魔法一样消失了。所以，应该回到那个暗自被反驳的句子，被甚至在母亲身旁抵消的句子。弗洛伊德告诉过我们，与父亲认同，这首先是想要替代父亲。小男孩"希望变得像父亲一样，在各个方面都代替他的父亲"。

要想让"在各个方面"这个说法把母亲排除在外，就必须假设儿子早已经了解"法则"，必须假设他在得到有关法则的任何指示之前就已经服从它，既然在原则上父亲的从中阻隔将会传授给他这个"法则"。总之，要排除母亲，就必须让"情结"是已经出现的。所以，显然应该把母亲包括进来，这正是弗洛伊德最初所做的。"儿子希望在各个方面代替父亲"，弗洛伊德的句子的模糊的普遍性是恰当的，因为儿子对父亲的欲望对象（包括母亲，因为她也是父亲的欲望对象），不可能具有清晰分明的认识。儿子会走向父亲的欲望对象，那是因为他在一切事情上都依据他给予自己的样板，而这个样板一定会走向自己的欲望对象，那些对象已经属于他，或者是他想要占有的。效仿者向着样板的包括母亲在内的欲望对象的运动，在认同中就开始了，它是包含在弗洛伊德所定义的认同概念本身之中的。可以说，弗洛伊德最初非但没有劝阻这种诠释，他反而尽量鼓励这种诠释。

既然样板与效仿者针对着同一对象，在效仿者与样板之间就会有冲突。"俄狄浦斯式"的敌对仍然存在，但它取得了完全不同的寓意。敌对是由样板的选择预先决定的。所以，敌对并非偶然，但同样与"俄狄浦斯式"敌对这个词通常意义上的篡夺的意愿没有关系。效仿者全然"无辜"地走向他的样板的欲望对象，他甚至想在母亲身旁取代父亲是光明正大的。他服从的是全部文化话语和样板本人传递给他的摹仿命令。

如果思考一下效仿者面对样板的处境，我们就会毫无困难地理解，依据彻底的摹仿论的概念来重新诠释的所谓"俄狄浦斯式"敌对，从逻辑上应该导致一些后果，这些后果与弗洛伊德归因于他的俄狄浦斯"情结"的那些后果既非常相似，又非常不同。

我们在前文中界定过摹仿的敌对关系的后果。我们曾断言，这些后果总归会导致相互对等的暴力。但这种相互对等性是某个进程的结果。在个体生命中，存在一个阶段，相互对等性在其中尚未存在，报复在其中尚不可能，这便是童年期，是处在成人与儿童的关系之中的时候。正是这种处境使童年变得如此脆弱。成人能很快预见暴力，会用暴力来回应暴力，成人是针锋相对的。幼儿则相反，他从未暴露于暴力之下，这就是为何他不带有任何怀疑地走向他的样板的欲望对象。只有成人才可能将儿童的行动诠释为一种篡夺的欲望。成人是在一个文化系统内部诠释这些行动的，而这个文化系统尚未成为儿童的文化系统，成人以之为出发点的一些文化意涵是儿童丝毫不了解的。

样板与效仿者的关系从定义上就排除了平等关系，而平等关系可以让效仿者从自己的视角来构想敌对关系。效仿者的处境是信徒对神祇的处境，效仿者摹仿样板的欲望，但却无法从中辨识出与自身欲望类似的东西。总之，他不理解他可能效仿样板"亦步亦趋"，从而对样板构成一种威胁。这种原始的摹仿欲对于成人同样成立，对于儿童则更加如此。

第一扇门被关上，第一条通路被堵死，样板的第一声"不"，即便声音很小，即便伴随着诸多小心，也有可能被看作一种重大的排斥，一种驱逐，如同被抛弃到外界的黑暗中。因为最初一次，孩子无法用暴力来回应暴力，因为他不曾有任何暴力经验，所以由摹仿的双重束缚引起的最初的障碍有可能在他身上留下不可磨灭的印记。"父亲"预估着儿子刚刚开始的行动，他毫无困难地看到儿子径直走向王位和母亲。弑父与乱伦的欲望不可能是孩子的认识，它显然是成人的认识，是样板的认识。在神话中，是神谕把这一认识告诉拉伊俄斯，早在俄狄浦斯能渴望任何事情之前。这同样是弗洛伊德的想法，这想法同样适用于拉伊俄斯。儿子总是最后得知自己正在走向弑父与乱伦，但是成人们，这些善良的使徒，他们的功能是告诉他这一点。

样板对效仿者与欲望对象之间关系的第一次介入必然构成一种特别"造成精神创伤"的经验，是因为效仿者无法进行与成人相同的智力活动，尤其是弗洛伊德本人认为孩子具有的那种智力活动。这是因为不存在对样板作为对手的意识，因为不存在篡夺的欲望。效仿者，即便是成人（儿童更甚），没有能力将敌对解读为敌对、对称、平等。面对样板的愤怒，效仿者不得不在他自己和样板之间做出选择。显然，他会选择样板。偶像的愤怒应该是有理由的，这愤怒的理由只可能是效仿者的不够格,是一种隐秘的过失,这种过失迫使神祇对最神圣的东西加以禁制,关闭天堂之门。所以,神祇的威望并未消失,反而因为神祇的报复而得到加强。效仿者认为自己有罪,却并不准确知道为什么受到裁判。他认为自己不配拥有他欲望的对象,而欲望的对象则显得比以往更加令人渴望。欲望朝着他者的暴力保护下的对象的走向开始了。可欲之物与暴力之间由此结成的纽带将永远解不开。

弗洛伊德同样想证明孩子与父母之间的早期关系在欲望层面留下了不可消除的印记,但他的着手方式却完全不同,因为他从总体上排除了摹仿作用,虽然他隐约看到的摹仿作用的可能性最初曾经对他是有吸引力的。让我们重读《集体心理学和自我的分析》中这个关键句子:

> 小男孩看到父亲挡住他通往母亲的路;他与父亲的认同因此获得了一种敌对色彩,最终与替代父亲,甚至在母亲身旁替代父亲的欲望混同起来。

按照弗洛伊德的说法,小男孩会毫不困难地从他父亲身上辨识出一位传统滑稽剧意义的对立者,一个爱生气的人,一个多余的第三者(terzo incommodo)。虽然导致敌对的并非对父亲欲望的摹仿,但儿子应该仍旧看不到真正涉及的只是一种敌对关系。对羡慕和嫉妒这类情感的日常观察实际上从来不能让对立者们承认对立这个简单事实。弗洛伊德在此处赋予小孩子分辨能力，不是平等的，而是高于成人的分辨能力。

让我们说清楚。我们此处揭示出的令人难以置信的东西，与弗洛伊德要求我们接受的那些假设无关，弗洛伊德赋予小孩子一种与成人的爱欲相似的爱欲。在弗洛伊德的公设所构成的系统内部，给予儿子一种对敌对关系的清晰意识，这才构成一种真正令人瞠目的难以置信的东西。

这里，有人会用正统医学的王牌论据来反驳我们，即那些著名的"临床数据"。面对穿白大褂的人的权威，业余者只能屈服。我们评述的文本并不依据任何特别的临床数据。文本的思辨性是显著的。不应该像有些人那样将这些文本神圣化，也不应该向另一些人那样把它们暗自排除。这两种情况，都会丧失宝贵的直觉——即便真实的目标并非总是弗洛伊德以为达成了的那个目标——会放弃令人着迷的景观，这景观是由在工作中有惊奇发现的弗洛伊德的思想状态构成，由弗洛伊德在思想中的摸索构成。

我们知道"临床数据"是个方便借口，但它们的自鸣得意是有限度的。不能要求临床数据证明对弑父与乱伦欲望的一种意识，哪怕是短暂的意识。正因为这种意识是任何地方都观察不到的，为了摆脱这种意识，弗洛伊德才不得不借助无意识和压抑这样一些累赘和可疑的概念。

此处，我们到达了我们对弗洛伊德的批判的关键之处。弗洛伊德学说的神话成分并不像人们长期认为的那样在于不考虑决定个体心理的那些关键内容。如果我们的批判重拾这

第七章 弗洛伊德与俄狄浦斯情结

一话题,人们就会被我们的批判归入对弗洛伊德学说的那些守旧的批判,不管怎样,人们一定会这么做的,但是必须指出这中间的虚伪:总之,我们指责弗洛伊德的是,不管表面上如何,他是一成不变地守着一套意识哲学的。弗洛伊德学说的神话成分,就是对弑父与乱伦欲望的意识,虽然是在最早认同的混沌与无意识的混沌之间的短暂的意识,但仍旧是真实的意识,这是弗洛伊德不愿抛弃的意识,这迫使他背叛了所有逻辑性和真实性,第一次是为了让这种意识成为可能,第二次则是为了取消这种意识,办法是通过想象出我们知道的无意识的水池与渴望(抽)和压抑(阻)的水泵系统。这种弑父与乱伦的欲望,我现在压抑它,是因为我过去曾经真的渴望它。渴望它,因而我存在(ergo sum)。

弗洛伊德想要将整个心灵生活都建立在这个清醒有意识时刻之上,而这个清醒有意识时刻最值得注意的是它全然无用。如果没有这个时刻,我们将重新发现弗洛伊德的关键直觉,即对孩子与父母最早关系中,或者更普遍地讲,对欲望效仿者与欲望样板之间最早关系中,一个关键的而且潜在具有灾难性的时刻的直觉。如果没有这个清醒有意识的时刻,我们不仅不会丧失任何关键内容,相反我们所重新发现的一切,我们会在一种比弗洛伊德的"情结"具有更大优势的形势和背景下重新发现它。

我们并不想真正深入一个会把我们带得太远的领域,但无可怀疑,关于欲望的彻底的摹仿论的观念为精神病学理论开辟了第三条道路,它既远离弗洛伊德学说的无意识的水池，又远离装扮成精神分析核心内容的全部意识哲学。这条道路尤其摆脱了对适应论（adaptation）的盲目尊崇，同时又不堕入对与适应论颠倒对称的变态论（perversité）的盲目尊崇，而变态论正是当代思想的主要特色。"适应的"个体是成功对双重束缚的矛盾指令（既要像欲望样板一样，又不要像欲望样板一样）分配在两个不同执行领域的个体。适应者将现实进行平分，以便抵消双重束缚。这正是初民文化秩序所做的事情。任何个体或集体适应的源头，都存在对某种武断性的暴力的回避。适应者就是自己实现了这种回避，或者在已经有文化秩序为他进行这种回避的情况下，做到顺应这种秩序。不适应者不能顺应。"精神疾病"[1]和反抗，如同与之类似的祭祀危机，让个人陷入一些谎言和暴力形式，它们当然要比多数用来实现规避的献祭形式更糟糕，但也更真实。在许多心理灾难的起点上，存在精神分析一定无法了解的一种对真相的渴望，一种对于与所有人类秩序都不可分的暴力与谎言的隐晦但极端的抗议。

精神病学将不再在贫乏的适应论的人云亦云与虚假的骇人听闻之间摇摆，这些虚假的骇人听闻是从让孩子以神话的方式承担弑父与乱伦欲望开始的，精神病学还远未再次落入唯心主义的贫乏，它将重新找回传统的某些重要直觉，这些直觉可丝毫不是"让人安心的"。比如在希腊悲剧

---

[1] 加引号意味着"精神疾病"概念本身是受质疑的，比如在某些同时代医生的著作中。

和《旧约》中，通常，最好的那个儿子与最坏的是一回事。他是雅各，而非以扫，是浪子，而非可靠的那个，是俄狄浦斯……最好的儿子带着激情进行摹仿，激情让父亲变成他的障碍，让他变成父亲的障碍，他们彼此不断地撞上这障碍，这是块绊脚石，平庸的儿子则更能成功避开它。

有人会对我们肯定说，直接受某种灵光普照的那种弗洛伊德思想与这一切都不相干，而我们对于这灵光却是毫无意识的。他们会告诉我们，摹仿的双重束缚是弗洛伊德的概念中完全没有的，我们认为最关键的矛盾的双重指令：像父亲一样做，别像父亲一样做，将我们引领到一些结论，它们不再有任何属于精神分析的内容。

这恰好说明弗洛伊德的思想过于宏大，以至于无法被精神分析全部容纳。我们追踪的线索并非臆造。要想肯定这一点，只需要查看《自我与本我》中对超我或理想自我的定义。弗洛伊德写道，超我与自我的关系不局限于"对自我提建议说'要如此'（要像你的父亲一样），这些关系同样包含着禁止'不要如此'（不像你的父亲一样）；换言之，就是：'不要做父亲所做的一切。许多事情是专属于他，仅仅是他的'"。

面对这一文本，谁能支持说弗洛伊德对于双重束缚是不涉及的？不仅弗洛伊德很好把握到这一机制，而且他把这一机制放在了恰当的位置，可以实现它的所有潜力，而近期的那些辩论却并不总能如此。超我的定义假设的东西与神话对敌对关系的意识全然不同。超我显然依赖于样板与障碍的同一性，是一种效仿者无法看出的同一性。超我就是重新进行与父亲的认同，此后这一认同不再被放在俄狄浦斯情结之前，而是放在之后。我们已经看到，弗洛伊德并未真正取消这种预先的认同，或许这是因为他不愿意否定自己的说法吧，但是他暗暗将认同置于次要位置，去除了认同的首要性。不管怎样，此后对父亲的认同必须在俄狄浦斯情结之后发生它全部的作用。它变成了超我。

如果思考我们刚刚读到的定义，会发现这个定义可以用摹仿的双重束缚的视角来解读，但它不可能用弗洛伊德提出的视角即"受压抑"的俄狄浦斯情结的视角来解读，即从最初有意识而随后不再有意识的一种弑父与乱伦欲望的角度来解读。在弗洛伊德的描述所包含的不确定与无知的氛围中，要设想超我的两种自相矛盾的命令，就必须想象出第一次摹仿，它是热忱而忠诚的，得到的回报却是失宠，这种失宠嵌入这种热忱和忠诚的背景中，在儿子眼中便更加令人吃惊。肯定的命令"要像父亲一样"看起来覆盖了父亲活动的全域。在这第一则命令中，没有任何内容预示或允许解读紧接着的相反的命令"不要像父亲一样"，而后一则命令看起来同样覆盖了全部可能的场域。

没有任何区别原则。这种无知才是可怕的。儿子想知道他在哪方面犯了过错。他力图为两个命令确定两个隔离的执行领域。他并不给人违禁者的印象；他并未违犯他已知的法则；他力图认识这种让人能够将他的行为确定为违禁的法则。

第七章　弗洛伊德与俄狄浦斯情结

应该对于这一定义做何结论？在最初受到摹仿作用的吸引之后，弗洛伊德在阐发俄狄浦斯情结的那个阶段拒绝它们，为何他又重新开始摆弄这些摹仿作用呢？对于这个问题，显然只有一种回答。弗洛伊德不愿意放弃在认同的周围起着镜像效果的摹仿作用。他在超我概念中又回到摹仿作用。但是在《自我与本我》中，对超我的定义几乎紧接着我们前文引用的弗洛伊德对俄狄浦斯情结的第二次定义，也就是在完全清除了《集体心理学和自我的分析》中让他难以放下的摹仿效果的定义之后。所以，我们可以假想在1921年《集体心理学和自我的分析》与1923年《自我与本我》之间的弗洛伊德思想的演变。在第一部著作中，弗洛伊德最初认为有可能将摹仿作用与主旨即俄狄浦斯情结加以调和。这就是为何与摹仿概念相关的直觉散布于第一部著作的思考当中。似乎，在撰写过程中，弗洛伊德开始预感到两个命题的不兼容性。这种不兼容是完全真实的。摹仿概念将欲望与任何欲望对象剥离开。俄狄浦斯情结让欲望根植于母亲这个对象之上。摹仿概念消除了对弑父与乱伦的任何意识甚至任何真实欲望。弗洛伊德的问题的提出却相反是完全建立在对此的意识之上的。

显然，弗洛伊德决心树立他的"情结"。但他必须在摹仿作用与完全得到展开的弑父和乱伦欲望之间做出选择，他坚定选择了后者。这并不意味着他拒绝发掘摹仿作用的大有前途的潜在可能。弗洛伊德身上令人崇敬的，正是他从不放弃任何东西。他消除摹仿作用的时候，目的只是不让它们颠覆他的俄狄浦斯情结的正式版本。他想一劳永逸地解决俄狄浦斯问题，然后重新自如地处理摹仿作用。一旦把俄狄浦斯情结抛诸身后，他想要从他在阐发俄狄浦斯情结之前的地方重新开始工作。

总之，弗洛伊德最初尝试在半客体、半摹仿的欲望的基础上阐发俄狄浦斯情结。由此产生了俄狄浦斯情结的第一版本乃至第二版本中对父亲的认同与对母亲的爱欲倾向之间的古怪的两元性。正是这种妥协的失败促使弗洛伊德将俄狄浦斯情结建立在一种纯粹客体性的欲望之上，将摹仿作用专用于另一心理发育，即超我。

各"结构部分"（instances）的两元性是弗洛伊德将对欲望的两极进行分离的努力，一边是客体的俄狄浦斯式的欲望，另一边是摹仿作用。但是这种完全分开的努力无法达成，它与此前弗洛伊德进行综合的努力一样注定失败。

在摹仿欲中，绝不可能将认同、对象的选择和敌对关系这三项截然分开。弗洛伊德思想始终受到摹仿论的直觉的影响，对此的证据正好在这三项的令人无可抗拒的结合之上。只要它们中的一项出现，其他两项倾向于随同出现。在俄狄浦斯情结中，弗洛伊德很费力才摆脱摹仿作用，付出的代价是很大的不真实性。相反，在超我中，原则上看，应该不再有什么与对父亲的认同抵触的，而我们看到为了母亲这个必然的欲望对象而产生的敌对重新出现了。

当弗洛伊德让超我说出：不要这样（像父亲一样），有很多东西是父亲专用的，只属于他一人的，这只可能指母亲，而所指的正是母亲。这就是为何弗洛伊德写道：

> 超我的双重面目（要像父亲一样、不要像父亲一样）来自这样的事实，它竭力压抑俄狄浦斯情结，而随后它从这种压抑中诞生。

这个超我同时是压抑的施加者和接受者，在"竭尽全力"之后才产生，它当然引起一些极大的问题。弗洛伊德知道得很清楚，甚至对反对意见也很清楚。事实是，重新激活对父亲的认同来定义超我，这立即导致俄狄浦斯三角的重新激活。如同我们刚才说的，弗洛伊德不可能在提到摹仿组合的三项中的任何一项的同时不看到其他两项重新出现的，不论他愿意与否。俄狄浦斯三角的重新出现并非计划中预见的。俄狄浦斯情结是精神分析的奠基性的和不可剥夺的本钱，它早已被加了双重锁，锁在精神分析银行地下的无意识保险柜里。

正是俄狄浦斯三角的出乎意料的重新出现促使弗洛伊德说儿子应该很难压抑他的俄狄浦斯情结！实际上，是弗洛伊德自己很难从困境中摆脱出来。受到摹仿组合的困扰，他不断勾画出一种三角关系，他认为是永恒的俄狄浦斯情结三角，实际上却是始终受到阻挠的摹仿三角：这就是弗洛伊德一直"话到嘴边"却无法弄清的样板与障碍机制。

此处，我们的解读仅限于两三个关键文本，我们觉得对它们进行对比比较说明问题，但我们原本可以选择其他包含所谓"临床"案例的文本,那些文本同样有说服力。在我们考察的文本中,弗洛伊德问题论中一个基本词多次出现,即矛盾心理(ambivalence),我们可以证明这个词反映着摹仿组合在弗洛伊德思想中的存在,同时反映出弗洛伊德这位思想者无力将图形中的三个元素即样板、效仿者与对象正确地关联起来,效仿者和样板一定会争夺欲望对象,因为样板通过自己的欲望而将对象指示给效仿者,因为对象是共同的对象。我们以为了解欲望中一切共同的东西,但却并不了解,一切共同的东西并不意味着和谐,而是意味着冲突。

矛盾心理这个词出现于我们引用过的《集体心理学和自我的分析》和《自我与本我》对俄狄浦斯情结的两次定义的结尾。下文再次引用两个段落:

> 他与父亲的认同因此获得了一种敌对色彩,最终与替代父亲,甚至在母亲身旁替代父亲的欲望混同起来。从一开始,认同就是有矛盾的。
>
> 与父亲认同于是变成一种敌对特征,产生消灭父亲和在母亲身旁取代父亲的欲望。从这一刻起,对于父亲的态度变得矛盾。可以说矛盾是从一开始就包含在认同中的,此时变得显著了。

我们记得与父亲的认同最早是如何被定义的:"这种态度与被动性的或女性的表现无关。"似乎我们面对的是一种完全同一的毫无暧昧的东西。为何弗洛伊德在稍后篇幅中会赋予认同一种原则上的"矛盾",而他显然是在此之前不曾想到的?原因只不过是他从这一刻起预感到最早的认同的那些正面情感,如摹仿、崇拜、敬仰,注定会转化为负面情感,如失望、内疚、怨恨,而他的直觉的确没有欺骗他。但是,弗洛伊德不知道事情为何如此,他不知道,是因为他无法到达对欲望的纯粹摹仿论的概念,他无法公开承认认同的样板就是欲望本身的一种样板,所以也是一种潜在的障碍。

每当摹仿欲的自相矛盾性对弗洛伊德造成压力,每当它的隐晦让弗洛伊德无法阐明,弗洛伊德便躲进矛盾心理的概念。矛盾心理对应一个孤立的主体,是传统的哲学的主体,是一种位于关系内部的矛盾,是无可把握的双重束缚。

一旦被锁定在孤立个体中,矛盾就变得绝对不可理解。因此,人们会认为矛盾是属于"身体"的。弗洛伊德本人让我们相信,并且自己确信,他在说矛盾的时候,他是在令人眩晕地下潜到心理与肉体相互会合的那些晦暗区域。实际上,这始终是一种对破解仍可破解之物的拒绝。"身体"是无言的,不可能抗议。如今,每个人都自称听从"身体"的,能够继弗洛伊德之后破解它的信息。在弗洛伊德的全部著作中,没有一例心理矛盾是不能够、不应该重新纳入"障碍-样板"的基本模式里的。

将冲突推回给主体的物质性的晦暗不明,这是将自己的无能为力变成力量,是宣布自己无法破解的关系不仅是无法破解的，而且不是一种关系。于是有了主体的"身体"，是精神最具有肉身性的区域，具有或多或少的器质性的倾向，它们面对着样板欲望的阻碍。心理矛盾变成肌体性的主要力量，因为是肌体性滋养了精神。这是现代经院哲学对于欲望的安眠效力。借助这一概念以及其他一些概念，精神分析学对它必须消解的个人神话给出一个暂缓期，方法是声称让个人神话变得更加"被锁定"。

至少，在弗洛伊德那里，在心理矛盾背后，存在对于摹仿欲的一种部分的但真实的直觉，在其他人那里却并非如此。我们应想想弗洛伊德怎么搞的，竟然从未看出一个如此简单的机制。在某种意义上，正是这种极端的简单性掩盖了这个机制。但还有别的东西。

这个别的东西很难发现。从我们分析的开头，我们每一步都遇到它。当然，这个别的东西就是"俄狄浦斯情结"的核心本身，就是弑父与乱伦欲望被认为在孩子身上变成了正式意图的那个短暂的有意识时刻。每一刻，我们都看到弗洛伊德意义上的弑父与乱伦在彻底的摹仿欲的道路上构成一道决定性的障碍。为了说服自己真的存在弑父欲、乱伦欲，弗洛伊德不得不将样板排除，因为样板指示出欲望，他将欲望根植于欲望对象，也就是说在延续关于欲望的传统而退步的观念。弗洛伊德思想向着彻底的摹仿概念的前进，一直受到这种奇怪的义务的掣肘，显然是他自己让弑父与乱伦变成这种义务的。

我们看到，摹仿的敌对性，相对弗洛伊德的俄狄浦斯情结，具有各方面的优势。摹仿的敌对性消除了对弑父与乱伦欲的意识，消除了压抑与无意识这些累赘的必要性。摹仿的敌对性所属的解读系统破解了俄狄浦斯神话。摹仿的敌对性确保解读具有严密性，这种严密性是弗洛伊德学说做不到的，而且这样的解读在手段上也很少周折，这甚至是弗洛伊德料想不到的。在这样的情况下，弗洛伊德为何放弃了摹仿欲的遗产，而贪婪地冲向弑父与乱伦这盘平常的菜呢？

即便我们弄错，即便我们这些不信的人连"俄狄浦斯情结"的美妙学说蕴藏的宝藏的四分之一都看不出，但问题依旧存在。我们提出的用来替代俄狄浦斯情结的解读，我们不能说弗洛伊德真的拒绝过。显然，他不曾看出过。一旦发现它，这种解读显得如此简单，如此自然，如果弗洛伊德真的发现，他一定会提到，哪怕是为了拒绝它。真相是他没能发现。我们的解读解释了许多侧面，把弗洛伊德文本中散乱的线头合在一起，因为我们的解读是超越了他的，因为我们的解读完成了他未能结束的事情，因为我们的解读走到了道路尽头，而他却留在半途，被弑父与乱伦的幻影拦住。弗洛伊德被他觉得是关键发现的东西迷惑。这个发现挡住了他的视野，这个发现让他无法走上这种彻底的摹仿论的道路，而这种彻底摹仿论可以揭示弑父与乱伦神话的性质，不论是在俄狄浦斯式神话中，还是在精神分析之中。

的确，精神分析似乎可以完全概括为弑父与乱伦主题。正是这个主题让精神分析长期在世人眼中显得惊世骇俗，故而成就了它的辉煌。正是这一主题让他遭遇世人的不理解和迫害，也赢得了我们所知的人们对它的非凡的现身精神。它是绝对的和随时可用的武器，让他们可以证明所有那些对其学说的有效性提出任何疑问的人都具有"阻抗"。

在弗洛伊德思想中，对摹仿欲的直觉从未占上风，但也从未让这位思想者安宁。这便是为何精神分析的这位奠基人总是重复相同的主题，不懈努力重组关于欲望的内容，却从未做出令人满意的结果，因为他从未放弃客体论的起点。多种多样的"形成"（formations）或"结构部分"，那些理论概念——阉割、俄狄浦斯情结、超我、无意识、压抑、心理矛盾——仅仅是一种始终重复着的努力的接连的结果，始终重复的原因是努力从未达成目标。

不应将弗洛伊德的分析看作一个完备体系，而应将其看作一系列的尝试，而这些尝试几乎总是对于同一主题的。比如超我，这仅仅是俄狄浦斯情结的第二个版本。越是洞悉超我的产生，就越明白超我与俄狄浦斯情结之间的差别纯属虚幻。

最优秀的那个弗洛伊德不是弗洛伊德学派的人，就如同最优秀的那个马克思不是马克思主义者一样。他所遇到的平庸的反驳促使他走上论战的而缺乏成果的教条主义的道路，他的信徒们盲目追随这种教条，那些不信的人则盲目拒绝，以至于与文本的任何简单而鲜活的接触都变得很困难。

从弗洛伊德之后的精神分析我们可以看出，要想将弗洛伊德学说系统化应该做什么，即要想斩断学说的鲜活的根应该做什么。要想确保乱伦欲的独立性，只要圆满完成对俄狄浦斯情结中的摹仿元素的清除就可以了。所以，人们后来完全忘记了对父亲的认同。在《自我与本我》中，弗洛伊德已经指明道路。反过来，要想在不可撼动的基础上确立超我的独裁，只要消灭一切倾向于将欲望对象与敌对关系重新带回超我的定义的内容就可以了。总之，他们完全恢复了事物的秩序，即"常识"的秩序，而弗洛伊德仅仅是撼动过这个秩序而已。在俄狄浦斯情结中，父亲是受辱的对手。所以，不应让父亲成为受尊敬的样板。与此相对，在超我中，父亲是受尊敬的样板，不应让他成为受辱的对手。心理矛盾适用于患者，却不适用于精神分析师！

所以，后来有了未有预先认同的一种敌对（俄狄浦斯情结），其后跟着一种没有敌对的认同（超我）。在其早期一篇文章《精神分析中的攻击性》(«L'Agressivité en psychanalyse»)中，雅克·拉康注意到这个排序的令人震惊的特点："与对手认同的结构作用不是自然而然的，或者说是按照寓言的谋篇来进行的。"让我们把寓言放在一边，我们在后文将看到这个排序不需要摹仿任何东西。拉康所谈的那种作用同样不属于最佳时刻的弗洛伊德，相反，那种作用正是冷却后的精神分析教条的特色。

弗洛伊德的分析的价值不在于其结果，而在于那些"结构部分"的堆砌，在于那些不稳定的临时脚手架，而那些驯服的弟子却在上面攀爬和翻滚，他们身手敏捷，却徒劳无功，弗洛伊德的分析的价值在于体系的失败。弗洛伊德从未成功组织样板、效仿者和他们共同欲望对象的关系，但他却从未放弃过。他无法操纵这三项中的两项而不让第三项在旁出现,它就像一个弹簧邪魔,那些穿着白大褂的护士竭力把它塞进盒子,以为这样会让自己变得有用。我们无法想象对这位神圣化的伟大思想家的阉割能比这更加彻底的了。

*

在弗洛伊德之后,人们曾很想弄清楚,"俄狄浦斯情结"是否专属于西方世界,或者它是否同样存在于初民社会。马林诺夫斯基的《初民社会中的父亲》在这场论战中起着重要作用,从本书的视角来看,重提这篇作品是大有裨益的。

马林诺夫斯基首先肯定说,特罗布里恩人比西方人更幸福。这些野蛮人不知道文明人的那些紧张关系和冲突。但很快我们就被告知,他们有别的紧张和冲突。在特罗布里恩社会中,舅舅虽然不扮演我们的社会交给父亲的全部角色,但会扮演父亲的若干角色。孩子是从舅舅而非父亲那里继承遗产的,孩子的部落教育被委托给舅舅。紧张关系和冲突是同舅舅发生,而非同父亲,父亲则类似庇护所,类似友好而宽容的伙伴,但我们不应该对此感到惊奇。

马林诺夫斯基是在他同弗洛伊德的对话的框架内推出他的这些观察的。但我们从这一文本中得出一种模糊印象。文本作者首先肯定说俄狄浦斯情结不具有弗洛伊德赋予它的普适性。对于舅舅的思考随之而来,暗示出一些更有利于精神分析的结论。问题不在于反驳弗洛伊德,而在于丰富他的思想。在特罗布里恩人中,舅舅扮演与我们社会中父亲类似的角色。在这一浮动形态下,俄狄浦斯情结可能具有某些普世性。

精神分析师们热情接纳了这本书。他们从中看到对其他仍对精神分析保持怀疑的人类学家的反驳,在这些人类学家眼中,精神分析是被禁锢在一种过于独特的家族框架之内的。精神分析师们不小心的是,马林诺夫斯基对弗洛伊德学说的了解很草率,对于特罗布里恩人的舅舅,他仅仅提到一些明显的有意识的冲突。在精神分析的层面,没有任何东西能让人肯定说这些紧张关系的根源在于仍旧由舅舅担任主角的一种无意识的心理剧。如果这部著作的结论是不利于精神分析的,那么这种不合逻辑一定会被人发现。

在本书的视角下,马林诺夫斯基的一些观察是关键性的:这些观察直接触及我们所关注的那些关系,在我们看来,俄狄浦斯情结中一切真实存在的东西都归结于这些关系。马林诺夫斯基本人对此并未过多重视,他指出初民社会或者至少是特罗布里恩人,他们用来对抗摹仿对立与双重束缚的是一些我们社会中不存在的限制措施。此处的关键不是父亲的宽容或者舅舅的严厉,从一个男性人物移向另一个男性人物的并非权威。一种更让人关注的差别可以用几句话表述出来:父亲与儿子不属于同一家族谱系,父亲和父亲的文化,通常不充当样板。不存在来自父亲的一种命令说:摹仿我吧。

孩子们在族群中长大，从法律的角度看，他们是这个族群的外来人；他们对于土地没有任何权利。他们从村庄的荣耀中得不到任何骄傲。他们真正的居所，他们热爱乡土的所在，他们的遗产，他们祖先的荣耀都在别处。从这种双重影响中，产生一些古怪的组合和一种混淆。

儿子们与一位男性即他们的父亲一起生活，父亲不是弗洛伊德学说意义上作为理想自我或超我的他们的"理想"的化身。这个理想是存在的，存在一个由文化提供的样板，是在母系血统上最亲近的成年人，但孩子们并不与这个样板生活在一起。首先，舅舅仅仅在比较晚的时候才介入孩子们的人生，即便已经介入，他的存在也不恒定，他常常生活在另一个村庄。最后，还存在一种严格的禁忌，迫使舅舅回避自己的姐妹即孩子们的母亲。从弗洛伊德学说的角度和双重束缚的角度看，朝着舅舅的这种转移是一种虚幻。舅父负责制下的俄狄浦斯情结只是一个笑话。

在舅舅与众外甥之间，的确，紧张关系是外露的，因为紧张关系不会将孩子禁锢在自相矛盾之中。障碍不可能变成样板，样板也不可能变成障碍。摹仿作用得到疏导，以至于欲望不会将自身的障碍当作对象。

如果研究其他初民体系，就会发现文化样板的活动圈（假设这个样板总是化身为一个特定人物），从不与效仿者的活动圈足够重合，以至于能让两种欲望的汇集成为可能。这

第七章　弗洛伊德与俄狄浦斯情结

两个圈仅仅在一些明确的点上互相交叉，这些重合点旨在确保于适当时刻将效仿者接纳到文化内部。

马林诺夫斯基的观察让我们认为，初民社会比西方社会得到了对双重束缚的更好的防护。相对于特罗布里恩社会，西方社会将如何自我定义呢？不论追溯到多么远，早在父系制度阶段，就存在特罗布里恩人中被父亲和舅舅分担的职能都集中到父亲一人头上的情况。父系制度比特罗布里恩人的系统更少差别化。虽然从现代家庭的角度看，我们觉得而且应该觉得父系制度居于文化建构的武断秩序中的最高点，但从初民社会的角度看，父系制度已经是做减法的结果了。

当然，应该放弃"俄狄浦斯情结"的表述，它是谬误与误解的不尽源泉。应该以冲突性的摹仿为中心来重新组织那些被精神分析归于俄狄浦斯情结的真实的现象。这些现象将由此获得更多一致性。另一方面，人们将有可能把这些现象纳入一个历时性的基本模式，从历时性来定位它们，不仅仅定位现象本身，而且定位那些为解释现象而涌现出的理论，当然首当其冲的就是精神分析理论。

要想让俄狄浦斯情结这样的理论得以出现，社会中必须早已存在相互的摹仿，必须让样板与效仿者的机制存在，但这一机制的暴力却往往变得不明显，还必须让这一机制通常从父亲找到源头和出发点。如果父亲是双重束缚的源头，那么在主体的整个一生中，摹仿的执迷将保持父亲的色彩。在个体中，如同在集体中，摹仿的执迷总是越来越激化。它总是倾向于复制它的初始形式，总是如此，换言之就是它总是寻找与最初的样板相像的一些新的样板（也是一些新的障碍）。如果第一个样板是父亲，那么主体就会按照父亲的样子来选择他的新样板。

在西方社会，哪怕是在父系制度时代，父亲已经是样板。要想让双重束缚存在，还必须让父亲变成障碍。而只有随着父亲力量的减弱，父亲在各方面与儿子接近，即与儿子生活在同一个空间，父亲才可能成为障碍。"俄狄浦斯情结"的黄金时代处于父亲地位减弱却未完全丧失的一个世界，也就是最近几个世纪的西方家庭中。此时，在差别的消解开始增加双重束缚的机会的世界里，父亲是最早的样板和最早的障碍。

这一状态本身需要解释。现代社会的历史运动方向是差别的消解，这一运动与我们在本书中称作祭祀危机的东西很相似。的确，在许多方面，现代看起来就是文化危机的同义语。然而，必须注意到，现代世界不断地成功为一些相对的无差别化的平面重新找到一些平衡支点，当然这些支点并不稳固，它们伴随着越来越强的敌对关系，但这些敌对关系从未强大到足以摧毁这个世界。前面章节的分析让人以为初民社会不能抗拒这样的局势：暴力丧失任何节制，在高潮时刻，引发创始性的集体一致的机制，从而恢复某种强烈差别化的系统。在西方现代社会，从未发生这样的事。对差别的消除在继续，是渐进和持续的，勉强可以被一个渐渐向全世界扩展的族群（共同体）吸收接纳。

我们认为要对现代人所面临的紧张关系和异化负责的，

第七章 弗洛伊德与俄狄浦斯情结

并非任何可设想形式的"法则",而是越来越全面的缺乏任何法则。对法则的不懈揭露属于典型的现代的怨恨,即欲望冲撞起的激浪,欲望并非像人们所声称的那样撞上法则,而是撞上"样板-障碍",欲望主体不愿意承认"样板-障碍"的统治地位。在接连的时尚的旋涡里,摹仿变得越狂热和绝望,人们就越拒绝承认他们把样板变成了障碍,并把障碍变成了样板。真正的无意识正在于此,显然它可能以许多方式自我调节。

这里,能够充当向导的不是弗洛伊德,也不是尼采,尼采认为怨恨是"弱者"的专长,他徒劳地努力在弱者的这种怨恨与真正"自发"的欲望即一种权力意志之间建立一种稳定的差别,尼采可以说权力意志是他的概念,却从未看出他自己的方案是对怨恨的最高表达。真正能充当向导的或许是卡夫卡,他是少有的从法则的缺席中辨识出等同于变得疯狂的法则的东西的人,辨识出人类所背负的真正负担的人。也许,再一次,最佳的向导是一位我们的科学家们不屑于其直觉的作家。父亲只是个不可抵抗的对手,儿子请求父亲给他法则的文本,作为回答,却只得到一些含混不清的嘟囔。

相对于初民,西方的父系制度应该被定义为更小的结构,但是从已经发生的事情来看,"西方文明"可能在整个历史过程中都由更小结构或更少解构的原则主导着,我们可以将这个原则比作一种感召。某种动力机制首先将西方,随后将整个人类引向一种此前从未有过的相对的无差别化状态,引向我们称之为现代的一种古怪的非文化(nonculture）或反文化（anticulture）。

精神分析的出现在历史上看是由现代的登场决定的。虽然赋予它们的起源是神话的、异想天开的，但围绕着俄狄浦斯情结的多数现象都具有一种真实的统一性和清晰性，是摹仿论的解读能够完全揭示出来的。"俄狄浦斯情结"就是相互对等的摹仿作用延伸到对一些源于父系制度的家庭结构的部分维系，至少在一个时期里是这样。解体与初民祭祀危机相同，但以渐进和温和方式进行，没有真正的爆发，没有显著的暴力，没有灾难性的发动，也没有任何的决绝。我们可以从中看出现代的惊人的机动性、非凡的效率，还有它承受的越来越大的张力。

俄狄浦斯情结是西方的和现代的，对摹仿欲的相对的抵消和减灭也是西方的和现代的，摹仿欲越来越从它的束缚中释放出来，但始终针对着父亲，因而可以重新回落到一些平衡和稳定的形态中。

将精神分析放进历史中来看，它所预言和准备的东西是它绝对无法谈及的，这是一种更高程度的无差别化，将导致父亲角色的完全消除。

同所有神话思维一样，精神分析是一个封闭系统，没有任何东西能反驳它。如果与父亲没有冲突，那是俄狄浦斯情结的无意识特性所要求的。如果有冲突，那仍旧是我们提到的这个情节要求的。要么是情结"显露"，要么"没有完全释放出来"，那仍旧是情结存在的证明！

精神分析总是得到验证，而且随着摹仿作用的扩张和激化,随着解体作用越来越危险,随着双重束缚泛滥,精神分析越来越得到验证。父亲的角色越少,"俄狄浦斯"的信徒就越多。从此,将众多心理紊乱与俄狄浦斯关联起来,却找不出父亲拉伊俄斯,这变成了儿戏一般。于是,人们宣布将俄狄浦斯情结上溯到真实的父亲、有血有肉的舅舅,甚至任何特定个人,这是心理学的幻想。的确如此。精神分析大获全胜。它无所不在,这等于说哪里都找不到它。精神分析摆脱了那些虚假的民间常识的平庸,却堕入了秘密教义的形式主义。

*

如果说俄狄浦斯情结是对双重束缚的错误解读,那么在世人和父亲眼中可能被当作儿子弑父与乱伦欲望的一切都是父亲本身或者不如说是样板唆使的。

弗洛伊德的神话今日仍旧非常强大,甚至在怀疑者中也一样,以至于我们会觉得是一场玩笑。所以,必须坚持,必须去寻求一些回答我们问题的人,尤其是从索福克勒斯那里去寻求,他是这个领域中一位无人能够轻视的作者。我们可以再一次借助《俄狄浦斯王》,但是人们已经那么多次使用这个剧作,用于多种多样的用途,以至于它的示例作用被损耗了。所以,我们转向一部不那么常用的作品:《特拉基斯妇女》。

在最后一幕,主人公赫拉克勒斯穿着被下毒的袍子疼痛得翻滚。在他身旁,儿子许罗斯(Hyllos)恭敬地等待着父亲的命令。赫拉克勒斯再次要求儿子服从自己,要他点燃一大堆火,把自己,他的父亲,活着投入火中,以便解脱他的痛苦。许罗斯叫出声来:他自己的父亲想让他成为弑父者!赫拉克勒斯坚持,他的这些话让父亲成为弑父的唆使人,成为难以避免的双重束缚的责任人:

——我告诉你该做什么。要不然就当别人的儿子去吧,不要被人叫作我的儿子。
——可是!唉!你在要求我干什么呀!变成杀死你的人,变成杀死你的凶手。

接下来的内容更加惊人。赫拉克勒斯向儿子要求第二件效劳之事,他保证说这件事没头一件那么重大。此刻,文本有了一种强烈的戏剧色彩,至少从现代的充斥了精神分析的学究气的语境看是这样。父亲死亡将让他的保护者(父亲)失去年轻的伊俄勒(Iole),他的最后一个妻子,是他在完成最后的"伟业"时收归帐下的:

赫拉克勒斯:儿子,下面是我的嘱托。我死了,如果你想展示你的孝顺,请遵守你向父亲发下的誓言,让她(伊俄勒)成为你的妻子。不要对父亲说不。她曾睡在我身边:我的愿望是不让除你之外的任何人占有她。去吧,儿子,应该由你来构成这些联系。相信我,你过去在重大事情上都相信我。为了不那么重大的事情拒绝相信我,那就是把你曾经的效劳一笔勾销了。

　　许罗斯:这!对一个病人发火无疑是不对的。但是看到他有这样的想法,又有谁能站在他那边呢?

　　在这句莫里哀式的回答之后,对话继续,越来越值得注意。表面上,许罗斯拒绝娶伊俄勒的动机是这个年轻女子在即将结束的家族悲剧中所扮演的角色——是完全被动的角色。实际上,此处涉及的是父亲欲望与儿子欲望之间的真正关系,两种欲望的这种同一性的关系在世人眼中被看作不敬的反抗,其实却是对父亲意志,对父亲这个样板的时而阴险、时而强制的提议的纯粹的服从:*你要渴望我所渴望的东西*。

　　　　许罗斯:啊!可怜我吧,我陷入了无尽的困境。
　　　　赫拉克勒斯:这是因为你拒绝服从父亲。
　　　　许罗斯:你要教我不敬吗,父亲?
　　　　赫拉克勒斯:满足我的愿望并没有什么不敬。
　　　　许罗斯:这是你的成命吗?
　　　　赫拉克勒斯:是,我请诸神为证。
　　　　许罗斯:那么我服从你。我不愿对你说不,但我这么做的时候会昭告世人这是你要负责的行为。我服从自己的父亲不会有罪的……
　　　　赫拉克勒斯:就这么说定了……

我们看到，"寓言虚构"（fable）要比精神分析更加了解父子关系。对于现代思维来说，这是很好的谦恭的一课。尽管有25个世纪了，索福克勒斯仍然能帮助我们松动最累赘的神话即俄狄浦斯情结神话的桎梏[1]。

---

[1] 这里应该将胜利归功于其他一些文学文本，这胜利仍没发出声响，虽然这是场全面胜利，既战胜"文学"的某种官方捍卫者的麻木和虚伪，又战胜"去除神话"者们令人困窘的天真无知。关于父亲的唆使，卡尔德隆的杰作《人生如梦》（*La vida es sueño*）特别值得一提。还有一部独立研究，塞萨雷奥·班德拉的《冲突性的摹仿》（*Mimesis Conflictiva*, Madrid, Gredos, 1975）。多亏了这部研究，我才明白必须将卡尔德隆连同弗洛伊德的死亡本能归入欲望与障碍的领域，这种障碍表面上看仅仅是"法则"的障碍。

第八章 《图腾与禁忌》与乱伦禁忌

对《图腾与禁忌》中阐发的主题,同时代的批评者们几乎意见一致:它们是无法接受的。弗洛伊德提前给出了该书想谈到的一切内容。达尔文笔下的原始群落(horde primitive)是对家庭的一种讽刺漫画。占统治地位的男性的性垄断早已与后来弗洛伊德的乱伦禁忌相吻合。在《亲缘关系的基本结构》(*Les Structures élémentaires de la parenté*)中,列维-斯特劳斯从中看出"一种恶性循环催生出一些必须以它为前提的措施构成的社会状态"。

对于这部著作直接涉及的内容,对于人们可能对它进行的概括,那些反驳意见是有效的。但是在《图腾与禁忌》中有些东西是他不去进行定义的。比如,我们觉得,集体杀害(meurtre collectif)被包含在这部著作的那些典范性的文献综述里,但事实并非完全如此。可是人们一定会这么说。集体杀害甚至构成这部古怪论著的最奇怪之处,它有点像是观光旅游的吸引人的招牌。在导游陪同下,人们围绕着这个古怪的纪念物漫步,这些导游准确地知道应该说些什么。弗洛伊德能够想出这样骇人听闻的东西，这表明天才本身可以堕入怎样的积习。面对这个怪物，我们感到惊愕。我们觉得这是不自觉的和巨大的恶作剧，就像老年雨果在他最后几部小说里发明的那些。

仔细的阅读让这种古怪之处更加显著。集体杀害在书里，但它没有用途，至少在人们假设它应当有用的方面没有用处。著作的对象是性禁忌的起源，但集体杀害对弗洛伊德没有任何贡献，甚至给他造成困难。如果没有杀害，我们可以没有断裂地从可怕的父亲施加给年轻男性的性剥夺过渡到真正的文化禁忌。杀害打断了这种延续性。弗洛伊德努力修补缺口，但并无信心，他最后的想法比人们所说的更加混乱，也更少简单化。

集体杀害远没有为我们增加一种便利，也远不是"有利于事情解决"的，反而它在扰乱事情的解决。认为禁忌是父亲行使的性垄断造成的，这一假设几乎不是弗洛伊德的，也不专属于弗洛伊德。弗洛伊德本人告诉我们他并非其发明者：

> 似乎阿特金森第一个承认了达尔文所认定的原始群落所处的状态，在实际上只会有助于外婚制。这些流亡者（被父亲赶走的年轻男性）每个人都可能建立类似的群，在其内部，性关系的禁止由首领的嫉妒心来保证和维持。这样，随着时代变化，这些状况最终产生了有意识法则状态下的现存规则，即在图腾内部禁止性关系。

第八章 《图腾与禁忌》与乱伦禁忌

集体杀害是真正属于弗洛伊德的东西。它表面上的多余与不合时宜，迫使批评者疑惑把它放在《图腾与禁忌》里做什么用。对这个问题，某些精神分析学家给出了一种解答，这显然是他们对所有问题的解答。据他们看，在《图腾与禁忌》中，弗洛伊德让我们洞悉了他自己被禁的欲望。这个回答纯属意料之中，但也是非常让人意外的，因为这里涉及弗洛伊德本人。在大师的所有著作中，《图腾与禁忌》是唯一被允许进行精神分析，甚至被建议进行精神分析的。

弗洛伊德学派通常立刻将大师神谕的每句话都大加颂扬，激烈地将任何温和的怀疑者革除教籍，以至于他们对《图腾与禁忌》的草率处决让他们教门外的人感到吃惊。人们心想，要配得上这样的对待，这本书一定是真正丑恶的。

虽然人类学家通常对圈外人更加慷慨，但他们几乎与精神分析学家同样严厉。1913年，人类学的信息流通还不像后来那样。弗洛伊德引述的理论，特别是弗雷泽和罗伯逊·史密斯的理论，已经失去权威性。图腾崇拜的概念几乎遭到抛弃。尤其要指出的是，弗洛伊德著作的主题本身，以弗洛伊德赋予它的形式来看，真的缺乏真实性。

总之，各个学科都人云亦云地拒绝《图腾与禁忌》，却没有严肃的批评。如果弗洛伊德真的昏了头，那么就更应弄清他为何、如何、何种程度上昏了头，应该对他的思想过程给予更多重视。人们认为他在《图腾与禁忌》中陷入错乱，那么只要还没有准确锁定这种错乱造成的危害范围，没有发现它所有的后果，这种错乱就应该让人重新质疑弗洛伊德其他作品被认为具有的可靠性。对此,新弗洛伊德主义却从未去做什么,他们不屑于做这样的事情。形式主义的偏见如此强大,以至于它已经等于第二天性。

当一种知识潮流认为一切稍微反驳它的东西都几乎可以从原则上看作属于某种精神错乱的证据,我们就应该探询这一潮流中是否仍旧存在鲜活的思想,是否仍旧有真正的未来。面对关于当前真相的令人不快的一些假设,哪怕这些假设极其偏离真相,哪怕它们相对于那些最可贵的习惯而言极其惊世骇俗,如果人们对之不持开放态度,那么就不存在科学精神。或者不如说,并不存在令人愉快或令人不快的假设,仅仅存在说服力或大或小的假设。在攻击弗洛伊德异想天开,好像他是莎士比亚、索福克勒斯或欧里庇得斯的庸俗版之前,至少应该听听他说了什么。一些想要站在精神分析与人类学的交叉路口的研究者却拒绝听听他说什么,这真是古怪。

总之,一切都在促使人们让《图腾与禁忌》陷入被嘲笑、漠视和遗忘的境地。显然我们不能被动地承认这种封杀。集体杀害和提出的支持论据其实与本书中阐发的主题非常接近,所以要求我们进行更详尽的审视。

首先,必须注意到,一种人类学理论,尤其是图腾崇拜理论,可能动摇,甚至垮台,却不会把它努力收集和阐释的所有资料化为乌有。虽然图腾崇拜不独立存在,在其主要维度上仅构成一种更普遍活动即分类学的特殊分区,但这并不意味着必须将那些用图腾崇拜来解释的宗教现象看作完全无效的。必须将这些现象在一个更广阔的背景中定位。必须探询宗教与分类在整体上的关系。让事物彼此有别，让这些区分保持稳定，在初民社会中并不是水到渠成的。图腾崇拜也许是虚幻的，但这种幻象至少让宗教所构成的谜题具有全部的纵深起伏。

弗洛伊德清楚看出围绕着图腾制度概念进行的那些搜集与组织的尝试中存在着不确定性。他没有盲目相信自己的资料来源，他以批评的眼光审视它们：在图腾制度中一切都是成谜的。他不接受人们提出的任何解答，包括他称作"唯名论"的那些解答，其实只要扩展到极限，就能达到这个概念在我们当代的那种消解：

> 所有这些（唯名论的）理论解释为何初民部落的名字取自动物，但为何这种取名在他们眼中具有重要性，这些理论对此却不加解释，换言之，即它们未解释图腾制度。

此处的重点不是提到图腾的或者任何其他的项目，重要的是宗教事实不会躲在"完全自然"的一种欺骗性外表之下无影无踪。科学的重点并不在于剥夺头脑得到某些事实让它陷入的恰当的惊奇。弗洛伊德拒绝所有"过于理性"的视角，这些视角"丝毫不考虑事物情感性的一面"。

引起弗洛伊德注意的事实与前面章节吸引我们注意的属于同一类，有时正是同一些事实。弗洛伊德观察到，在宗教中，最彻底的对立相生相伴：善与恶、悲与喜、允许与禁止。比如，节日是"一种得到允许的，甚至有组织的放纵，是对一种禁令的郑重的违犯"。合法与不合法在节日中的这种相遇正好与在献祭中可以观察到的东西相吻合——"动物在仪式上被献祭时，它得到大家庄严的泪水……"——这并不令人吃惊，因为节日和献祭根本是一回事和同一种仪式：

> 在所有民族中，献祭与节日重合，每次献祭都包含节庆，不存在没有献祭的节日。

允许与禁止的同样的遇合重现于对某些动物的处置，即便献祭元素并不正式存在：

> 一个意外死去的动物是人们哀悼的对象，以与部落成员相同的荣誉得到埋葬。当有必要杀死一只通常会得到豁免的动物时，人们向它道歉，并试图用各种技巧和方法来减弱对禁忌即杀戮的违犯。

在全球初民宗教的所有现象中，我们重复看到献祭行为的这种两元性。仪式总是呈现为一次非常有罪过同时非常有必要的杀戮的形式，一种违犯禁忌的形式，这种违犯越具有亵渎性，就越合乎要求。

罗伯逊·史密斯清楚地看到我们以广义的"祭祀"称呼的内容的统一性，那正是他称作"图腾制度"的东西。这种命名的流行与人类学知识的某种状态和某种我们如今不再有的知识分子态度有关,虽然我们做得不总是到位,但我们同样力图给我们对于初民宗教材料及它们的统一性的直觉赋予一种形式。正是这种对于统一性的顾虑,促使罗伯逊·史密斯以及其后的弗洛伊德,竭尽全力地向图腾制度追求根源。所谓的图腾信仰有时提供了对那些最自相矛盾的、最难以索解的、最迫切要求诠释的宗教特征的最惊人的图解,它们往往真正最有可能通向真相。从图腾制度的真正宗教性的那些侧面中,比别处更加明显地,弗洛伊德重新看到这种对立面的共存,这种不可兼容之物的遇合和这些真正从整体上定义着宗教的不断的反转,因为这些反转全部关联着同一暴力机制,这个暴力机制在它自身的矛盾中反转着,所借助的实际是集体杀害。弗洛伊德令人敬佩地看出这种集体杀害的必要性,但没有把握住它的运作特点,因为他没有发现替罪牺牲机制。

只有这一机制才能让人理解为何最初有罪的祭杀却随着它的完成而真正"转向"神圣。这种变身与图腾制族群的每个群体面对自身图腾的态度之间,显然存在一种紧密关系,甚至一种根本的同一性。的确,在许多情况下,是明文禁止捕猎、杀死和食用图腾的,一些隆重的节日期间除外,这些节日构成对规则的总是意义暧昧的反转,在节日中,整个群体必须触犯平时明确的所有禁忌。

显然,复制替罪牺牲机制,这种愿望在这种图腾信仰中要比"经典"祭祀中更加明显。真相露头了。即便弗洛伊德没有到达全部真相，但他在此处突出图腾制度是没有错的。当直觉提示他将所有谜团关联到一次真实的杀害，他的直觉并没有欺骗他。但是因为没有找到核心的机制，这位思想家无法以令人满意的方式确立他的发现。他无法超越史前的唯一一次杀害的立论，如果严格按照这一立论的字面意思来看，这个立论会带给研究的整体一种异想天开的特征。

在断言弗洛伊德幻想杀害他自己的父亲，断言他是在自己的无意识的驱使下写作之前，我们应该同他一起评估《图腾与禁忌》中汇集的那些了不起的论据。同我们所做的一样，弗洛伊德强调仪式中对集体一致参与的要求。如果违犯禁令不是所有人所为，不是一致所为，那么就仅仅是有罪的和破坏性的。虽然他未能发现集体一致性的良性效果，但弗洛伊德承认神圣化有赖于没有分歧。另一方面，在许多文化中，动物型的人，图腾怪物，被定义为祖先、法官和领路人，却始终是被同类和同伴屠杀的受害者，是在仍处于神话中的一个族群的打击下第一个倒下的牺牲者，但他却仅仅是现实社会的一个分身而已。

难道这中间没有一系列发人深省的迹象吗？从这样的事实推导出集体杀害的假设，必然同时自动引起来自某种思想方式的标准化的谴责，在知识层面上，这是严重的事。精神分析给人类思想那些最令人恼火的倾向提供一种永久的教条，这是严重的事。我们在这里想到的不是那些几乎具有高贵性的误解形式，不是那些我们一直谈到的形式，而是那些我们从未谈到的形式，不专注、单纯的懒惰，那种将任何我们无法把握内容的论证一下子拒之门外的普遍倾向——或者更糟，只要涉及时髦就立刻赞同的倾向。

将献祭与图腾信仰聪明地拉近，就让某些全部指向集体杀害的矢量线显现出来：这是一种内部的全体一致的暴力，是一个属于这个族群的牺牲者，所有迹象都暗示这一点，全部的神性和这个族群本身都从此起源：

> 一条生命，没有任何个人能消灭它，它只能在氏族全体成员的同意与参与下被献祭，它与氏族成员们本身的生命有相同的地位。规则要求祭祀宴席上的每个来宾都品尝被献祭动物的肉，这个规则同要求犯下某个过错的一位氏族成员必须被全氏族处决的那种律令具有同样的意涵。换言之，被献祭的动物得到了一名氏族成员的待遇。供奉祭品的族群、其神祇和祭杀的动物属于同一血缘，都是同一氏族的成员。

我们看到，在主要的推导中，图腾理论的问题论元素并未全部被涉及。此处甚至并未涉及图腾制度。《图腾与禁忌》的力量系统导向一种关于献祭的普遍理论。在罗伯逊·史密斯那里已然如此，但弗洛伊德更进一步，因为人类学的理论论争是他无所谓的。相互吻合的大量事实要求一种唯一的解释，一种普遍理论，这一理论将首先呈现为一种关于献祭的理论：

罗伯逊·史密斯证明祭坛上的献祭构成古老宗教仪式的主要部分。它在所有宗教中都起着相同作用，所以我们可以用一些非常普遍并且在各处实施相同行为的原因来解释它的存在。

弗洛伊德的原型献祭是一种在罗伯逊·史密斯那里已经起着核心作用的仪式：那就是骆驼献祭。公元5世纪的一则见证告诉我们在西奈沙漠中，这种献祭以如下方式进行：

祭牲，一头骆驼，被捆着放在一个用石头造的简陋祭坛上。部落酋长让列席者唱着歌绕祭坛三圈，之后他给了骆驼第一个创伤，贪婪地喝伤口流出的血。然后，整个部落冲向骆驼，每个人用剑割掉骆驼一块仍然动着的肉，就这样吞下去，速度如此之快，从献祭开始的晨星升起时分，到晨星面对阳光变得暗淡的时分，这短暂的时间里，整头献祭动物都被消灭了⋯⋯

罗伯逊·史密斯以为从这种献祭中发现的所谓"图腾制度残余"，在我看来，与其他地方一样，都归结于一种对替罪牺牲的不完全的直觉。图腾制度残余让弗洛伊德关注，是因为他把这些残余与他的集体杀害联系了起来。面对我们刚刚总结的语境中插入西奈沙漠的剧情，我们真能嘲笑这位不得不构想集体杀害假设的思想家吗？我们能够当然地而且不需证明地断言，这里缺乏任何严肃的研究，整个假设是搭建

第八章 《图腾与禁忌》与乱伦禁忌

在个人幻觉之上,一种属于精神分析领域的虚幻之上?

受到他援引材料的影响,弗洛伊德几乎只提到骆驼献祭。如果他考虑到千百个彼此独立的文化剧场里所有类似的剧情,那么事情会怎样呢?如果他进行系统的比较,他会从中看出什么?

在西奈的献祭中,骆驼像罪犯一样被捆着,人们手持武器。在酒神节的撕碎祭牲的祭礼中,牺牲没有被捆绑,没有武器,但总是有人群和群殴。有的地方,牺牲者首先被鼓励逃跑,另一些地方,逃跑的是那些参与者。人们摹仿的始终是一种集体私刑的场景,但并不是完全相同的场景。不应将那些分歧归因于仪式的记忆,问题不在于记忆的准确度,而在于集体杀害本身,集体杀害的模式是宗教与宗教间各异的。这些小差别特别说明问题:它们暗示出原型的真实性,它们的写实性让形式主义的阐释却步。大家可能认为这些差别有助于弗洛伊德的直觉,虽然在《图腾与禁忌》中这些差别仍是暗含着未言明的。这些差别无法言明:弗洛伊德的单独一次谋害的立论无法将这些差别考虑在内,也无法反映这些差别。

关于仪式的研究就像罪案调查——虽然它们并非虚构,却常常出现在虚构作品中——它们要被重复进行,才能得到真正的答案。罪犯总是设法几乎不留下任何痕迹。但不论罪犯多么狡猾,却无法在重复他的罪行时,无法在扩大行动范围时,不给予追捕者更多的王牌。迹象不止一个,人们第一次没注意到的细节,不论看着多么微不足道,当它以稍微不同的方式再次出现，便显示出重要性。对同一个原始样本的接连校验，让人能够解读出单一样本无法破解的东西。校验提供了那些细微差别（Abschattungen），那些总是片面和差异的感知在人类学上的等价物，在胡塞尔的现象学中，那些感知最终确保人们对同一个对象的稳定和肯定的认知，因为它们的区别规律最终被人掌握。一旦真实对象被正确认知，便不可能存留任何怀疑。认知变得不可动摇，任何新信息仅能巩固和强化这种被彻底识别出的形式。

弗洛伊德并非在幻想，他猜测出那些施祭者也不是在幻想。弗洛伊德可以将献祭变成一个梦境：对于一种受到人类学相应内容的围攻的形式主义而言，梦是一种可能的退守的立场。但弗洛伊德并未就此止步。人们可以认为他是形式主义者，但至少在此处，他看出构建梦境的努力永远只是用风来进行构建的努力。将献祭归为某种幻想，那么最后总会重新回到主观想象这个旧有的大杂烩，将大量成系列的严格确定的事实，将一些要求我们不要轻率对待，并正视它们所包含的现实性的观察，重新扔进混杂和混淆状态，在这种状态中实际上一切都没有价值了。将现象消解在梦境里，就是否认仪式是社会建制，否认社会统一性本身。

献祭的具体元素过于丰富，不可能只是对一桩未曾有人犯下的罪行的模拟。我们可以肯定这一点，并且不拒绝——前面篇幅的内容证明了这一点——同时从献祭中看出一种模拟和一种次等满足。献祭看起来代替了一种在正常文化状态下没有人敢于甚至渴望做出的行为，弗洛伊德因

第八章 《图腾与禁忌》与乱伦禁忌

为被它的起源真正"抓住",他完全地和矛盾地不再看得到它。我们说"矛盾地",因为在《图腾与禁忌》中唯独缺少一个真相,是他一直不能企及的,尽管他在其他著作中在不断地歪曲这一真相。他看出必须将献祭上溯到一个事件,这个事件的影响力远不止事件本身那么大,对起源的直觉战胜了他,因为直觉没有被一直追随到底,因为直觉无法变得完整,这直觉让他丧失了对功能的全部意识。献祭的本质是在仪式中,那是因为献祭曾经是别的东西,因为它保留着作为原型的别的东西。要想在此处调和功能与起源,要想两者彼此完全揭示对方,必须取得弗洛伊德未能抓住的这把万用钥匙:只有替罪牺牲可以同时满足所有要求。

弗洛伊德还是做出了一个重大发现。他第一个肯定说任何仪式实践、任何神话寓意的源头都在于一次真实的杀害。但他却无法释放出这个论点的无穷能量。他几乎没有开启这个论点能够达到的让人目眩的全面力量。在他之后,他的发现甚至被完全消除影响。依据一些始终处于次要地位的思考,后人的思想把《图腾与禁忌》一笔勾销,认为这部著作是"落后的"。这种误解可以从这种后人思想的任务部分地得到解释。后人思想首先专心于巩固前期由弗洛伊德及另外一些人征服的那一块地盘。这一任务是与《图腾与禁忌》的更加激进的突破不兼容的。这部著作必须被搁置一旁,仿佛它从未被写出来。弗洛伊德真正的发现,唯一可以肯定说能让他的大名载入科学史册的发现,却一直被人当作完全无用。

弗洛伊德处理人类学材料的时候并不像个笨拙的业余爱好者，他对材料加以系统化，做出了巨大的飞跃，以至于他自己失去了平衡，而他的开拓却一直没有作用。他无法将他的理论的表达形式与人类学材料协调起来，在他之后，没有人真的相信这种调和是可能的。他是过度大胆的侦察者，他与整个大军失去了联系。他是第一个到达目标的，同时也完全迷失了，因为联系全部中断了。我们认为他是某种天真的历史主义的受害者。他的整体方向和他的研究方法却相反让他摆脱了他那个时代占主导的对局部的起源与反结构的演变关系的无谓关注，同时没有让他因此堕入相反的极端，即我们这个时代占上风的极端。他不将自己局限于任何起源研究，从过去的错误中，他不继承任何形式主义和反起源论的偏见。他立刻看出，对共时性的整体的一种强烈感知必然让一些新的闻所未闻的关于起源的可能性涌现出来。

*

《图腾与禁忌》中有一个片段让我们特别关注，是关于悲剧的片段，是弗洛伊德提出的对悲剧类型的总体诠释：

> 都有相同姓氏，穿着同样服装的一群人，他们围着一个人，他们每个人都依据这个人的话语和动作来行动：这便是歌队围绕着那个最初唯一代表主角的人。后来，第二个，接着第三个演员被引入悲剧，目的是充当主角的对手，或者表现主角的性格特征中的这一项或那

一项。但是歌队的特性本身，以及主角与歌队的关系，保持不变。悲剧主角必须受苦；今天这仍旧是悲剧的主要特征。主角（英雄）担负着人们所说的"悲剧性过错"，它的原因是人们并不总是能把握的；往往，这个过错与我们在日常生活中当作过错的东西毫无共同点。悲剧性过错往往是一种对神祇的或人类的某种权威的反叛，歌队带着同情伴随着，旁观着主角，力图挽留他，提醒他，让他克制，在他实现了大胆之举而罪有应得时哀怜他。

但是悲剧主角为何必须受苦，他的"悲剧性"过错意味着什么？我们将用快速的回答来解决争论。他必须受苦，是因为他是初民之父，是我们曾经谈到的伟大的初民悲剧的主角，他在这里得到一种带有倾向性的再现。至于悲剧性过错，那就是主角必须担负起来，以便让歌队从中解脱的过错。舞台上进行的事件表现着对真正历史事件的一种歪曲，可以说是虚伪而精致的歪曲。在任何古老现实中，正是歌队成员造成主角的痛苦。在舞台上则相反，歌队竭力哀叹和表现同情，仿佛主角本身造成自己的痛苦。人们归于主角的罪行，对某个权威的无礼和反抗，正是实际上歌队成员，主角的兄弟们犯下的罪行。还是以相同方式，违逆着自己的意愿，悲剧主角被推为歌队的拯救者。

在许多方面，在替罪牺牲与围绕替罪牺牲进行的神话构建的方向上，这个文本比我们在弗洛伊德的另外的思想中遇到的所有内容走得更远。这个文本整句整句与我们自己的解读完全吻合。悲剧主角代表一次自发的大悲剧的受害者。人们指责他犯下的悲剧性过错是属于全体的。人们必须把过错加在主角身上，以便让整个城邦解脱。这位主角在这里扮演替罪牺牲者的角色，在我们刚刚引用的段落稍后地方，弗洛伊德暗示出"狄俄尼索斯的山羊"。悲剧被定义为一种带有倾向性的再现，是对于一个真实发生过的事件的纯粹神话性的反转：舞台上进行的事件表现着对真正历史事件的一种歪曲，可以说是虚伪而精致的歪曲。

还必须注意到，这可能是最重要的，针对英雄（主角）一个人的集体暴力的进程，是在我们前文多次强调过的无差别化的背景下发生的。原始群落的儿子们失去了父亲，他们都变成了互为敌的兄弟，他们相互如此相像，以至于他们不再具有丝毫身份认同。无法把他们彼此分别开，只存在都有相同姓氏，穿着同样服装的一群人。

但是，不应要求将我们与弗洛伊德的两种解读于一处会合。超过某一点之后，分歧重新出现。弗洛伊德甚至重新回到最大的分歧。与分身们的群体对立的是主角绝对的独特性。主角独占着无辜，而群众独占着罪孽。被归于主角的过错根本不属于他。它仅仅属于群众。主角是纯粹的牺牲者，他担负着与他毫不相干的过错。这种单方向的简单"投射"的构想是不足的，是有欺骗性的。索福克勒斯在他的深邃思想中，与后来的陀思妥耶夫斯基在《卡拉马佐夫兄弟》中所做的一样，他让我们明白，即便替罪牺牲者是被人错误指控的，但他与其他人一样有罪。通常关于"过错"的概念，是对神学的延续，我们应该用暴力来替换它，它是过去的、将来的，尤其是当下的暴力，是由所有人共同分担的暴力。俄狄浦斯曾经参与对罪犯的追捕。在这一点上，以及其他许多点上，弗洛伊德比某些作家更多被神话迷惑，他的严肃精神和科学炫耀有系统地排斥着这些作家的直觉。

弗洛伊德的解读在它提出的神话的反转中是典型现代的。借助与大家命运相同的无辜的牺牲者，便可能将罪责加在所有的假无辜者身上。伏尔泰在其《俄狄浦斯王》中早已这样做。这也是整个当代"反戏剧"戏剧所做的事，但"反戏剧"是在越来越大的混淆与歇斯底里中进行的。人们不断将邻人的"价值"反转，将之变成对付他的武器，但其实所有人都是共谋，目的是延续神话的建构，延续每个人都需要用来滋养自己的敌对的激情的那种意义重大的失衡。

差别每次都倾向被消除，但仅仅是反转过来，以便在这种反转中自我延续。总之，海德格尔在谈到从柏拉图到尼采的全部哲学时，他所谈的正是这同一种反转，尼采哲学中发现的就是同一种反转。在哲学概念背后，总是被隐藏起来的人与人斗争，总是悲剧性的敌对。弗洛伊德看不到的，是他自己的思想仍旧处于这种斗争内部，是他对悲剧的诠释本身属于他未能阐发出来的这种往复运动。他的解读的静止性完全符合对唯一一次谋害的设想，那就是杀害一位真正的父亲，一位真正的主角（英雄、半神），而且是一次性地发生。

这位可怕的父亲在其一生中都是丑恶的怪物，在他死时和死后却变成受到迫害的英雄（主角）。此处，有谁会看不出造就神圣的机制呢，但弗洛伊德最终仍然受其欺骗，这是因为他无法完全把这机制揭示出来。要想真正摆脱道德，甚至是变身为反道德的道德，要想摆脱形而上学，甚至是变身为反形而上学的形而上学，就必须彻底放弃善人与恶人的机制，哪怕是最颠倒的机制。必须承认误解到处存在，暴力到处存在，暴力不会因为我们多多少少发现了它的机制就被战胜。首先应该让主角（英雄）与歌队会合，让他与歌队本身今后不再用缺乏特点来确定自己的特点。

有人会说弗洛伊德在此处比我们本身更加忠实于悲剧结构。从某种意义上说这是准确的。在由神话与仪式继承而来的悲剧形式中，主角（英雄）在长时间里都是唯一的，他真正占据着弗洛伊德从他身上辨识出的统治与核心地位。但这仅仅是分析的开始。应该走到底，应该真正将悲剧形式与神话同时拆解开，哪怕仅仅是为了证明索福克勒斯是位思想者，他自己虽然没有走向彻底，但他比弗洛伊德在真正的破除神话方面走得更远，他不断嘲弄英雄的某种与人不同之处，每当人们要把握这差别，它就无影无踪，他向我们指出表面上最个别的个体性，总是在它认为自己在与他者的暴力对抗中能够最好地得到确立和检验的时候，它才是最受质疑的，而他者最后总是被揭示为同者。

我们的解读可以将弗洛伊德看出的一切，将弗洛伊德所说的一切考虑在内。但我们的解读同样将弗洛伊德未把握到而索福克勒斯却把握到的一切考虑在内。而且，我们的解读将索福克勒斯未把握到的一切，将从整体上确定神话的一切，以及包括精神分析与悲剧在内的我们能够对神话采取的全部视角考虑在内：这就是替罪牺牲的机制。

所有关于希腊悲剧的现代文本中，弗洛伊德的文本无疑是在理解之路上走得最远的。然而，他的文本是一次失败。这次失败证实了想要以科学方式来对待"文学"，将它"去除神话"的现代抱负的虚妄性。总之，正是那些重要文学作品去除了这些现代科学抱负的神话。对于人与人的关系，索福克勒斯和莎士比亚所了解的许多东西，是弗洛伊德无法感知的，我们在这里谈到的尚且是最佳状态的弗洛伊德，是精神分析学无法容纳的那个弗洛伊德。

精神分析无法吸收我们所面对的这个古怪而出色的文本。大概他们认为这是个虚假错误的文本，但它比任何精神分析都要真。但是，应该最先谈到的并非真实性。弗洛伊德对悲剧的解读，尽管很有力，但正因为这种力量，实际上却对于它解读的对象来说却更加错误和更加不公正。弗洛伊德对悲剧的控诉，比之常规的乏味的称颂，显然是一种更出色的致敬。他的控诉更有"文献支持"，要比精神分析对文学进行的普遍和惯常的控诉更加有事实依据，但他的控诉依旧是错误和不公正的，那些常规的悲剧解读揭露它的虚假和不公正，但常规解读却无法衡量虚假和不公正的程度如何。

从字面看，将悲剧认定为"带有倾向性的"并非不准确。总的说来，悲剧总是处于一个从未被完全摧毁的神话框架内部。然而，这种倾向性在悲剧中比在所有其他神话形式中都要小，可能也比在所有其他文化形式中都要小。我们已经看到，悲剧灵感的本质是重新发现报复的相互对等性，恢复暴力的对称性，即纠正倾向性。弗洛伊德的解读是在同一方向上的。他的解读重新发现相互对等的某些元素，但没有悲剧的解读走得那么远。所以，他的解读比悲剧更加有倾向性，他的解读是由那种只控诉他人的暴力的现代的怨恨塑造出来的，因为他的解读本身纠缠在报复的往复运动中，也就是说纠缠在样板与障碍的双重机制中，处在摹仿欲的恶性循环中。即便现代的怨恨已经非常开明，非常文明，以至于只能称其为现代的怨恨，以至于无法公然主张任何暴力，但现代的怨恨总是将理想中的非暴力当作所有评判，所有真正批评性的评估的标准，这标准是隐含着暴力的，而希腊悲剧作者对于这种理想的非暴力是从无任何概念的。

　　同所有对倾向性的控诉一样，对希腊悲剧的控诉转而对控诉者不利。正是弗洛伊德表现出一种"精致的虚伪"，是整体上在批评所有宗教、道德和文化差别的现代思维最终将这些差别转移到弗洛伊德这位批评家、预言家和先知头上，他具有某种前人所没有的清醒头脑，这种清醒是弗洛伊德的特质，它的"条理性"在这里是完全可靠的，从这种清醒之中概括出从前已经崩塌的所有差别：先知忒瑞西阿斯复活了！

　　真正带有倾向性的元素与神圣的差别是一回事，每个人都想通过向他人夺取而占有它，它越来越快速地在敌对的清醒头脑的交锋中摇摆。这也许正是阐释的本性，不论是关于《俄狄浦斯王》，还是关于当今对精神分析主体和其他方法论的论战。敌对以炫耀的方式进行，敌对的目的从来都是处于危机中的文化，每一方都自诩是唯一关心它的。每一方都努力诊断病症，目的是治愈它。但病却总在另一方，他错误的诊断和药方其实是毒药。真正的责任不存在，而机制仍然是同一个。越是根本不存在关键问题，这套机制就越完美。每一方都努力通过损害他人而让自己更耀眼，努力掩去敌方的光芒，即盖过对手的明晰性，而不是阐明任何东西。

从整体来把握，现代危机与任何祭祀危机一样，应该被定义为差别的消除：敌对双方的你来我往，其实是在抹除差别，却从未有人把握其真相，也就是说没有被人理解为一种病态差别的越来越具有悲剧性，越来越无效的机制。这种差别看起来越来越大，但每当一方想要抓住它，它就无影无踪了。每一方都被一些局部的重新构建赋予神话色彩，而这些构建越来越不稳定，越来越短暂，交替着有利于敌对双方。神话性的整体崩塌正在以一些相互敌对的形式扩散的方式得到实现，这些敌对形式不断互相摧毁，它们全都与神话保持一种暧昧关系，它们处于去除神话性的运动中，但它们既是去除神话性的，同时又是神话性的，去除神话性的运动当然并非虚幻，但总是局限于去除别的神话。去除神话性的神话就像是集体大神话尸体上的蛆虫一样多，它们从尸体上汲取养分。

显然，希腊悲剧对于这一进程可以说出更多东西，悲剧猜测出自身与这一进程有关,而精神分析却自认为摆脱了这一进程。精神分析只能将自己的信念建立在对一些文本的排斥之上,这些文本的真正智慧会撼动精神分析的基础。这便是为何艺术作品受到诋毁,同时又受到颂扬。一方面,艺术作品是不可批评的,在美学上受到尊崇;另一方面,艺术作品受到彻底的否定和毁伤,被当作坚定的冷峻的科学真理的反命题,是想象的、宽慰的和故弄玄虚的,被当作被动的客体,总是可以立即被某种绝对知识参透,而所有人都接连着声称自己是这种绝对知识的金属般的坚硬度的化身。

据我了解,只有一些作家真正参透这一在故弄玄虚中去除神话的进程,精神分析师却从未有过,社会学家却从未有过。此处,最值得注意的是,真正的文学批评是实际上的共谋,它驯服地加以赞同。文学批评驯服地赞同的并不是这个或那个学说的"化简性"意图,这些意图受到强烈抨击,是因为它们包含的真正尖锐的东西,而实际上也是与人们希望捍卫的伟大文学作品最接近的东西。文学批评驯服地赞同的是关于"文学"的无害性和绝对的无足轻重的普遍原则,是先验地相信任何有"文学"标签的作品都不可能对任何现实有任何把握。我们多次看到索福克勒斯去除了精神分析的神话性,而我们却绝不会看到精神分析去除索福克勒斯的神话性。精神分析绝不会真正伤到索福克勒斯分毫。充其量,像在此处一样,弗洛伊德做到了与索福克勒斯接近。

从替罪牺牲及其机制的视角来审视一个文本,通过集体暴力来考察"文学",便是探究这个文本遗漏了什么,而不

第八章 《图腾与禁忌》与乱伦禁忌

是探究它谈到了什么。这大概是彻底批评性的工作的核心步骤。初看起来,这中间存在某种不可能、不可实现的东西。任何实践操作似乎都志在最极端的普遍性,志在一种过度的抽象,而这抽象的价值却是有限的。

让我们再一次转向我们正在评述的文本,我们将看到情况并非如此。文本中存在一种值得注意的缺席,如果我们想想产生文本的背景,这缺席甚至是让人吃惊的。

通常在谈到希腊悲剧时,人们几乎总是明确或不明确地提到一部作品,它是整个悲剧体裁的代表作,是真正的排头兵和代言人。这一传统是由亚里士多德开创的,在我们这个时代依然如此。西格蒙德·弗洛伊德没有任何理由抛弃这个传统,而完全有理由顺应这个传统。

然而,弗洛伊德却没有服从这一传统。这里,我们想到的当然就是《俄狄浦斯王》。我们自己提到了《俄狄浦斯王》,但弗洛伊德和我们引用的文本都丝毫没有提到它,不论是之前还是之后都没提到。文本涉及农神阿提斯、阿多尼斯、搭模斯、密特拉斯、泰坦神族、狄俄尼索斯,当然还有基督教——去除神话性要求如此!——却从未涉及悲剧英雄俄狄浦斯,从未涉及《俄狄浦斯王》。

有人可能会反驳我说,《俄狄浦斯王》只不过是一出悲剧,弗洛伊德不一定要刻意提到它。在弗洛伊德的这一文本中没有被专门提到,不等于受到针对性排斥。可能有人假定这部悲剧只是没有了特殊地位,它与悲剧总集的其余部分混同了起来。

这种反驳是不成立的。一旦我们的注意力被这部原型悲剧的缺席吸引，这个文本的某些细节就会惹人注意，清楚暗示出这种缺席并非偶然或意外。

如果重新阅读对过错的定义，我们便会发现它绝不可能适用于《俄狄浦斯王》。主角（英雄）担负着人们所说的"悲剧性过错"，它的原因人们并不总能把握，往往，这个过错与我们在日常生活中当作过错的东西毫无共同点。这一定义适合许多悲剧，但肯定不适合俄狄浦斯。俄狄浦斯的过错并不模糊和不可界定，至少在弗洛伊德的话语所处的神话的大结构的层面上不是如此。

这里，弗洛伊德有可能没有想到俄狄浦斯吗？有可能只是忘记了俄狄浦斯吗？俄狄浦斯真的从他头脑里消失了吗？我们那些新精神分析派的嗅觉灵敏的猎狗，成密集队形地扑向《图腾与禁忌》的踪迹，我们看得出他们能从这样的遗忘中在诊断症状方面得到什么好处。他们没有从《图腾与禁忌》中看出符合通常诊断的受压抑心理的经典的回归，他们却一定要从书中辨别出受压抑心理的极度深埋，深埋到比所有潜意识更深的地方，或者说这是俄狄浦斯本人在弗洛伊德的能指迷宫中的一种真正的惊心动魄的迷失！

写作《图腾与禁忌》的弗洛伊德看起来那么不像他自己，他有时竟然无意识地勾除俄狄浦斯，压抑俄狄浦斯。我们头晕目眩。我们周围闪动着越来越多的幻影，我们感到眼睛花了！

幸好出现了另一种可能。在我们刚才第二次引用的句

第八章 《图腾与禁忌》与乱伦禁忌

子中,有一次小限定可能是意味深长的。那就是"往往",弗洛伊德告诉我们,悲剧性的过错与我们在日常生活中当作过错的东西毫无共同点。这里说"往往",是做出让步说,这一肯定并不总是有效,是对一些例外的悲剧的可能性留有余地,可能有多个,但至少有一个。这里,这个最少量的保留是恰当的。肯定在一部悲剧中,有一种悲剧性的过错与我们日常生活中认为的过程并无两样,那就是《俄狄浦斯王》的弑父与乱伦。"往往"这一非常明确的限定不可能不是针对俄狄浦斯的,我们有理由认为这个限定仅仅针对着俄狄浦斯。

在我们考察的文本中,俄狄浦斯的缺席到处可见。这种遗漏不是自然的,也不是无意识的,绝对是有意识的和精心考虑的。对于这一点,应该调查的不是情结,而是庸俗的动机。(动机要比情结更有趣和更多样。)必须探寻为何俄狄浦斯在弗洛伊德的一个文本中突然成为完全有系统地排斥的对象。

如果不仅依据语境,而且依据文本来审视这种排斥,它会显得更加惊人。在《图腾与禁忌》中涉及谁和什么?涉及原始群落的父亲,这本书向我们断言他有一天被杀害了。所以涉及的是弑父。弗洛伊德认为他从希腊悲剧中重新发现的正是这一罪行,而这一罪行却被罪犯们自己投射到了他们的受害者身上。然而,忒瑞西阿斯率先,忒拜人全体随后指责不幸的俄狄浦斯的,正是弑父。我们想不到有比《图腾与禁忌》支持的悲剧观念与《俄狄浦斯王》的主题更加一致、更好契合的了。如果只有一处适合提到俄狄浦斯的例子，那应该是在这本书里。然而，弗洛伊德一直闭口不谈。我们想拽他的衣袖，提醒他，提醒他弗洛伊德——俄狄浦斯情结（Oedipuskomplex）的著名发明者，存在着一部悲剧，正好是关于弑父的。

为何弗洛伊德排除了这个绝佳论据，这一惊人的图解？答案毫无疑问。弗洛伊德不可能把《俄狄浦斯王》用在这种诠释的语境中而不会重新质疑他惯常的诠释。《图腾与禁忌》的诠释将悲剧与一次真正的弑父重新关联起来，而弗洛伊德惯常的诠释，即正式的精神分析的诠释，将《俄狄浦斯王》看作无意识的欲望的简单反映，正式排除了这些欲望的任何实现。此处，从俄狄浦斯情结的角度看，俄狄浦斯会显得怪模怪样。作为最原初的父亲，他是不可能有父亲的，很难赋予他任何父亲情结。用俄狄浦斯的名字来命名这种情结，弗洛伊德搞得不能再糟了。

在更普遍和更本质的层面，我们将会注意到，如果用真正的阐释来看待俄狄浦斯受到的指控，将弑父与乱伦放在"替罪羊"类型的那些现象的运行轨道里，即便在某种意义上这个类型仍旧是模糊的，那么一定会引发许多问题，这些问题将一步步重新质疑整个精神分析思想，而这些问题正是我们在这本书中尝试提出的。

这里，有一个问号出现，弗洛伊德想要消除它，因为他没有任何答案。谨慎的作者会撤回关于悲剧的整个文本。对于我们来说是幸运——对于他也是——弗洛伊德并不谨慎；

他品味着他的文本的丰富内容，欣赏自己直觉的高超，所以，他决定保留文本，但他通过仔细删去任何提到《俄狄浦斯王》的地方来回避这些令人为难的问题。弗洛伊德封禁了俄狄浦斯，这不是在精神分析的意义上，而是在这个词的通俗意义上。这意味着他想欺骗我们吗？绝对不是。他自认为能回答任何问题，同时不触及精神分析一根毫毛，但他一如既往地过早下结论了。他走得更远，把解答搁置到以后。他绝不会知道并没有解答。

如果弗洛伊德没有回避困难，如果他挖掘自己自相矛盾的地方，他也许已经看出不论他对俄狄浦斯的第一次还是第二次解读都没有弄明白俄狄浦斯的悲剧与神话。不论是受压抑的欲望，还是真实的弑父，都不真正令人满意，而此处与其他地方，弗洛伊德的立论的不可化简的两元性反映出同一种曲解。因为排除了真正的问题，弗洛伊德偏离了潜在收获最大的道路，如果沿着这条路走到底，便会通向替罪牺牲那里。所以，在我们刚刚读到的文本中，在对俄狄浦斯的排斥背后，在第一次完全有意识的策略性的排斥之后，隐现着第二次排斥，这一次是无意识的和不可见的，却是在文本层面唯一具有决定性的，因为它指挥着文本的整个运作。这里，精神分析仍然没有什么话好说。不应该要求精神分析为我们阐明这种排斥，这种排斥正是精神分析的基础。

围绕着对《俄狄浦斯王》的搁置构成一种关键的悬疑，一种围绕着精神分析理论的封锁线。前文中，在摹仿欲的案例中，我们看到某种完全类似的东西。那里也一样涉及排除一种对俄狄浦斯情结可能的威胁。我们现在再次验证了俄狄浦斯情结的真正的不容触犯性。在弗洛伊德的各个主题的等级阶梯中，这个情结享有绝对优先权，它与弗洛伊德作为思想家的历史局限相对应，迈过了俄狄浦斯情结这个点，他对神话的解构便不再有进展。

这里，我们重新看到在弗洛伊德和他的后继者之间的相对差别，我们在前面一章谈到的那种相对差别。弗洛伊德努力将危险的直觉隔离，消除它们的作用，他不愿让它们损害他的学说，但他有太多的天才和热情，以至于他无法放弃这些直觉。他过于喜爱探索精神，以至于无法消灭他最大胆的想法。精神分析的后继者没有同样的考虑，他们快刀斩乱麻，他们加重和扩大了弗洛伊德的封禁，一方面是通过放弃棘手的摹仿欲，另一方面通过完全抛弃《图腾与禁忌》。关于悲剧的文本似乎从未得到任何发扬光大。甚至那些信奉弗洛伊德的文学批评家也没有对它有什么利用。然而，正是应该在这本书中，而非别的地方，去寻找弗洛伊德对悲剧的唯一解读。

*

如果说《图腾与禁忌》的向前的跃进同样是向侧面的跃进，如果说这部著作至少在表面上看走到了死胡同里，这都是由于精神分析，由于这种已经建立的学说，由于思想者随身携带的教条的包袱，他无法摆脱这种负担，他已经习惯于将这负担看作是自己最大的财富。最大的障碍首先是父亲的寓意，它拖累了最主要的发现，将集体杀害转变成了弑父，由此给精神分析的对手和其他人提供了论据，让他们能够使他的论点威望扫地。是父亲的寓意干扰到对悲剧的解读，是父亲的寓意再一次阻碍弗洛伊德像他应该做到的那样精彩地处理乱伦禁忌问题。

我们看到，因为引入弑父，弗洛伊德丝毫没有解决禁忌的问题，他丧失了一种可能的解答。他打破了可怕的父亲的性垄断与禁忌的历史性的力量之间的延续性。他将首先借助他自己并不满意的一套花招来努力恢复这种延续性：

> 父亲过去借助他的存在而阻止的事情，儿子们如今却禁止自己去做，这是依据那种"反观性的服从"，这是一种心理处境的特征，精神分析让我们对它很熟悉。他们禁止处死图腾动物，它是父亲的替代品，他们以此来责备自己的弑父行为，他们拒绝与他们解放的女性发生性关系，他们以此拒绝接受弑父行为的成果。由此，儿子们的负罪感产生了图腾制度的两个根本禁忌，因为这种原因，它们应该被人与俄狄浦斯情结的两种受压抑的欲望混同起来。

这里，所有论据都单薄得可怜。弗洛伊德是首位感到自己的粉饰手法的不足的人，这便是他立刻重新投入工作的原因。他寻找一种额外的证据，这是这位不知疲倦的思维敏捷的思想家常做的事，他提供给我们的不再是一些对前面论据

的重复堆砌的论据,而是一套全新的理论,这个理论暗自质疑了精神分析的某些预设:

> 对乱伦的禁止同样具有一种实际的重要性。性需求非但没有让男人们统一,反而让男人们分裂。当涉及消灭父亲时,兄弟们联合起来,一旦涉及夺取女性,他们就变成对手。每个人都想像父亲那样把女人们全部占为己有,因此造成的全体争斗会带来社会的整体毁灭。不再有在实力上超过所有其他人的男人来担负起父亲的角色。因此,如果兄弟们想要生活在一起,他们就只有一个选择:在克服了严重不和之后,建立乱伦禁忌,他们以此来集体拒绝占有他们渴望的女性,而当初主要是为了确保占有这些女性,他们才杀死父亲的。

在第一个文本中,父亲刚刚死去,对他的记忆笼罩着一切。在第二个文本中,死亡已经远去。几乎可以说父亲又死了一次,但是这一次是在弗洛伊德头脑中。弗洛伊德以为自己在追逐父亲在集体杀害之后在他的族群中的一个个变体,这些变体是随着族群在历史中沿袭下来的。实际,他正渐渐脱离他仍然受困其中的西方家庭框架。所有的家庭寓意都在消退和隐去。比如,问题不再是用亲缘关系的紧密度来衡量欲念的热度。所有女性处于同一水平面:每个人都想像父亲那样把女人们全部占为己有。并不是因为她们在本质上比"母亲"与"姐妹"更加让人渴望,她们才变得敌对,而仅仅是因为她们存在。欲望不再拥有优先的对象。

虽然冲突最初仅仅与性欲联系在一起，但冲突发展为一种吞噬性的敌对，性欲不再足以解释它。是弗洛伊德本人肯定了这一点。没有人能够重复祖先的伟力：不再有在实力上超过所有其他人的男人来担负起父亲的角色。敌对有千百种借口，因为敌对争夺的目标其实仅仅是占有统治地位的暴力。只剩下一边是女性，一边是男性，而男性们无法分享女性。弗洛伊德描述的状态，原则上仍被认为是由可怕父亲的死造成的，但此后一切事情的进行都仿佛从未有过父亲。重点转向互为仇敌的兄弟，转向这些没有任何差别对他们加以分别的人。弗洛伊德正在发现的，正是暴力的相互对等性的恶性循环，正是祭祀危机的对称性。

弗洛伊德正走向源头，却自以为在远离源头。他的进程正是悲剧的进程本身，是《图腾与禁忌》中我们并不陌生的无差别化的进程，因为我们刚刚看到，在对悲剧的分析中，弗洛伊德将他对歌队的描述归于这个进程，他对歌队的描述就是对这些兄弟本身的描述：*都有相同姓氏，穿着同样服装的一群人……*

这里，禁忌不是同"精神分析让我们对它很熟悉的一种心理处境"相联系的，而是同阻止"整体争斗"的迫切的必要性相联系，"整体争斗"会导致"社会的毁灭"。我们最终落在实处：性需求非但没有让男人们统一，反而让男人们分裂。

弗洛伊德丝毫未提到第一种理论。在不知不觉中，他正在夸大他的那些情结和幻想,以便赋予禁忌一种真实的功能。他虽然助长了对于宗教性的误解,但在《图腾与禁忌》中,他却是首位宣布禁忌的真正功能的人。完成了《图腾与禁忌》之后,他同样是首位对自己的发现不屑一顾的人。

*

第二种理论在功能方面高于第一个。现在应该从起源方面来审视它。第二种理论肯定说兄弟们最终达成谅解,放弃所有女人。

禁忌的绝对性丝毫不暗示这种经过协商的协议,这种成为制度的禁令。如果男人们能够达成一致,那么女人们就不会全部遭到相同的禁忌,遭到永不失效的和无可挽回的禁忌。在可能的消费者之间平分可供支配的资源,这倒是更加可信。

弗洛伊德看出暴力在这里占上风。这便是为何他谈到在最终的协议之前的"严重的不和",谈到一些非常惊人的论据,这些论据显然旨在让兄弟们明白他们的处境的严重性。但这并不够。如果暴力肆虐,禁忌肯定是必不可少的。如果没有禁忌,就不会有社会。但是人类社会不能存在,是有这种可能的。弗洛伊德没有提出任何使得和解成为必然或可能的东西,尤其是这种和解必须围绕着像乱伦禁忌这样(用弗洛伊德的用语来说)"非理性"和"情感性"的禁忌来达成。反乱伦的社会契约无法说服任何人,这个理论虎头蛇尾。

这第二种理论让弗洛伊德在功能方面赢得的东西，他又在起源方面丧失了。真正的结论应该是兄弟们捕捉不到的，同样让弗洛伊德本人也抓不住了。

我们尝试了重新追踪从第一种理论走向第二种理论的道路，我们认为把握到了他的思想的动力机制，这种思想正逐渐摆脱家庭与文化的寓意……现在，我们应该看到，这一轨迹并未终结。关于乱伦的第二种理论与关于悲剧的文本也没有终结。兄弟们与女人们被化简为同一性和匿名性，但父亲呢，则未被涉及。父亲已经死去。因此，他处于无差别化进程之外。在整个无差别化进程中，他是唯一未能摆脱家族这个厚重外壳的人物，但可惜他却是主要人物。可以说，弗洛伊德对儿子们"去除子女属性"，但他没有走得更远。我们应该完成被中断的轨迹，对父亲"去除父亲属性"。

完成由弗洛伊德开始的这一运动，并非放弃集体杀害，它仍然是绝对必需的，因为它是由大量人类学材料要求提出的，应该放弃的是父亲属性，应该摆脱家族框架和精神分析的寓意系统。

每一刻，我们都看到弗洛伊德错过了献祭、节日以及所有其他证据的关联，这是由于父亲的永远在场在最后关头打乱了牌局，掩盖了神圣事物的机制。以"精神分析为我们指出""精神分析为我们揭示"开始的所有句子，通常会错过即将到嘴边的解释：

> 精神分析向我们揭示出图腾动物实际上充当着父亲

> 的替代品,这为我们解释了我们在前文指出的矛盾:一方面禁止杀死图腾动物,另一方面,杀死它之后进行庆祝,而杀死它之前却是悲伤的爆发。

父亲解释不了什么:要想解释一切,必须摆脱父亲,证明集体杀害对族群造成的深刻印象并非因为受害者的身份,而是因为这个受害者具有统一功能,是因为大家针对这个受害者并围绕着他重新找到了集体一致性。"针对"与"围绕"的结合解释了神圣事物的"矛盾",解释了这种必要性,那就是尽管祭牲是有神性的,而正因为它是神性的,所以人们总是必须再次杀死祭牲。

让《图腾与禁忌》出错的并非集体杀害,而是阻碍集体杀害成为关注重点的一切东西。如果弗洛伊德放弃寻找杀害之前努力推动杀害动机的那些理由和寓意,如果他抛弃意义,甚至是,尤其是精神分析的意义,他就会看出暴力是无理由的,他就会看出寓意全部来自杀害本身。

一旦被清除父亲的外壳,杀害一定会揭示出它对族群造成巨大震撼的原理,揭示出它的有效性与仪式的重复性的秘密,揭示出为何对它的裁判总是两面的。理解这一切,就理解了在第二种理论中敌对的兄弟无法把握到的结论已经被找到,明白这结论与主要论题是一回事:一切阻止集体杀害变成纯粹的替罪牺牲机制的东西,同样会阻止它登上真正属于它的位置,这是在祭祀危机结束之后,而非之前。

只有替罪牺牲才能完成第二种理论未完成的东西,终结暴力，把关于乱伦的两种理论重归统一。集体杀害并不是那些具有决定性的暴力之前的无益甚至碍事的开场白，杀害将起到属于它所有的决定性作用，集体杀害既是弗洛伊德初步描述的危机的结局，又是文化秩序的起点，是所有乱伦禁忌的绝对的和相对的源头。

*

我们还不曾脱开《图腾与禁忌》探究过乱伦禁忌。我们怀疑这些禁忌与文化秩序的其他侧面一样，根源都在于创始性的暴力，但我们还未曾靠我们自己的方法得出这一结论。是对《图腾与禁忌》的思想动力机制的解读让我们得出这一结论的。是弗洛伊德首次将禁忌问题与祭祀问题联系起来，他准备借助他的集体杀害的解释版本来同时解决这两个问题。如果对祭祀问题来说，确实应该将弗洛伊德的这个版本纠正到替罪牺牲的方向上，那么对于乱伦禁忌问题同样应该这么做。在考察这个问题本身之前，再次审视弗洛伊德的著作将会更好表明，即便我们提出的矫正与我们自身研究的方向一致，它也并不是外在于我们批评的这部著作的，它不是从外部引入的，它是这部著作本身最有活力和最能带来潜在成果的内容所要求的。

应该简短回顾原始群落在《图腾与禁忌》中所起的作用。我们在前文看到，达尔文的假设提出乱伦禁忌的简单起源。显然，这一假设对弗洛伊德的诱惑最初并无其他原因。这个假设的提出是在对外婚制的第一次讨论中。集体杀害是这部著作的第二个假设，这个假设是纯属于弗洛伊德的，它的出现较晚，是弗洛伊德解读人类学著作的后果。最初，这两个假设彼此独立。在达尔文的作品中，没有集体杀害。集体杀害的想法是纯粹由人类学资料暗示的。但是，相反，在这些人类学资料中，没有任何内容能让人提出原始群落的命题。

是弗洛伊德将两者结合的，而我们常常注意到，混合历史与史前史，这种操作是具有武断性的，这种操作希望从相对晚近的文化材料中得出关于某个在原则上说是唯一的、处于亘古的时间跨度上的事件的信息。

这一切不仅是不可信的，而且稍作思考，我们就明白这种不可信性是毫无理由的。在作品的重大直觉方面，实质内容方面，它不对应任何真实的需要。虽然弗洛伊德留下原始群落只是因为最初在禁忌这方面开辟的可能性，但应弄清楚当集体杀害摧毁了可怕的父亲的性垄断与这些禁忌之间的延续性，实际上也消除了同一些解释可能的时候，为何他不放弃原始群落这个假设呢。

如果弗洛伊德想要发展集体杀害的假设，他就没有任何理由保留原始群落假设。如果他保留原始群落假设，集体杀害就显得碍事多于帮忙。这两个假设其实是不可兼容的：必须在它们之间做出选择。如果他头脑中想到做选择，弗洛伊德将不得不选择集体杀害。《图腾与禁忌》的精华被用在引入集体杀害的假设上，它向我们指出所有宗教与人类学的材料都要求做出这一假设。相反，没有任何东西要求原始群落假设。它最初带来的唯一好处，非常有限的好处，随后就消失了。

然而，弗洛伊德不做选择。他保留集体杀害，却同样不放弃原始群落。他看不出原始群落假设已经没有存在的理由。这种盲目的原因很明显：是原始群落假设将集体杀害假设禁锢在父亲寓意里，是原始群落假设让集体杀害的主题丧失了丰富成果，将它隔绝在史前时代而使它显得荒谬，原始群落假设保护了精神分析的概念。原始群落是精神分析神话的完美的具体化。再一次，我们直接触及弗洛伊德思想永不逾越的那道无形的界限。

对此，精神分析的后辈们再次加重了弗洛伊德思想的退步因素。《图腾与禁忌》的"被杀害的父亲"是站不住脚的，这是事实，但当我们说这是站不住脚的，应该把重点放在父亲，而非被杀害上。虽然拒绝这部作品所依据的那些理由从字面上看是有效的，但它们是错误的。一切依赖于一种故弄玄虚的混淆。他们声称拒绝的是著作的弱点，但他们消灭的却是著作的力量。他们的矛盾是意味深长的，弗洛伊德的继任者们，"儿子们"，利用"父亲"的一种真正的不足之处，来更好地摆脱《图腾与禁忌》中一切与他们不同的东西，一切让人不安的和能带来丰富成果的东西。我们想要筛选真伪，这种筛选实际是不会错的：从上面飞出的总是假的，留在底下的总是真的。错误，是父亲，是心理分析。真相，是集体杀害，不管这显得多么出奇，多么不可信，真相在于那个进行人类学研究的弗洛伊德。进一步的解读应该会抛弃精神分析保留下来的几乎全部东西，而保留下精神分析抛弃的全部东西。

*

本章即将结束，我们在本章中发现《图腾与禁忌》这部作品比任何现代作品都更加接近本书阐发的论点，即替罪牺牲机制是一切文化秩序的基础。我们由此发现这一论点的一些真实的可能性。我们为弗洛伊德的直觉平了反，尽管弗洛伊德假设的不完善直到此前已经造成一些错综复杂的困难。

有人会反驳我们说，我们超越了弗洛伊德的思想，而我们声称在纠正他。的确如此，但我们提出的矫正丝毫不是武断的曲解，不是"吞并"另一个同样独特和不可同化的主体的"主观"的批评。

本书捍卫的论点，替罪牺牲机制，并非一个勉强过得去的概念，它是任何宗教性的真正起源，稍后我们将看到，它是乱伦禁忌的起源。替罪牺牲机制是弗洛伊德整个作品错过的目标，是他达不到的地方，但这个地方已经接近其著作的统一性。在他这部作品中，理论的重复，散乱性，多元性，可以而应该被解释为他无力达到这个目标。只要补充进替罪牺牲，只要用替罪牺牲来解释这部作品那些散落的片段，这些片段就全部呈现出完整形态，它们会合起来，相互一致，彼此结合如同一幅从未完成的拼图的碎片。弗洛伊德的分析在分裂中是弱小的，在我们的假设

第八章 《图腾与禁忌》与乱伦禁忌

给它们带来的统一中,这些分析变得强大,而人们绝不会说这种统一是从外部强加给它们的。只要放弃将弗洛伊德的思想固化为永远的不变的教条,就会看出在弗洛伊德思想最尖锐的地方,它始终朝向替罪牺牲机制,它始终在暗中瞄准着同一个目标。

我们可以继续用其他文本来证明。要想进一步解释弗洛伊德,必须用与解释仪式相同的方式进行,其实文化诠释只是仪式的另一种形式,因此它从属替罪牺牲机制,借助这一机制,可以对它进行完全的解构。

必须运用比较方法,必须发现一些著作的共同点,所有这些著作"成双成对",却从不相互重复,从不完全重叠。这些文本分身的所有元素之间,存在太多差异,它们的统一性不可能立刻看出来,却让人无法放弃去捕捉这种统一性。

从多方面看,有一部著作与《图腾与禁忌》"成双成对",那就是《摩西与一神教》(*Moïse et le monothéisme*)。在第一本书里,杀害之前谈到一个父亲和多个儿子,即家庭。与此类似,在第二本书里,在杀害之前是摩西的故事和摩西宗教,即社会。摩西扮演与原始群落中的父亲类似的角色。希伯来人在摩西被杀死后失去了父亲,他们类似《图腾与禁忌》中一群兄弟在杀害之后失去父亲。

再一次,弗洛伊德这位阐释者预先给出了集体暴力应该产生的所有寓意。如果一方面,将仅属于《图腾与禁忌》的所有寓意去除;另一方面,将仅属于《摩西与一神教》的所有寓意去除，也就是说将前者的家族和后者的人民、民族以及犹太教去除，那么我们便看到出现了两部著作的可能的共同点：相互对等的暴力向创始的暴力转变，借助的是一次杀害，是对随便什么人的杀害，不再是对特定人物。

同样，要想在弗洛伊德关于乱伦禁忌的两种理论之间进行综合，就必须将集体杀害从第一种理论的家庭框架中抽出来，将它转移到第二种理论中去。

我们自己的立论与这双重的综合是一回事。我们的立论始终处于此处提出的对弗洛伊德的所有解读的交汇点上。创始的暴力只要出现，就预示着沿着弗洛伊德的力矩延长线上的一些轻微的修改，这些修改让创始的暴力能够被揭示为普遍的连接线，因为它是普遍的构建动力。

所以，这里进行的并非印象派的文学批评。我肯定说此处涉及的是客观的研究，沿着弗洛伊德真正的道路而比他走得更远，这让我们对弗洛伊德著作从深度上进行阐明，而弗洛伊德著作从未被人在这个深度上进行过解释，我不认为是在滥用这个说法。将弗洛伊德开始的句子说完，准确说出他是在何时迷途，为什么，是在何种程度上迷途，现在成为可能。准确地定位弗洛伊德这位作者，现在成为可能。弗洛伊德在《精神分析论文集》(*Les Essais de psychanalyse*)中很接近摹仿欲的概念，如同他在《图腾与禁忌》和《摩西与一神教》中很接近创始的暴力的概念。各个例子中，与目标偏差的距离都是相同的，失败的概率相同，工作的进度没有变化。

要想完全放弃欲望的客观性的限定,要想接受暴力摹仿的无限性,就必须明白这种暴力的潜在的无节制性能够而且必须在替罪牺牲机制中得到控制。我们不能预设在人身上存在一种与结成社会的生活不相容的欲望,而同时却不对于这种欲望设定一些能挫败它的东西。要想彻底摆脱人文主义的幻想,只有一个必要条件,也是现代人唯一拒绝满足的条件:那就是必须承认人类对于宗教的根本性的依赖。显然,弗洛伊德不准备满足这个条件。他与许多其他人一样被禁锢在一种垂暮的人文主义中,对于他自己预告和准备的伟大的知识革命,他丝毫没有概念。

*

应该如何设想禁忌的产生?应该将它与所有其他文化起源并列思考。神性显现,丑怪的分身普遍涌现,将族群包裹起来,突然的闪电沿着所有的冲突交锋线分叉。闪电的千百个分叉从敌对的兄弟之间穿过,他们向后退,这就是禁忌。不论冲突的借口是什么,食物、武器、土地、女人……对手们放弃了它们,永远不想再得到。神圣暴力触及的一切,从此全都属于神,因此成为一种绝对禁忌的对象。

对手们醒悟了,感到害怕,此后他们将竭力不重新堕入相互对等的暴力。他们非常清楚应该做什么。神的怒火已经指示给他们。所有暴力曾经爆发的地方,禁忌也被建立起来。

禁忌落在所有曾经充当对立的争夺筹码的女人身上,因此落在所有亲近的女人身上,这并不是因为她们在本质上更加让人渴望,而是因为她们是亲人,因为她们主动投入对立。禁令总是覆盖那些最亲的血亲,但禁令的外部界限并不一定与真实的亲缘吻合。

从它们的原则上,从很多行为模式上,这些禁忌是无用的。它们并没有停留于虚幻,它们阻止亲人们堕入暴力的摹仿。在前一章,我们看到,初民禁忌对于暴力及其后果,表现出某种知识,是现代人的无知不能达到的。原因很容易明白。禁忌就是暴力本身,是从前一场危机的全部暴力,暴力被原地固定下来,暴力是到处竖起的墙,防止暴力本身的回归。禁忌表现出某种微妙,与暴力的微妙相等,这是因为禁忌总归与暴力是一回事。这也是为何在迷狂的精神笼罩了族群的时候,禁忌有时会纵容暴力,扩大事态。如同所有献祭的庇佑形态,禁忌可能转而对它庇护的东西不利。

这一切证实和补足了我们在本书开篇已经发现的内容:性是神圣暴力的一部分。性禁忌,如同其他所有禁忌,是献祭性的。任何合法的性行为都是献祭性的。这意味着,实际上在族群成员之间,合法的性行为与合法的暴力同样不存在。乱伦禁忌与对族群之内的任何杀人与仪式祭杀的禁忌,具有相同起源和相同功能。这便是为何这些禁忌彼此相似。在许多例子中,罗伯逊·史密斯都观察到这种相似,这些禁忌彼此完全覆盖。

与血腥的献祭一样,合法的性行为、婚姻结合,从不在那些共同生活的人中间选择其"牺牲"。婚姻规则（针对乱伦禁忌）与确定对献祭牺牲的选择的规则（针对复仇禁忌）相似。所有这些规则都将性行为和暴力推向相同的离心方向。在许多例子里，到底是性行为转化为献祭，还是暴力转化为献祭，我们几乎分不出来。婚姻的人员交换可能通常伴随着仪式化的暴力，与其他仪式性的战争形态类似。这种系统化的暴力与无休止的复仇相似，如果无休止的复仇不被转移到外部，它便会在族群内部肆虐。系统化的暴力与外婚制是一回事，外婚制是将性欲转向外部。因此其实只有一个问题：暴力。解决它的方式只有一个，那就是把它转移到外部：在它们中一个或者两个同时存在与人们的共同生活本身不相容的地方，必须禁止暴力和性欲在此扎根。

合法的性行为的所有侧面，特别是西方家庭中的，如今仍然显露其献祭特征。夫妇的性行为是最核心、最根本的，因为它是家庭的源头本身。但夫妇的性行为并不可见，它是处于真正的家庭生活之外的。在直接血亲眼中，特别是孩子们眼中，夫妇性行为仿佛不存在似的；有时，夫妇性行为如同最隐蔽的暴力一样，与创始的暴力本身一样被隐藏起来。

在合法的性行为的周围，是一片真正的禁区，这是由全部性禁令界定的禁区，而乱伦禁忌只是这个整体的一部分，虽然是最主要的部分。在禁区内部，所有性行为，所有性挑逗，有时甚至所有性暗示，都被禁止。与此相同，在庙宇的周围，在举行献祭的地点周围，对暴力的禁止要比别处严格。由性来制约的暴力,如同仪式中祭杀的暴力,是吉祥的和带来丰饶的,它被一种真正的防疫带圈起来。它不可能在族群内部自由扩展而不变成不祥的和摧毁性的。

初民社会通常比我们的社会有更多禁忌包围。然而,许多初民社会却没有我们自己的禁忌。不应将这种相对的自由诠释为与所谓"镇压"相反和对称的一种意识形态上的令人鼓舞之事,虽然在我们的社会中,性行为是始终受到镇压的。人文主义或自然主义对性行为的褒扬是西方的和现代的发明。在一些初民社会中,如果性行为既不是合法(即不是严格意义或广泛意义上具有仪式性的),又不受禁止,那么我们可以肯定,在这些社会中,性行为只不过被看作无足轻重罢了,换言之,就是它不足以扩大内部的暴力。在某些社会中,未结婚的青少年的性行为便是如此,还有与外来人的性关系,当然还有外来人之间的性关系。

禁忌具有一个首要功能。它们在人类族群的核心保留了一个保护区,一种最小化的非暴力,它对于那些主要功能,对于儿童的存活,对于儿童的文化教育,对于让人类成之为人类的一切,是绝对必不可少的。虽然存在一些禁忌在起着这样的作用,我们却不能将之看作大自然的恩赐,看作志得意满的人文主义的那种自然神,大自然是由历史上基督教义解体而产生的乐观主义神学的最后继承者。现在,替罪牺牲机制在我们看来是主要负责的,是因为存在人类这种东西。现在,我们知道在动物的生命中,暴力具有一些个体约束机制。同一类的动物从不争斗到死。胜利者会饶过战败者。人类不具有这种保护机制。个体的生物学上的机制被替罪牺牲的集体和文化机制取代。没有宗教便没有社会，因为没有宗教，任何社会都不可能存在。

对人类学的材料我们的看法是一致的，这些材料原本早就应该让我们理解禁忌的功能与起源本身。仪式与节日中的违犯禁忌，明确指示出这种起源，因为违禁与献祭或所谓的"图腾"仪式关联。如果我们审视被归因于非仪式性违禁的那些灾难性的或者只是让人恼火的后果，便会看出这些后果总是可归纳为一些祭祀危机的征兆，它们是半神话、半现实的。所以，其中涉及的始终是暴力。这种暴力以传染病甚至以干旱与洪水的形式出现，我们不应因为这样的事实称其为"迷信"，不应认为问题这样就已经彻底解决。在宗教性中，现代思维总是选择那些最荒谬的元素，至少表面上如此，这些元素看起来不可能有任何理性的诠释，总之，现代思维总是设法确认它对于宗教性的根本结论是站得住脚的，这一结论就是宗教性与现实毫无关系。

这种误解不再会持续很久。禁忌的真正功能已经被弗洛伊德发现，而随后很快就被遗忘，在乔治·巴塔耶（Georges Bataille）的《论色情》（*L'Erotisme*）中，它被重新以非常明晰的方式表述出来。巴塔耶有时在谈到暴力时，好像暴力只是终极的调味品，是唯一能够唤醒现代性的麻木感官的东西。同样，有时这部著作会超越它的颓废美学，它正是这种颓废美学的一种极端表述：

禁忌消灭暴力，而我们的暴力发作（包括那些与性冲动相对应的暴力发作）摧毁我们身上的平静的章法，而如果没有这种平静的章法，人类的意识就是不可设想的[1]。

---

[1] 乔治·巴塔耶:《论色情》，Plon, Paris, 1965, p.430。

第九章　列维-斯特劳斯、结构主义与婚姻法则

以之为起点来构建一种亲属体系的结构单位是我称作"基本家庭"的群体。这个群体由一个男人、他的妻子和他们的孩子构成……基本家庭的存在产生社会关系的三个独特类别，亲子关系、同胞兄弟姐妹（sibling）间关系、作为父母亲的夫妻关系……在基本家庭中存在的这三类关系构成我所说的第一级的关系。第二级的关系是从两个基本家庭借助一个共同成员拉近关系而产生的，比如父亲的父亲、母亲的兄弟、妻子的姐妹等。在第三级的关系中，是兄弟的儿子和母亲的兄弟的妻子。由此，如果我们掌握必要的谱系信息，我们可以找出第四级、第五级或若干级的关系。

A. R. 拉德克利夫-布朗从自身关于亲属关系的研究中阐发出这些原则，他能够代表在列维-斯特劳斯的著作之前在大家的思想中的关于亲属关系的主要预设。在题目为《语言学与人类学中的结构分析》（«L'Analyse structurale en linguistique et en anthropologie»》)的文章里[1],列维-斯特劳斯引用了这一文本,并用他自己的研究来反驳它的研究是亲属关系领域的结构研究方法的基础。

基本家庭并非不可化简的单位,因为它建立在婚姻的基础上。基本家庭并非原初的和基本的,它自身已经是一种组合物。所以,基本家庭并非起点,而是终点。它是一些群体间的交换造成的,而并没有任何生物学上的必然性让这些群体接近:

> 亲属关系被人接受和得以延续,仅仅是借助和通过一些特定的联姻模式。换言之,拉德克利夫-布朗称作"第一级的关系"的那些关系属于功能,它们取决于他看作次要和派生的那些关系。人类亲属关系的首要特征是,作为它的存在条件,它要求将拉德克利夫-布朗称作"基本家庭"的东西纳入关系之中。所以,真正"基本"的,并非家庭,不是孤立项,而是这些项之间的关系。

应该对常识进行怀疑,常识从不忘记拉德克利夫-布朗的"基本家庭"背后的那些真正生物学意义的关系的存在,拒绝把系统当作系统来思考:

---

[1] 刊载于《词语》(*Word*), I, 2, 1945。重新收入《结构人类学》(*Anthropologie structural*), Paris, 1958, pp. 37-62。

第九章　列维-斯特劳斯、结构主义与婚姻法则

无疑，生物学意义的家庭在人类社会中是存在的，而且在延续。但是赋亲属关系以社会现实的性质的东西，并非亲属关系必然从自然中保留下来的东西：这种东西正是亲属关系因之与自然分离的那个关键步骤。亲属关系不在于个体之间既有的客观的亲子或血缘联系。亲属关系仅仅存在于人类的意识中，它是一种武断的表现系统，而非某种实际处境的自发的发展。

武断的元素等同于此处称作系统的"象征"性的东西。象征思维（形象思维）将一些实体拉近，而并没有任何东西迫使它进行拉近，此处拉近的是两个个体，象征思维将他们彼此结合，比如两个表兄妹，在奉行姑表结亲的地方，他们的结合似乎是必然的，但实际上并不对应于任何真正的必然性。对此的证明是，某个社会中得到允许甚至被要求的一类婚姻，在另一个社会中却相反是明令禁止的。

是否应该得出结论认为亲属关系系统构成一种反自然？前面的引文已经指出，在这一点上，列维-斯特劳斯的思想要比某些诠释让人以为的更加谨慎和层次丰富。在指出亲属关系系统并非"某种实际处境的自发的发展"之后，作者接着写道：

> 这并不意味着这一实际处境不会自动遭到反驳，甚至被人简单忽略。拉德克利夫-布朗在如今成为经典的研究中指出，甚至表面上最僵化和最造作的系统，比如

> 大洋洲土著人依据婚配阶级的婚姻制度也会仔细考虑到生物学意义的亲属关系。

这里被强调的内容显而易见,但是只要情况不让它那么显而易见,列维-斯特劳斯自己发现的极端的、简单的构想就可能让他产生误解,而且常常让那些引用他的思想的人误解。

虽然在前面几句批评了拉德克利夫-布朗,但列维-斯特劳斯对他的致敬并不是纯粹走形式。但是,也许应该走得更远,应该弄清这种澄清是否足够。他告诉我们,亲属关系系统,甚至表面上最僵化和最造作的系统……也会仔细考虑到生物学意义的亲属关系。这一断语当然是准确的,但真的可以局限于此吗,难道这里不应该再说点什么?

人类只能"考虑到"一些已经可供他们头脑支配的材料。这个句子假设生物学意义的亲属关系是在各种亲属关系系统之外,即在文化之外,可供人类头脑支配的。这是一种不可设想的事情。两种彼此有别的现实可能被混淆,那就是:(a)生物学意义的亲属关系的事实,人类繁殖的真实数据;(b)对这些数据的知识,对世代和血缘关系的认识。显然,人类对(a)从不陌生,因为人类无法违犯生物学规律来自我繁殖。这同样适用于"文化状态"和"自然状态"以及自然的群居性。但是对这些生物学法则的知识就是另一回事了。自然状态与自然的群居性并不包含发现生物学法则所必需的辨别能力。有人会说我们陷入无谓和抽象的思辨。但

第九章 列维-斯特劳斯、结构主义与婚姻法则

相反,我们其实是在发现一种一直隐藏着的、完全没有得到解释的思辨类的预设,它大体与自然主义的和现代的神话有关。人们想象在"自然状态"与生物学的真理乃至普遍的科学真理之间存在一种接近和一种特别的亲和力。

如果涉及关于人类繁殖的生物学的事实,那么我们要重复说,在文化与自然之间便不存在差别;如果相反涉及知识,那么肯定存在一种差别,这种差别是不利于自然的。要想鉴别真相,只要让同一胎的猫自由繁殖几代就足够了。我们可以有把握地预言,不长时间之后,联姻关系、亲子关系和血亲关系就会出现一团乱麻的混淆,以至于"基本家庭"的最杰出的专家也无力分清楚。

不管这场面多么让人懊丧,却无法让我们的头脑摆脱这样的认识,即三类关系仍然彼此有别,它们真实存在。甚至我们中间走得最远的思想者也无法说服我们父、子、兄弟、母亲、女儿、姐妹是我们的被欺骗的感官的幻觉,或者某种超级幻境的作用,是某个独断的、喜欢贴标签的和压抑性的头脑产生的噩梦。繁殖的基本知识一旦被人发现,它们就显得如此显而易见,以至于不了解它们是不可设想的。

这里,谁会看不出发现基本的生物学知识要求对我们刚刚定义的联姻、亲子关系和血亲关系三类关系的正式的区分,而这种正式的区分只有在已有的真实分隔的基础上,即乱伦禁忌与各种亲属关系系统的基础上才有可能。

只有亲属关系系统能够确保发现生物学知识,不论系统多么僵化和造作都会确保这种发现,这仅仅是因为这些亲属

关系系统的共同基础，如同列维-斯特劳斯确认的，就是对姻亲与血亲的一种严格区分。

虽然亲属关系系统在它们的外部界限上是多变的和不可预测的，但在它们的核心部分却并非如此：一方面，父母与子女之间，婚姻总是被禁止的；另一方面，在兄弟和姐妹之间也是。此处，例外非常少，它们的性质独特，往往是仪式性的，可以严格地将这些例外看作是能够确认规则的例外。不论某些得到鼓励的正面意义的婚姻规则显得多么过分，多么僵化，不论构成这些正面规则的反面的禁忌在它们的最大扩张范围上是多么武断，亲属关系系统的内核还在，并且不会造成问题。根本的作用仍在：所有亲属关系系统都在性秩序上分别合法与非法，以便将繁殖功能与亲子关系和兄弟姐妹关系分隔开来，由此确保那些性行为由这个秩序控制的人能够发现关于繁殖的基本变量。

有理由认为，在自然的群居状态，性行为与孩子诞生之间的联系（受孕这个事实本身）应该仍然是无法观察到的。只有乱伦禁忌能够提供给人类认识这一事实所必需的几乎实验性的条件，方法是在性生活中引入增加稳定的元素和一些有系统的排斥，如果没有这些，能够解释问题的那些拉近与对比就不可能。只有禁忌才能让人确定性行为的果实，方法是将这些成果与禁欲的不育加以对立。

当然，不可能重新构拟这样的历史，甚至不必要弄清楚事情是如何发生的。此刻，我们所尝试做的一切，是将列维-斯特劳斯对基本家庭的批评推到列维-斯特劳斯本人没有达到的地方。构成基本家庭的三个关系类型，与那些必须被隔绝和分别开以便保证对生物学知识的发现的那些关系是一回事：这些关系实际上在所有亲属关系系统中都是被隔绝与分别的。基本家庭的概念本身，如果没有亲属关系系统，将是绝对不可设想的，而我们总是可以从任何亲属关系系统中推导出这一概念，至少在理论上如此，那些定义这个概念的区别实际总是必须在所有亲属关系系统中都得到保证的。所以，基本家庭并非构成亲属关系系统的细胞，而是其结果，我们看出这有多么真实，比人类学认为的更加真实。这便是为何说哪怕最僵化和最造作的亲属关系系统也会考虑到生物学意义的亲属关系还不够。最初，是亲属关系系统发现了生物学意义的亲属关系。亲属关系系统的存在是对于生物学意义的亲属关系的所有知识的条件。

总之，要彻底接受亲属关系系统对它建立的所有关系的优先性，不遗漏任何后果。必须参照这一系统来思考一切，是因为这个系统是真正的第一系统，即使与生物学相比也是如此，虽然它与生物学并不矛盾。实际上，它不可能与之矛盾，因为我们将它定义为姻亲与血亲的严格分离。我们不可能从这个系统促成的而且紧密依赖于它的那些知识为出发点来进行思考。必须拒绝以生物学为出发点，并不是因为它属于自然，而是相反，是因为生物学完全属于文化。生物学是由那些亲属关系系统推导出来的，基本家庭构成这些系统的共同点。这便是为何生物学不具有奠基性。系统是连成片的，应该作为整体来破解它，同时不被由它引起的但对它没有限定性的多种可能性分散精力。

虽然构成基本家庭的三种关系与生物学繁殖的真实情况完全吻合，但如果不存在乱伦禁忌来区分这些关系，这些关系便不会这样得到区分。换言之，如果没有乱伦禁忌，便同样没有生物学知识。但是发现生物学的真相，这显然并非亲属关系系统的存在理由。生物学的真相不是唯一被人发现的，至少从隐含意义上是这样。这个真相属于一个更大的整体。这便是为何不应该把它当作出发点的原因。

此处阐发的思想，丝毫不意味着对如今人们争论的关于某些文化可能对于人类受孕的生物学事实完全无知的问题采取任何特别立场。应该指出，对于目前人们对一些关于土著人的见证材料的怀疑，与过去人们对这些见证材料的信任，我们的立论都同样适合，从某种意义上讲甚至更加适合。

同样有可能，尽管有乱伦禁忌，某些文化却从未发现性行为与生育之间的关系。这是马林诺夫斯基与许多人类学家的论点。它依据对土著人生活的长期密切接触。人们可能疑惑，这一论点是否真的受到如今用来反驳它的那些论据的否定。从前的观察者可能过于相信他们的受访人对他们讲述的东西了。宣称对生物学意义的受孕一无所知，对此我们应该带着一点常识和怀疑精神来对待。

但是有可能，我们所说的怀疑主义虽然显然是旨在为初民的智力能力平反，其自身却暴露出另一形式的民族中心主义，而且更加隐蔽。实际上，在这样一个领域，呼唤常识，不论是多么谨慎的呼唤，都必然会有些蛊惑人心的样子。得了吧！你们不会相信存在那么蠢的人，连性行为与生育之间的关系都不知道吧。这便是我们的文化狭隘性对那些跟自己哪怕有一点点不同的人们形成的意见！

让我们重复讲，本书讨论的问题与这场争论并不真正同路。这场争论的最终答案并不重要。我们只是想指出，从前人们对土著人关于受孕的无知的断语在如今"纯属自然"的氛围里受到了批评，而这种氛围只可能延续和加强一直存在的从文化中剥离基本的生物学真相而将它们重新归入自然的一种倾向。显而易见的常识，不容辩驳的"这是当然"，伴随的是我们在前文提到的当前人们对"基本家庭"的批评中所指出的不足性，更普遍地看，伴随的是认为自然比文化更加乐于接纳纯粹科学的真理，这种真正具有神话性的观念中的一切不经思考的东西。所有真相，不论多么基础，都要以文化为介质。人类绝不可能直接从"自然的伟大书本"中读取东西，因为这本书里的每一行都是模糊的。

*

将关于生物学意义的关系的真理定位于亲属关系系统的内部，列维-斯特劳斯在摆脱所有犹豫和暧昧时感到的困难，来源于我们这个时代的几乎直觉性的感觉，即觉得建立科学的那种思维不可能与神话、仪式和亲属关系系统的思维属于同一类。我们在这里对于列维-斯特劳斯明确表述的（可能并非一贯性的）学说的关注不如对他1945年文章中的思想所遵循的那些隐含的原则的关注（就是我们正在评述的这一篇)。其实，这里较少涉及弗洛伊德本人，而更多涉及一个几乎具有普遍性的预设，同弗洛伊德本人在他的文章中所做的一样，我们尝试根据拉德克利夫-布朗的文本来发现这个预设，这就是对基本家庭的预设，我们自己的研究是对它的延展，但我们挖掘得更深。

亲属关系系统"并不忽视""并不反驳"生物学意义的亲属关系，而是相反"仔细考虑到"它，这个事实从现代思维来看并不是自然而然的。

难以承认我们对于基本生物学事实的知识与亲属关系系统的那些最僵化和最造作的区分是属于同一个思维模式的。在两者当中，我们面对的是与运转方式相似的智力机制，面对的是同一种象征思维，它拉近和区分一些概念，这些概念的统一和分隔并不是自然中既有的。然而，显然我们不能将象征思维的所有成果看作等价的。存在错误的象征思维，比如：

（a）孩子出生是因为精灵占有女性。

也存在正确的象征思维，比如：

（b）孩子出生是由于女人与男人的性结合。

从结构主义的意义上，思维无不是"象征的"，所以如今将象征这个词当作"错误"的不言自明的同义语，与过去把它当作"真实"的不言自明的同义语一样，都是不对的。列维-斯特劳斯第一个强调说，在任何文化习得中都存在大量有用知识，因为知识是建立在真相上，而且必须是真的，不然文化就无法存活。

第九章 列维-斯特劳斯、结构主义与婚姻法则

所以不论它们的模式是怎样的，所有亲属关系系统都要进行一些区分，这些区分从生物学的真实关系来看都是本质性的。然而，在初民文化中，在这一领域，亲属关系系统所做的往往远远超出必要。这些本质的生物学关系似乎都是根据一个原则阐发的：能力最大的就是能力最小的。同时阐发的还有另一些关系，从我们关心的方面看它们的寓意是次要的或者没有意义的：比如，堂兄妹与表兄妹的区分，或氏族、亚氏族等的区分。

所有这些区分，直到某种程度上，都是一体的：换言之，它们构成系统。赋生物学意义以绝对优先性，我们现代的这种倾向扰乱了亲缘关系系统的系统化的样貌。服从这种倾向，就会到处造出一些不可解释的"残余"，一些有悖常理的东西和例外，这些现象暴露出我们没有弄明白这些结构。结构主义有理由要求人类学家打击那种几乎不可抗拒的以生物学知识为出发点的倾向。

为何这种倾向在我们身上起作用就如同第二天性一样？因为我们自身的亲属关系系统与基本家庭是一回事。它与被化简到最简单表述的外婚制原则是一回事。因此，从真实的代际繁殖来看它与必要和充分的禁忌的最小值是一回事。

应该清楚看到这种吻合：它也许为提出我们社会面对初民社会是否具有独特性这个始终棘手的问题提供了真正的语境。如今，人们不懈地重复说，现代家庭与其他亲属关系系统同样武断。这对也不对。一个现象相对于一个特定参照系

来说可能是武断的，相对于另一个参照系来说却可能不是。仅仅以生殖的事实来衡量亲属关系系统，显然我们的系统与其他系统同样武断。在真实的生物学功能的层面上，一个系统禁止一个男人娶下列哪组人并不重要：

（a）他的母亲、姐妹、女儿和所有×氏族的女人。

（b）仅仅是他的母亲、姐妹和姐妹。

生物学机制在第一种情况中与第二种情况中同样起作用，如果没有任何禁忌，这些生物学机制大概同样运转良好，不论韦斯特马克（Westermarck）高兴与否[1]。相对于生殖的真实情况，已经可以得出结论了：所有亲属关系系统都同样是武断的。

与此相反，存在一种区别，区别不在于所有系统都以暗含的方式发现的纯粹的知识方面，而是在它们对这种知识的强调方面。虽然所有系统都具有在生物学方面的知识传授价值，但我们现代西方的系统却具有异常突出的知识传授价值。在我们的系统中，所有禁忌都揭示一种主要关系，所有主要的生物学意义的关系都由某种禁忌来揭示。

只要仅限用生物学知识来举证说明问题，我们的系统与其他系统之间的差别似乎是无关紧要的。对禁忌的极端化简强调已经发现的知识，更加突出这种知识，但却揭示不出任何新知识。以生物学来举证，可能暗示着我们自身的系统具

---

[1] 韦斯特马克效应说两个从小一起长大的孩子互相没有性吸引力。——译注

有相对的独特性，却无法加以证明。

我们最初把重点放在生物学内容上，目的是排除这一领域对事实与知识不加区分所构成的绊脚石。必须用最简单、最直接的例证来证明象征思维，哪怕是最具神话性的象征思维，都能够发现一些关系，这些关系所具有的真理性是不容动摇的，象征思维还能够发现一些差别，这些差别是神话和文化的相对主义把握不到的。但是生物学的例证对我们论题的后续发展来说过于粗陋。必须过渡到另一类例证，即文化研究的例证。必须沿着前面的观察，指出人类学的特殊性为人类学开辟了绝佳的前途。

列维-斯特劳斯意义上的亲属关系语言，就是确定一些外婚制群体的婚姻交换循环的规则系统。每当一个群体把一个女性交给另一个群体，受益的群体就通过自己将一位女性交给前一个群体或者第三个群体来做出回答，视规则系统所要求的内容而定。回答构成一次新的召唤，必须以等价的方式予以回答，以此类推。不论循环是大是小，最终必须闭合。问与答来自系统。问与答总是依照相同顺序相继，至少原则上如此。如果说存在着传统结构主义意义上的语言，却不存在乔姆斯基派意义的语言[1]。这里所缺乏的是一个关键特征，那就是真实语言的无限创新性，是始终存在着的发明一些新句子的可能的，一种说出从未有人说过的东西的可能。

---

[1] 指生成能力。——译注

所以，应该注意到，一方面亲属关系语言是不完整的；另一方面，某些社会，首先是我们的社会，不说这种语言或者不再说这种语言。一个系统把禁忌限制到最少，就像我们的社会所做的这样，这个系统实际上就消灭了所有正面建议性的命令。换言之，它将婚姻交换的语言化简为零。在现代社会存在的所有地方，人们不再能将婚姻纳入特定的联姻循环中。当然，这并不意味着外婚制消失了。外婚制不仅存在，而且它正在进行形形色色的民众间的前所未有的混合，尽管这其中仍然残存着一些种族的、经济的、民族的隔阂。如果我们的信息足够充足，我们可以通过最多样的文化介质、服装风尚、文娱演出等来估量那些决定婚姻结合的因素。在科学的决定论的意义上，外婚制肯定是确定的，但不是通过所有人都可能而且必须参照的社会和宗教命令来被决定的。影响人们结合的因素，并不仅仅具有婚姻的意义。不再存在亲属关系特有的语言。不再有语码来指导每个人自己的行为，告诉每个人所有其他人的行为是怎样的。预测充其量具有一种统计学特征。在个体水平上，预测是不可能的。不应让"语言"这个隐喻用法向我们掩盖这些本质区别。

只要人们仍旧处于亲属关系系统的框架之内，那么将系统等同于一种语言，不管这有多么不完美，即便是在初民的系统中，这种等同也是宝贵的。这种等同甚至可以帮我们更好领会这些系统与我们相对的系统缺失之间的差别。实际上，没有人不知道习得外国语的主要障碍就是自己的母语。

第九章　列维-斯特劳斯、结构主义与婚姻法则

我们越是掌握得好,最初的语言越是掌控我们。它甚至在它的掌控方式中表现出某种嫉妒心,因为它去除了我们对任何不属于它的语言的几乎所有接纳性。在语言领域,孩子表现出的同化能力与他们的遗忘能力相称。最伟大的语言学家往往不再有真正是他们自己的语言。

我们的社会彻底消除婚姻制度语言的残余,这一事实与我们对那些继续说这样语言的人的关注,与我们在对这些语言的解读和系统分类中所表现出的特殊能力,应该不是毫不相关的。我们的社会可以学会说各种亲属关系语言,这是因为它自己没有任何语言。我们的社会不仅能读解所有真正存在的系统,它还可以产生一些不存在的系统。我们可以发明无限多的可能的系统,因为我们从源头上把握了所有外婚制语言的原则。在各个系统与它们系统构成的大系统之间,在列维-斯特劳斯意义上的各个亲属关系"语言"与列维-斯特劳斯本人在《亲缘关系的基本结构》中的语言之间,存在的差别同传统的结构主义语言概念与乔姆斯基的语言观念之间的差别属于同一类。

所以,应该得出结论认为,我们书中的人类学要素大概与我们想成为人类学家、语言学家的抱负不无关系,更普遍地说大概与我们想成为文化领域的研究者的抱负不无关系。并不是说我们的亲属关系系统独自将我们引向人类学研究。我们看到多系列的类似现象。唯一不懈地进行人类学研究的社会,同样是一个将自己的禁忌系统化简为基本家庭的社会。我们无法不将这个事实看作一种偶然的相遇,一种单纯

的巧合。

无疑应该首先放弃仪式与亲属关系语言，才能开始讲研究的语言——借助那些广义的"文化活动"的中介。从一个模式到另一个模式，中间没有断裂。"献祭"的误解元素在任何阶段都不会完全消失。这并不妨碍知识的元素得到深入、增加和组织。

要想让人类学变成真正的科学，它必须对自身的基础进行思考，这种思考的对象不是个体的人类学家，而是产生人类学家与其他类型的人的那个社会，比如产生浪漫的英雄等。在人类学的文献中，人类学家自己所处的社会总是被搁置，虽然他们声称自己正在谈论这个社会。从前，他们肯定说这个社会与初民社会毫无共同点，那时这种悬而未决是明确的。如今，他们肯定说这个社会仅仅是诸多社会中的一种，它肯定与其他社会有别，但其他社会一样彼此有别，这时这种悬而未决就是暗含的了。这显然是错的。如果我们不要求人类学家提供鞭子来抨击我们这些共同享有特权的人的傲慢，那么应该承认我们总归不可能把我们的亲属关系系统放在大洋洲原住民系统或克鲁型（姑之儿女称谓与姑同辈）-欧马哈型（舅之儿女称谓与舅同辈）系统的同一个平面上。相对于我们无法脱离的一些知识形式，我们的亲属关系系统丝毫不是武断的。不应该在这一点上对反民族中心主义的敲诈让步，反民族中心主义让我们偏离最本质的东西，故而反民族中心主义具有一种献祭特征，反民族中心主义构成某种民族中心主义的最后的、矛盾的

第九章　列维-斯特劳斯、结构主义与婚姻法则

然而合乎逻辑的花招。

*

现代思维发现各个文化体系中存在的大量武断的东西。构成文化体系的多数命题都不能归入命题（b）意义上真的范畴，也不能归入命题（a）意义上假的范畴。这些命题几乎总是属于第三个范畴，这个范畴并不对应主张这些命题的文化之外的任何现实。比如：

（c）姑姨表亲具有对婚姻的特殊的亲和力。

这一大堆武断的东西，总归是人类思维的"原罪"，随着我们变得有能力列举和破解它，这种原罪越来越暴露出来。不应该指责那些倾向于淡化甚至完全看不到伴随着武断性的真相和真相萌芽，却淹没在大堆武断性之中的思想家。"象征思维"整体上与神话雷同。面对现实，人们赋予象征思维一种独立性，有些人认为这种独立性是令人自豪的，但最终这种独立性却被人发现是令人失望和缺乏成果的，因为它与现实不再有关系。人类的文化遗产受到普遍的怀疑。人们关心文化遗产只是为了将它"去除神话性"，即证明文化遗产只是利益的某种排列组合，除了提供机会给那些去除神话的人来施展技巧，它几乎毫无用处。

这里，人类变成一场大型的故弄玄虚的牺牲品，而我们是首先拆解它的机制的。这种文化虚无主义必然伴随着一种对科学的迷信。我们能够发现一种控制人类的人类思维的原罪，那是因为我们必须摆脱它。我们必须拥有一种彻底不同

的思维，即科学，才最终能够发现之前所有思维的荒谬性。既然直到此前不久，谎言都是无懈可击的，那么这种科学应该是全新的，与过去没有牵连，斩断了所有的根。应该将它看作纯属某种超人的发现，超人与普通凡人毫无共同点，甚至与他自身的过去毫无共同点。为了把我们一下子从祖先漆黑的谎言转移到科学闪亮的真理，这位人类解放者不得不斩断将我们联结到任何神话思维的母体上的脐带。我们的硬而纯的科学必须是"知识论的决裂"的结果，而且这种决裂没有任何预告和准备。

这种科学的超凡入圣属于源自哲学甚至宗教的一种深深的反感，不愿承认真实可以与武断共存，甚至可能根植于这种武断之中。必须承认对于我们的思维习惯来说这中间存在一种真正的困难。认为真正的思维与所谓神话思维从本质上没有区别，这个想法让我们觉得是惊世骇俗的。这可能是因为我们所确定的真理，在文化领域显得如此之少，以至于我们认为它们应该具有透明的、严格理性的和完全被掌握的源头。

科学与非科学的两元性实际上始自科学世纪，这种两元性有多种多样的形式。因为科学与文化近似，尚未能征服它，这种两元性更加激化。正是这种两元性引起前文中提到的列维-斯特劳斯的轻微的惊奇，他吃惊于即便亲属关系系统中最造作的系统也仔细考虑到生物学意义的真理。后来在《野蛮人的思想》中，列维-斯特劳斯努力用一种非常温和与微妙的形式来表述这种两元性，一方面使用"野蛮人的思维"和"随创"[1]的名词，另一方面使用"工程师的思维"。

我们已经看到，在列维-斯特劳斯的思想中有一种几乎不可避免的倾向，倾向于将真理放在一旁，把它们留给"自然"或思想的"工程师"，或者留给两者的一种不明确的组合，列维-斯特劳斯称之为"自然主义思维"。比如在关于结构分析的文章里，列维-斯特劳斯肯定说，要想研究亲属关系系统就必须放弃"自然主义思维"，但这并不是因为这种思维是错误的，而是相反，这种思维过于真实，因此不会考虑到"象征思维"的那些狂想。结构人类学因此具有某种短暂和过渡性的东西；它仅仅是借助象征思维而进行的一种迂回，它借用象征思维自身的武器来更好"消解"它，目的是消散我们的文化的恶魔，让自然与科学能够携手并进。

当然，所有这些问题都能汇集到一个根本问题，即象征思维的起源问题。如果象征系统仅仅是"某种实际情况的自发的发展"，如果自然与文化之间存在断裂，那么起源问题便被提了出来，是以急迫的方式提出的。列维-斯特劳斯与普遍意义上的结构主义，拒绝将起源问题用纯粹形式方法之外的方式来看待。自然向文化的过渡，其根源在"人类天性的常量"。没有理由对这种过渡提出问题。这大概仅仅是个伪问题，真正的科学是不理会的。只有神话才用某个丑怪的

---

[1] bricolage 法文原意为就手头现有材料随机应变。——译注

事件，用不必浪费时间研究的某个巨大的和离奇的灾难来标志这种过渡。《图腾与禁忌》只是个起源神话，与其他的起源神话类似，这部著作仅提供满足好奇心的价值。应该把它与所有其他神话同等对待。

这里应该回顾《语言学与人类学中的结构分析》中引用过的一句话，因为这句话反映出我们尝试归纳的那些视角，同样因为它没有反映出的东西，它暗示出的迟疑是我们感兴趣的。绝无仅有的一次，象征思维的起源问题成为真正的问题，但我们却不知道这个问题已经解决，还是有待解决：

> 然而，借助自然主义的诠释来尝试理解象征思维的出现，如果这是合理的，并且在某种意义上不可避免，那么诠释一旦做出，诠释就应该彻底改变性质，就如同新出现的现象会与它之前的预备它的那些现象截然不同。

如果说象征思维是一个既定量，这是因为我们把握住了它的诞生还是因为我们把握不住呢？这种诞生没有人觉察，是一种静默的转变，如同后来的许多变迁所暗示或肯定的那样，还是相反涉及一个真正事件呢？前面的句子似乎通向第二种可能：这句话让我们将象征思维的出现看作有理由甚至不可避免地提出疑问的事情。但是他告诉我们的"之前的预备"这个事件的那些现象是什么？应该如何看待似乎专属于"自然主义的诠释"的研究呢？

第九章 列维-斯特劳斯、结构主义与婚姻法则

列维-斯特劳斯是第一个对此提出本质问题的，虽然只是以间接的几乎不经意的方式提出的。读者已经知道我们想要回答这个问题，而且知道答案是什么。现在要指出或者至少提出这个答案是唯一能够解释一种当代思想的矛盾和困境的，这种当代思想在原初力量周围打转，却不能掌握它，甚至因为拒绝形式主义而使自己无法掌握它。

象征思维的起源在于替罪牺牲机制。这正是我们尝试证明的，尤其是在我们对俄狄浦斯神话与狄俄尼索斯神话的分析中尝试证明的。正是应该从根本性的裁断（arbitrage）出发来设想武断性（arbitraire）和真实性在各象征系统中的同时的存在。

我们已经说过，集体杀害重新带来平静，与之前歇斯底里的高潮形成截然反差。对于这种思维有利的条件与最配得上这种思维的思考对象同时出现。人们回身转向神迹，目的是延续它和重复它。所以，他们必须以某种确定方式来思考神迹。神话、仪式、亲属关系系统构成这种思考的最初结果。

说到象征思维的起源，就等于说到语言的起源，它是真正的"去／来"（fort/da）游戏，从中出现了所有的名称，它是暴力与和平的伟大交替。如果说替罪牺牲机制导致语言，同时构成语言的第一个对象，那么我们设想语言首先表达的是最坏与最好的结合，是神性的显现，是纪念神性显现的仪式和对它进行记忆的神话。语言长久浸染着神圣性，所以语言看起来专用于神圣事物，而且得到了神圣性的恩准。

文化寓意必然包含武断性，因为文化寓意确立一些差距，这些差距中奉行着绝对的对称性，因为这些文化寓意是在同一性内部建立一些差别，因为这些文化寓意是用寓意的稳定性来替换暴力的相互对等性的迷狂，比如一侧是瘟疫，而另一侧是弑父与乱伦。每当区分机制作用于那些彼此毫无分别的人，它必然出错。必须让区分机制出错，才能起到有效作用，才能产生整个族群的有差别的统一。在活跃的文化的内部，人们无法辨识寓意的武断性，因为这些寓意是从他们不了解的这种机制里产生的。

区分、排除和结合的机制来源于创始进程，这些机制首先施加于这个进程之上，它们产生了宗教思维。但它们并不专属于宗教，它们是任何思维的机制。我们无法抛弃它们，甚至无法轻视它们，因为我们并没有别的机制可用。而且，我们必须看到，它们并没有那么坏。只要这些机制用在原始进程之外的地方，哪怕是作用在原始进程上，我们看到这些机制发现一些真正的差别，正确地分析现象，选择一些丝毫不属于相对性的知识，比如关于人类生殖的知识。并不是因为现在这些知识在实验室里变得可以检验，才将这些知识转变为科学真理的。如果它们今天是科学的，那么它们过去一直是科学的。显然，某些根本的发现可能纯属随创（bricolage）。

在宗教命题中，当然错误横行，但是即使在这个领域，并不像现代理性主义的傲慢态度所设想的，我们面对的也并非纯粹臆想和绝对的随意性。初民宗教没有陷入我们自己刚刚脱离的那些离奇、幽灵和幻想。初民宗教只不过没能识别替罪牺牲机制，就像我们在他们之后一直没有做到一样。同一个错误的延续，这是我们的思维与初民思维之间的一个共同点，它迫使我们认为初民思维与我们的思维极其不同，而实际上初民思维是完全相似的。对原始性的傲慢正是对原始性的延续，即对于替罪牺牲的无限延长的误解。

创始进程在初民生活中起着首要作用，而从表面上看，它在我们的生活中却消失了，这个事实对我们的生活与我们的认识有很大改变，但对于我们根本的误解毫无改变，这一根本误解继续主导着我们，它保护我们免于受到自己的暴力的侵害，也免于受到对于这种暴力的知识的侵害。如果我们切近观察，我们觉悟的一切东西就能被我们定义为幻想，促使我们这样做的正是我们延续着的原始性。正是我们延续着的原始性，让我们无法承认，虚假绝非粗糙的谬误，哪怕是在宗教层面也一样，正是虚假阻止了人们相互毁灭。

人类比我们设想的更多得益于替罪牺牲。替罪牺牲在提供给人们在暴力方面的必要保护之后，给了人们引导他们去获取真相的那种冲动和获取全部知识胜利的工具。象征思维的神话让人联想到幼虫织成的茧。没有这种庇护，它就不能进行发育。

要想解释初民文化中大量的武断性，我们应该假定它们比我们更接近创始的裁断，这种接近与它们较少具有历史维度是一回事。我们应该假定这一裁断具有成果过剩的特征，它大量产生差别，有历史的社会每当一个混乱的动荡期之后可能会给我们提供这一进程的减弱版本，社会进行某种大反转，然后以一种神权和僵化的形式静止下来，这种形式是严重条块分割和内部区隔的。对这种相似性不用做过多阐发，我们可以接受，那些复杂嵌套的文化，注定重复使用仪式和亲属关系语言，它们与创造秩序的原初力量更近——对于这里的近，不应理解为时间上的近——它们比那些更多机动性的社会离它更近，在那些社会中社会秩序的系统元素受到了更多的抹除。虽说无所不在的僵化的差别是稳定之母，但它肯定不利于智力的冒险，特别不利于知识朝着文化的起源进行追溯。

要让人类对自己的文化有所发现，必须让仪式的僵化让位给灵活的思想，这种思想使用与宗教相同的机制，但是具有宗教所没有的灵活性。必须让文化秩序开始解体，必须让过多的差别被消除，同时让这种消除不会导致强度过高的暴力，从而导致新的一次产生差别的高潮出现。出于我们未能把握的原因，初民社会从未满足这些条件。当暴力的循环发动，似乎循环会很快闭合，以至于在知识层面没有产生任何重大后果。

相反，西方与现代——前面的观察已经让人想到这点——应该用非常大规模和非常长时间的一次危机性的循环来定义。现代的本质是一种驻留于一次越来越严重的祭祀危机中的能力，这种驻留不是作为一种平和的无忧无虑的居住，而是从不失去掌控，这种掌控首先为自然科学，然后为文化寓意，最后为创始性的裁断本身，开辟出无与伦比的发

第九章　列维-斯特劳斯、结构主义与婚姻法则

现的可能。

相对于初民社会，我们的亲属关系系统的极端化简，其本身构成了一个危机元素。西方总是处在危机中，这一危机不断扩展和深入。随着它的人类学意义的本质的解体，西方越来越成为它自己。西方一直具有一种广义的人类学的抱负，甚至在我们时代之前的那些社会便是如此。虽然现代的歇斯底里元素在我们身上和我们周围激化，这种抱负变得越来越急切。

正是当前的危机主导着知识的各个侧面，主导它的论战性，它前进的节奏。我们的人类学抱负是由西方社会的普遍属性引出的，随着危机加剧，这种抱负也强化，正如同俄狄浦斯的调查随着悲剧危机的加剧而更迫切。这一危机可能为我们指示出我们研究的各个阶段、相继的发现、理论预设彼此替换的顺序。一种彻底的历史性主宰着各个知识领域中所有的优先关注，不论是否涉及正式意义的研究。

同所有文化一样，我们的文化从边缘向中心崩解。正在建立过程中的各社会科学对这种崩解以理性、有系统的方式加以利用。成为客观认识的对象的总是解体进程的碎片。因此，亲属关系的那些进行正面肯定的规则，更普遍地说，那些寓意系统，在结构人类学中成为实证认识的对象。

结构人类学的主要特点是强调那些进行正面肯定的规则。如果说禁忌与正面规则构成同一对象的两个对立面，那么有理由探究哪一面才是本质的。列维-斯特劳斯明确提出这个问题，他的答案倾向于正面规则：

> 外婚制的负值（否定性价值）少于正值（肯定性价值），它肯定他人的社会存在，它禁止内婚的目的只是引入和规定与生物学家庭之外的另一个群体的婚姻：当然不是因为同血缘婚姻与某种生物学的灾难联系在一起，而是因为可以从婚姻中得到一种社会益处。(《亲缘关系的基本结构》, p. 595)

我们可以举出十个、二十个绝对明确的论断，用不着用到著作的内容本身，随便哪一个论断都足以证明列维-斯特劳斯的著作非但没有受到"乱伦激情"的影响，反而他将这个问题与激情分离的做法是了不起的：

> 禁令不是作为禁令被人构想出来的，也就是说并非以它的否定的面目构想出来。禁令仅仅是某种正面肯定的强制义务的背面或者对立面，只有强制义务才是有活力的和在场的。
>
> ....
>
> 婚姻的禁令仅是次生性的和次要的禁令。在成为作用于一类人的禁忌之前，这些禁令是一种规定，规定针对的是另一类人。在这方面，土著人的理论要比许多当代评述者更加有洞察力！在姐妹、母亲、女儿身上，没有任何东西能去除她们的这种身份。乱伦首先在社会意义上是荒谬的，然后才在道德意义上是有罪的。
>
> ....

第九章 列维-斯特劳斯、结构主义与婚姻法则

若说乱伦禁忌是一种禁止与母亲、姐妹或女儿婚配的规则，不如说它是强制要求将母亲、姐妹或女儿交给别的人的规则。（以上三段引文均出自《亲缘关系的基本结构》，p. 596）

我们已经解答过这个首要问题，我们的解决与列维-斯特劳斯方向相反：禁忌是优先的。禁忌的这种优先性是我们提供的解决方案的整体要求我们做出的。具有正面肯定意义的婚姻交换仅仅是禁忌的反面，是一系列操作的结果，是一系列回避禁忌（avoidance taboos）的结果，回避禁忌旨在回避男性之间的敌对的机会。由于内婚制带来的恶性的相互对等性让人们害怕，人们退缩到外婚制交换的良性的相互对等性。如果说在一个和谐运转的系统中，随着威胁退去，规则的正面肯定意义成为首要的，这并不值得惊奇。不管怎样，从原则上，婚姻规则与芭蕾舞的有规则的完美几何对称队形相似，它们完全与舞蹈艺术无关，它们是那些古代戏剧中的人物不知不觉中形成的，人物受到了诸如嫉妒或爱情的恼恨这些负面否定的情感的影响。

列维-斯特劳斯淡化恐惧心理及其相应症状的作用是对的，至少作为文化现象，这些症状构成危机的外在表现。这并不意味着禁忌不是优先的。要想从论争中得出有利于禁忌的结论，只需看到相反的解答会如何把我们的社会嵌入普遍的人类学的整体这个问题变成一个无解的问题。

如果我们把进行正面肯定的规则当作主要元素，那么我

们就是在将一个社会，即我们的社会，从人类中剥离。我们的社会不具有正面肯定的规则，我们的社会实际上满足于那些最基本的外婚制禁忌。结构主义乐于断言我们的社会并无独特性，但是因为强调正面规则，结构主义最终赋予我们的社会一种前所未闻的绝对的独特性。尝试将这个社会放在最低处，就是通过一个自我排除的进程将它放在最高处，自我排除的进程总归属于神圣化进程。要想把我们变成与其他人一样的人，就必须放弃列维-斯特劳斯的优先次序，必须承认我们的社会的相对的独特性。

为何列维-斯特劳斯将优先性给予正面规则？因为他发现了能够将亲属关系结构加以系统化的方法。他可以让人类学的一个领域脱离印象主义。一切都暗自服从于这一任务。亲属系统优先于禁忌，这表达出这位人类学家自己对于人类学的选择。我们可以列举许多理由，但这些理由都归于唯一的，那就是知识在建构过程中具有的历史性。正面肯定的规则首先在思想中成熟。结构主义的时代就是到处都发生系统崩塌的时代。知识必须先清理废墟，然后禁忌才像从沙子里露出的岩石，暴露在外面，然后禁忌的首要性才会重新得以确立。

禁忌的优先性的证据在于它同样是保留到最后的，它一直残存到危机的最严重时刻，哪怕此时系统已经消失。禁忌从未走出阴影。它待在献祭性的禁地之中，这种献祭性的禁地保护着那些最重要的差别，并且如今仍在人们大张旗鼓的违犯禁忌中延续着。

第九章 列维-斯特劳斯、结构主义与婚姻法则

从禁忌出发到达文化的本质与源头的所有努力总是以失败告终。努力即便没有失败，也没有带来很多成果，它们不被人理解。《图腾与禁忌》首先属于这种情况。在这部著作中，弗洛伊德明确肯定禁忌对于外婚制规则的优先性。列维-斯特劳斯后来采用的研究途径，弗洛伊德不是没有想过，但被他正式抛弃了：

> 将这些对性关系的外婚制约束归因于订立法度的意图，但人们却无法解释这种外婚制度是为何建立起来的。总之，对乱伦的恐怖从何而来，乱伦应该被看作外婚制的源头。

乱伦是优先的，但我们看到，这种优先性总是被人用"恐怖症"（phobie）来思考的。要想在那些最新发现的背景下探究乱伦的起源，必须"回归弗洛伊德"，但同时不放弃结构主义的视角。

似乎这正是雅克·拉康和他周围那些人想要做的，他们采用了"回归弗洛伊德"的口号。这一工作至关重要，能想到这一工作，这很重要，但依我们看，它注定失败，因为我们将"回归弗洛伊德"理解为回归精神分析。

列维-斯特劳斯指出必须从亲属关系系统出发来思考基本家庭。如果我们把优先性给予乱伦，而不是亲属关系系统，那么这种方法上的颠覆仍然有效。如同我们在前文中说过的，必须根据禁忌来思考家庭，而非根据家庭来思考禁

忌。如果说存在一种本质上的结构主义，那么就是在这一点上。我们认为这并不是对精神分析的结构主义解读。这正是我们前两章的分析想要证明的内容。结构主义与精神分析之间的比对，应该引起精神分析的崩解和终结，同时将弗洛伊德至关重要的直觉解放出来，将他对认同的摹仿作用、《图腾与禁忌》的集体杀害的直觉解放出来。

拉康相反转向精神分析的大概念，特别是俄狄浦斯情结，他似乎想让这个情结成为引入所有建构、所有象征秩序的过程的推力。而这是弗洛伊德的概念让人绝对无法做到的，不论选择怎样的调料来烹调它。宣称极端忠实于弗洛伊德的每一句话，他却暗自排除所有对这个情结进行定义的文本。这是大错特错，因为他错过了这些文本中充盈着的弗洛伊德的，而非"弗洛伊德学派"的真正的直觉。

应该记住，除了这些文本和其他同类文本，在弗洛伊德著作中没有任何东西能解释被归于俄狄浦斯情结的这种普遍的万能作用。如果不依托于弗洛伊德的文本，也不依托于对这些文本的明晰而严密的矫正，也不依托于人类学的解读，那么就必须解释为何还要执意将"俄狄浦斯情结"当作所有事物的"王与父"，即便是用情结的一种极其稀罕的、马拉美式晦涩的、让人无法把握的形式也一样。

这种最初的根本的失败当然在各处造成反响。这很遗憾，因为镜像作用在当今世界加剧，通常不被人注意的事情在这里也会被发现和观察到。可惜，人们将镜像作用定义为臆想，将它们与自恋理论联系起来，即一种到处寻找自己的

第九章 列维-斯特劳斯、结构主义与婚姻法则

倒影的欲望。我们自己从弗洛伊德的自恋说中,以及19和20世纪呼应他的文学自恋说中,看到由某种欲望推出的神话,这种欲望已经明白,要想夺取欲望对象,就必须一直掩盖自己的失败,一直自称拥有完全的独立性,而实际上却在绝望地从他者中寻找这种独立。自恋说是对真相的一种颠倒。人们自称受到同(même)的吸引,对全异(tout autre)失望,而实际上吸引人的却是全异,让人失望的是同,或者不如说两种情况下都涉及人们以为是同或全异的东西,一旦摹仿作用陷入暴力的相互对等性中,摹仿只能落在对手身上。只有对它形成障碍的东西才能挽留住它。

必须从超验性中寻找建构的关键,社会统一性仍然化身于这种超验中。不应从消解这种超验的东西中寻找建构的关键,不应从毁灭超验,且让人类重新陷入无休止的暴力的摹仿的东西中寻找。现代世界的持久危机当然给予某些新弗洛伊德派的观点一种部分地、间接的、相对的真理性。从整体上,新弗洛伊德派的计划同样是系统地进行逆推。这一计划无法让人把握共时性的结构。对共时结构的真实把握会揭示它自身的超验性,附带着揭示出《图腾与禁忌》这样的尝试是切中要害的。对形式主义的教条性的固守总是暴露出一种对形式解读的无力。要么忠实于精神分析,并且在亲属关系方面停留在列维-斯特劳斯的革命之内;要么放弃精神分析,将列维-斯特劳斯的革命放入禁忌本身的核心,重新将起源当作真正问题,重新开始《图腾与禁忌》发起的工作。

作为前进中的常态，如今思维生病了。在非常稀少的它仍然保持鲜活的地方，它也表现出一些不容置疑的病症。思维陷入一种循环论证，正是欧里庇得斯在他的悲剧作品中已经描述过的那种循环。思维想要跳出循环，而实际上却越来越深陷其中。随着半径越来越小，思维在越来越小的圈子里转得越来越快，这个循环就是执念的循环。并不存在像大肆横行的怯懦的反智主义者想象的那样单纯的执念。思维并不是靠走出循环来摆脱它，而是要通过到达循环的核心，如果能做到的话，还要同时不陷入疯狂。

目前，思维断言不存在中心，它尝试走出循环去从外部控制它。这正是前卫的工作，他们总是想净化自己的思维，以便逃出神话的循环，如果有可能，它要让自己完全非人化。因为产生了怀疑，思维总是努力加强"科学系数"。为了不看到基础在动摇，它用面目可憎的定理把自己武装起来。它增加不可理解的缩写，它消灭所有还像是明晰的假设的东西。它毫不留情地从殿堂前威严的广场上驱逐最后一位失望的正直人。

当思维到达中心，它会发现这些最后的献祭仪式的虚妄。它将看到神话思维在本质上与批评神话，并向神话起源上溯的思维没有区别。这并不意味着这种思维在原则上是可疑的，即便它从来不能完全清除自身的神话浸染。这并不意味着上溯是不真实的。没必要发明一种新的语言。我们不要担心："探索"终会到达终点，迷途不会永远持续。渐渐地，思想已经变得更加容易，或者说不思想变得更加困

第九章　列维-斯特劳斯、结构主义与婚姻法则

难：仍旧遮蔽真相的献祭的幕布不断磨损，它们磨损，是因为我们反方向的努力，我们努力加强它们和重新领受它们。探索就要达成，部分是因为某种累积进程正在进行，部分是因为争议的结果被小心保存、被系统化和理性化，部分是因为实证知识的巴别塔正在坍塌。因为此后再没有什么能阻止对暴力的完全揭露，甚至暴力本身也不能，暴力因为人类本身和暴力手段的巨量增加而丧失了从前的回旋余地，无法确保创始机制有效性和确保对真相的压抑。西方的俄狄浦斯为自己布下的陷阱正在合拢，当然那时将是探索到达终点的时候，因为陷阱与探索在此是一回事。

从此，暴力对我们所有人的主宰是公开的了，是以科技武器的巨大与残酷的形式公开的。眼睛都不眨一下，像是在说最自然不过的事，"专家"们告诉我们，是暴力让全世界彼此尊重。暴力的"无法衡量"长久被西方世界的聪明人讥笑和误解，它重新以一种意料之外的形式出现在现代的地平线上。从前的复仇的神圣的绝对性又回到我们这里，它长着科学的翅膀，有准确的数字和量度。有人告诉我们，这会阻止第一个全球社会自我毁灭，而这个全球社会已经在汇集，且明天将汇集起全人类。

事情越来越像是人类主动置身于，或者被暴力或真相置身于这种暴力和这种真相面前，置身于首次明确的而且甚至完全科学的选择面前，人类需要在完全毁灭与完全放弃暴力之间做出选择。

可能并不是偶然性，让这些值得关注的事件与所谓人文

科学的真正的进步同时出现，与我们的知识的缓慢但不可避免的回溯过程同时出现，知识是向着替罪牺牲，向着所有人类文化都具有的暴力源头回溯。

*

人类学的结构主义到处发现差别。如果肤浅地看问题，我们可能只把结构主义看作更早的人类学即列维-布留尔的人类学的单纯的反命题，列维-布留尔在哪里都看不出差异。列维-布留尔认为自己从神话与宗教的某些侧面发现了"初民心态"，比如他假定在大洋洲土著人中存在一种对做出区别的持久的无能。他想象他们几乎不能将人类与袋鼠区别开。结构主义则反驳说，关于袋鼠，大洋洲土著人有不少东西可以教给人类学家的。

有时，我们觉得20世纪的人类学发生的事与普遍意义上审美理论与时尚发生的事类似。列维-布留尔的初民迷失在某种神秘的迟钝的雾气里，接替他的则是结构主义的象棋选手，他们是系统的随创者，他们如同驾驭《年轻的命运女神》的瓦莱里一样镇定自若。人们总是在两个极端之间摇摆，这两个极端都试图用越来越无益的夸大其词来给自己造出改变的幻影，但实际上他们并没有改变多少。

确实，初民思维具有两个极，即差别与无差别。我们谈到的两种人类学，都仅仅关注这两极中的一极，并有系统地放弃围绕另一极的东西。但在人类学中，两极交替不仅仅是重复性的。

第九章 列维-斯特劳斯、结构主义与婚姻法则

我们不能将列维-布留尔与结构主义放在同一个平面上，因为有差别划分的结构是一种具体的独立自主性，是一种文本现实，是神圣性所不具备的，或者是神圣性仅在表面上具备的。结构分析不能读解出一切，但对读解的东西解释得很好。结构分析具有一种独立的科学价值，是列维-布留尔的著作无法企及的。

为何会这样？因为神圣性首先是对差别的暴力摧毁，而这种无差别在结构本身之中无法显现。我们在第二章看到，无差别只能从新的差别的表象之下显现，这种新的差别可能是模棱两可的、双重的、多重的、虚构的、丑怪的，但不管怎样都是指示意义的。在《神话学》（*Mythologiques*）中，怪物出现于貘和西猯旁边，好像它是与其他动物类似的物种。在某种意义上，正是如此。在神话中，因为暴力机制摧毁并产生寓意，所有暴露出暴力机制的东西都不可能直接解读。神话是对神话自身起源的讲述，促成神话叙事的一切东西仅构成由谜题暗示构成的谜团。结构主义不能参透谜团，因为它仅关注有差别的系统，因为实际上只存在有差别的系统。

只要意义"说得通"，神圣性就是缺席的。它处于结构之外。结构人类学的路上遇不到它。结构主义让神圣性消失。不应该因这种消失而指责结构主义。消失构成一种真正的进步，因为这种消失第一次成为完全的和有系统的消失。即便这种消失伴随着意识形态的立场，但它并不是这种立场造成的。结构主义构成一个进行否定的时刻，但这个时刻在

对神圣性的发现中是必不可少的。结构主义让人们能够摆脱从前一团乱麻的混沌状态。借助结构主义，有可能将意义、结构的有限性与神圣的无限性关联起来，神圣性是不会干涸的水池，所有的差别反复落进去又走出来。

现在我们知道在所有文化秩序从未运行，未开始运行或已经停止运行的地方，神圣性独断统治着。它还主宰着结构，它产生结构，整理结构，监控结构，延续结构，或者任性地摧残结构，分解结构，变形结构和毁灭结构，但是当前被人认为无所不在的那种结构中，神圣性并不出现。

结构主义让这一切变得显著，却无法表达出来，因为结构主义自身被禁锢在结构中，被禁锢在共时性中，它不能发现变化，诸如暴力和暴力恐怖这样的变化。存在一种局限性，是结构主义无法超越的。这种局限性让结构主义觉得神圣性的消失是完全自然的。它无法回答那些问"神圣性去哪里了"的人，也不能回答那些指责它滥用两元对立的人。应该回答说，在冲突之中，从来只有两个对手，或两个对立阵营。只要有第三方出现，另外两方便达成一致来反对第三方，或者第三方与其中一方达成一致来反对另一方。

人们指责结构主义的"单调"，好像文化体系的存在就是为了审美者消遣似的，好像涉及的是吉他一类的东西，而吉他的音色只限于结构主义只懂得拨弄的那两根琴弦似的。结构主义被人怀疑错误地弹奏了文化吉他。结构主义不能做出回答，因为它无法对文化体系与吉他之间的差别做出解释。

要想超越结构主义的局限,应该把重点放在那些可疑的寓意,那些意义指示过多然而又不足的寓意,比如孪生子、疾病、任何形式的传染和感染、不可解释的意义的颠覆(增长与减少、增生与畸形)、丑怪、各种形式的空想。当然,不能忘记性以及其他方面的违犯禁忌、暴力行为,当然也不能忘记例外,特别是当例外的出现是面对着一个族群的明确的集体一致性的时候。

从《生与熟》(*Le Cru et le cuit*)的开篇,我们就看到神话起源的符号层出不穷:乱伦、复仇、背叛兄弟或姻兄弟,还有作为创始行为前奏的变形和集体毁灭,一切都被归因于一些受到冒犯的文化英雄(半神):

> 博罗罗人的一个神话中(编号 M3),太阳命令整个村庄从一座过于脆弱的吊桥上跨越一条河。所有人都送了命,除了文化英雄,"他的行动延误了,因为他的腿有残疾"。作为唯一幸存者,英雄将牺牲者们用一种具有差别的形式复活:"那些掉进漩涡的人有波浪式卷曲的头发。那些在平静水面淹死的,有细而直的头发。"他让他们依据选择分成群归来。在德内得阿拉人(Tenetehara)的一个神话中(编号 M15),文化英雄因为看到自己的干儿子被村子的人驱逐而感到愤怒,而这个村子的人跟干儿子是有亲缘关系的,他命令村民"采集羽毛,把它们堆在村子周围。等足够多了,就点燃它

们"。村民们被大火包围,他们四处逃跑,不能逃脱。渐渐地,他们的喊叫声变成哼叫,因为这些人都变成了西猯,还有其他一些变成野猪,那些成功逃进森林的人是今天野猪的祖先。图潘把干儿子马拉那-伊瓦变成了猪的主宰。

在一个有趣的变体中,文化英雄把烟草的烟喷入云里。村民被搞得头晕,这位造物主对他们喊,吃你们的食物!他们以为他是让他们交媾:于是他们进行交媾,一边发出惯常的哼哼声。他们所有人都变成了野猪。[1]

我们看出这里烟草即普遍意义的药物在萨满教的实践和其他地方的"神秘"意义。烟草的作用加强了祭祀危机的迷狂。在"四处逃跑"的暴力的相互对等之上,在第二个变体中加入了乱交,这是寓意功能完全丧失的结果……

虽然列维-斯特劳斯在这里没有看出祭祀危机,但他看清了这里涉及产生或者再次产生寓意:

> 显然,我们进行对比的这些神话提供了一些独特的办法来解决从连续变量(任何两点之间可以无限分割,指没有特定意义——译注)向离散变量(每个点都是整数自然数,指有特定意义——译注)过渡的问题。所以

---

[1] 以上引文来自《生与熟》,原书未提供出版信息,应为巴黎 Plon 出版社 1964 年版,见书后参考书目。——译注

第九章 列维-斯特劳斯、结构主义与婚姻法则

涉及的是指示意义的机制，因为"不论在哪个领域，只有从离散变量出发，才能构建一个寓意系统"。(《生与熟》，p.61)

但是列维-斯特劳斯总是将意义的产生设想为一个纯逻辑问题，一种象征的中介作用。暴力机制仍然被隐藏着。发现这一机制，不仅仅是为了谈及神话"情感性"的一面，谈及它的恐怖和神秘。发现这一机制，是因为这一机制在所有方面都起着首要作用，甚至在逻辑和寓意方面也是如此。所有主题都与这个机制相关，只有这一机制才能将这些主题纳入一种真正三个维度的解读，给予它们一种绝对的一致性，因为这种解读始终关注结构，它找出起源，只有它才能给予神话一种根本功能。

*

我们最初几章从希腊悲剧出发建立的分析方法，直到此处，至少在一些阐发较多的例子里，几乎仅仅用来破解那些悲剧已经首先破解过的神话。为了结束本章内容，我们将尝试证明这一方法在希腊悲剧与神话之外仍然有效。

鉴于前面两章，至少是部分内容，是关于乱伦禁忌与婚姻规则的，而从我们的假设出发，它们本身与创始的暴力有关联，所以应该找到一个神话来确认这种起源论以及我们的整个假设。我们将要分析的神话来自住在加拿大太平洋海岸的钦西安印第安人（Tsimshian），它可以让我们达成我们的

双重目标[1]：

年轻的王子爱上舅父的女儿，即他的表妹。出于虚荣的残忍，表妹要求他毁容来证明自己的爱情。年轻人先后划伤左脸和右脸。公主拒绝他，还嘲笑他的丑陋。绝望的王子逃走了，一心想要死。最后，他到了瘟疫酋长、畸形之主的领地附近。在瘟疫酋长周围，簇拥着很多廷臣，他们都是残疾和毁容的。必须避免接触到他们，因为他们会让那些回答他们呼唤的人变得跟他们相似。瘟疫酋长同样为他重造美貌，比他失去的更美。他们把他放在一口神锅里煮，锅里只煮出一些干净的白骨。酋长的女儿在白骨上跳了几下。王子复活，焕发着美貌。

现在轮到公主爱上王子了。轮到王子来要求表妹做她最初要他做的事情。公主划伤两颊，王子轻蔑地拒绝她。年轻姑娘同样渴望恢复美貌，她前往瘟疫酋长那里，但廷臣们呼唤她，她回答了他们的邀请。于是，这

---

[1] 弗朗茨·博厄斯（Franz Boas）：《钦西安人神话》（«Tsimshian Mythology»），《美国民族学局报告》（*Report of Bureau of American Ethnology*，XXXI，185，N，25）。另请参考斯蒂·汤普森（Stith Thompson）编《北美印第安人故事》（*Tales of the North American*, Bloomington, Indianapolis, 1968, pp. 178-186）。这个神话的概要见列维-斯特劳斯《阿斯迪瓦尔之歌》（La Geste d'Asdiwal），载《高等研究实践学院年刊》（*Annuaire de l'Ecole pratique des Hautes Etudes*），第六分部，1958—1959，及《现代》（*Les Temps Modernes*），pp.1081-1123。

第九章　列维-斯特劳斯、结构主义与婚姻法则

些残疾人可以随意将不幸的公主变得与他们相似,甚至更糟:他们打断她的骨头,撕碎她的四肢,把她扔到外面,听凭她死去。

在这一段落中,读者可以识别出多个主题,是我们前文的分析已经让我们很熟悉的。神话中的所有人物都将他人毁容,要求他们自己毁容,徒劳地尝试将他人毁容,或者自己毁容,而这些总归是同一回事。不可能施加暴力却不承受暴力,这便是相互对等法则。在神话中,所有人都让自己变得彼此相似。瘟疫酋长处在残疾民众中间,威胁着造访者的危险是对这表兄妹两人之间的关系的重复。瘟疫与毁容指的只是同一个现实,即祭祀危机。

在王子与公主的关系中,首先是女性占上风,男性占下风;女性是美貌的化身,男性是丑陋的化身,女性没有渴望,而男性有。随后,关系颠倒过来。这中间一些差别被消除了,不断地产生一种对称性,但从不是在共时性中出现。只能通过将相继的时刻相加来把握这种对称。这正是祭祀危机的无差别性,真相是对立双方永远达不到的,他们是在左右摇摆的差别的形式下经历这种对称关系的。双方相继被划破面部,这种对称性是对整体关系的对称性的强调与重复。从双方看,无法得出结论,双方有同样的已知条件,却从未在同时。

在两位表亲与瘟疫酋长的民众之间,具有《俄狄浦斯王》的对手们与患瘟疫的忒拜人之间相同的关系。只能通

过避开那些互仇兄弟的召唤才能摆脱传染。在廷臣层面，即集体层面，神话进行客观讲述。神话在做我们在最初几个章节所做的事情，神话"短路连接"[1]摇摆中的差别，它有权利这样做，因为摇摆中的差别等于同一性。相互的毁容直接表现为差别的丧失，表现为那些已经被暴力变得彼此相似的人们手中的一种相似的变化。无可怀疑，这里涉及祭祀危机，因为相似的变化同时也是丑怪的变化。如果说那些残疾人彼此互为分身，他们同样是怪物，如同任何祭祀危机中惯有的。

毁容以非同寻常的方式象征危机的发作。显然，毁容应该被诠释为畸形、可怖的创造，同时被诠释为消灭所有造成分别的，所有超出来的，所有突出来的东西。这个进程把人们平均化，消除造成他们区别的东西，但同时却达不到和谐。造成畸形与丑陋的毁伤，在这个想法中，相互对等的暴力的作用得到如此强的表述和浓缩，以至于暴力重新变得异常、不可破解、具有神话性。

列维-斯特劳斯在《阿斯迪瓦尔之歌》中讲述了这个神话，称它是"可怖的微型小说"。不如说这是关于陷入互相对等暴力中的人之间的关系的非凡小说。应该记住"小说"这个词。虽然西方世界对此陌生，但神话在两表兄妹的关系中发动了一种机制，当然就是古典戏剧中悲剧对立或喜剧误解的机制，但与现代小说中的爱情-嫉妒，与司汤达、普鲁

---

[1] 指把两个极端接在一起。——译注

斯特和陀思妥耶夫斯基的作品也很相似[1]。我们不断得到隐藏在这些主题的表面上的怪异背后的忠告。

王子与公主彼此向对方要求并且得到的，是用暴力消除差别，而这正是廷臣施加给那些疯狂到要加入他们的人身上的东西。在神话中，所有差别都在消失，但在另一方面，它们全都残存着。神话实际上绝不会告诉我们，在廷臣与两表兄妹之间，尤其是两表兄妹之间，没有差别。不仅神话不会告诉我们这些，而且在结局中，神话彻底打破了王子与公主之间的对称，高度肯定差别的优先性。

在王子与公主的关系中，除了"是公主先开始的"这个事实，没有任何东西能解释这种对称的丧失，就像在俄狄浦斯的情况中一样，是某个人先开始的。在不洁的暴力方面，这种对源头的辨别从不是令人满意的。所以，我们再一次面对《俄狄浦斯王》和《酒神的女信徒》中的那种自相矛盾。对关系的分析揭示出所有差别的持久的损耗，神话的剧情发展倾向于无差别关系中的完美对称。但这个神话对我们讲述的是完全不同的故事。这甚至是个颠倒的故事。谁先开始的这个信息的不对称性在神话中与其他各方面的一种丰富的对称性相对立。一切都暗示我们这种矛盾应该与隐藏在神话结局背后的事件关联起来，与对公主的杀害关联起来，公主显然扮演着替罪牺牲的角色。这里，再一次将一个人排除在外的集体暴力的一致性奠定了神话意义的差别，这些差别本身

---

[1] 见《浪漫的谎言与小说的真实》，新版，Pluriel 丛书，1978。

来自一种暴力的无差别化,这种暴力的无差别化在神话中随处可见。

落入廷臣们手中的公主遭受的暴力与之前所有暴力相似,但与它们彻底不同,因为它是决定性的、最终的。暴力在两个主角之间彻底建立一种不会再继续摇摆的差别。是廷臣的整个群体,即危机中的整个族群,冲向公主,并用手撕碎她。狄俄尼索斯撕碎祭礼的所有特征都在这里。这正是创始性的集体死刑,具有创始性是因为集体一致,我们在这里再次看到这一点。

向有差别的和谐回归,是建立在对替罪牺牲的武断驱逐的基础上的。王子的变身在神话序列中出现在前面,因为变身被部分地归并入相互对等机制,但变身本身也属于创始的暴力,它是事物的另一面:在不祥的高潮之后回归吉祥。这便是为何这种变身是含义丰富的,它同样属于指示并伪装替罪牺牲机制的元素。幸运变身的古怪方法类似萨满教的入门仪式。死人因为有人在尸体或遗骨上行走和跳跃而复活,在美洲民间故事中这样的例子不少[1]。也许应该把这种方法与某些献祭仪式中必需的做法联系起来,我们在前文已经看到,这种做法就是脚踩牺牲者本身或者脚踩埋葬牺牲者的坟墓。另一方面,应注意到,变身是从洗白的骨头开始进行

---

[1] 斯蒂·汤普森:《北美印第安人故事》,注解 261/3。同时参考本书 p. 151。

的，也就是说已经越过了所有不祥的分解过程[1]。王子的变身是通过死亡进行的过渡。它是一种至高暴力的幸运结果，那就是重新找回的集体一致性的暴力：重获美貌与文化秩序的更新是一回事。瘟疫酋长则是暴力的相继的所有面目的化身。他是畸形和变形之主，是终极游戏的最高裁判，他相当于《酒神的女信徒》中的狄俄尼索斯。

神话的所有寓意的差别，首先是主角与廷臣之间的差别，然后是主角们之间性别的差别，让他们是表亲的规定性，一切都根源于创始的暴力。神话的故事进展，暴力的无差别化进程，必然违犯由神话建立的准则，打破不但有寓意而且具有规范性的差别，这差别要求不同性别的表亲结亲。作为无差别化与差别的不稳定结合，神话一定呈现为对自己建立的规则的违犯，呈现为对它所违犯的规则的建立。他的报道人正是这样向弗朗茨·博厄斯讲述神话的。他肯定说，自从公主发生了不幸，人们便将年轻姑娘嫁给表兄，不考虑她们的个人偏爱。

另一方面，将这个神话与钦西安人王族的表亲之间的婚礼仪式进行比对，没有什么比这更有意义了：

> 当王子与公主结合，年轻男子的舅舅的部族行动起来，而年轻姑娘的姑父的部族也行动起来，两个部族发生战斗。两个阵营互相投石，双方许多人头部被打中。

---

[1] 见本书 p.397。

这些伤痕是订约的凭证[1]。

祭祀危机在神话背后的存在，直到现在，对于我们来说，都只是一种假设：祭祀危机是在毁容这个能指背后必须设定的真正的所指。通过给予暴力一席之地，婚姻神话确认了这一假设，虽然那只是仪式性的暴力，却是真实的，明显与神话中的毁容主题有关：两个阵营互相投石，双方许多人头部被打中。我们乐于想象，塞万提斯或者莫里哀如果生活在20世纪，那他们一定会在钦西安人的飞石中间安排一位当代的对纯粹"能指"的虔信者，以便向他证明某些隐喻比另一些隐喻更加有打击力。印第安人对此并不怀疑：这些伤痕是订约的凭证，是人们准备认可的婚姻结合的凭证。这种暴力的献祭性，可以从第二位土著受访人告诉弗朗茨·博厄斯的一个附加的事实中得到明确的证实。尼卡人（Niqa）的婚俗与钦西安人类似，在尼卡人那里，两群人之间的战斗肯定达到很大烈度，以至于为新郎战斗的一个奴隶有时会被杀死。这里没有一个细节不揭示出献祭，虽然不是正规形式的，但是遵照暗含的形式，这就更加有启示性。人们预先知道牺牲者是属于两个阵营中哪一方的。人们预先知道这是个奴隶，而非一个自由人，即族群的一个"完全"成员：奴隶死亡不会得到复仇。他的死亡不会引发"真正"的危机。虽然已经预

---

[1] 弗朗茨·博厄斯：《钦西安人神话》，我们引用的法文文本引自克洛德·列维-斯特劳斯的《阿斯迪瓦尔之歌》。

见到，死亡仍然保留着某种随机性，让人联想到替罪牺牲机制的触发总是不可预知的。并不总是发生死人的事。如果有人丧命，人们就将此看作吉兆：夫妇永远不会分离。

在钦西安人神话与仪式的各种毁伤毁容中，精神分析的解读总是会看到，总是只看到"阉割"。我们同样看到阉割，但我们会以彻底的方式诠释，把它与丧失全部差别联系起来。暴力的无差别化这个主题包含着阉割，而阉割却无法包含暴力的无差别化主题所覆盖的全部。

仪式性的暴力想要复制一种初始的暴力。这种初始暴力不具有任何神话性，但对它的仪式摹仿必然包含一些神话元素。初始的暴力当然并没有让像舅父与姑父这样两个如此明确有别的群体对立起来。我们可以在原则上假定，暴力发生在一个初始群体分裂为两个外婚的半群之前，或者暴力发生在两个彼此有别的群体为了婚姻交换而联合之前。初始暴力在单一群体内部发生，替罪牺牲机制给这个群体定下规则，约束它的内部分化，或者约束它与其他群体的联合。仪式性的暴力发生在两个已经构成的群体之间。

仪式性的暴力总是不如初始暴力那么具有内斗性。因为变成神话性-仪式性的，暴力向外部转移，而且这种转移本身具有献祭性：转移掩盖了初始暴力的发生地，用这种暴力和对于这种暴力的知识来保护这个基本群体，在这个基本群体中和平必须绝对占主导。伴随着交换女性的仪式性暴力对于双方群体起着献祭作用。在两个群体之间，人们达成一致意见要永远保持不一致，目的是在每个群体内部更好地达成一致。这已经是所有"对外"战争的原则：我们看到，暴力倾向对群体的内聚力来说是潜在致命的，它由内导向外。反过来，我们可以认为在神话叙事中呈现为对外战争的许多战争都隐藏着一种更具内斗性的暴力。表现原则上彼此独立的两座城邦或两个民族交战的文本很多。忒拜和阿尔戈斯、罗马和阿尔贝、希腊与特洛伊，它们的争斗中掺杂着过多祭祀危机及其暴力解决的元素，没法不让人假设一种让我们关注的神话建构，这种神话建构是部分地隐藏在"外部人"这个主题背后的。

第十章 神祇、死者、神圣、献祭替代

我们此前遇到的所有神祇，所有英雄（半神）、所有神话造物，从非洲圣王到钦西安人神话中的瘟疫酋长，他们是创始性的集体一致所决定的暴力机制的整体上的化身。

我们最初转向俄狄浦斯。最初，在写作《俄狄浦斯王》那个时刻，半神英雄是一种几乎完全不祥的暴力的化身。到了写作《俄狄浦斯在科罗诺斯》的时刻，半神英雄的角色具有了吉祥的色彩。集体一致的暴力具有一种创始性。被认为犯有"弑父与乱伦"的罪人被当作这种创始的责任人。我们理解为何他会成为公众尊崇的对象。

索福克勒斯的两部悲剧让我们能够分离出神圣化进程中这两个彼此相反却相继出现的时刻。我们从《酒神的女信徒》中再次看到这两个时刻，是它们决定了狄俄尼索斯的双重人格，他既是不祥的，又是吉祥的。在神性中，这两个时刻被拉近和叠加，以至于如果我们的研究不是从审视索福克勒斯的俄狄浦斯悲剧和宗教建构更加清晰的俄狄浦斯神话入手，我们可能看不出它们的历史维度和它们的源头，宗教建构清晰是因为建构尚未完善，也因为建构更加直接地以替罪牺牲机制为核心。

在《酒神的女信徒》的神话内容中，狄俄尼索斯并不扮演牺牲者的角色，而是扮演施祭者的角色。不应该被这种差别误导，差别在表面上很大，其实在宗教层面完全不存在：我们已经看到，暴力化身其中的神话的或者神性的存在，并不仅限于替罪牺牲的角色。构成他使命的最主要和最合理内容的是从不祥向吉祥的转变，是这种转变让他受人膜拜，但我们看到，反向的转变同样是他的属性。他与任何与暴力相关的东西都不无干系，所以他能够在大局的任何一点随时出手，他可以担负任何角色，或相继扮演所有角色，甚至同时扮演所有角色。在其故事的某些篇章，狄俄尼索斯不再是施祭者，而是撕碎祭礼中的牺牲。他可能被发狂的群众活活撕碎，比如泰坦神族的群众，他们联合起来处死狄俄尼索斯。这个插曲让我们看到一种神话造物，扎格列欧斯（Zagreus）或叫狄俄尼索斯，被他的神话同伴们集体祭杀了。因此，这个神话与我们前文提到的所有起源神话并无二致。

我们已经看到斯威士兰人的国王在庆丰年祭仪式上同时担负着祭牲和施祭者的角色。有一位阿兹特克神祇，希佩托特克（Xipe-Totec），对他的崇拜让神祇能够占据系统内部的所有位置的这种化身能力变得特别显著。这位神祇时而在替代神祇用的人牲的外表下被杀死和剥皮，时而相反，这位神祇化身施祭者。他剥人牲的皮，然后穿在身上，

第十章 神祇、死者、神圣、献祭替代

然后再转变为人性,这清晰地证明宗教思维是将暴力机制的所有参与者,不管主动和被动,统统看作他们彼此的分身。希佩托特克意思是"我们的神被剥皮者"[1]。这个名称暗示着他的根本角色仍旧是替罪牺牲者,这与我们自己已经看到的情况是相符的。

暴力时而是相互对等的,时而是集体一致和具有创始性的,这一假设是第一个真正反映出所有初民神祇的两重性的,第一个反映出所有人类社会中的所有神话造物身上的不祥与吉祥互相统一的特点的。狄俄尼索斯既是所有神祇中"最可怕的",又是"最温柔的"。同样,有着施雷电的宙斯和"像蜜一样甜"的宙斯。古代神祇无不具有双重面目。之所以罗马人的雅努斯(Janus)对信徒们接连展现出和平与好战的面目,是他本身意味着暴力机制的缘故。之所以他最终象征对外战争,是对外战争只是祭祀危机的一种特殊模式的缘故。

在初民社会中发现完整的暴力机制,便是达到了所有神话与超自然造物的起源与结构。我们看到替罪牺牲在丑怪分身的外表下被处死。所以,应该将所有神圣造物的显著的和隐含的丑怪性与丑怪分身关联起来。当然,不祥与吉祥的统一构成首要的和本质的丑怪性,"好""坏"暴力之间的差别被超于人类的造物吞噬,似乎其他所有差别都隶属于这个根本的差别。

---

[1] 也有称剥皮者。——译注

俄狄浦斯的丑怪与狄俄尼索斯的丑怪之间没有本质区别。狄俄尼索斯同时是神祇、人类、公牛。俄狄浦斯同时是儿子、丈夫、父亲、这些人类角色意义上的兄弟。他们彼此都是怪物，是差别的混合体，这些差别通常分别化身为彼此有别的造物，化身为彼此分离的实体。宗教思维总是将差别放在首位，宗教思维将家庭与文化的差别等同于自然差别。

所以，在神话学层面，应该放弃身体丑怪性与精神丑怪性之间的任何明确区分。我们自己使用这个词的时候是用在两种意思上的。我们已经看到，宗教思维对生物学意义的孪生子与文化秩序解体造成的暴力的孪生子不加区分。

俄狄浦斯神话的所有插曲实际彼此都是翻版。一旦承认这个事实，我们就发现神话的所有人物都是怪物，他们所有人都比他们的外貌让人以为的更加相似。所有人物都是分身，所以他们都是怪物。我们已经看到，俄狄浦斯是个怪物。忒瑞西阿斯也是个怪物：他是雌雄同体的，身上具有两性差别。斯芬克斯是个怪物，他女人头，狮身，蛇尾，鹰翅，是个真正的差别聚合体。表面上，在斯芬克斯这个奇幻造物与神话的人类人物之间存在极大差别，但只要切近观察就能看出并非如此。面对俄狄浦斯，斯芬克斯占据着与其他所有人物相同的位置。它挡住去路，它是让人着迷的障碍，也是人们私下摹仿的样板，它担负着 logos phobou（厄运神谕）。斯芬克斯与拉伊俄斯一样，与在他之前来自科林斯的陌生人一样，与在他之后的克瑞翁和忒瑞西阿斯一样，它与俄狄浦斯竞争。斯芬克斯向英雄设下神谕性质的陷阱。所以，这个插曲是所有其他插曲的翻版。斯芬克斯是不祥暴力的化身，同俄狄浦斯后来一样：斯芬克斯是由赫拉派来惩罚忒拜的，与此相同，瘟疫是由阿波罗遣下的。斯芬克斯吞噬越来越多的牺牲者，直到它被解放城邦的俄狄浦斯驱除。应该注意到，俄狄浦斯在此是作为杀死怪物者出现的，也就是作为施祭者出现的，随后他自己作为怪物出现，也就是作为替罪牺牲出现。这意味着俄狄浦斯与神圣暴力的所有其他化身是一样的。他可以扮演并且实际扮演着接连上场的所有角色。

斯威士兰圣王也是个怪物。他同时是神祇、人类和野兽。即便这些头衔沦为简单的修辞，但在这些头衔中他（它）被视为狮或豹，同所有其他宗教寓意一样源自丑怪分身与创始性的集体一致性。同俄狄浦斯一样，圣王同时是外来者和合法的儿子，是内心最深邃而外表最怪诞的人，他既是无与伦比的温和的典范，又是极度野蛮的典范。作为罪人与乱伦者，他处于他所建立并让人遵守的所有规则之上和之外。在所有人中间，他既是最睿智的，又是最疯狂的，既是最盲目的，又是最清醒的。某些仪式歌曲表达他这种对于差别的独占，这些差别让圣王成为神圣的怪物，这个表述在它的所有可能的意义上都是对的：

酋长没有自己人（没有任何偏好）
酋长没有坏与好的分别。
客人（外来人）是他的人，村民是他的人，

理智的人是他的，疯癫的人是他的[1]。

*

我们看到，如果说奥林匹斯山上住着一些犯下许多强奸、杀害、弑父与乱伦罪行的造物，更不用说那些疯狂和人兽相交的行为，这不应让人惊奇。如果说同样是这些造物看似由一些向人类、动物、物质、天文等多个现实的范畴借用的零件构成，这也不应让人惊奇。在怪物之间寻找稳定的差别，并从中得出想要在个体心理层面或所谓"集体无意识"层面有意义的结论，这是最徒劳无益的。在西方历史中发展起来的所有经院哲学中，没有比这更扯淡的了。对丑怪性进行伪理性的利用，将它列为"原型"等，这只是在毫无幽默感地延续奥维德《变形记》以及神话建构本身的灵活和微妙的把戏。关于怪物的夸夸其谈最终与害怕怪物或拿怪物耍弄是同一回事。那是任凭自己被怪物欺骗，是没有辨认出总是藏在怪物之中的兄弟。

多种类别的神话造物之间的差别，只有在将它们与它们的共同起源即创始性的暴力关联起来时才有意义，以便从中识别出一种差别，是对暴力所提供的变量的诠释上的差别，或者这些变量本身的差别，但是这第二种可能性是非常难以探寻的。

---

[1] 特夫斯：《卢巴人仪式中的诞生与死亡》，p. 172。引文见劳拉·马卡留斯《从有法力的国王到神性的国王》，p. 686。

第十章　神祇、死者、神圣、献祭替代

我们可以同意某些宗教差别直接追溯到奠定差别的那些暴力模式。在非洲王朝的仪式性乱伦的例子里，或者诸如狄俄尼索斯的撕碎祭牲祭礼的某些献祭实践中，这是比较显著的。我们可以举出其他一些例子。在许多神话系统中，神祇、精灵或神话造物明确地分成两个类别，一类是"严肃"的，一类是"滑稽"的。古希腊人的赫耳墨斯，古罗马人的墨丘利是滑稽的神祇。在某些社会中，存在神圣的小丑和弄臣。北美有他们的捣蛋鬼（trickster）。还有那些宫廷弄臣、愚人王和各类戏仿国王，那些戏仿国王是既好笑又悲惨的人物，他们通常在短暂辉煌之后被祭杀。这些人物都是神圣暴力机制的化身，与非洲国王一样，但是依据另一种模式。当然，应该将这一切与集体暴力关联起来，特别是与集体暴力的某种模式关联起来。在"严肃"的驱逐之外，应该一直存在一种至少部分地建立在嘲笑模式基础上的驱逐。直至今天，社会放逐的减弱的、日常的和平庸的形式仍被人奉行，最常在嘲笑模式下进行。当代文学的大部分作品都明显地或暗含地针对这一现象。只要想想成为类似替罪者仪式的一些仪式的牺牲品的社会阶层和个人类型：流浪者、穷人、残疾人等，我们就可以假定各类嘲笑大多与献祭过程中外在表现的负面情感是共通的，目的是让这些负面情感被献祭净化和排解。

这里有很多变量需要详细分析。将它们与我们的整体假设关联起来不构成任何困难，我们先把它们搁置下来，去看看其他宗教形式，在同一假设之下，这些宗教形式也应该能

够得到阐明。我们首先谈谈一种宗教形式，初看起来，它可能被认为与我们已经看到的一切非常不同，但其实它与之非常接近，那就是祖先崇拜或对死者的崇拜。

在某些文化中，神祇是缺席的或者被抹去的。似乎是神话性的祖先或死者在整体上代替全部神性。他们同时被当作创始者、嫉妒的看守人等，如果需要的话还可以是文化秩序的扰乱者。当通奸、乱伦和各种违禁在扩散，当亲人间的争吵在增加，死者们不满了，他们来作祟或者附体在活人身上。他们让活人做噩梦，发疯，得传染病。他们在亲戚和邻居之间引起争执和冲突。他们导致各类变态行为。

危机表现为死者与生者之间的差别丧失，两个通常分开来的国度混合了。这正好证明了死者是暴力的化身，当秩序占主导时，暴力是在外部的和不可见的，当事情恶化，当恶性的相互对等性重新出现于族群内部时，暴力重新变得迫在眉睫。死者们不想要秩序完全毁灭，这秩序最初是他们的秩序。经过了某种高潮，死者重新接受人们对他们的崇拜。死者不再对生者作祟，回到自己平常的居所。总之，死者重新自我驱逐，或者在族群的仪式鼓励下他们听凭自己被重新驱逐。在死者国度与生者国度之间，差别再次建立。

死者与生者之间令人恼火的不可沟通，有时被说成危机的后果，有时被说成危机的原因。死者们施加给生者的惩罚与违犯禁忌的后果无异。在一个微型社会，我们应该记住，骄矜的传染游戏很快转而对所有玩家不利。就像诸神的复仇，死者的复仇是真实的，同样是无情的。这复仇，与暴力转而落在施暴者头上是一回事。

应该说死者在这里代替了诸神。对死者的信仰可以归于我们在谈到俄狄浦斯、狄俄尼索斯时描述的那种基本模式。只有一个问题：为何死者们可以与诸神一样成为暴力机制的化身？

死亡是活人能承受的最坏的暴力，所以死亡是极端不祥的。随着死亡，传染性的暴力侵入族群，生者们必须防范。他们隔离死者，在他周围建立空白。他们采取各种防范措施，特别是进行丧葬仪式，仪式旨在净化和驱除不祥的暴力，在这一点上与所有其他仪式类似。

不论死亡的原因和相关情形如何，即将死去的人面对整个族群，处于一种类似于替罪牺牲的关系中。在生者们的悲伤之上，掺杂一种奇怪的惊骇与劝慰的混合，这有利于让人们下决心采取良好的行为。孤立个人的死亡仿佛一种为了集体生活能够继续下去而必须付出的贡品。一个人死去，而所有生者的团结一致得到加强。

似乎，替罪牺牲死去是为了让有着与牺牲者一同死去的危险的全体族群在重建的新的文化秩序的滋养下重生。在四下播下死亡的种子之后，神祇、祖先或神话英雄（半神）通过自己的死亡或者通过他们选择的替罪牺牲的死亡，带给人们新生。如果说死亡最终被人们看作生命的姐姐，或者说源泉和母亲，这有什么好奇怪的呢？

研究者们总是将这种对生死同一的生命原则的信仰归因于季节的更替、每年植物的汁液的重新上升。这只是对神话的堆砌：这是再一次拒绝正视人类关系中的暴力机制。在一些季节变化不存在或仅限于极简的地区，死亡与复活的主题非常丰富。即便在这种类比存在，而且宗教意义的死亡利用这种类比的地区，我们也不能将自然看作这一主题的原生领域，看作它的来源。季节的周期性只是调节和组织了一种转变过程，那就是人类关系的转变，这种转变的核心总是某个牺牲者的死亡。

所以，在死亡之中，有死亡也有生命。在族群的层面，生命总与死亡结合在一起。因此，死亡可能被看作真正的神性，看作最吉祥与最不祥相结合的地方。当赫拉克利特断言：狄俄尼索斯与冥王哈德斯是一回事，他大概就是这个意思。我们无法接受，赫拉克利特这样身份的一位思想者竟然想要提醒人们地狱神话与酒神神话之间的表面上逸事性的联系。这位哲学家提醒大家注意的正是这些联系的存在理由。

不祥与吉祥的两元性复现于死亡的物质性之中。只要腐烂分解的进程还在继续，尸体就是十分不洁的。如同一个社会的暴力崩解，身体的分解逐渐将一种非常复杂的有差别系统变成无差别化的尘埃状态。生命体的形式回归于无形。语言本身不再能明确说出生命体的"残余"是什么。正在腐败的躯体变成这种"在任何语言中都没有名称"的东西。

相反，一旦腐败进程结束，一旦可怕的分解的作用力耗尽，不洁状态常常停止下来。变白和变干的骨头在某些社会

第十章　神祇、死者、神圣、献祭替代

中被认为拥有对人有益的可以带来丰饶的功效[1]。

如果说死亡被人们按照创始的驱逐的模式即暴力本质上的神秘性的模式来进行经验和加以仪式化，反过来，创始的驱逐可能被人们按照死亡的模式加以记忆。这正是在死者们行使其他地方专属于神祇的职能的那些案例中发生的情况。暴力的完整机制，或被等同为某个特别的祖先，或被等同为全体死者。创始祖先的丑怪性，经常是祖先同时代的某类动物的化身这个事实，应该被解读为对暴力分身总是出现于崇拜的起源中的证据。与神祇崇拜一样，对死者的崇拜是对决定族群命运的暴力机制的一种独特诠释。这种诠释实际是所有诠释中最清晰的，最接近于第一次的时候真实发生过的事情的，虽然如此，这种诠释并不了解重新找回集体一致性的机制。这种诠释明确肯定在文化秩序的源头总是存在人类的死亡，而这次决定性的死亡是族群某个成员的死亡。

*

我们首先借助一些被认为是暴力机制的化身的人来感知暴力机制，神话英雄（半神）、圣王、神祇、神性化的祖先。多种多样的化身方便我们进行理解。化身让我们能够看出替罪牺牲的作用和暴力的集体一致性的根本性作用。暴力机制是属于所有人的，所以不属于个别的人，从这个意义上说，这些化身总是虚幻的。除了替罪牺牲之外，所有行动者

---

[1] 见本书 p. 383。

都扮演相同角色，但是任何人都可能扮演替罪牺牲的角色。不应从能够把替罪牺牲与族群其他成员区分开来的那些差别中去寻找拯救进程的秘密。这里的武断性是根本性的。我们已经考察过的那些宗教诠释的错误，正在于将吉祥的转变归因于牺牲者或者别的行动者的超于人类的本质，因为牺牲者或那个人似乎是占主导的暴力机制的化身。

除了这些对暴力机制的"个人化"的解读，还有一种非个人化的解读。这种解读符合神圣（sacré）这个词或拉丁文"sacer"这个词所覆盖的一切内容，我们把这个拉丁词有时翻译为"神圣的"，有时翻译为"受诅咒的"，因为这个词同时包含不祥与吉祥的意思。在多数语言中，我们找到一些类似的词，比如美拉尼西亚人的mana、北美苏人的wakan、易洛魁人的orenda等。

至少在一方面，使用"sacer"这个词的语言是所有语言中最少欺骗性、最少神话性的，因为它不预设机制有任何主宰，不预设任何特惠的干预，哪怕是来自超人类的干预。"sacer"可以被设想为脱离任何人类形态的存在，这一事实表明用神人同形说或泛灵论来定义宗教性的所有企图都是错误的路径。如果宗教性就是将非人的东西"人化"，或者赋无灵的东西以"灵"，那么对于神圣的无人格化的感知就不会存在。

如果我们试图将本书中探讨的所有主题加以归纳，我们就必须用"la violence（暴力）et le sacré（神圣）"这个题目。这种无人格化的感知是基础性的。比如在非洲和其他地方，

第十章 神祇、死者、神圣、献祭替代

只有唯一的词来指称神圣性的两面，文化秩序与失序，丧失又找回的差异，这个过程如同我们在关于乱伦并被祭杀的君主的一成不变的剧情中看到的那样。这个词一方面指王室全部的违犯禁忌行为、所有禁忌的甚至不合法的性行为、所有形式的暴力和无礼、污秽之物、腐烂之物、各种丑怪形态，以及亲人之间的争吵、怨恨、羡慕、嫉妒等；另一方面，这个词指创造与秩序的力量、稳定与宁静。所有相互对立的寓意汇集在王权机制中。王权是神圣机制的化身，但同一机制同样可能在王权之外运行。要想理解王权，就必须把它与神圣性关联起来，而神圣是存在于王权之外的。

对献祭的定义也可能不涉及任何神祇，而是仅仅根据神圣性来进行，也就是说仅仅根据不祥暴力来定义。人们通过牺牲将这种不祥暴力加以转移，通过祭杀牺牲将不祥暴力转化为吉祥暴力，或者对不祥暴力进行驱除。转化与驱除的结果是相同的。神圣的东西在族群内部是恶性的，但它转移到外部就变成良性的。关于纯粹神圣性的语言保留着神话与宗教的本质性的东西。语言将人类的暴力剥离，把这暴力树立为分离的、去除人性的实体。语言将暴力变成一种"流体"，它不会听凭人隔绝它，它可以通过简单的接触而侵染事物。当然，在许多例子中，应该将传染概念与这种语言关联起来，传染在经验意义上是准确的，但它同样是神话性的，因为传染概念让暴力的相互对等性消失。传染概念实际上将人类关系中活跃的暴力"物化"，将暴力转变为一种近乎物质的东西。关于纯粹神圣性的语言在某些方面比关于神

祇的语言更少具有神话性，在其他方面则更多具有神话性，因为关于纯粹神圣性的语言消灭了真实牺牲者的最后的痕迹：它向我们隐藏了如果没有替罪牺牲者便没有神圣机制。

我们刚刚说过：暴力**与**神圣。我们同样可以说：暴力**或**神圣。神圣机制与暴力机制是一回事。人类学思维倾向从神圣性中识别出"暴力"这个词所覆盖的所有内容的存在。但是人类学思维会立即补充说，在神圣性中，还有别的东西，甚至是暴力的反面。既有秩序又有失序，既有和平又有战争，既有创造又有毁灭。似乎在神圣性中，存在许多异质的、对立的和自相矛盾的东西，以至于专家们放弃从中理出头绪。他们放弃对神圣性给出一种相对简单的定义。对创始性的暴力的发现，通向一种极其简单的定义，这种定义并非虚构。这种定义揭示出统一性，同时不掩盖复杂性。这种定义让我们能够将神圣性的所有元素组织进一个明晰的整体。

发现创始性的暴力，即理解神圣性在其自身中统一了所有的对立面，这并不因为神圣性与暴力不同，而是因为暴力显得与它自身不同。有时，暴力围绕着自身重新建立文化的集体一致性，以拯救人们，并建立文化，有时则相反，暴力竭力摧毁它所建立的东西。人们并不膜拜暴力本身：他们并不奉行我们当代文化意义上的"暴力崇拜"，他们膜拜暴力是因为暴力给予他们所能享有的唯一和平。通过让人畏惧的暴力，信徒们的膜拜的目的始终是非暴力。非暴力表现为暴力的随机的恩赐，这种表象并非没有道理，因为人们从来只能在牺牲第三者的情况下达成和解。在非暴力方面，人们能

第十章 神祇、死者、神圣、献祭替代

够做到的最佳状态,就是除了一人之外的集体一致的替罪牺牲机制。

将暴力神性化,虽然初民宗教思维是搞错了,但是,拒绝将社会统一性的原则归因于人类的意志,初民宗教思维并未搞错。直到今日,西方和现代世界都幸免于陷入本质性的暴力,也就是说幸免于那些可以将我们完全摧毁的最直接具有强迫性的暴力形式。这种特殊待遇与唯心主义哲学家们偏爱的某种"超越"并无关系,因为现代思维不了解这些暴力形式的性质,也不了解其理由:它甚至不知其存在。这就是为何现代思维总是把社会的起源定位在"社会契约"中,社会契约是明确的或者暗含的,根源在于"理性""常识""相互的善意""明白的利益"等。所以,这种思维不能发现宗教性的本质,并赋予它一种真实功能。这种无能是属于神话性的,它延续着宗教的无能,即掩盖人性的暴力,不了解人性的暴力对整个人类社会造成的危险。

宗教,哪怕是最粗糙的,都持有一种真理,是非宗教思维的所有流派即便是"最悲观的"流派都看不到的。宗教了解人类社会的基础并非人类可以归功给自己的自然而然的东西。现代思维与初民宗教的关系与我们想象的非常不同。存在我们与宗教思维共有的一种对于暴力的根本的误解。相反,在宗教中存在一些知识元素,是关于这种暴力的,它们是绝对真实的,却是我们完全错过的。

宗教真正告诉人们必须做什么和不能做什么才能避免摧毁性的暴力的回归。当人们忽略仪式,打破禁忌,他们真的

导致超验性的暴力重新降临他们中间，让它重新变成邪恶的诱惑者。超验性的暴力将成为宝贵的，却又毫无价值的筹码，围绕着它，人们在身体和精神上互相摧毁，直到化为乌有。除非替罪牺牲机制再一次来拯救他们，换言之，除非那主宰一切的暴力认为"罪人"受到足够"惩罚"，屈尊俯就地重返它的超验状态，足够远离人类，以便从外部监视人类，引起他们的敬畏。这敬畏给人类带来拯救。

神怒远非如我们这些不知父辈艰辛的人的无知所以为的是虚幻的，神怒是一种可怕的现实。它的正义是不留情的，它的不偏不倚是真正神性的，因为它不加区别地落在对立双方：它与相互对等性是一回事，与暴力向那些不幸的自以为能够控制暴力而诉诸暴力者自动回归是一回事。因为它们的巨大规模和更高级的组织，现代西方社会看似逃脱了暴力自动回归的法则。所以，现代西方社会自以为这一法则不存在，而且从未存在过。现代西方社会把那些认为这一法则是一种明显现实的思想当作虚幻和奇想。这些思想当然是神话性的，因为它们将这一法则的执行归于一种外在于人类的力量。但是，这法则本身绝对真实。暴力向它的出发点自动回归，在人与人的关系中，这没有任何臆想性。我们仍然对此一无所知，那也许不是因为我们彻底摆脱了这一规则，不是因为我们"超越"了它，而是因为在现代世界，它的作用被长期推迟了，这是出于一些我们不了解的原因。这也许正是当代历史正在发现的东西。

第十章 神祇、死者、神圣、献祭替代

*

从通常意义的血以及特殊的月经血具有的不祥与吉祥效力，到希腊悲剧或《图腾与禁忌》的结构，本书考察的现象无不归因于暴力与神圣的同一性。这种等同看起来是奇思怪想、不可相信，我们想抗拒它，但越是围绕着考察它，越看出它的解释力非凡。我们看到围绕着它编织起整整一张呼应网络，让这种等同变成确信的事。

对我们已经提供的所有例子，我们可以补充一个，在此处特别适合。为何金属的制造被很多禁忌包围，特别是在非洲，为何铁匠浸染着神圣性？在神圣性的广大谜团内部，这是一个特殊的谜题，而我们的整体假设立刻就提示我们对它的解答。

金属是一种无可估量的恩惠，它为很多劳作提供便利，它帮助族群防卫外部敌人。但这些益处同时有一种可怕的反面。所有兵器都是双刃剑。它们加重了社会自身的内部不和让社会面临的危险。在幸福日子里赢得的一切，可能在不幸日子里再度失去，而且更甚。双重的倾向促使人有时和谐一致，有时分裂和冲突，这种双重倾向的作用因为获得金属而得到加强。

因为铁匠具有最好的一面，同时具有最坏的一面，是一种更高级的暴力的主宰。这便是为何铁匠是神圣的，这是在这个词的吉凶双重的意义上。铁匠享有某些特权，但人们把他看作一个有些不祥的人物。人们避免与他接触。铁匠炉处

于族群的外部。

某些现代评述的语气或者内容让人认为铁匠炉的可怖权威反映出土著人模糊意识到自己踏入了"更高级文明"专有的征服地,而我们西方文明就是所有文明中最高的。冶炼金属的技术被禁止,从人们的表现看,并非因为它本质上的危险,而是因为这技术是留给白种人建功立业的。总之,熔炉的崇拜是对我们的崇拜,至少是以间接方式,我们就是崇拜的最后和唯一真实的对象。我们从中辨识出技术文明的自大,辨识出作为它的特色的骄矜,因为长期而神秘的不受惩罚,这骄矜更加膨胀和强化,以至于它自己不再能意识到这骄矜了,它甚至已经不再有词来表达骄矜。

那些掌握金属制造的民族没有任何理由在纯属技术层面大惊小怪,更没理由对我们暗中致敬,因为他们自己已经掌握了它。熔炉染上神圣性的理由并非来自我们。这些理由不是来自我们,甚至不是黑暗力量和普罗米修斯式的启蒙者。核炸弹和我们的工业污染对我们的威胁仅仅构成对某种法则的一种比较壮观的运用,但只是一种运用罢了,初民们大概仅仅初步掌握这个法则,但他们猜测出法则的真实性,而我们却以为它纯属臆造。这个法则就是操纵暴力者最终将会被暴力操纵。

将铁匠炉保持在自己边缘的族群与我们本身没有那么大的区别。只要它觉得能从铁匠或魔法师的活动中获益,就听凭他们去做。相反,一旦暴力的反馈(feed-back)出现,族群就让那些令暴力成为诱惑的人负责。只要发生意外,族群就指控那些神圣暴力的操纵者。它怀疑这些仅仅一半属于族群的人背叛族群，怀疑他们用一种人们早已觉得可疑的力量反对族群。灾祸降临村庄，灾祸完全与金属或金属制造无关，而铁匠却受到威胁：人们想要杀害他。

只要神圣即暴力渗入族群内部，替罪牺牲的基本模式就一定建立起来。人们对待铁匠的方式，哪怕是平静时期的方式，不仅让他类似魔法师，而且让他类似圣王，这总归是一回事。在某些社会里，铁匠虽然是一种贱民，却起着至高裁决者的作用。在无休止冲突的情况下，铁匠被要求对互为仇敌的兄弟做出区别，这证明了铁匠是神圣暴力整体的化身，神圣暴力时而是不祥的，时而相反是建立秩序与和平的。如果铁匠或魔法师死于族群之手，而族群的歇斯底里被这一暴力行为平息下来，那么牺牲者与神圣性之间的关系就似乎得到确认。如同所有建立在献祭之上的思维系统一样，击杀铁匠的系统渐渐完成，没有什么再来否定它。

铁匠、巫师、魔法师的暴力死亡，和通常意义上任何被认为享有与神圣的特别的亲和性的人的暴力死亡，可能处在自发的集体暴力与仪式性献祭的中途。从献祭到自发的集体暴力，却丝毫没有断开连续性。理解这种模棱两可，就是在弄清创始性的暴力、仪式性的献祭和这两个现象之间关系的道路上更深入一步。

*

现代对宗教性的不理解在延续着宗教性，这种不理解在我们这个时代的功能正是宗教性在那些更直接暴露于本质性的暴力的世界的功能：我们继续误解暴力对人类社会的掌控。这便是为何我们讨厌承认暴力与神圣的同一性。应该强调这种同一性。词汇学的领域是特别适合我们的领域。在许多语言中，特别是希腊语中，存在一些词，它们明显反映出暴力与神圣的无差别，明显证明本书提出的定义。我们毫无困难地证明普遍意义的文化演变和词汇学家的努力几乎总是倾向于将初民语言统一起来的东西加以分离，倾向于简单取消暴力与神圣之间的惊世骇俗的结合。

我们将在一部经得起批评的著作中寻找我们的例子，那就是埃米尔·本维尼斯特的《印欧人诸制度词汇》。"hieros"，神圣的，这个限定词被运用于一些暴力与战争器具，这种运用是非常系统化的，足以吸引研究者的关注，并让他们有时把这个词翻译为"强大""强劲""骚动"等。希腊语"hieros"来自吠陀梵文"isirah"，人们通常翻译为"生命力"。这个译法本身是一个折中办法，掩盖了不祥与吉祥在同一词汇内部的结合。人们常常借助这类折中办法来掩盖多种语言中指称神圣的那些词汇对现代思维造成的问题。

本维尼斯特肯定说，hieros与暴力无关，应该始终将这个词翻译为"神圣"，他没有注意到即便在法语中"神圣"（sacré）这个词有时也包含某种暧昧，可能是从拉丁文"sacer"（神圣的；可诅咒的）继承来的。在本维尼斯特这位语言学家眼中，不应重视"hieros"经常与一些意味着暴力的词关联在一起这个事实。对这个词的这种用法的解释在

第十章 神祇、死者、神圣、献祭替代

他看来每一次都不是来自它直接修饰的词，而是因为在文本中与某个神祇邻近，因为在文本中存在一些专属宗教的寓意，而这些宗教寓意被他看作与暴力完全无关。

为了消除这些关于神圣的词汇的他认为不可信和不可容忍的两元性，本维尼斯特借助两个主要手段。我们刚刚看到第一个手段，那就是完全消除两个"对立面"中被历史演变加以弱化的那一面。很少情况下，文化演变没有破坏两元性，两个对立意义彼此同样鲜活，本维尼斯特毫不迟疑地肯定说这里涉及两个不同的词，偶然集合在同一个词型里。对于"kratos"和派生形容词"krateros"，他使用的主要是这第二种解决办法。"kratos"通常被翻译为"神力"。"krateros"可以用来形容一位神祇，这种情况下，被翻译为神一般地强大，超自然地强大，有时相反，这个词形容一些事物，这些事物看起来如此缺乏神性，以至于本维尼斯特拒绝认为希腊人可能将它们看作具有神性：

> 当人们从 kratos 过渡到 krateros，人们期待这个形容词中具有名词中相同范畴的概念：kratos 总是指称英雄、勇者、首领的素质，自然。我们确实看到形容词 krateros 具有褒扬意义。当看到 krateros 的其他用法，而这些用法不是褒义的，包含着责难，人们应该感到惊奇。当普里阿摩斯（Priam）的妻子赫库芭（Hécube）对刚刚杀死她儿子赫克托耳的阿喀琉斯说话，称他为 aner krateros（24，212），这当然不是对他武功的颂扬。保罗·马宗

（P. Mazon）将其翻译为"粗暴的英雄"[1]。要想理解用在战神阿瑞斯（2，515）身上的krateros，就必须将它与这位神祇的其他形容语进行比较：凶手（miaiphonos）、杀人者（androphonos）、对凡人致命的（brotoloigos）、毁灭者（aidelos）等。没有一个是褒义的。

…………

这种不一致可能性更大，在另一方面表现出来。kratos仅用于神祇和人类，而krateros却可以同样修饰动物、事物，而意思总是"硬的、残酷的、暴力的"。

…………

在赫西俄德（Hésiode）的作品中，我们会再次看到我们从荷马对krateros用法中区分出的那两种意义，它们被用在差不多相同的表述中：当这个词与amumôn（无可指摘）一起用时是褒义的（《神谱》1013），而在修饰杀人者阿瑞斯（《赫拉克勒斯的盾》98，101）、一条龙（《神谱》322）、三复仇女神厄里倪厄斯（Erinyes）等时是贬义的。

这里该词的语义划分标准是在"颂扬""褒义"的意义上的，换言之即吉祥的。本维尼斯特不愿意听人谈论吉祥与不祥在神圣暴力中的统一。krateros可以用于一头正在撕碎

---

[1] 应为保罗·马宗翻译的《伊利亚特》，原书未提供出版信息。——译注

猎物的野兽，也可以用于剑刃、铠甲的坚硬、可怕的疾病、最野蛮的行径、最尖锐的不和与冲突。我们想要举本维尼斯特本人给出的所有例子。整个祭祀危机的队列再次展现在我们眼前。我们涉及的这个词，完美揭示出神圣内部的吉暴力与凶暴力的结合。这个词的两个含义的证据很充分，我们不能抹掉它们中任何一个。本维尼斯特从中得出结论，认为围绕kratos构成的全部词汇的整体揭示出"一种非常独特的语义处境"。这个整体只是在表面上属于一个同质的词族。所以，本维尼斯特提出将两种相反意义"与印欧语中两个不同词根关联起来，虽然这两个词根在形式上非常接近，甚至相同"。

这一假设的基础就是拒绝承认暴力与神性的同一性，在"krateros"的各种用法中这种同一性是完全显而易见的。诸神和英雄的吉的"krateros"与怪物、瘟疫和野兽的凶的"krateros"是一回事。本维尼斯特自己举了一个例子，揭示出他的这种划分的虚妄：Arès krateros。阿瑞斯（Arès）当然是残酷的，但他仍然是神性的。本维尼斯特肯定说这里涉及凶的"krateros"。无疑如此，但这里涉及的仍旧是位神祇。确实，这位神祇在古典世界中被认为是战争之神。战争可以被神性化，这个事实也许不像颂扬奥古斯都或路易十四的诗歌中的神话俗套那么缺乏意义，我们是这样想的。

在词典的理性主义视角下，神圣性显现为一种尚未精细打磨的意义，或者相反显现为一种后来被人打乱和混合的意义。词典编纂者本维尼斯特让我们认为他应该将区分推进到所有"模棱两可"、所有"混淆",所有"不确定"都让位给绝对不含糊的意义的清晰。这项工作是早已经开始了的。我们已经看到,宗教进行的诠释已经倾向让那些揭示危机的现象向一边或另一边倾斜。我们越是往前走,将神圣的两面当作独立的实体的倾向就越得到肯定。比如在拉丁语中,sacer(神圣的,可诅咒的)保留原始的两元性,但人们感到需要一个词来仅仅表达吉祥的一面,于是并列词 sanctus(神圣的)出现了。我们看到,现代词典学的倾向隶属于一种持续的神话构建过程,神话构建逐渐清除创始经验的痕迹,让关于暴力的真相越来越让人无法达到。

某些作者做出反应。比如 H. 让迈尔在他的《狄俄尼索斯:酒神巴克斯的崇拜的历史》中对"thyias"这个词所做的出色的评论,这个词通常指酒神巴克斯的女祭司或者女信徒,派生自动词"thyein",我们在前文谈到它的另一个派生词"thymos":

> 可信的词源让我们将这个词关联到一个动词,动词的意义包含某种模棱两可,因为它一方面指进行献祭,另一反面指冒失地冲出去,或者河流、海洋的水像风暴那样旋转,像流在地上的血液一样起泡,同样指因愤怒、狂怒而激动。如果我们同意这种狂暴的旋转符合人们用来达到附身状态的那种摇摆身体的方法,而且这是酒神节队列里信徒的特征,如果我们同意这类附体一般伴随着一种献祭,用撕碎祭牲祭礼或者别的方式,如果

第十章 神祇、死者、神圣、献祭替代

我们同意某些古老形式的献祭是参加者进入出神状态的机会,那么就没有理由像人们有时会做的那样,把这两种词义分开并分到不同词根的两个词。现代的观察者指出献祭牺牲垂死时痛苦的抽搐与被附体者抽搐的扭动,两者都被诠释为神灵在场和控制的表现,两者之间的一种相似被人们感觉到,并且特意表达了出来[1]。

*

根据替罪牺牲机制将暴力与神圣正式认同,这将让我们能够补足我们关于献祭的理论,我们在前面章节已经提出这个理论的原则。我们在前文拒绝了传统的解读,传统的解读将献祭当作对神祇的奉献,常常是一种食物性质的礼物,超验的神灵"享用"它。这种解读当然是神话性的,不应该由此得出结论认为这种解读纯属臆想。我们现在可以理解,宗教话语,即便是在这一点上,也要比现代研究尝试用的替代它的东西更接近真相。

正因为暴力被祭杀转移向外,暴力平静下来。可以说暴力受到驱逐,它被附加在神祇的实体上,它与之绝无分别,因为每次献祭都在小规模地重复着创始的集体一致性的时刻的,也就是神祇第一次显现的那个时刻产生的巨大安宁。人体是一部将食量转化成血肉的机器,与此相同,创始的集体一致性将恶性的暴力转化为稳定和丰饶。另一方面,因为集

---

[1] H. 让迈尔:《狄俄尼索斯:酒神巴克斯的崇拜的历史》, p. 158。

体一致性产生了,它建立起一部机器,旨在以一种温和方式无限地重复它自身的运作,这便是仪式性献祭。如果说神祇就是在第一次的时候被大规模地驱除的暴力,那么仪式性献祭给神祇带来的正是少许他自身的实质,他自身的暴力。每当献祭达成人们渴望的效果,每当恶性的暴力转化为良性的稳定,人们可以说神祇接受了这种暴力的供奉,他以这暴力为食。所有神学都将献祭操作置于神性的裁判之下,这并非没有道理。成功的献祭阻止暴力重新变成迫近的和相互对等的,也就是说献祭加强外部的、超验的、吉祥的暴力。献祭带给神祇他需要用来保持和增加他的活力的一切。是神祇自己在"消化"恶性的内在本质,以便将它转化为良性的超验性,即转化为神祇自己的实质。食物的隐喻得到一个事实的认可,即祭牲往往是个动物,是人类习惯上吃的,它的肉是真的可以食用的。在这个进食过程背后,我们完全看出暴力机制及其变形。虽然在科学真理层面上这是假的,但从宗教唯一关注的层面看,从需要防范暴力的人与人的关系的层面看,关于献祭的宗教话语却是完全真实的。如果人们疏忽给神祇进食,他最终将变得衰弱,或者他愤怒而且饥饿,他会自己来人们中间找食物,无比残忍和凶狠。

替罪牺牲常常被摧毁,而且总是受到族群驱除。平息下来的暴力被人认为与替罪牺牲一起被驱除了。暴力在某种程度上是被投射到外部的。这暴力被认为持久地充盈着完整的生命实存,而这生命实存是族群所没有的。只要文化秩序在族群内部得到遵守,这种状况便会一直持续下去。

第十章 神祇、死者、神圣、献祭替代

一旦超出族群界限,便进入狂野的神圣性,它是没有边际和界限的。属于这个神圣王国的不仅有神祇和所有超自然动物、各种怪物、死者,还有大自然,因为自然是外在于文化的,还有宇宙甚至族群之外的其他人。

我们经常说初民生活"在神圣中"。这样说,正是像初民本身一样思想。初民自以为是唯一从神圣中产生的,是唯一遵从由神圣本身传授的规则的,而这些规则以不稳定的方式将初民们保持在神圣之外。因为外来者不遵从同样规则,所以他们看起来不完全是人类。外来者可能被看作非常不祥的,也可能被看作非常吉祥,外来者浸染在神圣之中。

每个族群都将自身看作迷失在无边汪洋上唯一的一艘船,大洋时而和平宁静,时而危险动荡。不沉没的首要条件、充分和必要条件,是遵从航行法则,法则是由大洋本身强加的。但最大的警惕也不能确保永远航行下去:船体进水,阴险的液体不断渗透。必须通过重复仪式来阻止船充满水。

虽然族群畏惧来自神圣的一切,但族群的一切同样拜神圣所赐。族群看到自己是唯一脱离神圣的,它必然自以为是由神圣产生的。我们刚刚说族群自认为是从神圣中产生的,确实应该用"产生"这个说法。我们已经看到,创始的暴力不是作为人类的事实,而是作为神圣性本身出现的,神圣性对自身进行了驱逐,它同意退却,让族群在它之外存在。

只要思考神圣性表面上的至高无上,思考神圣性与族群

之间在各方面存在的不同寻常的比例失调，我们就能更好理解在各个领域似乎都来自神圣性的肇始之功。族群的创造首先是一种分离。这便是为何断裂的隐喻在创始仪式中很常见。比如丰年祭王室仪式的主要动作是切割、咬噬或斩断，即通过与不祥的神圣性的割裂来开始一个新的时间循环，当神圣性已经浸染族群，它必定是不祥的。每当谈到宣泄、净化、赎净、驱魔，占主导的都是疏散和分离的想法。现代思维按照中介者的唯一模式来设想与神圣的关系，因为现代思维试图从一种部分清除了不祥元素的宗教性来诠释初民的现实。我们在前文中看到，族群与神圣性的任何掺杂，神圣性通过神祇、神话英雄或死者的中介进行介入，只可能是不祥的。任何超自然的显现都首先是报复性的。恩赐仅仅随着神性的离开到来。

这并不意味着中介元素是不存在的。在族群与神圣性之间进行完全的分隔，就算可以设想，它也是同族群与神圣性完全的融合一样可怕的。过大的分隔是危险的，因为这种分隔的终局只可能是神圣性的强行回归，即一种致命的迸发。如果神圣性离得太远，人们有可能忽略甚至忘记规则，规则是神圣性善意传授给人们的，为的是让他们能防范神圣性自己。所以，人类的生命仍然随时由神圣主宰，由它调节、监视和赋予生殖力。在海德格尔的哲学中存在与实存之间的关系类似族群与神圣性之间的关系。

这仅仅意味着，如果说人类不能生活在暴力之中，但他们在对暴力的遗忘中，或不顾仪式规定和禁忌而将暴力当作简单工具、忠实仆人的幻想中，同样不能活太久。为了在勤奋有序的毫无松懈的宁静中繁荣发展，所有族群都必须与神圣性维系的关系，其复杂性和微妙性，因为缺乏赤裸裸的真相，几乎只能用趋利避害的最佳距离的概念加以表述。族群不应过于靠近神圣性，不然会被神圣性吞噬，但族群同样不应离有威胁的恩惠太远，这有可能丧失神圣性能带来丰饶的作用。

神圣性被认为化身为一个特殊人物，比如非洲圣王，在所有这类社会中，我们这种全方位的读解可以被直接观察到。一个深度浸染神圣性的人物在族群内部的存在当然构成一些不同寻常的问题。在一些情况下，国王绝不应触碰土地，他会立刻让土地具有传染性，因此造成臣民的死亡。有时，人们阻止君王自己吃东西：他如果亲手碰到某类食物，会让这类食物对所有平常人变得危险。同样，这神圣的怪物有时被隐藏在人们视线外，并不是为了他自己着想，而是为了他的臣民着想，如果他的目光接触到他们，他们会被雷劈死。

所有预防措施都旨在预防过于直接的接触。相反，这些措施丝毫不意味着必须留着这样一位非凡的人物是对社会有害的。我们知道，国王既是非常不祥的，又是非常吉祥的。暴力与和平的历史性的交替被从时间中转移到了空间中。结果与现代科技中的某些能量转换有些相似，这可能是因为宗教思维早已从某些自然样板出发来进行操作了。

国王在场时，臣民们因为国王过大的威力，因他的

silwane（兽性）而感到不适，但如果根本不再有国王，臣民们会感到恐惧。我们的"畏"与"敬"实际上只是这些现象的温和形式。面对神圣的化身，存在一种获得吉祥效果同时防范不祥效果的最佳距离。绝对性就如同火，如果太靠近，火会灼人，如果离得太远，就不再有任何效果。在这两个极端之间，存在既能取暖，又能照亮的火。

*

我们在前文中看到，所有献祭仪式都依据两个替代：第一个替代是由创始性的暴力提供的，创始性的暴力用唯一牺牲者来替代族群的全体成员。第二个替代是唯一真正意义的替代，用一个可以献祭的祭牲来替代替罪的牺牲者。我们知道，可献祭的祭牲这个类别本质上的特点是它们通常处于族群之外。而替罪的牺牲者则相反，他是属于族群的。我们将仪式性献祭定义为一种对创始性的暴力的不准确的摹仿。应该弄清楚为何献祭有系统地饶过了那些看起来最适合的祭牲，那些与原初的牺牲者最相似的祭牲，即族群的其他成员。

我们刚刚指出的原初牺牲者与仪式祭牲之间有所区别的必要性，可以在功能层面得到完美解释。如果献祭牺牲者与替罪牺牲者一样属于族群，那么献祭便会将暴力释放，而非禁锢。非但不能重复创始性的暴力的效果，反而会发动一次新的祭祀危机。某些条件是必须得到实现的，这个事实并不足以解释那些能够实现这些条件的制度的存在。第二个献祭

第十章　神祇、死者、神圣、献祭替代

替代提出一个有待解决的问题。

我们最初尝试过用人类理性的介入，用有助于从族群内部向外部转移的基本的理性来解释原本与副本之间，最初的牺牲者与仪式的牺牲者之间的区别。这两类牺牲之间的具有保护性的偏离，可能很容易被认为是献祭的"人的"因素，是现代人文主义意义上的人的因素。我们在前文中称作献祭的花招的，实际是施祭者的花招，他们对仪式性的摹仿的要求睁一只眼闭一只眼，他们用一些伪宗教义务来随意应付，可能在他们内心深处预感到了我们现代人以为自己最先了解的东西，即我们现代人公开宣布的所有仪式的虚妄和无用。我们倾向于设想，随着第二种献祭替代，狂热已经对怀疑论让步，对某种态度让步，这种态度已经是我们现代态度的前身。

但显然，这一假设不能成立。首先，存在许多社会，在这些社会中祭牲是人类，他们是战俘、奴隶、孩子，或者如非洲圣王和类似献祭的例子，是族群的一些成员。可以说这种情况下，没有第二种献祭替代。这便是为何以替罪牺牲者为目标的原初暴力与后继的仪式性的摹仿之间的关系在圣王的例子中特别显著。前文中，在第四章，我们必须解释替罪牺牲与仪式之间关系的时候，我们援引圣王的例子，因为在这个例子中原初牺牲者与仪式牺牲者之间极端接近。

但是，不应得出结论认为，第二种献祭替代在圣王的例子中是缺席的。任何对创始性的暴力的真正严格的重复从定义上说都是不可能的。即便后来的被献祭者来自族群，但他被选择来代替原初的替罪牺牲者，仅这个事实就让他变成一个与周围所有人都不同的人，将他与正常的人与人的关系剥离，把他纳入一个类别，这个类别可能仅包含一个人，但可以担负起"可献祭的"这个定语，与其他社会中牛类或羊类被定性为"可献祭的"一样。

被选择成为未来的献祭牺牲品，这足以将被选择的对象加以转化，也就是说把他变成一种神圣的造物。即便如此，我们也不难从中看出偏移和区别的原则，在我们看来，多数情况下原初牺牲者与仪式牺牲者之间是存在区别的。但牺牲者被祭杀，他便属于神圣性。是神圣性本身听凭人们将它驱除到牺牲者身上，或者它自我驱逐到牺牲者身上。所以，替罪牺牲者具有一种丑怪性。人们不再从他身上看到可从族群其他成员身上看到的东西。

可献祭的类别往往由不属于族群或从未属于族群的一些造物构成，这是因为替罪牺牲者首先属于神圣。族群却相反，是从神圣性中走出来的。所以，那些属于族群的人在原则上是最不适合代表替罪牺牲者的。这样就解释了为何仪式牺牲是从族群之外进行选择的，为何是在那些通常浸染着神圣性的造物中选择的（因为神圣之境是这些造物的正常的居所），为何是在动物、外来人等中选择的。

虽然族群其他成员在我们这些客观观察者看来与原初的牺牲者最为相似，所以从精确摹仿的假设来看，他们是最适合被献祭的，但如果从由原初宗教经验，由创始性的暴力本身产生的视角来看，事情并非如此。在这一视角下，

第十章　神祇、死者、神圣、献祭替代

替罪牺牲者被改头换面：正是这种变形保护族群免受暴力之害，这种变形让信徒们无法将彼此看作可以代替原初牺牲者的人，所以这阻止他们重新堕入相互对等的暴力。人们能在族群之外选择仪式牺牲者，或者被选择为仪式牺牲者这一事实会赋予牺牲者某种外部性，这是因为原初的替罪牺牲者不再被认为是他实际上的身份：他不再是同其他人一样的族群成员。

第二种献祭替代的离心作用来源于宗教性本身，来源于具有保护作用的误解，不应该把它归因于一种初露雏形的怀疑主义。第二种献祭替代的原则与开始逃离宗教性无关。族群的人被放过，并不是因为族群逃避了摹仿规则，而是因为族群严格遵守规则。在第二种献祭替代中，没有任何东西值得我们的怀疑主义对它会心地眨眼。献祭的花招正是制度本身的花招，而非施祭者的花招。

但是，不应从实际进行的事物中得出结论认为替罪牺牲者应该被看作是外在于族群的。替罪牺牲者与丑怪分身是一回事。替罪牺牲者涉及所有差别，特别是内外之别。替罪牺牲者被看作自由地从内向外流转。所以，替罪牺牲者在族群与神圣性之间，既构成一种联系，又构成一道分隔。要想能够代表这位替罪牺牲者，仪式牺牲者在理想意义上应该既属于族群又属于神圣。

现在，我们明白仪式牺牲者为何并非完全属于外部，而是被人从那些处于边缘的类别中借用，如奴隶、孩子、牲畜等。我们在前文中看到这种边缘性让献祭能够起到作用。

要让牺牲者将攻击性倾向转移到外部，要让转移能够进行，必须不让连续性断开，必须存在从族群成员向仪式牺牲者的"借代性"的转移，换言之，必须让牺牲者既不过分外在于这个族群，又不是不够外在于这个族群。我们早已知道这种模棱两可对于献祭的宣泄作用的生效是必需的，但是我们不知道效果如何能够具体实现。我们那时不知道，建立献祭这样复杂微妙的制度，同时不让这些发明者和它的使用者们把握到它的运转的秘密，这能由怎样的奇迹来完成。现在，我们看到并无奇迹，至少在我们此刻关注的层面没有。仪式思维想献祭一个尽可能与丑怪分身相似的牺牲者。献祭的牺牲者通常来自那些边缘的类别，这些类别并不完全符合这种要求，但它们构成最不会带来恶果的近似性。这些类别介于内与外之间，人们可以认为它们同时属于两者。

仪式思维不满足于在活的生命中寻找最适合提供仪式牺牲的类别。仪式思维以多种方式进行干预，以便这些祭牲更加符合仪式思维对原初牺牲者的理解，以便由此增加祭牲对宣泄作用的有效性。我们将所有属于这类干预的内容称作献祭准备。也就是说这一表述在这里具有比平常含义更加广义的含义。"献祭准备"不局限于祭杀之前紧邻的仪式行为。

祭牲必须同时属于内部和外部。因为并不存在恰好介于内部与外部间居中的类别，所以在某种程度上，人们想用来献祭的任何造物都不满足它被要求同时具有的两个互

第十章 神祇、死者、神圣、献祭替代

相矛盾的定性的任何一个。要么在外部性方面,要么在内部性方面,这个造物是欠缺的,但从来不是两个方面同时欠缺。所针对的目标总是相同的:让祭牲变得完全可献祭。所以,广义的献祭准备将以两种非常不同的形式出现,第一种形式寻求让祭牲变得更加具有外部性,也就是将一个具有过多族群色彩的祭牲变得具有神圣色彩;第二种形式则相反,它会努力将一个过度外在于族群的祭牲纳入族群中。

圣王的例子解释了第一类型的准备。被选择为国王,这不足以让未来的被献祭者成为他应该再次成为其化身的丑怪分身。正是为了消除他身上过多的人性,为了将他与族群远离,人们才让他犯下某种乱伦,以各种可以想到的形式让他吞下不祥的神圣之物。在准备之后,国王同时拥有内部性和外部性,它们让他成为前文中定义的怪物。

当祭牲的缺陷不在于过多的内部性,而在于过多的外部性,要想获得类似结果,就必须借助相反的方法。如戈弗雷·林哈德在《神性与经验》[1]中描述的,在丁卡人中,祭杀大牲畜的例子很好地解释了这第二类献祭准备。

在丁卡人中,人们从来不在把一头牲畜拉出畜群后立刻祭杀它。人们预先选择这头牲畜,把它与畜群隔开,人们把它圈在靠近人类居所的一个特别的地点。用来拴它的笼头是专用于献祭的动物的。人们对它说一些祈祷词,这把它与族

---

[1] 见本书 pp. 146-149。

群拉近，更紧密地把它纳入族群。在本书的开篇，我们谈到同类的祈祷词将祭牲完全等同于人类[1]。

显然，虽然平时丁卡人与牲畜之间存在很大的亲密关系，但这亲密关系似乎不足以让献祭达到要求。必须强化人类与牲畜的认同，才能让牲畜扮演原初的被驱逐者的角色，才能让它能够把那些相互对等的敌意都吸引向它，才能让族群所有成员能够在它最终转化为"非常神圣之物"之前将它看作值得他们怨恨的对象。

我们看到，献祭准备是一些多种多样的行动，它们有时相互对立，但所有行动全都是为了人们追求的目标被人采取的。宗教思维带着一种可靠的预见力走向这个目标。宗教思维在不知不觉中实现了宣泄作用的有效性所要求的所有条件。宗教思维从来只是寻求尽可能准确地复制创始性的暴力。宗教思维努力获取一个祭牲，如有必要的话就打造一个，这个祭牲尽可能与宗教思维自以为从原初牺牲者身上识别出的那种含混的存在相似。所以，宗教思维摹仿的样板并非真正的样板。这是一个被丑怪分身的经验加以变形的样板，而这个变形因素、这种最初的差别，将整个宗教思维引向一些与原初牺牲者的区别足够大的牺牲者，要么是属性的差别，要么借助祭祀准备，目的是让仪式性献祭对原初的集体暴力有所偏离、有所区别，由此保障纪念性的仪式获得一种宣泄效果，宣泄效果与社会对宣泄作

---

[1] 见本书 p. 20。

用的需求比例相称。

应该注意到这种了不起的对应关系。我们再次看到宗教的误解,与仪式性献祭和普遍意义上的宗教给予社会的非常真实的保护是一回事。

第十一章　所有仪式的统一性

前面的分析让我们能够将一些因为它们的残暴而通常被看作"脱离常规"的仪式形式纳入我们的整体假设，如果不借助创始性的暴力，这些残暴仪式实际上与所有其他仪式一样不可索解，如果借助创始性的暴力来解释，则相反是完全可以破解的。我们的第二类献祭准备，这个类型将一个在属性上与族群过于疏远的祭牲纳入族群，它为仪式性食人的最著名和最惊人的形式开辟了通途，那就是巴西东北海岸的图皮南巴人（Tupinamba）奉行的形式。

图皮南巴人的食人习俗通过欧洲观察者的文字而为人所知，由阿尔弗雷德·梅特罗（Alfred Métraux）在《南美印第安人的宗教与魔法》（*Religions et magies indiennes d'Amérique du Sud*）中评论过。我在此将只提及那些与我的诠释直接相关的内容。其余内容，我请读者们阅读《南美印第安人的宗教与魔法》，以及同一位作者的更早一部著作《图皮南巴人的宗教及其与其他图皮-瓜里尼人部落的宗教的关系》（*La Religion des Tupinamba et ses rapports avec celles des autres tribus Tupi-Guarini*)[1]。

我们知道图皮南巴人在现代西方的文学与思想研究中颇受赞誉。蒙田在《随笔集》的著名一章中提到的他在南特会见的那两个印第安人就属于这个民族。应该注意到，在18世纪之前，高贵的野蛮人（bon sauvage）的知名形象正是图皮南巴人提供的，我们知道"高贵的野蛮人"在西方人文主义已经不短的历史中的影响。

图皮南巴人的食人习俗与这些部族之间的一种战争状态密不可分，这些部族吃掉俘获的所有敌人，图皮南巴人的食人习俗有两种非常不同的形式。人们在战场上就地食用战斗中杀死的敌人的尸体，毫不客气。在族群与族群法律之外，没有仪式的位置。无差别的暴力占绝对的主导地位。

真正的仪式性食人仅针对被活着带回村子的敌人。这些俘虏将与村民亲密相处数月甚至数年，而村民们最终会吃掉他们。他们参与村民的活动，加入他们的日常生活，他们从村民中娶妻，总之，他们与未来的施祭者（我们将会看到，的确涉及献祭）建立的关系，几乎与把村民彼此统一起来的关系相同。

战俘被加以矛盾地双重对待。有时他是人们尊重的对象，甚至崇敬的对象。他在性行为方面的价值被人青睐。另一些时候，人们辱骂他，鄙视他，他遭受暴力。

---

[1] 高等研究学院文库（Bibliothèque de l'École des Hautes Etudes），宗教科学（Sciences religieuses）分卷，XLV，Paris，1928。

在确定的死期之前不久，人们用仪式的方式来鼓励战俘逃跑。接下来，这个可怜人很快被抓回，人们首次用粗绳子捆扎他的脚踝。他的主人不再给他食物。因此，他不得不去偷食物。梅特罗评论过一位观察者，这位观察者断言，战俘"获准在这段时间里偷鸡摸鹅和盗取其他东西，做出所能做出的最坏的事情来为自己未来的死亡复仇，任何人不得阻止"。总之，人们鼓励这位未来的人牲的非法行为，人们让他专门干犯禁的事。多数现代观察者一致承认，在这个阶段，人们的目的是把囚犯转变为"替罪羊"。

弗兰西斯·赫胥黎（Francis Huxley）对战俘的各种角色和命运概括如下：

> 战俘的命运在于扮演和呈现几个互相矛盾的角色。他是人们收养的敌人，他占据着某个人的位置，为了向那个人致敬，他将会被杀死。他既是姻亲，又是贱民；他受到尊敬，又受到鄙视；他是替罪羊，又是英雄（半神）；人们努力吓唬他，但如果他显露出害怕，人们就认为他配不上等待他的死亡。他担负着所有这些显著的社会角色，他变成一个完全意义上的人，是对社会引起的那些自相矛盾之处的图解：这种不可能的境遇只可能通向死亡。当仪式赋予他威力和神话英雄的属性，不可能性被加强了。他变成了彼岸世界在俗世的代表，变成一位两面神雅努斯，他过于神圣了，以至于人们不能同

他生活在一起[1]。

这一切得到了精当的界定,只不过人们把社会的所有自相矛盾都抛掷到他身上的那个牺牲者,他并不是作为"完全的人性"出现,而是作为丑怪的分身,作为神性出现。赫胥黎是对的:这里揭示的正是人与人关系和社会的真相,但这种真相是无可承受的。这便是为何必须摆脱它,创始性的暴力的一个主要功能就是驱除这个真相,把它置于人类之外。

如果不依据替罪牺牲机制,把它当作真正创建族群和谐的一个真实的进程,那么就无法理解这里发生的事情。唯有一种真实的机制,才能让仪式性食人的动机变得真正清晰。如果执意用心理学的密钥来解读"替罪羊"现象,人们就会以为食人者寻求对他们有负罪感的暴力行为的一种道德解释。战俘干的坏事越多(事实的确如此),人们对他的报复就越合理。但这并不是要平息某种神经官能症或者抚慰某种"负罪感";这是为了获得一些非常具体的结果。只要现代思维不理解替罪羊与其所有献祭替代品的十足的操作性,那么他们就会错过所有人类文化的最本质的现象。

替罪牺牲机制具有双重拯救性。通过实现集体一致性,它在它涉及的各个方面平息暴力。它阻止亲近的人互相争斗,阻止关于人类的真相显露,它将这真相作为不可理解的

---

[1]《友善的野蛮人》(*Affable Savages*),纽约,1966。

神性置于人类之外。

战俘必须将所有内部紧张关系,将积聚起来的所有仇恨和怨气吸引到他身上。人们要求他通过死亡来将所有不祥暴力转化为一种吉祥的神圣性,把生命力归还给一种消沉疲惫的文化秩序。所以,仪式性食人是与我们前文看到过的所有仪式类似的一种仪式。图皮南巴人那样做,是因为他们遵循一个样板,或者不如说是因为仪式系统替他们遵循这个样板。他们同样在努力复制第一次的时候发生的事,再一次翻新围绕着替罪牺牲形成并重新形成的集体一致性。如果说战俘得到双重待遇,时而被责骂,时而受尊敬,那正是因为他是原初牺牲者的代表。因为他将暴力引向自己,因为他尚未将暴力加以转化,他是可憎的,因为他正在转化暴力,因为他再一次让能够统一人心的替罪牺牲机制起作用,他是极其可敬的。牺牲者最初越是表现得丑恶,由他转移的情绪就越强烈,替罪牺牲机制的作用就越彻底。

总之,图皮南巴人的战俘身上发生的事与非洲国王的一样。他已经具有自己未来的死亡的光环,他体现着神圣的两面,不仅仅是以前后相继的方式,而且以同时的方式。他担负的是暴力的整体,在他还活着的时候已然如此,因为实际上他是在任何的时间性之外承担着它。

根据这些文本,看起来战俘实际上要再次成为一位神话英雄的化身,在某些版本中,这位文化英雄是以战俘的面目出现,他即将被人们在仪式中处决和吞食。在那些奉行仪式性食人的人眼中,这是对初始事件的重复。

第十一章 所有仪式的统一性

与非洲君主的乱伦的表象相同,食人习俗的表象有可能让观察者分散注意力,让他无法从图皮南巴人的仪式中辨别出与其他地方本质上相同的东西,也就是说这首先是献祭。但这种风险在对乱伦的观察中比食人的案例中更大,食人习俗还没有找到它自己的弗洛伊德来分析,还没有列为现代的重要神话。当代电影试图拿食人习俗吸引眼球,但结果并不那么引人关注。

米尔恰·伊利亚德(Mircea Eliade)正确地指出,首先出现的是神圣性,食人习俗可能总归并不是以自然形态存在的[1]。换言之,并不是为了吃掉他,人们才祭杀牺牲者,是因为祭杀他,人们才吃掉他。被人们吃掉的所有动物祭牲也是如此。食人元素并不要求任何特别解释。在多个方面,食人阐明了一些更加意义难明的仪式。食用献祭的肉,不论是人类还是动物,都应该用摹仿欲来加以阐明,摹仿欲是真正的人类头脑里的食人,它最终总会变成摹仿自己不具备的暴力,摹仿他人的暴力。加剧的摹仿欲同时渴望着摧毁和吸收化身在"样板-障碍"身上的暴力,"样板-障碍"总是被等同于生命实在或者神性。

由此,我们明白了食人族的欲望,他们想要看到牺牲者用自己的勇气来证明自己真的是至高暴力的化身。牺牲者的肉一定是在祭杀之后才被食用,也就是说是在不祥的暴力已经完全变成吉祥物质,完全转化为和平、生命力和丰饶的源

---

[1]《神圣与世俗》(*The Sacred and the Profane*), New York, 1961, p. 103。

泉之后。

一旦我们从仪式性食人中辨识出与其他献祭仪式相同的仪式，那么战俘预先被收养，他在将要吃掉他的部族中被部分同化，都不再成为问题。

未来的牺牲者来自外部，来自无差别化的神圣性。他过于外在于族群，不能立刻被用于献祭。要想让他能恰当地代表原初牺牲者，必须给予他所欠缺的东西，即某种对群体的归属，必须把牺牲者变成族群"内部"的造物，同时并不去除他的"外部"造物的性质，这种已经成为神圣的外部性是牺牲者的主要特征。

献祭准备让牺牲者与暴力的"自然的"和直接的目标足够相似，即与族人足够相似，才能确保转移人们的攻击倾向，才能将牺牲者变成暴力的"美味可口的"对象，而同时这位牺牲者仍旧足够具有外部性和差异性，以保证他的死不会将族群带入复仇的恶性循环。唯一可能而且应该在某种程度上为战俘复仇的人是他的妻子。如果这位战俘的妻子把身为妻子的这个角色太当真，她就会被草草处决。这对夫妇如果有子女，他们会同样遭到处决。

对替罪牺牲机制的摹仿，虽然是严格的摹仿，但总是与原始牺牲者的转化有所不同，此处，我们非常清楚地看出这种摹仿如何建立起符合族群的"需要"的仪式类型，确保"疏导"暴力，将暴力消解在一些亲近程度适中的牺牲者身上，即那类最能够疏解族群的暴力，净化族群的暴力的牺牲者。献祭准备有助于改善牺牲者的"产出率"，我们非常清

第十一章 所有仪式的统一性

楚地看出，包括献祭准备在内的系统的建立，可能不需要任何人真正的思考，可能仅仅是对原初的杀害的摹仿，即那次形成或再次形成族群统一性的杀害。

所以，应该把对战俘的收养看作前文定义的第二类献祭准备的一个例子。仪式性食人与非洲王朝在一点上很相似，未来的牺牲者在活着的时候就被人神圣化。要想理解这两个仪式之间的亲缘性，就应该想想让·热内（Jean Genet）的《严密监视》（*Haute Surveillance*），这个剧作表现了一个死刑犯与两个等级没那么高的匪徒，即两个互仇的兄弟，他们对即将执行的死刑着迷，他们互相争夺死刑犯的恩宠（虽然对比起来很说明问题，但不应从中得出结论认为仪式属于一种与当代戏剧类似的精神）。

让我们无法看出非洲王朝与图皮南巴人食人之间的紧密关系的一个原因，在于前一种情况下的牺牲者的选择来自"内部"，而在后一种情况下是来自"外部"。在两种情况下，要想获得相同结果，献祭准备必须朝相反方向进行。通过将战俘纳入族群，图皮南巴人与丁卡人类似，丁卡人将用于献祭的牲畜与畜群分开，把它安排在人类附近。但是在图皮南巴人的案例中，对这个原则的实际应用被发展到更远。古怪的战俘收养，这又提供了一个非常有利于本书立论的线索，收养战俘让替罪牺牲者变成一个内部的人，一个与那些杀死他的人亲近的人。图皮南巴人的食人习俗似乎很注意原初牺牲者这种与族群的"接近"。要想在原初牺牲者之后的牺牲者身上重复这种"接近"，同时不影响仪式的献祭有效性，图皮南巴人的食人习俗借助了一种逻辑上过于严格的手段，以至于让我们感到困惑。

*

我们刚刚所说的一切，当然与那些早期见证的一个重要侧面相抵触。根据这些见证，每个族群充满仇恨地追捕并轮流吞食的是外来者，是宿敌，而非亲近的人。仪式性食人遵从自身的逻辑，任凭人们将它看作部落间进行的无休止的报复机制。

显然，这种解读是有欺骗性的。这种解读将这种制度的一些本质侧面变得不可解读。相反，可以很容易把这种解读并入我们正在提出的解释之中。这种解读不仅不让我们感到"碍事"，而且它还是必要的。它构成了我们可以称作食人"意识形态"的东西，它与食人制度的真相必然是有偏差的。

如同前文在整体上研究过的钦西安人，存在内部暴力向外部的转移。献祭的性质就是这种转移，它不仅是言语上的，因为这些族群真的相互作战，他们互相吞食各自的成员。再一次，我们可以说在部落之间，他们达成一致要彼此永远不和。永久的战争状态的主要功能就是为食人崇拜提供牺牲者。从双方看，俘获战俘应该大致平衡，应该构成一个近乎相互服务的系统，它多多少少与交换婚配女性有关系，在钦西安人的案例中，女性的交换常常具有敌对色彩。

不论涉及女性还是战俘，交换被仪式化为冲突，冲突被

第十一章 所有仪式的统一性

仪式化为交换，这些转变都仅仅构成从内向外的同一种献祭转移的变体，交换是部族之间相互有益的，因为它阻止了暴力在它绝不应该爆发的地方出现，即阻止暴力在核心群体内部爆发。一个部族向另一个部族的无休止复仇，应该被解读为一种晦涩的隐喻，是对每个族群内部被延迟的复仇的隐喻。这种延迟，或者说"延迟方式"，这种转移，当然没有任何作假。正是因为各个不同群体之间的对立与亲近是真实的，系统才保有它的有效性。显然，这类冲突并不总是被维持在可容忍的限度。

有一个词——"tobajara"，它的各个词义可以概括仪式性食人的运作。这个词首先指在对立系统中与主体位置对称的位置，即对立面。这个词与一个动词属同一词族，动词的意思是互相面对面，处于一种敌对处境。

关于"tobajara"，应该注意，对战俘的杀害，是让它尽可能像一场单打独斗。牺牲者被一根绳子拴住；人们给他留下足够空间，让他在一段时间里可以防御对手的打击，他每次只有一个对手，即他的"tobajara"，每个对手都努力击中牺牲者。

"tobajara"这个词如果说更多用来专门指食人盛宴中的牺牲者，我们也并没有理由感到惊奇。但这个词还有第三个意思，即姻兄弟。姻兄弟是兄弟的替代品，是最自然的对手。如果同一个基本族群的男人想把他们族群的女人留给自己，那么将自己这边的一个女人交换给姻兄弟，就是向他出让了一个自己的女人，一个非常亲近的女人，她几乎无可避免地充当一场真正意义的兄弟对立的筹码。献祭转移用姻兄弟来代替作为敌对对象的兄弟。献祭系统的整个结构都暗含在"tobajara"这个词的三重语义里。我们与希腊悲剧的那些敌对的兄弟和姻兄弟并不遥远,如厄忒俄克勒斯与波吕尼克斯、俄狄浦斯与克瑞翁……

仪式性食人的意识形态同现代世界的民族主义与战争意识形态相似。当然,观察者可能歪曲了土著人给出的解释。这些歪曲,假如是真的,丝毫不会影响我们的诠释的大局。建立在战争和相互杀害战俘的基础上的献祭崇拜,其想法所依据的那种神话模式,与我们的"民族主义"及其"世仇"不会有太大差别。强调这个类型的两个神话之间的差别,等于让自己陷入神话,因为这是回避唯一真正重要的事情,即现代民族主义与图皮南巴人神话背后始终相同的现实。两种情况下,对外战争和可能伴随战争的相对壮观的仪式的主要功能,在于保持核心族群的平衡与安宁,方法是避开暴力的威胁,这种暴力必定更多是内部的,暴力的威胁胜过那种人们公开讨论、受到推崇的而且得到实施的暴力[1]。

在他题为《1984》的前瞻性的小说里,乔治·奥威尔展示出两个超级独裁政权的主宰们玩世不恭地执意延续他们的冲突,目的是更好确保他们对被谎言欺骗的民众的掌握。食人崇拜建立在永久战争的基础上,目的是延续内部的安宁,

---

[1] 即法律和国家机器的暴力。——译注

第十一章　所有仪式的统一性

它向我们揭示现代世界并不垄断这类系统，这类系统的建立丝毫不依赖完全清醒的导演者、玩世不恭地操纵无知群众的人的存在。

*

我们看到，不难将图皮南巴人的食人习俗与一种以替罪牺牲为基础的关于仪式的普遍理论关联起来。这种关联阐明了至今无法破解的那些图皮南巴人食人习俗的某些侧面。图皮南巴人的资料反过来可以让普遍理论的某些侧面突显出来，而这种普遍理论在前面审视过的那些仪式中不够显著或者根本没有显露出来。

即便我们对仪式的通览现在还是零碎的，但已经包含一些不论在内容和形式上，还是在地理分布上都非常多样的仪式。因此，现在我们即将认定我们将替罪牺牲作为任何宗教形式的基础的假设是完全站得住的。但在下这样的结论之前，还应该加倍小心，应弄清我们是否在不知不觉中排除了我们前文中提出的那种解读无法把握的某些仪式类别。

如果想用一句话来界定吸引我们关注的所有仪式，我们会说这些仪式全部旨在延续和加强某种家族、宗教的秩序。它们的目标是将事物维持原样。这就是它们不断借助完全固化和完全文化稳定化的模式的原因：针对替罪牺牲并围绕着他形成的暴力的集体一致性。

我们可以将所有这些仪式界定为固定或静态仪式。然而，同样存在一些所谓"过渡仪式"（rite de passage）。也许这中间有一些能够反驳我们即将得出的结论的事实。在宣布替罪牺牲是所有仪式的起源之前，必须证明它同样充当了"过渡仪式"的样板。"过渡仪式"与获得一种新身份地位有关，比如成人礼（Initiation）[1]，在许多社会中，只有成人礼才能赋予少年对族群的完全归属。在我们的社会中，至少理论上，从一个身份地位过渡到另一个仅仅提出一些微不足道的适应问题，这些问题在原则上仅仅与直接关联人有关，与进行过渡的人有关。即使近年这些信仰已经有所动摇，但仍然继续启迪我们的思想和我们的所有行为。

与此相反，在初民社会，一丁点的变化，甚至单个人身上的变化，人们对它的处置仿佛这个变化可能造成重大危机似的。在我们看来最正常、最可以预见、对社会延续性最必不可少的那些过渡的背后，隐现着真正的造成末日的危险。

范·甘纳普（Van Gennep）的《过渡仪式》（*Les Rites de passage*）让"过渡仪式"这个表述在人类学家中流行开，他在著作中把身份地位的改变分解为两个时刻。在第一个时刻，主体丧失了他此前拥有的身份地位，在第二个时刻，他获得新的身份地位。不应将这种分析归为笛卡尔式的和法国式的对明晰而有区分的概念的嗜好。宗教思维真正区分这两个时刻。宗教思维将它们看成彼此相互独立的，甚至被一个间隔分开，这个间隔可能转变为一个真实的深渊，整个文化

---

[1] Initiation 也指接引。——译注

都可能沉陷进去。

范·甘纳普的区分能让我们理解过渡中的危机元素，因为这个区分将身份地位的丧失隔离出来，让我们可以从中辨识出一种我们前文界定过的意义上的差别的丧失。也就是说，这一区分将我们带回了熟悉的地盘。如果说所有暴力均导致差别的丧失，那么所有差别丧失相反都导致某种暴力。而这种暴力是具有传染性的。所以，我们在此面对着与孪生子的情况中相同的焦虑。宗教思维在自然差别与文化差别之间不做区分。即便在导致惊恐的具体事物层面，惊恐不总是有合理解释的，但在原则上，惊恐并非出于臆想。

正值过渡中的个人被等同为一场瘟疫的牺牲者，或被等同于一个可能在周围扩大暴力的罪犯。最微小的差别的丧失，不管是多么局部性的，都可能让整个族群陷入祭祀危机。最微小的撕裂，布料上的开线，如果不及时缝补，可能毁掉整件衣服。

在这样的情况下首先要采取的措施，显然是将牺牲者隔离，禁止他与健康的族群成员有任何接触。必须预防传染。被怀疑的个体立刻被排除在外。他们住在族群边缘。有时被驱逐到很远，到森林、热带丛林或沙漠里，那里处于无差别的暴力的统治下，是所有被剥夺了那种稳定差别和特定身份地位的人所属的神圣王国，稳定差别和特定身份地位是唯一能够将人们置于神圣之外的。

因为现代心态不相信传染，只有细菌造成的疾病除外，所以现代心态总认为可以将身份地位的丧失限定在一个特定领域。在初民社会并非如此。无差别化非常醒目,领受过渡仪式者本人是他自己的疾病(affection)[1]的传染性的第一个牺牲者。在某些社会,未来的接受成人礼者不再有名字、过去、亲属关系,不再有任何权利。他被变为不成形的卑贱无名的事物的状态。在集体成人礼的情况下,当一群同龄少年被召集到同一次过渡仪式,便再没有任何东西能将这个群体的成员们分离。在这个群体内部,人们生活在完全的平等和群居性之中。

我们知道,在神圣性中,差别的消除仅仅因为差别全部在混合状态下出现,以一种混沌形式出现。属于神圣性,即属于这种丑怪性。不论被剥夺了差别还是拥有太多差别,不论丧失全部差别还是不恰当地把差别混合,总归是一回事。所以,我们设想,领受过渡仪式者可能被当作雌雄同体的怪物或无性人。

过渡总是构成一种可怕的经验,是因为人们最初无法肯定这仅仅是一次过渡。人们知道自己正在失去什么,却不知将要重新得到什么。人们绝不知道差别的丑怪混合会带来什么。对事物有决定权的是至高的暴力,跟它可不是好商量的。总之,"结构"无法让变化"就位"。即便变化看起来可以预测,但从定义上看,变化是不可控制的。正在发生的改变服从一些社会法则,甚至自然法则,这种认识是初民宗教没有的。

---

[1] affection 此处也指新感受。——译注

第十一章　所有仪式的统一性

保守这个词太弱了，无法指称静止精神、对变化的恐惧，无法指称被神圣性压迫着的这些社会的特性。社会-宗教秩序被看作无可估量的恩惠、意外的恩赐，是神圣性随时可能从人手中拿回去的。不能对这种秩序进行价值判断、进行对比、进行选择，或者操纵"系统"以便改善它。关于社会的所有现代思想在这里都被当作不虔诚的疯狂，必然招致暴力的报复。人类必须屏住呼吸。任何冒失之举都可能导致突然的狂风、海啸，整个人类社会将消失在其中。

不论过渡的前景多么可怕，却并非毫无希望。从前，正是通过差别的普遍丧失和普遍的暴力，即通过祭祀危机和它的中间作用，族群才达到有差别的秩序。危机是同一个，人们可能期望它会达成结果，达到对差别的建立或恢复。就领受仪式的人来说，那就是获得他们所希望的新的身份地位。这种有利的结局首先依赖于至高的暴力，但族群认为自己可以助一臂之力。族群将尝试把不祥的暴力疏导到集体铺平的道路上去。要让最终结果与第一次的时候一样，要想将所有运气都归于族群这边，就必须逐时逐刻地重复第一次的时候发生的一切，必须让领受仪式者经历祭祀危机的所有阶段（与人们记忆的那些阶段相同），必须让当下的经验在既往经验的模子里进行。如果仪式进程准确重复原初危机的进程，人们便可以期望这进程会以相同方式结束。

这便是那些过渡仪式的基本方案；只要把握这一点，就能理解那些表面上看最古怪的侧面，理解那些我们认为"病态"或"有悖常理"的细节属于一种非常简单的逻辑，而宗教思维只懂得始终贯彻这种逻辑。领受仪式者不避免危机，他必须完全投入其中，因为他的祖先们曾经投入其中。不应逃避相互对等暴力的那些最痛苦甚至最可怕的后果，而应一一承受它们。为何人们剥夺要求加入的人的舒适感，甚至剥夺食物，为何对他进行虐待，有时施加真正的酷刑？因为第一次的时候，事情是这样发生的。在某些情况下，承受暴力还不够，还必须施加暴力。这双重要求让人直接联想到祭祀危机的"恶性"的相互对等性。同样，在某些节日中，出于相同理由，许多平时被禁止的行为此时被要求做出——偷窃、象征性或仪式性的性侵犯、食用违禁食物。有一些社会，食人在其他时候都遭禁止，却是成人礼进程的一部分。在图皮南巴人中，杀害战俘对于负责杀死他的人来说具有成人礼的意义。许多社会中，最具特色的成人礼行为就是处死一只动物或一个人。

被剥夺了身份地位的个人倾向于转化为丑怪分身，这种倾向应该被完全外在化表现出来。有时他必须变身动物：只要看到人，领受仪式者就假装扑向他们和吞食他们。就像狄俄尼索斯或圣王，他变成公牛、狮子、豹子，但仅仅是在过渡的危机期间。他被禁止使用人类语言，他用哼叫或咆哮来表达。在某些仪式中，我们再次看到危机高潮阶段的暴力附体的所有特征。仪式前后相继的那些元素让我们能够追踪这场危机的真实的或者推测的演化过程。

一切都是以危机和危机的解决为样板的，对此的证明是，除了我们刚刚罗列的对危机本身进行摹仿的所有仪式，

第十一章　所有仪式的统一性

还有一些典礼是重复针对着替罪牺牲者而最后实现的集体一致性的。这些典礼构成整个事件的顶点。面具在这个至高时刻的介入，直接证明丑怪分身的在场，它的在场是已经被领受仪式者所谓的变身证明了的。这些典礼可能具有多种形式，但它们让人联想到的总是暴力的解决，是危机之后秩序的回归，即领受仪式者获得他们最终的身份地位。

所以，过渡仪式针对的是按照原初危机的样板来对由于某种差别丧失而造成任何潜在危机建立结构。这涉及将总是伴随传染性的暴力出现的可怕的不确定性转化为确定性。虽然过渡仪式总是成功的，通常达成目标，但随着它们变得不那么具有偶然性，它们逐渐变成一种越来越具有"象征性"的考验。仪式的核心元素，献祭的内核，同样倾向于消失，人们甚至不再知道"象征"对应着什么了。

*

我们看到，在过渡仪式与我们在前文称作固定仪式的那些仪式之间，并无本质区别。样板是同一个。仪式行为的目的只有一个，就是完全的静态，如果做不到，就是最小的动态。接受变化，总会是将那扇背后有暴力和混乱逡巡的大门打开一道缝。但不能阻止人们长大成人、结婚、生病、死亡。每当变化威胁它们，初民社会便寻求将变化的混乱力量疏导到文化秩序制定的界限之内。在许多社会中，甚至季节变化也是如此。不论是什么问题，不管危险来自何处，药方都是属于仪式的，所有仪式都归为对原初解决的重复，归为有差别的秩序的再次诞生。文化的固定性的样板同样是非灾难性的变化的样板。可以说，过渡仪式与其他仪式之间没有显著区别。

但是，某些过渡仪式有一种相对的特殊性。向祭祀危机本身借用的，与危机的解决相反的那些元素，它们在过渡仪式中比其他仪式中起着更重要、更可观的作用。是这些元素给予仪式它们真正的接引（initiatique）的特征。这便是为何在仪式解体的阶段，这些元素得以延续，而其余部分，即最主要的部分，却被人遗忘和消失。这是我们在谈到其他仪式时已经看到过的一个进程。倾向于最早消失的总是创始事件的结局，可以说它是将所有仪式与创始性的暴力联系起来的脐带，它给予这些仪式一种它们具有绝对特殊性的欺骗性的表象。

只要仪式仍然有活力，它们的统一性就比它们的差异更强大。在过渡仪式的例子中，即便接引的考验专用于某些个体，但整个族群都被卷入。仪式无不是调动创始性的集体一致性的。

过渡仪式的有效性，在原则上与整体意义的献祭有效性会合。但是仍有细微差别，我们需要加以审视。

时间越久远，原初危机造成的惊恐越倾向于消失。新的世代没有与祖先相同的理由来遵守禁忌、守护宗教秩序的正统。新的世代对于不祥的暴力没有任何经验。通过向新来者强加过渡仪式，即一些尽可能与原初危机的那些考验相似的考验，文化寻求再次产生最有利于延续有差别的秩序的那种精神状态。这种精神状态重新产生祖先时代笼罩的神圣恐怖和尊崇的氛围，在祖先那个时代仪式与禁忌得到最严谨的遵守。

暴力在人类社会中扩散与预防的机制，如同祭祀危机与创始性的暴力的基本模式向我们揭示的，让人能够理解过渡仪式只要不丧失它们艰巨的、令人震惊的，有时几乎无法忍受的考验的特征，它们便具有真实的有效性。一如既往，所涉及的是"省却"一次祭祀危机，是少年的无知与年轻人的冒失很有可能引发的祭祀危机。

过渡危机给予新来者触犯禁忌、忽略仪式和偏离宗教的行为后果的一次预先体验。借助仪式，相继而来的世代对神圣性的可怕作为充满敬畏，带着必要的热情来参与宗教生活，全力巩固文化秩序。身体上的考验具有一种约束力量，是任何智力理解都无法媲美的，是身体上的考验让社会-宗教秩序显现为一种非同寻常的恩赐。

过渡仪式构成保全宗教与社会的一种神奇工具。它们确保最古老的世代对新世代的主导。这并不意味着我们可以将它们归为一种"老辈"对"青年"的阴谋，或者富人对穷人的阴谋。实际上过渡仪式与前文审视过的所有其他仪式一样。它们利用的机制绝不是完全由任何人思考出来的。只要人们不寻求从纯粹的社会有效性方面去思考它们，只要它们真正构成对初始的危机的摹仿，那么它们就仍然有效。仪式的有效性是一种普遍的宗教态度的结果。仪式的有效性排除我们倾向于认为存在于我们不理解其运作方式的一些社会组织类型背后的所有的算计、预谋和"计划"的形式。

*

在所有接引类型中（过渡到成年、加入秘密社团、加入宗教的兄弟会、进入萨满教等），我们重新看到本书一直在追踪的那种基本模式的大致轮廓。比如萨满教的入教，与更普通的接引的区别在于它所包含的考验的强度和戏剧性，在于一种明确的与神性或灵性的认同，这些考验的可怕而神奇的冒险让人想到替罪牺牲机制。

萨满声称操纵着某些超自然力量。比如要想变得能够治愈其他人，未来的萨满必须将自己暴露给他未来病患的疾病，即不祥的暴力。他必须听凭自己比凡人更长时间和更完全地被淹没其中，目的是作为胜利者浮出来。总之，他必须证明自己不仅受到暴力的庇护，而且他分享暴力的威力，他在某种程度上掌握着由不祥向吉祥的转化。

甚至萨满入教仪式的最奇幻的特征也并不真的是虚幻：这些特征与对于创始性的暴力的某些仪式视角有关。在一些有时彼此相距遥远的文化中，特别是大洋洲和亚洲，入教仪式的高潮是一场进行肢解的梦，在梦境结束时，候选人醒来或者说以一位修炼成功的萨满的形态复活。这种终极考验与酒神祭祀的撕裂祭礼中和许多来源各异的仪式中的集体撕碎牺牲者相似。肢解是复活与胜利征服的信号，是因为肢解意味着替罪牺牲机制本身，意味着从不祥向吉祥的转化。萨满承受着与他以后在履行萨满职能时所召唤的那些神话造物相

第十一章 所有仪式的统一性

同的变身。他能够接受这些神话造物的帮助，是因为他与这些造物势均力敌。

萨满教的实践与戏剧表现相似。萨满同时扮演所有角色，特别是吉祥力量召集者和引导者的角色，吉祥力量最终会挫败不祥力量。最后的驱逐常常伴随着一种物质的象征系统。治疗者展示一截树枝、一块棉花、某个残片，他声称这是从病人的身体里取出的，他宣布这东西是造成疾病的原因。

希腊人将仪式操作过程中驱逐的不祥之物称作"katharma"（弃物、污物、不洁），这些仪式大概同萨满教的非常相似，与人类学家在世界各地看到的内容相似。然而，"katharma"这个词同样指，而且首先指献祭的人牲，是替罪者的一种变体。

如果我们把萨满教的取出katharma（不洁）与冲突的戏剧表现进行对比，仪式的操作就得到了解释。疾病被等同于危机。疾病可能通往死亡，或者痊愈，而痊愈总被诠释为驱除"不洁之物"，它可能是灵性的——恶灵；也可能是物质的——萨满教的致病之物。再一次，涉及重复第一次时发生的事，帮助病人自己痊愈，就像从前整个集体在暴力中产生主导它的秩序一样。"katharma"原本不应进入人的机体，是它从外部带来了失序。它构成一种真正的替罪物体，人的整个机体被动员起来反抗假定的入侵者，人的机体扮演着族群集体的角色。如果初民医学像人们说的那样是仪式性的，那么它应该是，而且确实是一种对创始进程的重复。

"katharsis"（宣泄）这个词首先意味着城邦通过处死

人类的"katharma"（人牲、败类、垃圾、不洁）而得到的神秘的吉祥。通常，我们用宗教的净化来翻译它。这种操作是依据疏浚、泄洪的模式来设想的。在被处决之前，"katharma"被庄严地在城市街道上游街，有点像主妇用吸尘器扫遍公寓的所有角落。牺牲者必须把所有恶的萌芽吸引到自己身上，通过自己被消灭而把它们排除。人们在这里掌握的并非仪式操作的真相，虽然已经接近真相了，这是一种神话性的诠释。暴力聚集在替罪牺牲者身上，但没有进行任何驱逐、任何疏导。最本质的东西被掩盖了，即这个解决办法中的相互对等的暴力、解决办法的武断性、蹩足元素。一如既往，将暴力变成"不洁之物"，一种优先聚集在人类或物质的"katharma"（祭牲）之上的"污秽"，这是将暴力物化，这个人或者东西对于暴力，暴力对于这个人或东西，都感到一种特别的亲和力。当萨满声称以一个物体的形式取出了疾病，他是将已经具有神话性的诠释挪用到病人身体与被控罪物体之上。

除了"katharsis"这个词的宗教的使用和萨满的使用，两者之间还有一种真正医学的使用。净化药（katharsis，泻药）是一种强力药物，导致被认为在体内有害的体液或物质的排出。泻药常常被设想为与疾病同类性质，或者至少能加重症状，并因此导致一次具有拯救性的危机从中将得到治愈。总之，泻药构成疾病的一种外加部分，它把危机推向高潮，导致将致病原随它自己一同被驱除。所以，就驱除来说，这里的操作与我们刚刚称为神话性的对人类

"katharma"的操作是相同的。在这里,泻药的原理同样是神话性的。

词义从人类的"katharma"(祭牲、渣滓)向医学的"katharsis"(净化、泻、清洗)的转移,类似人类的"pharmakos"(替罪者)向同时具有毒药和解药意义的"pharmacon"的转移。两种情况下,词义都是从替罪牺牲或者他的代表转移到既有益又有害的双重的药物,这是一种神圣两元性的物理性转移。普鲁塔克对"kathartikon pharmakon"(泻药)这个表述的用法是一种很说明问题的词义重复。

暴力进程在驱逐、排洪、外科切除等词义之间的"翻译",在多种文化中都是极常见的。比如斯威士兰的"Incwala"(丰年祭)的结果用一些仪式行动来表达,这些行动的意义是"咬""截断"或"开始切"新的一年,属于一个语义整体,这个整体中有各种非常说明问题的操作,因为这些操作从国王的第一次完婚一直延续到一次武装冲突的胜利。它们的共同点似乎是剧烈的,但对疾病有治愈作用的痛苦,是对某种危机的自然的或人为的解决。这个语义整体指一些物质的作用,这些物质被认为发挥一种治疗作用。在仪式中,国王向东方和西方吐出一些具有魔力和医药作用的物质。Incwala这个词本身似乎与洁净、通过排污来清扫的概念相关。我们应记住,一切在一大堆火中结束,仪式操作和刚刚过去的一年的不洁的残留在火里烧尽。为了描述仪式的整体效果,M. 格卢克曼借助"亚里士多德意义上的净化"(katharsis aristotélicienne)。

"katharma"（不洁、人牲）和"katharsis"（净化、宣泄）是"katharos"（洁净的）的派生词。如果我们把围绕着这个词根的那些主题汇拢，我们就面对着我们以"la violence et le sacré"命名的著作所处理的主题的一份真正的清单。katharma 不仅与牺牲或替罪之物有关，这个词还指神话或悲剧英雄的所作所为。为了指称赫拉克勒斯的大功业，普鲁塔克说到"*pontia katharmata*"[1]。kathairo（净化，清扫）还有驱除地上的怪物的意思。如果我们记得抽打替罪者（pharmakos）的生殖器的做法，那么这个词的"抽打"这个次要意义便可以得到解释。

在这样的语境里，应该注意到"katharsis"的各种意义中包含某些净化仪式，那些仪式是那些秘密祭礼中要求领受入教仪式的人要接受的。同样不应该忘记提到"katharsis"的另一个意思：月经。如果读到此处的读者不再相信这涉及的是一个杂合的整体，如果他同我们一样认为替罪牺牲为这些表面上的古怪提供了解释，并揭示出某种统一性，那么我们的任务就达成了。

每当人们描述创始进程及其通过驱除、排泄、净化进行的献祭的派生形式，人们都在借助某种自然模型诠释一些绝非自然的现象，因为它们是隶属于暴力的。自然模型是一种真实的模型。但是这种真实性不应妨碍我们探究自然模型在

---

[1] 译为净化大海的驱除，pontia 来自 pontios，意为"大海的"。——译注

第十一章 所有仪式的统一性

人类思维中起到的非凡作用,从仪式思维和萨满医学,直到我们今天。必须依据本书第八章建立的基本模式来进行构想。暴力机制为发现自然模型提供了最初推力和对它的应用,时而是对这种机制本身的神话性的应用,时而是对一些自然现象的非神话性的应用。模型的最初构建是从创始性的暴力中涌现出的,模型构建是针对这种暴力的。因为模型的构建是被重新形成的集体一致性的奇迹所要求的,所以人类思维通过自然与文化的共同观察将这奇迹设想为模型,随后在各个地方借助这个模型,甚至今天我们仍不能分辨武断与非武断、有用与无用、成果丰富与不足为道,尤其是在精神病理学领域。

在 17 世纪的灌肠疗法和放血疗法中,在对排除有害体液的持续关注中,我们毫无困难地辨别出作为核心医学主题的驱除与净化的挥之不去的存在。我们面对的是萨满治疗、取出物质化的"katharma"(不洁)的一种比较精致的变体。

莫里哀《无病呻吟》里皮尔贡(Purgon)[1]先生对灌肠疗法的嘲弄是容易的,但是泻药具有真实的有效性。对于免疫与疫苗接种这些现代手段又怎么评论呢?难道不是一种相同的模式在这些情况下进行操作,并提供它的知识框架和工具,有时给了伪发现,而有时给了真发现吗?必须加强患者的抵抗力,让他能够用自己的手段来打退病菌的

---

[1] Purgon 与 purge(泻药)是同词根。——译注

进攻。有益的操作总是按照被打退的进攻、被驱逐出去的恶意闯入者的模式被人构想出来的。这里没有人能进行嘲弄，因为操作在科学上是有效的。医学干预在于接种少许的疾病来进行预防，就像在那些仪式中将"少许"暴力注入社会肌体，以便让它抵抗暴力。这些相似之处的数量与准确度让人目眩。"重复接种"对应于献祭的重复，当然，如同在所有"献祭"保护模式中一样，我们再次看到灾难性的反转的可能——传染性太强的疫苗，一位过于强大的替罪人（pharmakon），可能会扩大应该抑止的传染。要想解释献祭中与此对应的侧面，我们前面借助疫苗接种的隐喻，我们现在则看到隐喻的转移作用与一种新的献祭替换并无区别。

*

我们再次发现，科学思维是古老思维即那种建立神话与仪式的思维的女儿：从具有无可置疑的有效性的一种技术工具中，我们将会发现对那些最粗糙的医学-仪式思维的延续，虽然这是一种精致的延续，却仍是与之一脉相承的。不应该把这些医学-仪式思维与一些跟我们不同的思想模式关联起来。从一种形式到另一种形式，当然会进行一些替代，一些新的转移，但没有理由把这些操作的各种结果分别对待，每一次都从中看出一种决定性的区别，因为在原则上，发生的现象是一些转移，这些转移类似于后续可能发生的隐喻替换。隐喻替换特别多样，因为它们从来无法把握住唯一的同一个现象，这现象的本质是它们无法企及的。

第十一章 所有仪式的统一性

在同一个思路下,为了补足"katharsis"这个词的各种意义的全景,应该回到希腊悲剧。我们还没有明确援引亚里士多德在他的《诗学》中对这个词的用法。这已经没什么必要了,因为我们已经为一种解读做好准备,这种解读延续前人的解读,并自我融入正在形成的整体。我们已经知道悲剧出自神话和仪式。我们无须定义悲剧体裁的功能。亚里士多德已经做过了。在用"katharsis"(净化、宣泄)来描述悲剧的效果时,他肯定悲剧能够,而且应该至少担负着在那个已经消失的世界中由仪式来承担的职能。

我们已经看到,悲剧中的俄狄浦斯与古老的"katharma"(人牲)是一回事。不是用一座神庙和一个真正祭杀牺牲者的祭坛来替代原初的集体暴力,现在人们有剧场和舞台,在舞台上,这个"katharma"(人牲)的命运被一个演员来摹仿,他的命运将净化观众们的激情(passion)[1],导致新的一次个人和集体的"katharsis",它对于族群同样是拯救性的。

如果我们同意这一点,那么我们会不像人类学家一样将献祭仪式描绘为一种戏剧或一类艺术作品吗?比如维克多·特纳在《苦难的鼓声》(p. 269)中写道:"一个既定仪式的统一性是一种戏剧统一性。在这个意义上,仪式是某种艺术。"反过来说也是对的:在剧场上演的戏剧应该构成某种仪式,是对宗教现象的暗中的重复。

亚里士多德对"katharsis"一词的用法曾经导致了并且

---

[1] passion 的词源是 pati(受苦、生病)。——译注

仍旧导致着无休止的争论。人们热衷于找出这个词对于这位哲学家的准确含义。人们排除了那些宗教含义（这些含义并未被人们理解，所以更加有理由怀疑），借口是它们在亚里士多德的时代已经不通用，而它们在我们的时代一样晦涩。

要让《诗学》中的"katharsis"具有一种献祭的维度，不必让亚里士多德把握到原初的操作，甚至一定要让他把握不到才行。要让悲剧像一种仪式一样起作用，必须让一种类似祭杀的操作隐藏在这位哲学家认可的戏剧和文学的惯例中，就像它曾经隐藏在宗教和医学的惯例中一样。正因为亚里士多德没有看透献祭的秘密，他的悲剧的"katharsis"才最终仅构成另一次献祭转移，它与其他献祭转移类似，至少在某个方面是这样，他的"katharsis"应该被纳入我们前文汇集起来的全景。它同样环绕着创始性的暴力这个重心，因为暴力的退缩，暴力已经不再主宰这个重力系统。

如果切近审视亚里士多德的文本，我们轻松看出它在某些点上类似一本真正的献祭教科书。那些造就悲剧"好"英雄的品质让人想起人们要求祭祀牺牲者拥有的品质。要想让祭祀牺牲能转移和净化那些情绪，我们还记得，必须让他与族群所有成员相似，同时又不相似，既接近又遥远，既是同类又是异类，既是分身又是神圣的差别。与此相同，必须让英雄既不完全"好"，也不完全"坏"。他身上必须存在某种善良，才能担负起观众的部分的认同。同样必须有某种弱点，一种"悲剧的缺陷"，最终会让"善良"不起作用，让观众能够将英雄交给恐怖与死亡。这正是弗洛伊德在《图腾与禁忌》中看到的,但他看到的并不完全。在陪伴英雄一程以后,观众在他身上发现一个异类,观众带着"恐惧与怜悯"的战栗把他抛弃给他命运中同样超于人类的可耻与伟大,当观众想到自己有序的人生的平衡、安全,无疑这抛弃中还掺杂着感激。任何真正强大的艺术作品,强大到让人感动的艺术作品,都是具有轻度的引人入秘的性质的,因为它让人预感到暴力,让人害怕暴力的后果。它鼓励人谨慎,转移人的骄矜。

对于悲剧净化的激情,亚里士多德谨慎地没有明说,但如果必须将悲剧看作以火灭火的一个新例子,无疑是可行的:所涉及的只可能是让那些共同生活的人们防范自己的暴力。这位哲学家明确肯定,只有亲近的人之间的暴力才适合于悲剧剧情。

如果悲剧如某种渊博的理论认为的那样是对仪式的直接改编,那么它本身就成了一部渊博之作。悲剧的审美和净化(kathartique)价值并不高于"剑桥仪式学派"。如果悲剧拥有充沛的净化功效,或者曾经长期拥有这种功效,这只可能归功于在它最初的灵感中存在着的反仪式的东西。通过将自己暴露给相互对等的暴力,悲剧走向真相,但我们看到,悲剧最终总是向后退。曾一时被撼动的神话性和仪式性的差异,在"文化"和"审美"的差别形式下得到恢复。所以,悲剧是真正仪式的等价物,因为它与差别在其中毁灭的深渊擦肩而过,它仍旧留下了这考验的烙印。

如果悲剧具有献祭性，它必然具有不祥的一面，尼采会说是酒神的一面，它是与悲剧的诞生有关的，一旦我们进入文化的作用领域，它还具有制定秩序的吉祥的一面，即太阳神阿波罗的一面。（不论尼采的划分比大多数批评范畴高明多少，这划分自身仍然是神话性的，因为这划分看不到或者未看清所有的神祇都同时对应着这两面。）应该将柏拉图与亚里士多德对于悲剧的相反的意见与这种创始的两元性关联起来。亚里士多德用净化功效来定义悲剧的时候是有理由的。亚里士多德总是有理由的。这便是为何他如此伟大，又如此有局限，为何他的伟大如此无可怀疑。亚里士多德超越了悲剧里的危机。他掌握着误解悲剧里的危机的所有理由和所有意义。将他看作真正的老师，形式主义文学批评就绝不会犯错。亚里士多德仅从悲剧有助于建立的秩序的视角来看待悲剧。悲剧艺术巩固、加强、保存一切值得被巩固、加强、保持的东西。

相反，在时间上和精神上，柏拉图更加接近危机。他从《俄狄浦斯王》中破解的并非重要的文化仪式的高贵而平静的秩序，而是差别的动摇、悲剧性的相互对等，是过分形式主义或过分直接的仪式性的解读会消灭的一切内容，是我们可以与威廉·阿罗史密斯一起称作悲剧的"湍流"（turbulence）的一切内容[1]。矛盾的是，驱使这位哲学家的

---

[1] 威廉·阿罗史密斯：《希腊悲剧批评》（"The Criticism of Greek Tragedy"），载《杜兰戏剧评论》（*Tulane Drama Review*），III，1959年3月。

敌意的，正是这种与悲剧灵感更贴近的接触，正是他这种更为敏锐的智力。柏拉图从悲剧中看到一种通向整个社会价值的晦暗而可怖的源头的一道可怕的缺口，是对城邦的基础本身的模糊的质疑。在《俄狄浦斯王》中，观众的注意力从驱逐 katharma（人牲、不洁）的城邦转移到那个 katharma 本身，诗人与诗歌有时与他在同一战线。如同许多现代知识分子，悲剧诗人带着模棱两可的虔诚，致力于描写垂死的城邦为了重新获得统一而徒劳地从内部驱除的一切。甚至当他不投身这些可疑事业的时候，他也给了从前那些可敬的古老传说一种可疑气息。要想保卫城邦，反对颠覆，必须把颠覆思想从城邦清除出去，必须让索福克勒斯去流亡的路上与俄狄浦斯会合，必须将悲剧诗人变成另一种 katharma 或者另一种 pharmakos（替罪人）。

理性主义与人文主义批评丝毫看不到这些。这种批评注定陷入某种盲目，因为可以说这种批评是与悲剧灵感，与无差别化的暴力背道而驰。这种批评强化和巩固各种差别，堵死暴力与神圣有可能重新涌出的所有孔隙。久而久之，它做得如此之好，以至于它彻底清除了所有净化效果。所以，它最终堕入"文化价值"的平淡乏味，堕入庸人的互斗，堕入纯粹的博雅之学或者分类学。这种批评看不到，因为将作品变得完全脱离人类的本质的戏剧，脱离了暴力与和平的悲剧，脱离了爱与憎，它最终壮大了它所不满的湍流，将暴力重新带回城邦的湍流。我们寻找一种能感受到《酒神的女信徒》之可怖的解读,却徒劳无功[1]。

---

[1] 应当切近研究那些让古今人文主义者能够淡化甚至完全排除古代希腊甚至古代希腊文化那些可怕侧面的手段。H. 让迈尔的《狄俄尼索斯》为我们指出了道路:

"如果说仅仅通过非常稀少的证据,这个可怕的侧面才让人猜测出来,那并不完全是出于偶然。希腊人的天才,在对宗教与神祇的构想中,借助文学、艺术和哲学的辅助,对抗着多数宗教中内在的残酷的古老底蕴,这些宗教的起源远在蛮野的往昔。那些常常不得不诠释为用人牲献祭的神话(特别是年轻女子或孩子),足以证明这些古老先例的真实性。但不需掩饰,只要远离文化的主要中心,便有许多痕迹残存在一些局部实践和传统仪式中,而习以为常、羞耻感、对偏远地区发生的事情的无知、对谈论反驳人们对希腊学的认识的内容的反感,合力掩盖着这些痕迹。在驱逐替罪者时(这些可怜的家伙被当作替罪羊)实施的暴行,在伯里克利和苏格拉底时代的雅典也许已经被消减到民间习俗的规模,仅仅表现出减弱的残忍性;但是可以推测,并非一直如此,而且在希腊文化的边缘地区,在马赛或阿布德拉,我们听说替罪者被扔进海里或者被处以石刑。"

"一些可信的证据让人不得不同意,在4世纪,阿卡迪亚中心地带的吕卡翁山的敬拜庆典伴随着仪式性的食成人或儿童的肉。"

"这些思考并不奢求解决难题,而是让人不轻率对待一些信息,这些信息的确是晚近的,由基督教作者收集,是他们为了与异教信仰的论争而从一些哲学家的著作中找出来的,这些哲学家为了解释他们对血腥献祭的反感,搜集了一些当地学者的著作。这些信息一致谈到对狄俄尼索斯的人祭。在吕克托斯保持着对宙斯的人祭。值得注意,他们曾经将狄密斯托克利将军同意的对两个年轻波斯人的祭杀与一个岛屿的狄俄尼索斯敬拜关联起来,那是在萨拉米娜战役之前一个占卜师请求他做的。这个事件的历史真实性不确定,因为它仅由更晚的一位历史学家保存下来,但他很了解这个地区古代的情况。希罗多德在这一问题上的沉默表示他倾向于认为这是一种杜撰,或者是他刻意的反感态度。"

"这并非我们处理的这一主题的一个小悖论,我们对一些狄俄尼索斯崇拜中可能保存下来古风的通览虽然不完整,却提供了一种路径,来审视这位神祇在怎样的情况下能荣升为雅典戏剧(转下页)

第十一章 所有仪式的统一性

自从一位伟大作家出现，陈词滥调被动摇了。关于文学的所有论据，支持的与反对的，都变得模棱两可。比如在《斗士参孙》(*Samson Agonistes*)中，弥尔顿重复了关于净化（katharsis）的理论，他突显出亚里士多德笔下净化最可疑的，但是被隐去的一面。弥尔顿强调病与药的同一性，这当然是借助着一种让人放心的自然，但仔细观察的话，自然样板揭示出那些分身，因为是自然样板在掩盖着它们，自然样板让那些分身能够显露出来，它们同样从弥尔顿这位诗人的作品中显露出来，在整部具有戏剧性的作品中俯拾皆是：

> 悲剧是古时候创作的，历来被认为是从前一切诗歌中最严肃、最具有道德意义、最有益的：所以亚里士多德说悲剧的力量是靠着引起怜悯和恐怖，或惧怕，足以清除心中这样那样类似激情的东西，由于阅读或观看对那些激情的惟妙惟肖的摹仿，激起某种愉悦，用来把那些激情缓和、减轻到合适的限度。大自然自身有足够的事实来证明亚里士多德的主张：比如具有黑胆汁色彩和性质的东西被用来治疗忧郁，酸东西用来医治胃里反酸，盐用来消除那些发咸的体液。

（接上页）的主保神，继而在希腊化时代成为戏剧和戏剧人士的神，这个神早已有多重属性，这些属性以多重面目显现，这些面目远比我们认为的更加具有团结性。"(《狄俄尼索斯》，pp. 228-230)

应该小心不要把任何柏拉图／亚里士多德类型的对立都禁锢在道德论的现代主义的单义模子里，不要向对于差别与驱逐的那种极端的渴望让步，去将一些加号和减号放进艺术、哲学、政治学等僵化的范畴。

另一方面，不应忘记任何有意味的态度都可能成为仪式性的。柏拉图与亚里士多德之间的对立并不构成例外。这种对立让人联想到那些互相接近的仪式系统，他们对于有待诠释的整体的同一个侧面采取一些相反的解决办法，比如乱伦，一些系统要求乱伦，而另一些厌弃。柏拉图思想就像那些仪式系统，它们认为不祥的侧面一定是不祥的，并力图完全消灭之，不留丝毫痕迹。柏拉图设想不出悲剧的混乱、悲剧的暴力可能成为和谐与安宁的同义语。这就是为何他厌恶地拒绝弑父与乱伦的骚动，而亚里士多德及其后包括精神分析在内的整个西方文化则相反，他们重新把弑父与乱伦的骚动变成一种"文化价值"。今天，酒神的放纵只是又一种学院派罢了。最大胆的挑衅、最骇人听闻的丑闻，都不再有任何力量，不论是在权的意义上，还是在力的意义上都是。这并不意味着暴力不在威胁我们，恰恰相反。再一次，献祭系统损耗殆尽。这便是为何有可能来揭示它了。

*

一旦以为自己把握住一种稳定的对立、一种稳定的差别，人们便发现它被反转过来了。柏拉图对悲剧暴力的拒绝本身就是暴力的，因为他的拒绝通过一种新的驱逐，即对诗人的驱逐得到了反映。在那些文学与道德的论据背后，从柏拉图对诗人的真正的指责来看，柏拉图必然可以被定义为诗人的互为仇敌的兄弟，一个真正的分身，他们与所有真正的分身一样是彼此不了解的。城邦要求苏格拉底对自己施暴（因为对渎神的人动手会玷污自己），柏拉图对他的同情与索福克勒斯对他的替罪人主角俄狄浦斯的同情一样可疑。早已同今天一样，如同在任何走向悲剧的世界里，反英雄和城邦已不再有，每个人为了反对他当前的对手而将自己认同为城邦，实际上却被所有人出卖，就像俄狄浦斯和忒瑞西阿斯被忒拜人出卖一样。因为城邦正是死于对立的，所以此时保卫城邦或城邦利益甚至都充当着它的疯狂的面具或借口。

在所有这些分身复制中，在人们徒劳地努力砸碎的所有这些反映出他们面前发生的事情的镜子里，我们可以越来越清晰地解读出城邦的解体。我们越来越明白悲剧的语境，因为同类现象的同样漫画式的强化再次出现在我们中间。

与悲剧一样，哲学文本在某个层面作为一种进行驱逐的企图在起作用，尝试着不断重复，因为从不能成功。在我看来，这是雅克·德里达的《柏拉图的药》(«La Pharmacie de Platon»)一文出色证明的东西[1]。他的证明的轴心是对"pharmakon"（药）这个词本身的极其说明问题的用法。

柏拉图的"pharmokon"所起的作用恰如人牲（phar-

---

[1]《原样》(*Tel Quel*)杂志，1968。

makos），具有类似的效果。这个词是坏的诡辩术与好的哲学之间具有决定性的转变的关键，这种好的哲学与人祭的暴力一样没有得到很好的解释，而且不太可能得到合理解释，替罪的人牲成为暴力的牺牲品，以仪式的方式被牵着走过善良城邦雅典的大街小巷，然后被杀害。当 pharmakon 这个词被用在诡辩派身上，这个词往往取它的毒药这个坏的意思。当它被用在苏格拉底身上，用在苏格拉底所有活动时则相反，它取得它的救药这个好的意思。虽然看起来他拒绝被抹除差别，拒绝将差别视为不存在，但德里达从苏格拉底与诡辩派的对立中指出，并不存在区隔来将 "pharmakon" 的两个对立意义分隔开来，但是同一个词被用于对立意义，这暗示出同一性的存在。学说与态度的差别在暴力的相互对等性中消弭。借助变量的潜在的对称性和如此说明问题地对 pharmakon 这个词的天真的使用，差别被暗中破坏。这个词将不祥的暴力向外转移到分身的身上，这个分身被武断地从哲学城邦驱逐出去。在柏拉图之后，直到尼采以前，整个哲学传统虔诚地再次肯定柏拉图这里所宣告的差别的绝对性。从尼采开始，这种差别反转了，然后开始动摇，准备着将来等待它的彻底的消除。

柏拉图作品中的 "pharmakon"（药）就像亚里士多德作品中的 "katharsis"（净化）。不论这两位哲学家确切的思想如何，他们作为作家的直觉准确无误地将他们引向他们觉得具有启发性的，但仅仅是隐喻性的词。在两个人身上，借助隐喻的做法都是天真的，这种天真正是献祭误解的特点。如果人们像我们刚刚做的一样，发现同一个对象隐藏在那些隐喻和隐喻的对象后面，人们便会发现隐喻的进程并不会转移任何东西，发现在所有隐喻和所有可以互换的对象的背后进行着的总是同一个操作，同一种暴力的同一个机制，不论是肉体的暴力还是精神的暴力。

德里达的分析传神地指出，在柏拉图的作品中，哲学操作的某种暴力的武断性是从一个词出发而得以完成的，这个词为这种操作提供了手段，因为它在更早的源头指称同一操作的一种更加粗暴的变体，但它总归是类似的。在那些彼此全都是派生的献祭形式背后，并不存在哲学研究以及后来的其他西方思想形态所追求的"特有"的东西，比如社会学和精神分析所追求的特性。但是存在一个真实的原始事件，事件的本质总是不均等地由对事件的所有演绎和隐喻衍生暴露出来，这些演绎和隐喻是构成西方思想的东西，即便西方思想找到了这些演绎与隐喻贴合实际的运用领域，而且它们在这些领域中的有效性不容置疑。

德里达指出现代对柏拉图的翻译总是完全抹除创始操作的痕迹，是通过摧毁"pharmakon"的两面的统一性，借助于一些彼此不同的词来翻译"pharmakon"（救药）和"pharmakon"（毒药）的。这项抹除工作与我们在谈到《印欧人诸制度词汇》时指出的那种抹除工作类似。同样必须注意到，在我们的时代，正在开始反方向的运动、发掘运动、对暴力及其机制的揭露，德里达的著作构成这个运动的一个关键时刻。

＊

在本书中，我们已经看到对创始性的暴力的假设逐渐扩展到所有神话和仪式系统。从本书第八章起，我们知道这种扩展尚不足够。如果替罪牺牲机制与所有象征系统的初始机制是一回事，那么显然在人类文化中一切无不是来源于暴力的集体一致性，总之全都得益于替罪牺牲者，不论人们想把这些文化归于什么类型。这正是我们刚刚从来源于仪式的人类文化活动的多种形式中得到验证的。我们现在不得不再次扩展我们的假设，这一次的扩展是极大的。

总之，关键是将所有文化形式包含在一种广义的献祭性之中，狭义的献祭仅仅构成它的一小部分。要让这种扩展不落入武断，必须证明在仪式性的祭杀不再存在或者从未存在过的地方，存在其他的制度起到它的功能，而且这些制度仍旧与创始性的暴力有关，比如，我们想到像我们社会这样的一些社会，或者已经在实践中消灭了仪式祭杀的古代晚期社会。本书第一章让我们推测在祭杀的消灭与司法体系的建立之间有很大的关联性。后一个现象似乎是前一个现象的结果。我们那时的证明并不依据创始的集体一致性，因为我们那时的证明是在我们发现替罪牺牲之前。这种证明现在让我们感觉不够充分了。

必须补足这种空白。如果无法证明刑法系统的起源同样是创始性的暴力，有人就可能支持说，司法与某种理性类型的共同约定有关，与一种社会契约有关。于是，人类重新主宰，或者说可能重新主宰社会属性。主宰社会属性是天真的，是处于理性主义之中的人们的天真。果真如此的话，本书支持的论点就受到拖累。

在《古希腊人类学》(*Anthropologie de la Grèce antique*, Maspero，1968)中，路易·热尔内(Louis Gernet)提出希腊人死刑的起源问题，他对此做出解答，他解答的方式让死刑与替罪牺牲之间的关系显露出来。我们在此仅限于援引他的证明。死刑呈现为两种形式，它们看起来彼此毫无关联，第一种形式是纯粹宗教性的，第二种形式则与任何宗教形式无关。关于死刑的第一种形式（宗教形式）：

> ……死刑的功能就像清除污秽的手段……它表现为群体的净化的释放，在群体中，再次流血的责任有时被稀释和消除（至少石刑属于这种情况）。再者，对一个可耻和受诅咒的成员进行暴力驱逐，驱逐到死亡之中，这伴随着一种 devotio（虔诚、诅咒）的认识。另一方面，处死刑被看作虔诚行为：让我们想想古老法律的那些做法，法律规定处死法外之徒并不损害洁净，还有日耳曼人的法律规定杀死法外之徒是某种义务……另一方面，被处死者本人在这种情形下履行的是一种真正的宗教功能；这种功能与人们处决的那些祭司-国王的功能不无相似之处，对祭司-国王的处决可以从罗马对罪犯的称呼 homo sacer（神圣的人、可诅咒的人）看出来，

就像希腊人的 pharmakos（替罪者）[1]。

这里的死刑处在创始性的暴力的直接延长线上，这个文本如此明确，无须任何评论。我们仅仅补充说，根据热尔内的看法，各种文本中经常提到的另一种刑罚是将犯罪者示众，示众之前是对他在城市的大街小巷进行羞辱性的游街。热尔内引用了格罗兹（G. Glotz）的观点，他早已将这种游街比作"katharma"（人祭）仪式：在《法律篇》九卷（855c），为了建立模范城邦，柏拉图建议"在国境上将违法者示众"。热尔内认为这种向国境线上驱逐意味深长，这样做的原因将我们带回替罪牺牲及其衍生物：

> 在宗教意义的刑罚中显露出一个倾向，即倾向于消除，更确切地说——因为这个词应当从词源意义上看——倾向于驱逐出国境。比如人们驱除亵渎者的骸骨，而在柏拉图没有漏掉的一个为人熟知的宗教仪式中，人们驱除造成了人类死亡的无生命之物或者杀死人类的动物的尸体。[2]

---

[1] 热尔内：《论死刑》(«Sur l'exécution capitale»)，《古希腊人类学》，pp. 326-327。
[2] 格罗兹：《刑法中的家族团结》(*Solidarité de la famille dans le droit criminel*)，p. 25；引文见《古希腊的刑罚与宗教之间的某些关联》(«Quelques rapports entre la pénalité et la religion dans la Grèce ancienne»)，《古希腊人类学》，pp. 288-290。

死刑的第二种模式仅由极少的形式围绕，它们没有丝毫宗教性。"apagoge"（实时逮捕、立即执行）的迅捷性和大众性让人想到美国西部的"公理"。热尔内肯定说，实时逮捕适用被抓住现行的犯罪，而且总是由集体来批准。但根据热尔内所述，如果犯罪者不是像多数情况下那样都是外邦人，即其死亡不会引来族群内部无休止复仇的人，那么罪行的公开性并不足以让执行逮捕成为可能，即不足以确保集体的批准。

虽然在形式上相距遥远或者说不具有形式，但这第二类死刑模式当然不能被认为与第一类模式无关。一旦我们看出替罪牺牲在死刑的宗教形式的起源中的作用，我们便不可能不从此处看出一种独立的"制度"。在两种情况下起作用的都是创始的集体一致性。在死刑的宗教形式中，创始的集体一致性借助一些仪式形式来产生死刑；在第二类死刑模式中，集体一致性自己现身了，当然是以一种减弱的模式，否则它是不会显现的，但不管怎样，这种模式仍旧是野蛮的和自发的，我们可以将这个模式定义为一种逐渐被系统化和法律化的集体私刑。

在前后两种模式中，法律刑罚的概念不可能与创始机制脱离。法律刑罚上溯到自发的集体统一，上溯到让整个族群反对唯一肇事人的无可抗拒的罪证。所以，这个概念具有一种随意性，人们并非不了解这一点，因为它以宗教与真正的司法之间的许多中间形式出现，特别是神裁（ordalie）的形式。

*

现在应该回应来自各方的要求，回应所有信号的会合，明确肯定在表面的极端多样性的背后，不仅存在所有神话和所有仪式的一种统一性，而且存在人类文化整体上的统一性，不论是宗教，还是反宗教的，各个单元的这种统一性全部悬于唯一的机制，它是一直在起作用的，因为它一直不被人们了解，这个机制保障族群针对替罪牺牲并围绕替罪牺牲自发形成集体一致性。

这个整体结论可能而且应该显得非常过分，甚至荒谬，因此我们应该回到建立这个结论的分析类型上，并延续着前面的解读来给出最后一个可以再度证明所有献祭仪式的统一性，证明这些仪式与表面上同仪式无关的制度之间的完美的延续性的例子。当然，我们应选择一个特别的制度，尽可能一看起来就是属于人类社会组织的基础的制度。这便是**君主制**，狭义的君主制和更普遍的对真正政治力量的所有主权形式，因为在许多社会中可能存在一种诸如中央权威的东西。

在我们对非洲君主制的解释中，我们指出，如果将作为制度的最醒目、最惊人的特征的王室乱伦过分孤立起来，就不免会迷失。人们力图诠释王室乱伦，仿佛这是个独立现象，那么一定落入某种形式的唯心理论。应该将献祭放在首位，应围绕着献祭来诠释一切，虽然献祭过于普通，过于常见，已经不能像王室乱伦那样引起我们的好奇心。

献祭在这里是核心的和基础的。它是最平常的仪式，这便是为何有时献祭会在仪式的演进中消失和转变，然后被一些现代的诠释完全抹去。

如果我们不能把它放进真正的语境中，那么一个特征越显得独特，它的区别特征就越打动我们，就越可能让我们偏移最本质的东西。相反，一个特征越是常见，就越值得注意，它越有可能引领我们通向本质，虽然对本质的分辨首先是不完美的。

我们已经审视过同一仪式类别中两个变体之间巨大的对立：比如节日（fête）和我们所说的反节日（anti-fête），或者说王室禁忌是义务也是禁忌，两者同样严格。我们看到这些对立在对祭祀危机的诠释中归为一些差别。虽然仪式承认不祥暴力与吉祥暴力的根本的统一，但仪式寻求找回两者的差别，这是出于一些显然的实际的原因，而这种区别必然是武断的，因为在不祥的高潮会出现吉祥的反转，吉祥的反转在某种程度上是由不祥造成的。

我们已经看到一些邻近的仪式之间彻底的对立虽然巨大，但并非本质的。如果观察者重视某个民族要求王室乱伦而邻近民族却禁止乱伦的事实，从中得出结论认为后一个或者前一个民族是最无忧无虑地"放纵"的，那就大错特错了。

关于那些重要的仪式类别，我们已经同样看到这一点。它们的独立性仅仅是表面的，独立性同样归为在对创始性的暴力的诠释上的差别，这是些不可避免的，实际上是无穷尽的差别，因为仪式"从不命中靶心"。此处，是失败造成多元。只要看不到神话总是在瞄准，却从来不命中，便无法将多元化简为统一。

一个遵循习惯的方法的研究者不会想到把非洲王朝、图皮南巴人的食人和阿兹特克人的某些献祭加以对比。

在阿兹特克人的献祭中，在选择牺牲者与祭杀他之间有一段时间，这段时间，人们尽量满足未来牺牲者的欲望。人们拜倒在他脚下膜拜他，簇拥着去触摸他的衣服。毫不夸张地讲，这位未来牺牲者得到了"真正神祇"的待遇，或者他行使着"某种荣誉王权"。后来，一切以粗暴的处决结束……

在图皮南巴战俘的例子里，我们可以看到某些与阿兹特克人牲和非洲国王的相似之处。在两种情况下，未来牺牲者的处境都将高贵与卑贱、威望与耻辱结合在了一起。总之，这是一批同样的正面与负面元素，它们反复出现，但以不同的比例相结合。

然而，所有这些相似都过于模糊和有限，无法为拉近对比提供可以接受的基础。比如在阿兹特克人牲的例子里，他享有的优待过于短暂，仅具有过于被动和仪式性的特点，无法让人真正把这些待遇与非洲君王行使的真正的持久的权力相比。图皮南巴战俘也一样：必须有很大的想象力和对于现实的巨大漠视才能将战俘的处境称为"王室的"。我们将这三个现象加以对比，这可能显得轻率，因为所有最显著的相似之处都不是三种制度最突出的特征，不是那些赋予它们特殊样貌的特征，不是非洲国王的王室乱伦、图皮南巴人的食人、阿兹特克人的人牲献祭。它们是人类学中巅峰般惊人的文献，如同勃朗峰和珠穆朗玛峰对登山家一样，没人会想要一并攀登这两座山峰，我们这样不动声色地将它们结合，可能会被人指责为印象式描述和武断。有人会指责我们是向着弗雷泽和罗伯逊·史密斯倒退，却看不到这一次我们考虑到了那些共时的整体，这些整体是最新的研究构建起来的。

谨慎的思想者会严守已经被千百次检验过的教条，认为牺牲者就是牺牲者，而国王就是国王，就像猫就是猫。某些国王遭到祭杀和有些人牲得到"国王般"待遇，这样的事实仅仅构成一些好玩的奇事、有趣的矛盾。应该把对它的思考留给莎士比亚那样杰出和轻灵的头脑，把这样的头脑明智地锁在文学的保留地里，让那些批评界的驯服的"汤姆叔叔"来看守，这些老奴隶每天早上都异口同声地重复说，科学是美的，但文学更美，因为文学与现实毫无关系。

我们要承认，这种谨慎对于那些渴求理解的头脑来说不太令人振奋，但如果没有任何提供统一性的假设，这种谨慎是说得过去的。一旦我们怀疑这"替罪羊"类型的现象背后可能隐藏着的并非某种模糊的心理安慰剂，不是某种枯萎的"负疚情结"，也不是任何"精神分析让我们熟悉"的情境，而是文化统一的巨大动力、所有仪式和宗教的基础，那么情况就会彻底改变。我们研究的这三种仪式制度之间的差别不再是不可动摇的。这些差别不再属于碳氧化合物与硫酸钠之间那种区别类型；这些差别属于三个不同社会中对同一戏剧的三种不同的诠释和再现方式，戏剧的统一性起初丧失了，随后借助于以多种方式诠释的同一种机制又重新被找到。不仅图皮南巴战俘的奇怪优待、阿兹特克人牲受到的短暂膜拜在此得到令人满意的解释，而且在这种解释内部，三种仪式之间的类似与差别也变得可以破解，最终那些主导特征本身也可以得到破解，并被归于统一。

如果我们的分析让读者怀疑，如果三个仪式文本之间的差别让读者觉得仍然不可逾越，我们可以证明始终可以用许多中间形式来填满这道差别。这些中间形式最终将消除那些表面上彼此相距遥远的仪式之间的任何割裂，当然条件是通过替罪牺牲而解读的"等距同构"（groupe de transformation）[1]。替罪牺牲这把钥匙的有效性从未真正被人理解，所以它受过多种多样的诠释，受过可以设想到的所有可能的诠释，但实际上却唯独没有得到真正的诠释！

在许多社会中，存在一位国王，但人们祭杀的不是他，或者不再是他。祭杀的也不是动物，或者尚未祭杀动物。人们祭杀一个人类牺牲，他代替国王，常常是从犯罪者、不适应者、法外之徒里选择的，如同希腊人的替罪人（pharmakos）。在代替国王死在施祭者刀下之前，戏仿国王短暂地在王位上代替国王。这种统治很短暂，而且完全缺乏真实权力，而这却将这类仪式与阿兹特克献祭拉近，但是无可置疑，这里的整体语境仍然是属于一种真实的王权的。于

---

[1] 意为在度量空间之中保持距离不变的同构关系。——译注

是，非洲国王与阿兹特克人牲之间的差别消退了：我们这里有一种祭牲，他与两者都相似，他正好介于两者之间。

另一方面，应该注意到，戏仿国王的统治是在一个节日，他的死将给这个节日提供适当的献祭的结尾。节日主题与祭杀真正的或戏仿的国王的主题被持续地关联起来——比如在斯威士兰的丰年祭上——这并没有什么可让人吃惊的，因为节日只不过是复制祭祀危机，而祭祀危机在替罪牺牲机制中得到了解决。被看作属于"神性""王权""主权"的正是这个替罪牺牲者，每一次统一性的恢复都被归功于他本人。人们一直以来用来指称国王、君主、神性、替罪羊等的词语，仅仅是一些隐喻，这些隐喻都是彼此相对错开的，尤其是与它们努力把握的那种唯一的机制相对错开的，那个机制就是创始的集体一致性的机制。

仪式提供了围绕着替罪牺牲的一连串的诠释，诠释却达不到中间的替罪牺牲，它们在替罪牺牲周围的分布画出了中心的空虚。按照仪式的差别来对它们进行分类，这样的努力注定失败。我们总是看到一些仪式是处于两个或多个类别的居间位置，不论对这些类别怎样定义都是如此。

在仪式对初始事件的诠释中，存在一个主导元素，这个元素倾向于压倒其他元素，然后随着对创始性的暴力的记忆的远去而把其他元素统统抹去。在节日中，主导元素是对一次被部分地改头换面的祭祀危机的纪念。我们看到，随着时间流逝，节日末尾的献祭被消灭了，随后是那些伴随或者代替献祭的驱魔仪式，随着它们消失，创始性的暴力的最后痕迹也消失了。于是，我们面对着现代意义的节日。制度只有远离和斩断它的仪式起源，才能获得文化专家所要求制度具有的特性，以便从中识别文化对象，但只有制度的仪式起源才能让人完全破解制度，哪怕是高度演化后的形式下的制度。

仪式越有活力，它们就越接近它们共同的起源，它们的差别就越小，区分就越倾向模糊，分类就变得越不恰当。当然，在仪式内部，差别是源头上就存在的，因为恢复和固化差别正是替罪牺牲的主要功能，但这种起始的差别尚未得到发展，还没有围绕着自身加倍增殖出差别。

作为对创始性的暴力的最初诠释，仪式在一些相互对等的元素之间，在不祥与吉祥两面之间，建立起神圣性，这是最初的不平衡，随着人们远离创始的秘密，这种不平衡将逐渐加剧，自我映射和增殖。所以，在每个仪式中，由最初的不平衡产生的那些突出特征越来越占主导，将其他的特征抛在次要位置，并最后消灭它们。当进行推理的理性出现，它将吉祥与不祥的结合看作普通的"自相矛盾"。人们自认为应该在那些强调的特征与那些非强调的特征之间进行选择。非强调特征的弱化让这种进行推理的理性将它们看作多余的、肤浅的、错误引入的。在人们没有忘记这些非强调特征的任何地方，人们都觉得消灭这些特征是一种义务。于是，人们面对着表面上不相干的两种制度，西方知识的原则本身、差异的永久地位、科学对自然的笨拙摹仿的成果，禁止我们承认同一性。这种禁令是明

第十一章 所有仪式的统一性

确的,如果揭示出所有仪式的共同起源,便一定会被认为是异想天开和"主观"。

在非洲王朝中,从起源的角度看,王室乱伦并非真正本质性的,因为王室乱伦附属于献祭,从后期发展的角度看,从向"君权制"过渡的角度看,它也并非本质性的。从这个角度看,君权的主要特征,即让它成其为君权而非别的东西的特征,显然是在生前给予君主权威,但君主最初仅仅是个未来的牺牲者,是因为他死期在即,而每次牺牲者死亡的应验后果以逆推的方式给予他生前的权威。随着时间流逝,这种权威变得更加稳定和持久。那些与权威对立的特征丧失了重要性:另一种牺牲,人牲或动物祭牲,替代了真正的国王。构成最高权威的反面的一切东西,触犯禁忌,因违禁而来的驱逐,在国王身上汇集的不祥、暴力、献祭的惩罚,这一切变成了丧失内容的"象征",成为非理性的闹剧,它们迟早会消失。仪式的残存就像蛾子身上即将褪去的蛹壳,而乱伦这只蛾子正在逐步褪去它。神圣王权蜕变成单纯的王权,蜕变成一种仅仅是政治上的权力。

当我们观察法国旧政时代的君权,或者所有真正传统的王权,我们不由疑惑,用初民世界的神圣王权来进行思考给我们带来的成果是否比将我们现代的王权形象投射到初民世界带来的成果更丰富。神权并非为了让臣民顺服而杜撰出来的故事。尤其在法国,君主的生死,连同其神圣性、其侏儒弄臣、国王普通的触摸对瘰疬的治愈力,当然还有旧政结束时的国王断头,构成了一个整体,这个整体仍旧是借助神圣暴力机制构建的。国王的神圣性、君主与牺牲者的同一性,更加容易被重新激活,因为他更加脱离人们的视野,甚至更加被人当作小丑。而此时的确也是国王受到最多威胁的时候。

莎士比亚是所有这些矛盾的驾驭者,是对已经接近我们现代的那个世界的君权原则的最极端的诠释者,他好像填补了最原始与最现代之间的空间,仿佛他对两者的了解要超过我们对其中任何一个的了解。

在《理查二世》中,废黜的一幕如同与之相反的加冕。沃尔特·佩特(Walter Pater)正确地将之视为一种反转的仪式[1]。国王以几乎宗教的方式被转变为一个替罪牺牲者。佩特将国王的敌人比作犹大和彼拉多,但他立刻承认国王不能被认同为基督,因为国王并非无辜的牺牲者:他本身是个背信弃义者,他与那些向他施暴的人毫无不同:

> Mine eyes are full of tears, I cannot see⋯
> But they can see a sort of traitors here,
> Nay, if I turn mine eyes upon myself,
> I find myself a traitor with the rest:
> For I have given here my soul's consent

---

[1]《鉴赏集》(*Appreciations*),London,1957,p. 205。

T'undeck the pompous body of a king...（IV，1，244）[1]

在对中世纪法律学说中的国王人身的两元性研究《国王的两个身体》（*The King's Two Bodies*）中，恩斯特·坎托罗威茨（Ernst Kantorowicz）认为有必要加入一则对《理查二世》的分析。虽然他没有达到此处比其他地方更加显露出来的替罪牺牲机制，但他出色地描写了莎士比亚笔下这位君主的分身过程：

> 在理查王身上，这些分身，都在同一个人身上，同时行动着——所以我以一身扮演着众人（第五幕，第31诗句）——这些分身潜在地以国王、疯子和上帝存在。他们在镜子里必然分解开来。这三个孪生的原型相互持续地交叉、重叠和冲突。大家可能感到在威尔士堡那一幕是"国王"占主导（第三幕，第2诗句），在弗林特城堡那一幕是"疯子"占主导（第三幕，第3诗句），而在威斯敏斯特那一幕则是上帝占主导（第四幕，第1诗句），而人类的悲惨则是永久的陪伴和每一幕的对照面。此外，在这三幕的每一幕中，我们都遇到同一

---

[1] "我的眼里充满泪水，我视线模糊；然而这苦水并没让我双眼瞎到看不清这里的一帮叛贼。而且，如果我看向我自己，我同样会在自己身上看到一个背信弃义者，同其他人一样；因为我的灵魂曾在此同意从一位国王的身体上剥掉奢华之物。"《理查二世》第四幕，选自《莎士比亚全集》，原书无出版信息。——译注

个序列：从神圣王权到王权之"名"，从名到赤裸裸的人类的困难[1]。

也许应该走得更远，去探寻在真正意义的君权之外，这里涉及的是否是主权概念本身和任何形式的中央权力，它们是否只能从替罪牺牲中产生。也许存在两个根本的社会类型，它们可以相互诠释，至少在某种程度上如此，那就是具有中央权力的社会与不具有中央权力的社会，具有中央权力的社会一定起源于仪式，它们主要是君权社会，不具有中央权力的社会在它们的社会核心中没有留下创始性的暴力的任何痕迹，它们就是所谓的两元对立组织结构的社会。在第一类社会中，因为我们无法把握的原因，整个社会总是倾向朝着原初牺牲者的或多或少具有永久性的一个代表集中，这个代表手中集中了政治与宗教权力。即便这种权力随后加倍增殖，以多种方式分裂，但中央集权的倾向保存着。

应该注意到，结构人类学不怎么关注这类社会，在这类社会中，至少在某些关键之处，结构人类学不再能看到那些二元对立，而结构人类学是破解意义差别的。此处，"极端"之间的对立被内在化了。对立可能外在化，比如以国王与弄臣之间的对立的形式，但外在化总是以次要的方式进行。

---

[1] 恩斯特·坎托罗威茨:《国王的两个身体》(*The King's Two Bodies*), Princeton University Press, New York, 1957, 第2章。

第十一章 所有仪式的统一性

"有历史的"社会显著的不稳定性可以从差别在国王[1]身上的这种内在化反映出来,内在化让悲剧渐渐可以将替罪的国王变成人类的原型,人类陷入一场持久的危机,注定在差别之间摇摆。

*

所有宗教仪式都源自替罪牺牲,而那些重要的人类制度,不论是宗教的还是世俗的,都来源于仪式。在谈到政治权力、司法权力、治疗术、戏剧、哲学、人类学本身时,我们看到这一点。事情必然如此,因为人类思维的机制本身、"象征化"进程本身来源于替罪牺牲。这些论证每一个单独看都不能让人信服,但它们合在一起足以惊人。这些论证实际上几乎与表面上看最天真的那些起源神话的内容完全吻合,这些神话认为从原初牺牲者的身体本身产生了所有对人类有益的植物,所有的事物,以及宗教、家族和社会制度,这就更加惊人了。替罪牺牲是仪式之母,是作为人类的教育者出现的,在这里我们用这个词的词源意义[2]。仪式让人类渐渐走出神圣,让人类能够摆脱神圣的暴力,让他们远离暴力,赋予人类所有制度与所有思想来定义他们的人性。

我们在起源神话中看到的东西,我们在古印度关于献祭的文本中以略微不同的形式再次发现:

---

[1] 指理查二世。——译注
[2] 拉丁文"educatio",有饲养、栽培、养育之义。——译注

起初，诸神祭杀一个人，当人被祭杀，他所具有的仪式效力就离他而去，这种效力进入马身。诸神祭杀一匹马，当马被祭杀，它所具有的仪式效力就离它而去，这种效力进入牛身。诸神祭杀一头牛，当牛被祭杀，它所具有的仪式效力就离它而去，这种效力进入绵羊。当绵羊被祭杀，它所具有的仪式效力就离它而去，进入山羊身。诸神祭杀山羊，当山羊被祭杀，它所具有的仪式效力进入土地。诸神挖地寻找，他们找到了它：那就是稻米和大麦。这便是为何如今人们靠掘地来获取它们[3]。

涂尔干肯定地说，社会是统一体，而它的统一性首先是宗教的。不应将此视为不言而喻的，也不应看作逻辑上的预期理由[4]。所涉及的并非将宗教性消解于社会性之中，也不是将社会性稀释于宗教性之中。涂尔干预感到，在文化层面，人类成为人类是多亏了一种存于宗教性之中的教育原则。他肯定说，甚至空间与时间的范畴也来自宗教。涂尔干不知道他是多么正确，因为他没看到暴力对于人类社会的形成构成多么大的障碍。然而，他对于这种隐性障碍的把握在某些点上比黑格尔更加准确，人们却错误地认为是黑格尔把

---

[3]《百道梵书》(*Satapatha-Brahmana*) 1, 2, 3, 6—7, 见西尔万·列维（Sylvain Lévi）:《婆罗门的献祭教理》(*La Doctrine du sacrifice dans les Brahmanas*), Presses Universitaires, 1949。

[4] 意思是将待证的判断当作论据。——译注

握住这种障碍的。

宗教首先解除暴力对任何人类社会的构建所形成的巨大障碍。人类社会不是随着"奴隶"对"主人"的恐惧而开始的,而是如涂尔干所见,是随着宗教开始的。要想把涂尔干的直觉进行到底,就必须理解宗教性与替罪牺牲是一回事,即针对他而且围绕他来确立群体的统一性的那个替罪牺牲。当人们处于相互对等的暴力之中,没有任何稳定的主宰关系与任何真正的和解能够终止它,这时群体的统一性必不可少,却又非人力所能为,只有替罪牺牲才能为人们获得这种具有差别的统一。

请相信我们,替罪牺牲的角色可以得到极其具体的验证,甚至是在空间层面。有理由认为真相在族群的结构本身之中,在那些中心点,一切都从那里向外辐射延伸,中心点几乎总是构成一些对集体统一的象征地点。我们不应该预先怀疑它们的源头性质,这种性质常常是得到考古发现的证实的,至少部分地得到证实。

在希腊,这些地点是某些英雄(半神)的坟墓、半圆石祭坛(omphalos)、广场(agora)以及城邦的绝佳象征,祭祀炉灶之神赫斯提(Hestia)的公共炉灶。路易·热尔内对于这些象征地点写过一篇论文,我觉得如果在我们前面的分析的基础上来读这篇论文,一定会相信这些象征地点全都指称替罪牺牲丧生或被人认为丧生的地点。

与这些地点关联的传统,与它们相关的仪式起源的功能,时刻确认着我们认为神圣的集体私刑是城邦起源的假设。这可能涉及一些极其明显的献祭仪式，比如本书提到过的杀牛献祭宙斯的布福尼亚，还有让人联想到替罪者的将违禁者示众和其他类型的刑罚。似乎由我们对于替罪牺牲的假设引领的研究可以发掘一些更惊人的事实。

我们相信，所有宗教形式的产生，信仰的建立，空间的组织，历史时间性的确立，以及涂尔干已经理解到的初步社会生活的形成，正是以这些象征统一的地点为出发点的。那是一切开始的地方，是一切的起点，是在不和重新出现时一切回归的地方，那大概也是一切终结的地方。我们拥有的唯一的对阿那克西曼德（Anaximandre）的直接引用，对"西方思维最古老的话语"的直接引用，难道不就是在谈这一点和这个事件吗？也许我们应该引用这句让人惊奇的话，把它变成我们的话，来指出我们前文的观点与定义并不隶属于民族主义的乐观态度的框架之内。在将人类从仪式引向世俗制度的演变中，人类越来越远离那本质的暴力，以至于它走到视野之外，但人类从未与暴力决裂。这便是为何暴力总是能够回归，这回归是启示性的，也是灾难性的。此类回归的可能性符合宗教当作神的复仇的那一切内容。这便是为何海德格尔认为看到神的复仇这个概念隐现在这句话的背后，他拒绝用通常的译法来翻译它。但我们认为海德格尔完全搞错了。在阿那克西曼德的文本中出现的正是复仇，是作为人类的复仇，而非神的复仇。换言之，复仇并不以任何神话的形式来进行。所以，我们引用阿那克西曼德的话，就用海德格尔努力批评的平实的译法，但我们觉得这译法完全恰当，甚

第十一章 所有仪式的统一性

至是动人的：

> 万物所由之而生的东西，万物毁灭后复归于它，这是遵循必然性的，因为万物按照固定的时间，为它们的不正义彼此惩罚和偿补[1]。

---

[1] 引文转引自沃尔夫冈·布洛克迈耶（Wolfgang Brokmeier）译，弗朗索瓦·费迪耶（François Fédier）编海德格尔《林中路》（*Chemins qui ne mènent nulle part*），Gallimard，Paris，1962。

结　论

我们关于神话与仪式的调查结束了。调查让我们能够提出一个假设，我们现在认为这个假设是站得住的，它可以成为一套关于初民宗教的理论的基础。将这一理论向犹太教-基督教和整个文化扩展，这项工作已经开始，而且扩展会向别的方向进行。

这一理论的基础要求几个原则上的提醒。自发的暴力与宗教对暴力的摹仿之间，即便存在千百种中间形式，即便人们能观察到的永远只是宗教对暴力的摹仿，仍应该肯定真的存在创始事件。不应将创始事件的处于仪式之外和文本之外的特性加以淡化。不应将事件归为比较理想的一类分界线、一个规范概念、一种语言效果，某种在具体关系层面上并无真正的依据的象征意义的花招。我们应该把它看作绝对的源头，看作从非人向人类的过渡和相对的起源，看作各个独特社会的源头。

我们当前的理论具有矛盾之处，理论声称建立在一些事实基础上，这些事实的经验性却是以经验的方式无法检验的。我们无法仅仅通过一些文本达到这些现实，而且这些文本本身仅提供一些间接的、残缺的、变形的佐证。我们是在一些始终难以索解的文献之间进行一系列往返穿梭之后才达到创始事件的，这些文献既构成理论得以建立的环境，又构成检验理论的场所。

这样似乎是在列举拒绝给予当前理论"科学的"这个定语的诸多理由。然而，存在一些理论，我们刚刚提到的所有限制都适用于它们，却没有人会拒绝给它们科学这个定语，比如生物进化的理论。我们仅仅在经过对一些变量的比对之后才达到进化的认识，那些变量，那些生物化石的遗存就像我们自身假设中的那些宗教和文化文本。没有任何孤立研究的解剖学事实能够引出进化的概念。不可能进行任何直接观察，不可能设想进行任何实验验证，因为在漫长时间里起作用的进化机制与生物个体的存在是没有任何共同的衡量尺度的。

同样，如果孤立地加以看待，任何神话、仪式乃至悲剧文本都不能提供给我们暴力的集体一致性机制。比较方法同样必不可少。比较方法从前没有成功，在于太多元素是可变的，很难看出所有变体的唯一原则。必须通过假设来操作，再一次像进化论那样操作。

当前的替罪牺牲理论，实际上对于进化论有一个优势。创始事件的不可企及的特点，在理论中不仅仅被看作绕不开的必然性，看作缺少正面价值的，看作在理论上无所贡献的，而且它是这个理论的一个主要维度。要保留它的构建力量,创始性的暴力不应该显现出来。对于所有宗教和后宗教的构建,误解是必不可少的。看不到立论基础,这与研究者无力赋予宗教性一种令人满意的功能是一回事。当前理论是第一个同时解释了宗教在初民社会的首要作用与它在我们社会的首要作用的。

"误解"这个词不应让我们走入歧途。从精神分析师对这个词的用法,不应得出结论认为前文分析发现的显而易见的事实,与精神分析的重要概念所夸耀的显而易见的事实一样是成问题的。我们认为神话与仪式之间的许多接近之处,借助于希腊悲剧,证明了替罪牺牲与暴力的集体一致性的立论。这一论断与那种将口误当作诸如"抑制"和"无意识"的"证据"的论断是根本没有可比性的。显然,口误可能以一些不需借助"抑制"和"无意识"的方式得到解释。相反,替罪牺牲的立论是唯一反映出我们评论过的所有文化运动的。这个立论不遗漏任何主要的主题。不留下任何难解的残余,精神分析从未做到如此。

事情能变成这样,真正成为这样,是因为宗教的误解不能按照抑制与无意识的模式来思考。虽然创始性的暴力是不可见的,但一旦看出它们之间的关联,我们总能从神话与仪式的逻辑中推导出来。我们越是前进,宗教思维就变得越明白,就越确定它没有什么要隐藏、要抑制的。宗教思维只不过是无法看出替罪牺牲机制罢了。不应认为宗教思维在逃避一种威胁到它的知识。这种知识尚未威胁到它呢。实际上,这种知识威胁到的是我们自己,是我们在逃跑，我们逃避的是这种知识，而非某种弑父与乱伦的欲望，相反，这种欲望是我们的时代最后的文化假象，是暴力拿它在我们眼前摇晃，以便更长时间向我们掩盖不久将被揭露出来的一切。

如果必须按照精神分析的模式来思考宗教误解（误读），那么在宗教中有些东西对应着弗洛伊德思想中的对弑父与乱伦的抑制，总是有些被隐藏起来的东西，而有些东西会被永远隐藏起来。但我们却可以轻松证明什么都没有。在许多情况中，一个或多个核心组件缺失或者极度变形或改变面貌，以至于完整的真相无法透过它的神话和仪式复制品透出光亮。有时这些空白如此巨大，这些变形如此粗劣，以至于它们彼此看起来都不是宗教态度、宗教误解所不可缺少的。即便面对这个机制的所有组件，宗教思维也绝不会看出在暴力向文化秩序的反转中的从不祥向吉祥的转变，这是一个自发的现象，要求人们对它进行正面的解读。

如果要问创始进程的隐藏最好、最不会以显著形式出现的侧面是哪个，我们会回答那就是在我们西方人眼中最关键、最能"泄露秘密"的侧面，如果允许我们来揭穿它的话。如果必须指出这个侧面，多数读者大概会说是对牺牲者的选择中的武断性。对这种武断性的意识似乎与对这个牺牲者的神性化不可兼容。

仔细的审视揭示出，甚至这个侧面也没有被掩盖住。如果我们预先知道自己应该找什么的话，我们可以毫无困难地从某些细节中解读出来。在许多情况下，神话与仪式努力将我们的注意力吸引到对牺牲者的选择中的偶然因素上，但是我们不理解它们的语言。这种不理解从两个对立而相似的形式表现出来。有时，最能说明问题的细节让人吃惊，让我们认为它们"脱离常规"，有时则相反，习以为常让我们将它们看作"纯属自然"，看作一种"自然而然"的没必要探究的东西。

我们已经举过几个仪式的例子，让偶然性在对牺牲者的选择中的作用显现出来，但我们可能没有足够强调这个主要维度。现代思维，如同之前的所有思维，寻求用差别来反映暴力和文化的机制。这是所有人的最根深蒂固的偏见，是任何神话思维的基础本身：只有对宗教性的正确解读才能消除这一偏见。所以，我们应该再一次对宗教性提问。这将又是一个来证明我们的理论整体上的与问题的直接相关性与严格性的机会，它将再次检验理论的破解能力，并检测严密而简单地组织那些表面上晦涩难明的材料的非凡能力。

*

在最常被定性为"脱离常规"或者被这样对待的仪式中，一定有那些包含一些种类的体育竞赛或者赌博竞胜的仪式。比如在维托托印第安人（Uitoto）那里，一种球类竞赛被纳入仪式。婆罗洲的加央人（Kayan）有一种陀螺游戏同样是一种宗教仪式。

至少表面上看，更加引人注意和更不合时宜的，是卡内洛（Canelo）印第安人在葬礼守夜时进行的骰子比赛，只有男人参与。他们排成两个敌对阵营,在死者两侧,他们轮流在尸体上掷骰子。死者是神圣的,他被认为是决定骰子输赢的。每位胜者分享死者的一只家畜。这只家畜立刻被宰杀,女人们烧熟它供大家共同享用。

詹森引用了这些事实,他补充说这类竞赛并不是添缀在一个先存的信仰之上的[1]。如果我们说卡内洛印第安人"在亲人葬礼守夜时掷骰子",那就给出了对所发生事情的彻底错误的认识。涉及的赌博不是在葬礼之外进行的。赌博的世俗性的概念是不存在的。是我们把这个概念投射到这个仪式上的。这并不意味着赌博(游戏)与仪式不相关,我们的主要的赌博(游戏)形式是源自仪式的。但我们一如既往地颠倒了寓意的顺序。我们以为这个丧礼守夜是一种被神圣化的游戏,但是恰恰相反,我们自己的游戏仅仅是一些被去除了神圣性的仪式而已。也就是说,应该把霍依津哈(Huizinga)的立论反转过来,并非游戏包裹住神圣性,而是神圣性包裹住游戏。

如同所有过渡,死亡是暴力。一位族群成员向彼岸的过渡有各种危险,有可能造成生者的争执,必须分死者的财产。要想克服不祥传染的威胁,当然必须援引普遍样板,援引创始性的暴力,必须借助神圣性本身传授给族群的教诲。在我们关注的案例中,族群领会并保留了那个具有解放性的决定中的偶然性的作用。当人们任凭暴力释放,是偶然性最

---

[1] 阿道夫·詹森:《初民的神话与习俗》,pp. 77-83。

终解决了冲突。仪式想要让偶然性在暴力有机会爆发之前起作用。人们想要强行获得机遇，强行掌握神圣性，逼迫它立刻表态。仪式直奔最终结果，目的是省去暴力。

卡内洛印第安人的骰子游戏可以帮助我们理解为何偶然性的主题在神话、寓言、民间故事中反复出现。让我们回想，俄狄浦斯自称是幸运女神、机缘（偶然性）女神提喀（Tykhè）之子。在一些古代城邦，某些法官的选择是靠抽签。从仪式的偶然性中获得的权力总包含一种"统一对立面"的神圣元素。我们越是对偶然性进行思考，越是看出偶然性到处显现。在民众的习俗中，在童话故事里，人们常常借助于偶然，要么是为了"选出国王"，要么相反，而这种相反往往是"同一回事"，是为了指定必须完成艰巨任务、暴露给极端危险、为整体利益牺牲自己的人，总之就是扮演替罪牺牲者角色的人：

> 我们看谁抽到的草棍最短
> 就知道谁会被吃掉

如何证明偶然性的主题要追溯到暴力解决的武断性呢？此处，我们必须对于"证明"这个词的意思达成一致。没有任何宗教文本能给我们带来对本书提出的诠释的理论上的确认。但是，我们将找出一些文本，我们把这些文本中的抽签选择定位在对我们有意义的文本整体中，而抽签选择与这个整体的那么多和那么显著的一些侧面关联在一起，以至于几乎不容置疑。在《旧约》中,《约拿书》就是这些文本之一。上帝委托约拿警告尼尼微城,如果城里的人不悔改,城市将被摧毁。这位先知想逃脱使命,不顾上帝的意志登上一艘船:

> 然而耶和华使海中起大风,海就狂风大作,甚至船几乎被破坏。水手便惧怕,各人哀求自己的神。他们将船上的货物抛在海中,为要使船轻些。约拿已下到底舱躺卧沉睡。船主到他那里对他说:"你这沉睡的人呢,为何这样呢?起来,求告你的神,或者神顾念我们,使我们不至灭亡。"船上的人彼此说:"来吧!我们掣签,看看这灾临到我们是因谁的缘故。"于是他们掣签,掣出约拿来[1]。

这艘船代表着族群,风暴代表祭祀危机。抛弃的货物,是文化秩序清空了它的差别。每个人向自己的神求告。我们在这里面对的正是宗教在冲突中的解体。应该将正在遇难的船的主题与如果不悔改就受到摧毁威胁的尼尼微的主题拉近对比:涉及的是同一个危机。

人们通过抽签来弄清谁应为危机负责。偶然性指定了约

---

[1] 译文引自中国基督教协会印发的《新旧约全书》,"神"版。《圣经》和合本分为"上帝"版和"神"版,区别在于"上帝"版的经文中出现"上帝"的地方,神版都用"神"前加空格代替。——译注

拿,这种偶然性不可能搞错,因为偶然性与神性是一回事。对那些询问他的水手,约拿吐露了真相:

> 水手们大大惧怕,对他说:"你做的是什么事?"他们已经知道他躲避耶和华,因为他告诉了他们。他们问他说:"我们当向你怎么行,使海浪平静呢?"这话是因海浪越发翻腾。他对他们说:"你们将我抬起来,抛在海中,海就平静了。我知道你们遭这大风是因我的缘故。"

水手们竭力靠岸,他们想救约拿,但是毫无作用。这些正直的人于是求告耶和华,虽然耶和华并非他们的神:

> "耶和华啊,我们恳求你,不要因这人的性命使我们死亡,不要使流无辜血的罪归与我们,因为你耶和华是随自己的意旨行事。"他们于是抬起约拿,抛进海里,大海平息了愤怒。

> 那些人便大大敬畏耶和华,向耶和华献祭,并且许愿。

此处提及的正是祭祀危机及其解决。指定牺牲者的方法是抽签,对牺牲者的驱逐拯救族群,即水手的群体,一位新的神向他们显现,因为他们皈依了耶和华,因为他们向耶和华献祭。孤立地看,这个文本不能为我们解释什么。如果被投影到我们前面的分析的背景中,这个文本再合适不过了。

在现代世界,偶然性的主题看起来与神的干预不兼容。在初民世界却并非如此。偶然性具有神圣性的全部特征:有时它向人类施暴,有时它对人类遍施恩惠。没有什么比它更加任性,更加反复无常,更惯于在每次显现时摇摆不定。

偶然性的神圣属性再次出现于神裁制度中。在某些献祭仪式中,用神裁来选择牺牲者让偶然性与创始的暴力之间的联系更加显著。在《论政治象征系统:城邦公共炉灶》(*Sur le symbolisme politique: le Foyer commun*)中,热尔内援引了一个特别说明问题的仪式,仪式是在科斯(Cos)城,一个敬拜宙斯的节日上:

> 祭牲的选择是由一种神裁手段来决定的,在由每个部落的每个分部分别贡献上来,然后混合成一大群的所有阉牛中进行选择。最终被指定的阉牛在第二天才被祭杀。但它首先被"带到灶神赫斯提的灶前",那是举行某些仪式的时机。在这个节日之前,灶神本身已经接受过一只动物祭牲的奉献[1]。

---

[1]《论政治象征系统:城邦公共炉灶》,p. 393,原书未提供出版信息。——译注

在前一章的结尾，我们注意到 Hestia（公共炉灶）应该标志着创始性的集体私刑发生的地点。这里如何还能怀疑由神裁来选择祭牲不是为了重复这种创始的暴力呢？祭牲的选择没有被交给人类，而是交给了一种与神圣的偶然性相等同的暴力。同样存在对最初由部落和部落分部加以区分的所有牛进行的混合，这是个极其说明问题的细节，混合成相同的一大群，这构成神裁的一种必需的先决条件。此处如何能不看出仪式在从人牲向动物祭牲的转移中寻求复制初始事件的准确次序？武断而暴力的解决充当着神裁的样板，它在祭祀危机的高潮才介入，也就是说人们首先由文化秩序来对其加以区别和区分，它们被相互对等的暴力混淆为相同的一群。

*

要想正确评估本书提出的理论，就必须将理论建立的知识类型与过去人们在宗教领域里使用的知识类型加以对比。从前，谈到狄俄尼索斯的时候，我们总是指出他与阿波罗或者其他神祇有何不同。在将阿波罗与狄俄尼索斯对立之前，或者对立之后，为何不应该把他们拉近对比，把两者放入同一个神祇类别中呢？为何把狄俄尼索斯比作阿波罗，而不是苏格拉底或尼采呢？在神祇之间的差别之中，应该存在一种共同基质，各种神祇之间的差别都源于这种基质，而在这种基质之外，这些差别本身变得飘浮不定，丧失全部真实性。

宗教科学的研究对象是神祇和神性。宗教科学应该能够严格定义这些对象。但宗教科学没有这样做，因为它们必须决定属于它们的领域的与不属于它们的领域的内容，它们任凭传言、"据说"来完成构成对学科的研究对象划分的这一决定性任务的大部分。虽然应该将任何人、任何地方和任何时代称作神的一切东西都包含在神性中，虽然这种操作方式是合理的，所谓的宗教科学不能拒绝这样做，但同时也不能对此做出合理解释。

不存在宗教科学，不存在文化科学。人们一直在探究应该把希腊悲剧与哪个独特信仰关联起来。真的像人们从古代就断言的那样是与酒神狄俄尼索斯关联的，还是与另一位神祇关联呢？这确实是个问题，但这个问题相对于人们几乎未谈及的更加本质的问题来说是次要的，更加本质的问题是悲剧与神性之间，普遍意义上的戏剧与宗教之间的关系的问题。为何在自发产生的情况下，戏剧只从宗教中产生？当人们终于涉及这个问题，却是用一些那么宽泛的概念，是在一种那么缥缈的人文主义的氛围中，自然最终在正确知识方面就会一无所获。

不论真伪，本书的假设配得上科学的称号，因为它让我们能够严格定义诸如神性、仪式、神圣性、宗教等根本性词汇。一种集体一致性源自杀害替罪牺牲，与人们对这种集体一致性的回忆、纪念和延续相关的一切都属于宗教性。

系统化的过程始自替罪牺牲，这种系统化是实证主义者不可避免的印象主义看不到的，也是精神分析的武断"化简"的基本模式看不到的。

替罪牺牲的理论虽然是追求统一性的和完全"综合性"

的，但并不用一个简单公式替代宗教层面上人类创造的"神奇的繁盛"。首先，我们可以探寻，是否这种繁盛像人们说的那么神奇，不管怎样，应看到本书提出的机制是唯一不破坏这繁盛的，是唯一能让我们超越从外部进行列举的阶段的。神话与仪式属于一种无限的神性，是因为它们都针对着它们无法达到的一个事件。只有一个事件，而且只有一个方法来达到它。相反，与它失之交臂的方法却无穷多。

是对，是错，替罪牺牲理论认为自己发现了这个构成仪式与文化的所有诠释原则的直接或间接对象的事件。这个理论认为可以完全解释、"解构"所有这些诠释原则。所以，替罪牺牲这个立论并不构成一种新的诠释原则。仅能通过一些文本达到替罪牺牲，这一事实让人无法将它视作诠释原则。这个立论丝毫不具有当代批评定义的那种神学和形而上学特性。这个立论符合人们对科学假设的所有要求，那些心理学和社会学的假设则相反，它们想要做到实证，但却不解释神学与形而上学始终未做解释的一切，它们最终只是神学和形而上学的反转的代用品。

我们的立论属于实证类型的研究，虽然它只对语言给予相对的信任，这与那些当代思潮相反，那些当代思潮在真相于语言中触手可及的时刻，却宣称语言无法企及真相。我们这个神话完全崩塌的时期的对语言的绝对怀疑，与语言完全无法达到同一真相的那些时代里对语言的绝对信任，恰好起着相同作用。

对待当前立论的唯一方式是将它看成一种与其他科学假

设一样的假设,弄清它是否真正反映出它声称反映的内容,弄清是否能借助它为初民的制度给出一种起源、一种功能和一种结构,让它们彼此自洽,而且符合语境,弄清它是否能让我们用最少的手段来组织和综合众多的人类学事实,而无须借助传统的"例外"与"脱离常规"的这些不足的说法。对当前立论的所有可能的反驳,都不应该让读者偏离唯一重要的问题。这个系统是否不仅仅是在个别地方,而是在各处起作用?替罪牺牲是被建造者抛弃,却又被发现是整个神话和仪式大厦的真正的拱顶石吗?替罪牺牲是个读解模式吗,放在任何宗教文本上就足以从深处揭示它,让它变得彻底明晰吗?

*

一切直接或间接涉及"替罪羊"类型的概念的内容中,认为宗教不具有前后一致性的偏见尤其顽固。论及这个主题以及他所设想到的这个主题的多种分支,弗雷泽的那些著作中在描述层面很了不起,而在明晰理解层面却很不足。弗雷泽对宗教寓意背后隐藏的那些重要操作不感兴趣,他在他著作的前言里骄傲地宣布了他的这种无知。但弗雷泽不应该落到他那种名誉扫地的境遇。很少有研究者拥有他的生产力和清晰陈述能力。相反,以别的方式重复弗雷泽所宣告的无知的人却数不清:

> 如果我们没有搞错,这个概念(替罪羊)可归结为

物质的与非物质的之间，将具体的负担加在别人肩上的真实可能性与将我们肉体与精神的苦难转移到替我们负担的别人身上的可能性之间的一种简单的混淆。当我们审视这一悲剧错误的历史，从它在野蛮时代的粗劣的形成，直到它在文明民族的思辨神学中的充分发展，看到人类头脑所拥有的赋予迷信的暗淡废渣一种虚假的金色闪光的奇怪能力，我们不禁感到惊讶。

如同所有那些因为嘲弄它们而自以为颠覆了献祭意识形态的人一样，弗雷泽依然是这些意识形态的同谋。将暴力隐藏在献祭之中，他所做的不正是这个？他仅仅谈到"负担""肉体和精神的苦难"，跟随便哪个神学家一样。所以，他对待献祭替代就像是这纯属幻想，不是实际现象。那些更晚的作者在做同样的事，但他们得不到我们同样的谅解。虽然有不足，但弗洛伊德的转移的概念应该让我们更加谨慎。这个概念甚至可以让我们觉察某种我们把握不到的东西。

现代思维无法让自己发现这部机器的核心部件，这部机器一下子同时结束相互对等的暴力，并建立族群结构。多亏了它的盲目，现代思维可以继续将某种机制的责任抛在宗教头上，而这种机制曾经是，而且仍旧是所有人类的机制，它是在所有社会中以多种多样的模式一直被延续下来的。宗教性始终被树立为单独的实体，但这回被现代思维宣布为"臆想"的，是某些蒙昧的社会特有的，或者是我们的社会中某些落后阶段或者某些特别愚蠢的人所特有的。这个机制仍旧被延续着，特别是在某位被称作詹姆斯·乔治·弗雷泽爵士的绅士民族学家的作品中得到延续，他与信奉理性的同人与弟子们一直忙于以领圣体仪式的方式驱逐并吃掉宗教本身，宗教被当作全部人类思维的替罪羊。与许多现代思想者一样，弗雷泽用宗教所纵容的肮脏的操作来洗干净他的双手，他不断表白自己完全脱离了任何"迷信"。他丝毫没有疑心这种洗手早就被列为人类那些最古老习俗的纯粹知性的和没有污名的等价物。像是为了证明自己不与任何东西共谋，证明他什么都不明白，对他愉快地用了大部分生涯来关注的这种"狂热"和这种"粗劣"，弗雷泽不断增加嘲弄性的诠释。

这种误解的献祭特征告诉我们，直到今天，而且今天胜过往昔，虽然它的死亡时刻已经来临，但这种误解的消散不会不遇到抗拒，这些抗拒类似弗洛伊德学说所说的那些阻抗，但更加强大，因为我们在此面对的不是一些大家很快就竞相炫耀的次要的精神抑制，而是面对"现代性"的最顽强的神话，面对神话中绝对不容触碰的一切。

关键正在于科学。我们此刻所肯定的东西中，没有"神秘"或"哲理"的死角。神话与仪式，即宗教的诠释，它们围绕着创始性的暴力，却从未真正把握它。现代的诠释，文化的伪科学，它们围绕着神话与仪式，却从未真正把握它们。这正是我们在阅读弗雷泽的过程中所看到的。对于宗教的研究，无不是对诠释进行的诠释，无不是建立在与仪式相同的基础上，建立在暴力的集体一致性的基础上，而它与基础的关系是由仪式为中介的。甚至有可能，我们所做的诠释是由一些源自仪式的制度，以及一些源自这些制度的制度，双重或者三重地中介过的。

在宗教的诠释中，创始性的暴力未被认识，但是它的存在得到了肯定。在现代的诠释中，它的存在遭到否定。然而，正是创始性的暴力继续主宰一切，它是遥远的不可见的太阳，它周围不仅围绕着被它吸引着的行星，还有行星的卫星和卫星的卫星。这个太阳不重要，甚至必须让这个太阳的性质不被人了解，甚至必须让这个太阳的真实性被完全忽略。本质的东西仍在，对此的证据就是弗雷泽文本这样的一个文本的献祭有效性，虽然这种有效性越来越不稳定和短暂，越来越被转移到其他文本，而这些文本更有揭示性，同时也更加盲目，但有效性仍然真实，有效性与特定社会的需要成比例，就如同真正意义的仪式献祭一样有效。

弗雷泽的诠释与今天继他之后的那些诠释，所有诠释提出的问题仍旧没有得到回答。只要问题没有解答，就存在诠释或诠释原则。没有解答会让问题成为仪式性的。诠释是一种衍生的仪式形式。只要仪式仍然有生命力，就没有解答，而问题却已真正被提出来。仪式思维真的想弄清创始性的暴力是怎么回事，却错过了答案。初期的人类学真的想弄清仪式思维是怎么回事，弗雷泽真的探究宗教的起源，但他错过了答案。

相反，今天，诠释已经承认自己无力引出真正的答案。它自称是无休止的。它认为自己的现状是合理的。它认为自己安然地处在无休止状态,但它搞错了。诠释总是搞错。它认为把握了真相,而自己却处在无休止状态,它就搞错了。它最终放弃真相,而自称处于无休止状态,它同样错了。如果诠释因为到达了明解,而预感到自身的仪式功能,那么这种功能便不再能起作用。诠释终结的迹象在我们周围越来越多。诠释变得越来越"不真实"。它退化为奥秘难懂的嘟囔,同时它变得"激烈"。它转向主动论战:它浑身浸染着相互对等的暴力。它无助于驱逐暴力,它吸引着暴力,好像尸体吸引苍蝇。总之,诠释如同所有形式的献祭形式,当进入衰败期,它的吉祥的后果倾向于反转为不祥的后果。我们时代的知识危机便是如此。

如果问题本身让人无法作答,那这个问题一定是被错误地提出来。我们已经知道事情正是如此。我们已经定义过现代诠释的根本"谬误",因为它提出的问题是关于"神圣性"的。我们现代人以为这个问题是仅仅属于我们的问题。我们自以为我们的社会是唯一走出了神圣的社会。所以,我们说初民社会生活在"神圣之中"。我们已经看到,没有任何社会能够生活在"神圣之中",也就是说生活在暴力之中。结成社会来生活,这本身就是在摆脱暴力,当然这并不是通过一种真正的和解来做到(真正的和解是能够立刻回答"何为神圣"这一问题的),而是通过一种误解来做到,而这种误解是以这种或那种方式借助于暴力本身的。

我们已经看到,没有一个社会是不认为唯有自己走出了神圣的。这便是为何别的社会的人永远不完全是人。我们逃不脱共同法则，逃不脱共同的误解。

我们逃脱不掉恶性循环。抹除神圣性，将它完全抹除的倾向，却为神圣性的暗中回归做了准备，它不是以超验的形式回归，而是以本质的形式，以暴力与知识暴力的形式回归。认为彻底远离了暴力的源头，这想法却让人再度接近它，是不知不觉的，因为这个想法绝对意识不到正在改变方向。所有思想都围绕着创始性的暴力来形成一种循环，在人类学的思维中尤其如此，这个循环圈的半径重新开始缩小，人类学在接近创始性的暴力，它研究替罪牺牲，虽然人类学并不知道自己在这样做。弗雷泽的著作构成一个很好的例子。这些表面上最没有一致性的巨大的习俗集合为读者提供了仪式性的诠释的一个完整扇面。这部著作存在一种统一，但这种统一性并不在作者自己定位的地方。作品对神话与仪式的广泛援引所具有的真正意义是作者看不到的，就像他看不到他自己的民族学研究热情的意义。这部著作，我们可以肯定它是关于神话学的神话。在所谈论的所有主题中寻找真正的共同点的人类学的批评，与努力从理性主义的神话之外达到弗雷泽的执念的隐藏内核的"精神分析"的批评之间，并无差别，而弗雷泽的执念的隐藏内核就是替罪羊。

我们对弗洛伊德的意见同样适用于整个现代思维，特别是人类学，弗洛伊德无可抗拒地受到它的吸引。"人类学"在我们中间生机勃勃，而那些传统的诠释模式却情况不佳，这个事实是一个信号，让我们能够在现代特别是在当前定义一次新的祭祀危机，危机的多方面进程与从前的危机类似。但是,这些危机并不是同一个的。我们在比其他社会更加完全地走出神圣,以至于"忘记"了创始性的暴力,完全把它抛在视野之外,此后我们将会重新发现它。本质的暴力以突如其来的方式重新扑向我们,不仅是在历史层面,而且是在知识层面。这便解释了为何是这场危机第一次引导我们打破赫拉克利特与欧里庇得斯最终不曾打破的禁忌,让暴力在人类社会中的作用完全显露,完全地暴露在了理性之光下。

参考文献

ARROWSMITH, William : " The Criticism of Greek Tragedy ", *The Tulane Drama, Review* III, 1959.
BATAILLE, Georges : *L'Erotisme*, Ed. de Minuit, 1957.
BATESON, Gregory, DON D. JACKSON, Jay HALEY and John WEAKLAND : " Toward a Theory of Schizophrenia ", *Interpersonal Dynamics*, Warren G. Bennis *et al.* eds, Homewood, Illinois, Doresey Press, 1964, pp. 141-161.
BATTISTINI, Yves : *Trois Présocratiques*, Gallimard, 1970.
BEIDELMAN, T. O. : "Swazi Royal Ritual ", *Africa* XXXVI, 1966, pp. 373-405.
BENVENISTE, Emile : *Le Vocabulaire des institutions indo-européennes*, Ed. de Minuit, 1969, 2 vol.
BOAS, Franz : " Tsimshian Mythology ", *Report of the Bureau of American Ethnology* XXXI, 185, N° 25.
CAILLOIS, Roger : *L'Homme et le sacré*, Gallimard, 1950.
CANETTI, Elias : *Masse und Macht*, Hamburg, Claassen, 1960.
CHAGNON, Napoleon A. : *Yanomamö, the Fierce People*, New York, Holt, Rinehart and Winston, 1968.
COOK, P. A. W. : "The Inqwala Ceremony of the Swazi ", *Bantu Studies* IV, 1930, pp. 205-210.
DELCOURT, Marie : *Légendes et cultes des héros en Grèce*, Paris, 1942, *Œdipe et la légende du conquérant*, Paris, 1944.
DELCOURT-CURVERS, Marie, éd. et trad. : *Euripide*, Gallimard, 1962.
DERRIDA, Jacques : *La Pharmacie de Platon*, coll. Tel Quel, Seuil, 1968.
DIELS, HERMANN et Walter KRANZ : *Die Fragmente der Vorsokratiker*, Berlin, 1934-1935.
DOSTOÏEVSKI, Fiodor : *The Double*, in *Three Short Novels of Dostoevsky*, tr. by Constance Garnett, revised and ed. by Avrahm Yarmolinsky, Garden City, New York, Anchor Books, 1960.

DOUGLAS, Mary : *Purity and Danger*, Londres, Penguin Books, 1966.
DUMÉZIL, Georges : « Lecture de Tite-Live » (chap. IV de *Horace et les Curiaces*, 1942) et « Les Transformations du troisième triple », in *Cahiers pour l'Analyse* 7, 1967.
Mythe et Epopée, Gallimard, 1968.
DURKHEIM, Emile : *Les Formes élémentaires de la vie religieuse*, Paris, Presses Universitaires, 1968.
ELIADE, Mircea : *Aspects du mythe*, Gallimard, 1963.
Rites and Symbols of Initiation, New York, Harper, 1965.
The Sacred and the Profane, New York, 1961.
ELKIN, A. P. : *The Australian Aborigines*, New York, Doubleday, 1964.
EVANS-PRITCHARD, E. E. : *The Nuer*, Oxford Press, 1940.
Social Anthropology and Other Essays, New York, Free Press, 1962.
FARBER, Bernard, éd. : *Kinship and Family Organization*, New York, Wiley, 1966.
FRAZER, J. G. : *The Golden Bough*, Londres, Macmillan and Company, Limited, 1911-1915, 12 vol.
Totemism and Exogamy, Londres, Macmillan, and Company, Limited, 1910, 4 vol.
FREUD, Sigmund : *The Standard Edition of the Complete Psychological Works*, éd. et trad. par James Strachey, Londres, Hogarth, 1953-1966, 24 vol.
Essais de psychanalyse, trad. par S. Jankélévitch, Payot, n. d.
Totem et tabou, trad. par S. Jankélévitch, Payot, 1951.
GERNET, Louis : *Anthropologie de la Grèce antique*, éd. François Maspero, 1968.
GLUCKMAN, Max : *Order and Rebellion in Tribal Africa*, Free Press of Glencoe, 1960.
Politics, Law and Ritual in Tribal Society, New York, Mentor, 1968.
HEIDEGGER, Martin : *Chemins qui ne mènent nulle part*, trad. par Wolfgang Brokmeier et éd. par François Fédier, Gallimard, 1962.
HENRY, Jules : *Jungle People*, New York, Vintage Books, 1964.
HEUSCH, Luc de : « Aspects de la sacralité du pouvoir en Afrique », in *le Pouvoir et le sacré*, Bruxelles, Institut de sociologie, 1962.
HÖLDERLIN : *Hypérion*, trad. par Ph. Jaccottet et *Lettres*, trad. par D. Naville, in *Œuvres*, éd. par Ph. Jaccottet, Gallimard, 1967.
HUBERT, Henri et Marcel MAUSS : *Essai sur la nature et la fonction du sacrifice*, in Mauss, Marcel, in *Œuvres*, I, *les Fonctions sociales du sacré*, Paris, Ed. de Minuit, 1968.
HUIZINGA, Johan : *Homo Ludens*, Boston, Beacon Press, 1955.

HUXLEY, Francis : *Affable Savages*, New York, Capricorn, 1966.
JEANMAIRE, H. : *Dionysos, histoire du culte de Bacchus*, Payot, 1970.
" Le Traitement de la mania dans les 'mystères' de Dionysos et des Corybantes ", *Journal de psychologie*, 1949, pp. 64-82.
JENSEN, Adolphe E. : *Mythes et cultes chez les peuples primitifs*, trad. par M. Metzger et J. Goffinet, Payot, 1954.
KANTOROWICZ, Ernst H. : *The King's Two Bodies*, Princeton University Press, 1957.
KLUCKOHN, Clyde : " Recurrent Themes in Myth and Mythmaking ", in Henry A. Murray, ed., *Myth and Mythmaking*, New York, Georges Braziller, 1960.
KUPER, H. : " A Ritual of Kingship among the Swazi ", *Africa* XIV, 1944, pp. 230-256.
The Swazi : a South African Kingdom, New York, Holt Rinehardt and Winston, 1964.
LACAN, Jacques : *Ecrits*, Seuil, 1966.
LAPLANCHE, Jean et J. B. PONTALIS : *Vocabulaire de la psychanalyse*, Presses Universitaires, 1967.
LAPLANCHE, Jean : *Hölderlin et la question du père*, Presses Universitaires, 1961.
LEACH, Edmund, éd. : *The Structural Study of Myth and Totemism*, London, Tavistock, 1967.
LÉVI, Sylvain : *La Doctrine du sacrifice dans les Brahmanas*, Presses Universitaires, 1966.
LÉVI-STRAUSS, Claude : *Les Structures élémentaires de la parenté*, Presses Universitaires, 1949.
" La Geste d'Asdiwal ", *Annuaire de l'école pratique des hautes études*, VI° section, 1958-1959.
Tristes Tropiques, Plon, 1955.
Anthropologie structurale, Plon, 1958.
Le Totémisme aujourd'hui, Presses Universitaires, 1962.
La Pensée sauvage, Plon, 1962.
Le Cru et le cuit, Plon, 1964.
LÉVY-BRUHL, Lucien : *La Mentalité primitive*, Presses Universitaires, 1963.
La Mythologie primitive, Presses Universitaires, 1963.
LORENZ, Konrad : *L'Agression*, Flammarion, 1968.
LOWIE, Robert : *Primitive Society*, New York, Liveright, 1970.
MAISTRE, Joseph de : *Eclaircissement sur les sacrifices*, in *les Soirées de Saint-Pétersbourg*, II, 321-405, Lyon, Vitte et Perrussel, 1890.
MAKARIUS, Laura : " Les Tabous du forgeron ", *Diogène* 62, 1968.
" Le Mythe du trickster ", *Revue d'histoire des religions*, 175, N° 2, 1969.
" Du Roi magique au roi divin ", *Annales*, 1970, pp. 668-698.

MALINOWSKI, Bronislaw : *Argonauts of the West Pacific*, New York, Dutton, 1961.
Crime and Custom in Savage Society, Totowa, New Jersey, Littlefield and Adams, 1967.
The Family among the Australian Aborigines, New York, Shocken, 1963.
The Father in Primitive Society, New York, Norton, 1966.
Magic, Science and Religion, New York, Doubleday, 1954.
Sex and Repression in Savage Society, New York, Meridian, 1955.

MÉTRAUX, Alfred : *Religions et magies indiennes d'Amérique du Sud*, Gallimard, 1967.
La Religion des Tupinamba et ses rapports avec celles des autres tribus Tupi-Guarini, Bibliothèque de l'école des hautes études : sciences religieuses, XIV, Paris, 1928.

NILSSON, Martin P. : *A History of Greek Religion*, New York, Norton, 1964.

NORBECK, E. : "African Rituals of Conflict", *American Anthropologist*, LXV, 1963, pp. 1254-1279.

OTTO, Rudolf : *Le Sacré*, traduit d'après la 18ᵉ éd. par André Jundt, Payot, n. d.

OTTO, Walter F. : *Dionysos, le mythe et le culte*, Paris, Mercure, 1969.

RADCLIFFE-BROWN, A. R. : *The Andaman Islanders*, New York, Free Press, 1964.
Structure and Function in Primitive Society, New York, Free Press, 1965.

RADCLIFFE-BROWN, A. R. and Daryll FORDE : éds. *African Systems of Kinship and Marriage*, Oxford Press, 1950.

Ed. coll. par Giunta Centrale per gli STUDI STORICI, Rome : *La Regalità Sacra*, Leiden, E. J. Brill, 1959.

RHODE, Erwin : *Psyche, Seelencult und Unterblichkeitsglaube der Griechen*, 1893, trad. par A. Reymond, 1928, Payot.

SHÄRER, H. : "Die Bedeutung des Menschenopfers im Dajakischen Totenkult", *Mitteilungen der Deutschen Gesellschaft für Völkerkunde*, X, Hambourg, 1940.

SMITH, W. Robertson : *Lectures on the Religion of the Semites*, 2ᵉ éd., Londres, 1894.
Kinship and Marriage in Early Arabia, Londres, 1903.

Texte établi par Alphonse DAIN et trad. par Paul MAZON : *Sophocle*, Les Belles Lettres, 1962-1965, vol. I et II.

STORR, Anthony : *Human Aggression*, New York, Bantam, 1968.

THOMPSON, Stith : éd. *Tales of the North American Indians*, Bloomington, Indiana University, 1968.

TURNER, Victor : *The Forest of Symbols, Aspects of Ndembu Ritual*, Ithaca, Cornell University, 1967.
The Drums of Affliction, Oxford, Clarendon, 1968.
The Ritual Process, Chicago, Aldine, 1969.

VAILLANT, George C. : *The Aztecs of Mexico*, New York, Pelican Books, 1950.
VAN GENNEP, Arnold : *Les Rites de passage*, E. Nourry, 1909.
VERNANT, Jean-Pierre : *Mythe et pensée chez les Grecs*, Maspero, 1966.
WILSON, Monica : *Rituals of Kinship among the Nyakyusa*, Oxford, 1957.

作者简介：

勒内·基拉尔（1923—2015），法国哲学家、人类学家，法兰西学士院院士，美国斯坦福大学与杜克大学终身教授。主要作品有《浪漫的谎言与小说的真实》《替罪羊》《祭牲与成神》《莎士比亚：欲望之火》等。

译者简介：

周莽，北京大学法语系副教授，研究方向为法语史和法语中世纪文学。从事社科学术翻译，译作有雅克·勒高夫《试谈另一个中世纪》《炼狱的诞生》等。

法兰西思想文化丛书

《内在经验》
［法］乔治·巴塔耶 著　程小牧 译

《文艺杂谈》
［法］保罗·瓦莱里 著　段映虹 译

《梦想的诗学》
［法］加斯东·巴什拉 著　刘自强 译

《成人之年》
［法］米歇尔·莱里斯 著　王彦慧 译

《异域的考验：德国浪漫主义时期的文化与翻译》
［法］安托万·贝尔曼 著　章文 译

《浪漫的谎言与小说的真实》
［法］勒内·基拉尔 著　罗芃 译

《罗兰·巴特论戏剧》
［法］罗兰·巴特 著　罗湉 译

《1863，现代绘画的诞生》
［法］加埃坦·皮康 著　周皓 译

《入眠之力》
［法］皮埃尔·帕谢 著　苑宁 译

《祭牲与成神：初民社会的秩序》
［法］勒内·基拉尔 著　周莽 译

《文学第三共和国》(即出)
[法]安托万·贡巴尼翁 著　龚觅 译

《黑皮肤，白面具》(即出)
[法]弗朗茨·法农 著　张香筠 译

《保罗·利科论翻译》(即出)
[法]保罗·利科 著　章文 译

《人与神圣》(即出)
[法]罗杰·卡卢瓦 著　赵天舒 译

《细节：一部离作品更近的绘画史》(待出)
[法国]达尼埃尔·阿拉斯 著　东门杨 译

《犹太精神的回归》(待出)
[法]伊丽莎白·卢迪奈斯库 著　张祖建 译

《伟大世纪的道德》(待出)
[法]保罗·贝尼舒 著　丁若汀 译

《十八世纪欧洲思想》(待出)
[法]保罗·阿扎尔 著　马洁宁 译

《人民的本质：18-21世纪社会集体想象的形成》
[法]黛博拉·高恩 著